Processo do Trabalho
Adaptação à Contemporaneidade

Júlio César Bebber
Juiz do Trabalho. Mestre e Doutor em Direito pela USP.
Professor de Direito Processual do Trabalho.

PROCESSO DO TRABALHO
Adaptação à Contemporaneidade

LTr EDITORA LTDA.
© Todos os direitos reservados

Rua Jaguaribe, 571
CEP 01224-001
São Paulo, SP – Brasil
Fone: (11) 2167-1101

Produção Gráfica e Editoração Eletrônica: PETER FRITZ STROTBEK
Projeto de Capa: R. P. TIEZZI
Impressão: HR GRÁFICA E EDITORA
LTr 4290.5
Janeiro, 2011

Visite nosso site:
www.ltr.com.br

Dados Internacionais de Catalogação na Publicação (CIP)
(Câmara Brasileira do Livro, SP, Brasil)

Bebber, Júlio César
    Processo do trabalho : adaptação à contemporaneidade / Júlio César Bebber. — São Paulo : LTr, 2011.

    Bibliografia.
    ISBN 978-85-361-1657-0

    1. Direito processual do trabalho — Brasil 2. Direito processual do trabalho — Legislação — Brasil I. Título

10-09979   CDU-347.9:331(81)

Índices para catálogo sistemático:

1. Brasil: Direito processual do trabalho   347.9:331(81)

2. Brasil: Processo trabalhista: Direito do trabalho   347.9:331(81)

Dedicatória

"Tu não deves aprender a lutar apenas com teus braços, mas também com tuas palavras e com teu espírito. Só poderás servir Roma e honrar tua linhagem, se souberes agir com todas as forças que tens em ti." Esta foi uma das lições que Aurélia Cota, mãe do imperador romano Júlio César, ensinou a ele quando ainda menino. "Tu deves lutar com intensidade pelas coisas que acreditas." Foi com estas palavras que minha mãe ensinou-me a mesma lição. A ti, portanto, Celita Izabel Campigotto, minha mãe, dedico este estudo.

Agradecimentos

Agradeço aos meus pais, Gildo e Celita, por todas as lições de vida; ao Édson, à Cíntia e à Gabriela, pela honra de tê-los como irmãos; aos meus sobrinhos Renata, Guilherme, Caroline e Digo, porque com eles sinto-me, também, um pouco pai; aos cunhados Lisiane e Diovane, pela soma que representam à nossa família; à Yonara e ao Paulo Pozzolo pelo carinho e confiança de sempre; à Eliane e ao Marcos Fava, à Débora e ao José Affonso Dallegrave Neto, pela amizade e incentivo. Aos colegas e amigos Márcio Alexandre da Silva, Herbert Gomes Oliva e Renato Sabino Carvalho Filho, pela amizade, compreensão e auxílio que dispensam na minha atuação profissional. Aos queridos amigos Angela, Ronilson, Joana, Felipe, Ana Cristina, Heloisa, Eliana, Tânia, Maria Eugênia, Ilda, Lia, Edna e Cleide, valorosos servidores da 2ª Vara do Trabalho de Campo Grande, sem os quais meu trabalho e meu esforço de nada valeriam. À Olinda Mallet, que engrandece e participa ativamente da vida profissional do meu estimado orientador e amigo prof. Dr. Estêvão Mallet, cuja sabedoria e humildade jamais asfixiam a liberdade crítica daqueles que têm a honra de tê-lo como orientador, e genial e habilidosamente tem o poder de incentivar e elogiar, mesmo quando combate posicionamentos que não coincidem com os seus.

Sumário

Apresentação 11

Prefácio 13

Capítulo 1 — Considerações Iniciais 17
1.1. Tema a ser desenvolvido e suas delimitações 17
1.2. Justificativa da importância do tema e sua contribuição original à ciência jurídica brasileira 19
1.3. Questões enfrentadas 20
1.4. Metodologia utilizada 21

Capítulo 2 — Introdução 22
2.1. Considerações gerais 22
2.2. Atualização do processo do trabalho 24
2.3. Medo do novo 25
2.4. Reforma do advogado e do juiz 27

Capítulo 3 — Pensamento Jurídico Tradicional 30
3.1. Necessidade de leis 30
3.2. Breve histórico da base do pensamento jurídico tradicional 32
3.3. Positivismo como fundamento do pensamento jurídico tradicional 34
3.4. Código de Napoleão e positivismo jurídico 36
3.5. Kelsen e a ratificação científica do positivismo jurídico 37
3.6. Instrumentalização do positivismo jurídico 38
3.7. Segurança jurídica estática 44
3.8. Consequências derivadas do positivismo jurídico 45
3.9. Reações ao positivismo jurídico 51

Capítulo 4 — Pensamento Jurídico Contemporâneo 58
4.1. Reconfiguração de valores 58
4.2. Modificação do pensamento 59
4.3. Base para um pensamento jurídico contemporâneo 61
4.4. Atitudes compatíveis com um pensamento jurídico contemporâneo ... 69
4.5. Juiz criador do direito 71

4.6. Criação (adaptação) judicial do direito 74
4.7. Ativismo judicial 81
4.8. Pânico do juiz ativo e criativo 82
4.9. Neutralidade 84
4.10. Sensibilidade racional e racionalidade sensível 86
4.11. Humanismo 88
4.12. Higidez psíquica do juiz 91
4.13. Legitimidade do juiz 96
    4.13.1. Separação dos poderes 96
    4.13.2. Ausência de eleição do juiz pelo povo 98
    4.13.3. Legitimidade 98
        4.13.3.1. Concurso público 98
        4.13.3.2. Fundamentação das decisões judiciais 99
        4.13.3.3. Publicidade dos atos judiciais 100
4.14. Princípio da legalidade — nova configuração 101
4.15. Direito constitucional processual 102
    4.15.1. Permanente atualização dos direitos constitucionais 102
    4.15.2. Princípios constitucionais e sua importância 105
        4.15.2.1. Princípio do direito de acesso à justiça 108
        4.15.2.2. Princípio da efetividade do processo 111
        4.15.2.3. Princípio da tempestividade do processo 113
        4.15.2.4. Princípio da segurança jurídica 118
        4.15.2.5. Princípio do devido processo legal 123
    4.15.3. Direitos fundamentais 124

Capítulo 5 — Processo do Trabalho Contemporâneo 127
5.1. Noções gerais 127
5.2. Abertura do processo do trabalho 128
5.3. Instrumentalidade 137
5.4. Simplicidade 141
5.5. Cooperação 141
    5.5.1. Cooperação das partes 143
    5.5.2. Cooperação de terceiros 144
    5.5.3. Cooperação do juízo 145
5.6. Relativização dos pressupostos processuais e das condições da ação 149
5.7. Relativização das nulidades processuais 151
5.8. Primazia do mérito — jurisdição útil 155
5.9. Delegação de atos processuais 156

5.10. Repressão à improbidade processual 158
5.11. Valorização da antecipação da tutela e da cautelar inominada 161
5.12. Carga dinâmica da prova 164
5.13. Penhora de salários, vencimentos, honorários, etc. 171
5.14. Primazia do exequente e menor onerosidade ao executado 175
5.15. Execução provisória 177
5.16. Expropriação antecipada de bens 179
5.17. Protesto extrajudicial de título executivo judicial 180

Capítulo 6 — Processo do Trabalho Necessário 183
6.1. Atualização da legislação 183
6.2. Parte geral 184
    6.2.1. Capacidade postulatória 185
    6.2.2. Honorários advocatícios 186
    6.2.3. Aplicação subsidiária do direito processual comum 187
    6.2.4. Adaptação do procedimento 187
    6.2.5. Poderes cautelar e antecipatório 191
    6.2.6. Poder de mandar intervir terceiro 191
    6.2.7. Nulidades 192
    6.2.8. Delegação de atos 192
    6.2.9. Honorários periciais 193
6.3. Fase postulatória 193
    6.3.1. Petição inicial 193
    6.3.2. Estabilidade da demanda 194
    6.3.4. Ultra e extrapetição 196
    6.3.5. Resposta do réu 198
6.4. Fase probatória 198
    6.4.1. Carga dinâmica da prova 198
    6.4.2. Depoimento pessoal 199
    6.4.3. Forma de inquirição das partes e testemunhas 200
    6.4.4. Intimação de testemunha 201
    6.4.5. Impedimento e suspeição de testemunha 202
6.5. Fase decisória 202
    6.5.1. Identidade física do juiz 203
    6.5.2. Relativização dos pressupostos processuais e das condições da ação 204
    6.5.3. Simplicidade da sentença 204
6.6. Fase recursal 206
    6.6.1. Considerações preliminares 206
    6.6.2. Salto de grau de jurisdição ordinário amplo 208

6.6.3. Recursos em procedimento sumaríssimo 211
6.6.4. Recurso em mandado de segurança substitutivo de recurso 212
6.6.5. Ausência de efeito suspensivo 214
6.6.6. Depósito recursal 216
6.6.7. Obstrução ao recurso 217
6.6.8. Remessa necessária 218
6.7. Fase executiva 219
    6.7.1. Cumprimento voluntário da sentença 219
    6.7.2. Pagamento parcelado da obrigação 221
    6.7.3. Atualização monetária e juros e liquidação por cálculos 222
    6.7.4. Execução de título extrajudicial 224
    6.7.5. Providências judiciais executivas e intimação da penhora 225
    6.7.6. Depósito 226
    6.7.7. Impenhorabilidade de bens 227
    6.7.8. Impugnação 228
    6.7.9. Expropriação 230
    6.7.10. Execução provisória 233

Conclusões 235

Bibliografia 241

Apresentação

Este livro é produto de pesquisa e estudo desenvolvidos no curso de doutorado em Direito do Trabalho e da Seguridade Social da Universidade de São Paulo, e consiste na tese aprovada, por unanimidade, em março de 2010, com alguns acréscimos.

Tendo em conta a noção de que a cultura legalista extremada e o estado letárgico da legislação processual trabalhista em relação à reconfiguração de valores desatualizaram esse ramo do direito, não há como negar a necessidade de sua urgente atualização à contemporaneidade. Essa atualização passa, então, pela modificação do pensamento jurídico e pela alteração da legislação.

O texto que segue, por isso, foi construído da seguinte forma:

a) no capítulo *primeiro* está delineado o projeto de pesquisa, seguido do capítulo *segundo* contendo as noções gerais da obra;

b) o capítulo *terceiro* investiga e revela o modelo do pensamento jurídico tradicional, destaca sua base teórica (positivismo jurídico) e traça as suas principais características e consequências;

c) no capítulo *quarto*, são delineadas as noções e bases para o pensamento jurídico contemporâneo, com destaque à necessidade de uma atuação mais ativa e humana do juiz, legitimada pela constitucionalização do direito processual;

d) com efoque funcionalista, por fim, são reafirmados, enfatizados, adaptados e relidos princípios e regras do processo do trabalho no capítulo *quinto* e sugeridas modificações legislativas no capítulo *sexto*.

Prefácio

Em um prefácio deve-se normalmente apresentar o autor e a obra. Júlio César Bebber, contudo, não precisa de apresentação. Quem lida com o Direito do Trabalho no Brasil já o conhece, seja por suas várias e significativas publicações anteriores — entre as quais se incluem os livros *Princípios do Processo do Trabalho*, de 1997, *Recursos no Processo do Trabalho* e *Procedimento Sumaríssimo no Processo do Trabalho*, ambos de 2000, *Exceção de Pré-Executividade no Processo do Trabalho*, sua dissertação de mestrado de 2005, *Cumprimento da Sentença no Processo do Trabalho*, de 2007, *Mandado de Segurança*, Habeas Corpus, Habeas Data *na Justiça do Trabalho*, de 2008 —, seja por suas decisões, proferidas como juiz do trabalho no Mato Grosso do Sul, titular da 2ª Vara do Trabalho de Campo Grande, frequentemente convocado para integrar o Tribunal do Trabalho da 24ª Região, seja ainda por suas conferências e exposições, acompanhadas com vivo entusiasmo em todo o País. O presente prefácio somente se justifica, portanto, como forma de oferecer rápida e breve apresentação da obra que ele agora publica, *Processo do Trabalho — Adaptação à Contemporaneidade*.

Trata-se, cumpre de pronto advertir, do texto com o qual Júlio César Bebber adicionou ao seu currículo, já extenso e rico, mais um título, o de Doutor em Direito, pela Faculdade de Direito da Universidade de São Paulo. A reflexão proposta ao longo do estudo harmoniza-se, e muito bem, com a mais moderna visão do processo. Superada a fase exegética e procedimentalista que marcou o Direito Processual de início, especialmente ao longo do século XIX, bem exemplificada por obras como a de Mattirolo (*Trattato di diritto giudiziario civile italiano*, Torino: Fratelli Bocca, 1892), e ultrapassada a visão preponderantemente dogmática do processo, característica de tantos estudos e diplomas legais elaborados ao longo do século XX (a propósito, MOREIRA, José Carlos Barbosa, Tendências contemporâneas do direito processual civil. In: *Temas de direito processual* (terceira série). São Paulo: Saraiva, 1984. p. 2), hoje a preocupação central é com a efetividade da tutela e com a eficiência da atividade processual. Não bastam mais as construções teóricas, elegantes e bem concebidas, as definições precisas e rigorosas, quase acadêmicas, como as do Código de Processo Civil em vigor, ou a solução de problemas meramente especulativos. Em termos práticos, de que vale, por exemplo, explicitar o cabimento de ação declaratória, sendo possível o ajuizamento de ação condenatória, como faz o parágrafo único, do art. 4º, do CPC, se o processo — declaratório, constitutivo, condenatório ou de qualquer outra natureza — demora anos para chegar ao seu termo? A tônica está cada vez mais no resultado, tendo em conta, particularmente, a tempestividade do processo. Afinal, como adverte Ferruccio Tommaseo, a excessiva duração do processo *"vulnera il principio di effettività della tutela giurisdizionale"* (*Appunti di diritto processuale civile*. Torino: Giappichelli, 1995. p. 38). E o próprio Júlio César Bebber anota que "a demora excessiva na duração do processo... torna a justiça inoperante" (p. XX; item 4.15.2.3). Não por acaso sucedem-se as normas jurídicas que se preocupam com a celeridade no exercício da jurisdição, valor a ser prestigiado sem prejuízo do cuidado com a qualidade do pronunciamento judicial. A Constituição espanhola desde 1978 se preocupa com a garantia do processo "*sin dilaciones indebidas*" (art. 24, n. 2). A Constituição italiana, após a reforma de 1999, preconiza a "*ragionevole durata*" dos processos (art. 111, n. 2). No Brasil, a Emenda Constitucional n. 45/2004 introduziu, no rol dos direitos e garantias fundamentais, a previsão de "razoável duração do processo" (art. 5º, LXXVIII).

Pois bem, Júlio César Bebber, consciente das necessidades atuais do processo, e, como diz ele muito bem, "com vistas à efetividade e tempestividade do processo como valores agasalhados pela Constituição Federal" (p. XX; item 5.1), mostra, de maneira clara, objetiva e simples, como obter melhores resultados. Realça, com toda razão, a necessidade de cooperação de todas as pessoas envolvidas com o processo, a fim de que se possa "prestar tutela jurisdicional justa, tempestiva e eficaz" (p. XX; item 5.5). Enfatiza a importância de reprimir a improbidade processual (p. XX; item 5.10), algo de que sempre se ocupou pouco o legislador nacional, diversamente do que se vê nos ordenamentos da *common law*, em que a figura do *contempt of court* desempenha importante papel na efetivação dos provimentos judiciais, tendo em conta, como assentado em julgado da Suprema Corte dos Estados Unidos — triste pelo contexto em que foi tomado, mas importante pelo enunciado dele extraído —, que "*respect for judicial process is a small price to pay for the civilizing hand of law, which alone can give abiding meaning to constitutional freedom*" (*Walker v. City of Birmingham* 388 U.S. 307). Sublinha ainda Júlio César Bebber a importância de evitar decisões terminativas, as quais, embora fáceis e cômodas, não resolvem o litígio e apenas adiam a solução da controvérsia. Cabe evitar, tanto quanto possível, como expressivamente indicado no texto que se segue, "as decisões epidérmicas (meramente processuais) e dar primazia ao mérito (analisar a substância), praticando, desse modo, jurisdição útil" (p. XX; item 5.8), conclusão recentemente prestigiada pelo Tribunal Superior do Trabalho, ao dar provimento a embargos, para determinar o exame de agravo de instrumento, interposto antes da nova Lei n. 12.322, mesmo sem a juntada das peças necessárias à formação do instrumento correspondente (TST – SDI 1, E-AG-AIRR - 61940-10.2005.5.05.0039, Rel. Min. Aloysio Corrêa da Veiga. In: *DEJT* de 28.5.2010).

A reflexão empreendida por Júlio César Bebber adquire, em alguns pontos, desdobramentos bastante largos. Considere-se a conclusão sobre a possibilidade de penhora de salários, ressalvada apenas a garantia de segurança alimentar e de sobrevivência decente do executado e de sua família (p. XX; item 5.13). É algo que, em um primeiro momento, parece demasiado ousado, diante do teor literal do art. 649, IV, do CPC. Como em tantos pontos se vê, porém, a razão está com o autor. Conforme se procurou mostrar em outra ocasião, com apoio inclusive em precedente do Tribunal Constitucional português (cf. MALLET, Estêvão. Anotações à Lei n. 11.382, de 6 de dezembro de 2006.

In: *Revista do Tribunal Superior do Trabalho*, Porto Alegre, Síntese, ano 73, n. 1, p. 80/81, 2007), o estabelecimento de impenhorabilidade absoluta de salários no fundo ofende a própria Constituição, ao negar tutela ao direito do credor.

Em outros pontos, Júlio César Bebber revela perfeita compreensão da realidade subjacente às normas jurídicas. Não deixa de considerar que o mero estabelecimento de certa obrigação, ainda que feito de modo solene e formal, não basta para assegurar o seu adimplemento voluntário. No mundo empresarial, as decisões levam em conta também os desdobramentos concretos de cada ato. Daí a conveniência de transformar em algo tangível a supremacia do crédito trabalhista, com a possibilidade de protesto da decisão judicial condenatória não satisfeita (p. XX; item 5.17).

No capítulo sobre o processo do trabalho necessário (Capítulo 6), encontram-se indicações de modificações tópicas da legislação trabalhista, ao mesmo tempo singelas e significativas, sempre acompanhadas de propostas de redação de dispositivos a serem inseridos na legislação. Ao preconizar a intervenção de advogado nos processos trabalhistas, com nomeação, se for o caso, de representante dativo, para "garantir a promessa constitucional de acesso formal e material à justiça" (p. XX; item 6.2.1), Júlio César Bebber retoma a correta diretriz esboçada pela Suprema Corte dos Estados Unidos em *Gideon v. Wainwright*, quando se enunciou, em contraste com jurisprudência sedimentada havia quase trinta anos: "*... reason and reflection require us to recognize that in our adversary system of criminal justice, any person haled into court, who is too poor to hire a lawyer, cannot be assured a fair trial unless counsel is provided for him*" (372 U.S. 335). *Mutatis mutandis*, o mesmo se pode dizer para o complexo processo do trabalho brasileiro de hoje. Também a proposta de acolhimento de decisão *extra* ou *ultra petita*, para aproximar mais "processo e direito material" (p. XX; item 6.3.4), torna-se irrespondível, tanto que se assegure, como teve o cuidado de se fazer no texto, com a redação proposta para o art. 831-A, da CLT, o contraditório prévio. É trazer para o direito brasileiro, no fundo, a solução do Código de Processo do Trabalho de Portugal (art. 74º), já temperada pela decisão do Tribunal Constitucional do mesmo país (Processo n. 155/90, 2ª Secção, Acórdão n. 605/95).

Enfim, muitos são os pontos do trabalho ora publicado por Júlio César Bebber que haveria a mencionar. Indicar todos, no entanto, faria com que esta apresentação, que logo no início se qualificou de rápida e breve, se tornasse longa e provavelmente fastidiosa. Não convém, contudo, tisnar com uma tal jaça a gema que o leitor tem em mãos. Melhor ficar por aqui.

São Paulo, setembro de 2010.

Estêvão Mallet
Professor de Direito do Trabalho
da Faculdade de Direito da
Universidade de São Paulo

Capítulo 1
Considerações Iniciais

1.1. Tema a ser desenvolvido e suas delimitações

O processo do trabalho já foi considerado de vanguarda, servindo de inspiração, inclusive, para modificações de regras processuais comuns.

Por conta da cultura legalista (formalista) extremada, entretanto, que produz como consequência o comportamento contemplativo (conformação com a sistematização exegética) e cujo movimento contra a inércia somente ocorre diante de modificação da legislação, o processo do trabalho encontra-se estático no tempo, pois poucas e de pouca expressão foram as modificações legislativas implantadas até hoje. No período mais recente, as modificações de maior envergadura revelaram a pouca atenção com a efetividade e a razoável duração do processo e uma preocupação e uma tendência mais fiscalista e arrecadatória.

Apenas para exemplificar, nos últimos 20 (vinte) anos, 26 (vinte e seis) foram as modificações legais levadas a efeito por meio da:

a) Lei n. 7.701, de 21-12-1988, que modificou regras relativas ao recurso de revista (CLT, 896, §§ 1º a 5º) e estabeleceu limites para o depósito recursal (CLT, 899);

b) Lei n. 8.432, de 11-6-1992, que modificou e permitiu a opção de procedimento alternativo pelo juiz para a liquidação por cálculos (CLT, 879, §§ 1º e 2º), esclareceu que a ordem de nomeação de bens à penhora pelo executado segue a disciplina do CPC (CLT, 882) e imprimiu novas regras para admissibilidade e processamento do recurso de agravo de petição (CLT, 897, *caput* e §§ 2º a 4º);

c) Lei n. 8.638, de 31-3-1993, que tratou da possibilidade de vista dos autos aos procuradores fora de cartório (CLT, 901, parágrafo único);

d) Lei n. 9.022, de 05-4-1995, que modificou, sem alterações de conteúdo, o procedimento da audiência de instrução e julgamento (CLT, 846, 847 e 848, *caput*);

e) Lei n. 9.270, de 17-4-1996, que autorizou a reintegração do dirigente sindical por medida liminar (CLT, 659, X);

f) Lei n. 9.756, de 17-12-1998, que modificou regras para admissibilidade e processamento dos recursos de revista (CLT, 896) e de agravo de instrumento (CLT, 897);

g) Lei n. 9.851, de 27-10-1999, que modificou a competência territorial nas ações ajuizadas por agente ou viajante comercial (CLT, 651, § 1º);

h) Lei n. 9.957, de 12-01-2000, que implantou o procedimento sumaríssimo (CLT, 852-A a 852-I; 895, §§ 1º e 2º; 896, § 6º e 897-A);

i) Lei n. 9.958, de 12-01-2000, que criou as comissões de conciliação prévia (CLT, 625-A a 625-H; 876 e 877-A);

j) Lei n. 10.035, de 25-10-2000, que estabeleceu regras para a cobrança e execução da contribuição previdenciária (CLT, 831, parágrafo único; 832, §§ 3º e 4º; 876, parágrafo único; 878-A; 879, §§ 1º a 4º; 880; 884, § 4º; 889-A e §§ 1º e 2º; 879, §§ 3º e 8º);

k) Medida Provisória n. 2.180-35, de 24-8-2001, que modificou a competência funcional para execução do acórdão condenatório proferido em ação rescisória (CLT, 836, parágrafo único), ampliou para 30 dias o prazo para os embargos da Fazenda Pública (CLT, 884, *caput*) e ditou a inexigibilidade do título judicial fundado em lei ou ato normativo declarado inconstitucional pelo STF ou em aplicação ou interpretação tida por incompatível com a CF (CLT, 884, § 5º);

l) Medida Provisória n. 2.164-41, de 24-8-2001, que estabeleceu a competência da Justiça do Trabalho para processar e julgar as ações dos portuários (CLT, 543, § 3º e 652, V);

m) Medida Provisória n. 2.226, de 04-9-2001, que estabeleceu a transcendência como requisito de admissibilidade do recurso de revista (CLT, 896-A – o STF deferiu MC na ADIN 2.527-9, publicada em 11-9-2007, suspendendo a eficácia do art. 896-A da CLT);

n) Lei n. 10.288, de 20-9-2001, que redefiniu a regra relativa à assistência ao menor de 18 anos para o ajuizamento de ação (CLT, 793);

o) Lei n. 10.537, de 27-8-2002, que modificou o sistema financeiro do processo do trabalho, redefiniu as regras das custas processuais, restabeleceu a cobrança de emolumentos e tratou da justiça gratuita (CLT, 789; 789-A; 789-B; 790; 790-A e 790-B);

p) Lei n. 11.457, de 16-3-2007, que modificou as regras para a cobrança e execução da contribuição previdenciária (CLT, 832, §§ 4º a 7º; 876, parágrafo único; 879, §§ 1º e 5º; 880; 889-A, §§ 1º a 2º);

q) Lei n. 11.495, de 22-6-2007, que instituiu depósito prévio como requisito de admissibilidade da ação rescisória (CLT, 836, *caput*);

r) Lei n. 11.496, de 22-6-2007, que modificou, restringindo as hipóteses de cabimento do recurso de embargos (CLT, 894);

s) Lei n. 11.925, de 17-4-2009, que concedeu eficácia à prova documental apresentada por cópia declarada autêntica pelo procurador (CLT, 830) e aprimorou a redação do art. 895 da CLT.

Pretender modificar o processo do trabalho, porém, pela simples modificação da legislação não é algo que me entusiasma. Ao contrário. Sou extremamente cético em relação a isso.[1] Não estou querendo dizer que a modificação ou reforma da legislação não seja importante ou necessária. É importante e é necessária. A legislação precisa ser atualizada. Mas não se pode pensar que todas as coisas mudam pela simples modificação legislativa. É preciso mais. É preciso reforma do pensamento. É preciso mudança de atitude.[2]

Daí por que, neste estudo, busco estabelecer como tema a necessidade de atualização do processo do trabalho à contemporaneidade pela modificação do pensamento jurídico. Faz-se necessária uma urgente atualização da interpretação das normas vigentes, com o intuito de adaptá-las às novas premissas ditadas pela realidade de uma sociedade multicultural que, entre outras, inova as relações entre as pessoas, estabelece novos costumes, novos paradigmas e novos modos de agir. As normas do processo do trabalho oferecem uma abertura tal que permitem mantê-lo atualizado aos novos tempos pela simples mudança do pensamento.

Como a modificação legislativa não é de todo prescindível,[3] e tendo em conta, ainda, o conservadorismo (fruto de interpretações silogísticas, despreendidas do caráter justo, razoável ou aceitável da solução proposta), não posso deixar de contemplar, em um segundo momento e enquanto não se atingir a maturidade do pensamento jurídico, a necessária atualização das normas que regem o processo do trabalho.

A necessidade de atualização do processo trabalho, portanto, constitui tarefa a ser desenvolvida nesta pesquisa. Dela se exclui, porém, as questões atinentes aos dissídios coletivos, uma vez que os princípios e particularidade destes exigem tratamento próprio (específico), o que ampliaria exageradamente o presente estudo.

1.2. Justificativa da importância do tema e sua contribuição original à ciência jurídica brasileira

As relações humanas (como todos os demais ramos da ciência) vêm sofrendo, principalmente nas últimas décadas, intensas modificações. As relações comerciais e financeiras entre países e a comunicação, especialmente virtual, permitem a instantânea

---

1 Como acentua Barbosa Moreira, há equívoco em pensar que a "chave para abreviar a duração dos processos consiste exclusivamente, ou principalmente, em mudanças na legislação processual. Semelhante ilusão responde pela espantosa catadupa de reformas legislativas, no Brasil e noutros países, ao longo dos últimos tempos, com resultados às vezes melancolicamente decepcionantes" (BARBOSA MOREIRA, José Carlos. *Temas de direito processual — Nona série*. São Paulo: Saraiva, 2007. p. 373).

2 Atitude é a "predisposição a responder cognitivamente, afetivamente e comportamentalmente a um objeto específico de modo particular" (HUFFMAN, K.; VERNOY, M.; VERNOY, J. *Psicologia*. São Paulo: Atlas, 2003. p. 616).

3 O "estudo em prol da efetividade do processo encontra óbice de aplicabilidade, pois muitas das novidades almejadas somente podem ser alcançadas com alteração legislativa" (SOUTO MAIOR, Jorge Luiz. *Direito processual do trabalho*. São Paulo: LTr, 1988. p. 18).

troca de informações e de experiências. Isso tudo provoca, inevitavelmente, a mudança de valores.

Essa dinâmica, porém, não tem sido regulada pelo direito positivo (que se contém no trinômio *fato, valor, norma*), diante do descaso do legislador e da lentidão com que se processam as leis nacionais (CF, 61 a 69).

A agilidade das coisas, entretanto, exige igual agilidade (pela regulação material e processual) na solução de possíveis conflitos surgidos com a mudança de paradigmas.

Daí por que, sem prescindir da (necessária) atualização legislativa (ainda que morosa), deve-se buscar a agilidade de que necessitamos por meio de novas interpretações das normas legais existentes, com o escopo de torná-las compatíveis com o momento histórico atual.

Considerando, então, a paralisia que toma conta do direito processual do trabalho, faz-se necessária uma pesquisa com base em critérios científicos, de modo a situá-lo no contexto da contemporaneidade.

Eis aí o interesse e a importância do tema escolhido para tese, na medida em que contribui originalmente para a ciência jurídica brasileira.[4]

1.3. Questões enfrentadas

Considerando que o estudo se destina à comunidade jurídica, adotei o sistema científico para a pesquisa, em razão de sua maior utilidade. E como o presente estudo sugere novidades, dele tratei com um colorido próprio, emergindo daí algumas questões que tiveram de ser enfrentadas.

Num plano inicial, analisei a formação do pensamento jurídico elaborado na Europa Ocidental ao longo dos dois últimos séculos, e que ainda é amplamente disseminado na comunidade jurídica (da Europa Ocidental e da América Latina) pelas escolas de direito e pelas cortes de justiça.[5]

---

4 Segundo Humberto Campos, "a importância de uma obra não jaz na originalidade de estrutura ou detalhes, adotando posições radicais ou particularmente avançadas, mas em sintetizar e consolidar o pensamento de toda uma geração de pensadores. Um trabalho de abelha, que combina o néctar de todas as flores e obtém o precioso mel. A visão de conjunto pode indicar novos caminhos a seguir" (CAMPOS, Humberto. In: RODRIGUES, João Gaspar. *O perfil moral e intelectual do juiz brasileiro*. Porto Alegre: Fabris, 2007. p. 14).

5 "Por lo general las Escuelas de Derecho ofrecen una formación extremadamente deficitaria en el campo de la teoría jurídica y social. Predomina en ellas una perspectiva dogmática, manifiestamente reductiva. Tal circunstancia es de suyo negativa porque escamotea información respecto del entramado de nociones y principios que organizan y estructuran el saber jurídico, pero sus efectos son aun más insidiosos en una época en que la ley positiva cambia vertiginosamente, al ritmo de las radicales transformaciones del mundo de la postmodernidad. Transformaciones tecnocientíficas, pero también políticas, económicas, morales, culturales. Un conocimiento que no dispone con profundidad y soltura del manejo de las categorías teóricas que le dan sustento, se torna rápidamente obsoleto. Es preciso, por consiguiente, rever planes de estudio, pero mucho más importante y estratégico es generar una conciencia distinta

Compreendidas as bases de sustentação do pensamento jurídico tradicional, passei, então, a sustentar o rompimento com velhos modelos paradigmáticos de conhecimento, com escopo de provocar a reflexão para a necessidade de transformação, mediante a adoção de um pensamento jurídico mais condizente com a era em que vivemos.

Em seguida, analisei algumas regras existentes na legislação processual do trabalho que permitem atingir maior eficiência e celeridade na prestação da tutela jurisdicional, desde que a elas sejam dadas novas e adequadas interpretações, diante da mudança na escala de valores ocasionada pelo decurso do tempo.

Por fim, tendo por base a lei, a doutrina e a jurisprudência (nacional e estrangeira), bem como o bom-senso, ousei sugerir novas normas, a fim de atualizar o processo do trabalho rumo à consecução de um processo tempestivo e de resultados justos.

Como a atualização (interpretativa e legislativa) do processo do trabalho é tema excessivamente amplo, não há como abranger todo o seu espaço. Daí por que optei pela análise dos pontos que considero mais emergentes para alcançar a efetividade e a tempestividade processuais.

1.4. Metodologia utilizada

Considerando que o estudo se destina à comunidade jurídica:

a) adotei o sistema científico para a pesquisa, em razão de sua maior utilidade;

b) procurei não ditar ideias absolutas, mas revelar um pensamento que leve ao compromisso da reflexão, do diálogo, da crítica e da tomada de posição. Afinal, como dissera Campoamor, "nem tudo é verdade, nem tudo é mentira. Tudo depende do cristal com que se mira".

O estudo teve por base a lei, a doutrina, a experiência forense e a jurisprudência.

A abordagem do direito comparado não foi feita em capítulo estanque. Sempre que necessário, fez-se referência à legislação e à doutrina estrangeiras no curso do trabalho.

Impelido pela necessidade de melhor qualidade científica, optei pela valorização do conteúdo em detrimento da forma, razão pela qual os capítulos do trabalho não guardam uma simetria absoluta, como recomenda a melhor técnica.

---

acerca del conocimiento en general y del conocimiento jurídico en particular" (CÁRCOVA, Carlos María. *Las teorías jurídicas post positivistas*. Buenos Aires: Lexis Nexis, 2007. p. 3).

Capítulo 2

Introdução

2.1. Considerações gerais

Nas páginas que seguem, busquei evitar a generalidade que trivializa qualquer teoria, bem como o tratamento exageradamente técnico que torna árdua qualquer leitura.

Embora nem sempre com êxito, procurei caminhar no sentido de romper com algumas velhas ideias. Não por serem antigas, mas porque perderam utilidade com o passar do tempo.

Algumas manifestações surgiram espontaneamente (intuitivamente) e passaram pelo crivo equilibrado da racionalização. Outras, porém, foram construídas com auxílio dos conhecimentos técnicos e práticos acumulados na vida forense, com especial valoração do particular, tal como se desenrola e se dramatiza na vida.

Tenho ciência de que minhas assertivas estão impregnadas de preferências pessoais. Haverá, por isso, quem objete algumas de minhas ideias com coerência, mediante sugestão de algo melhor.[6] Isso, entretanto, não desmerece este trabalho, uma vez que não é possível abranger o estudo de todo o direito, o que inviabiliza expender ideias sobre pressupostos não conhecidos.

Num esforço de policiamento constante, procurei questionar sempre se aquilo que me parece ser conhecimento não passa de mero preconceito ou de uma crença baseada em especulações ou fantasias. E tenho essa questão como fundamental para o desenvolvimento deste trabalho, uma vez que o entendimento adequado (de acordo com a psicanálise) depende do estado de consciência sobre as coisas.

Utilizei linguagem:

a) *direta e em primeira pessoa*, contrariando o que recomenda o discurso científico. Não respeitei, pois, conveniência acadêmica e ortodoxia tradicional. O fiz, porém,

---

6 Haverá, também, quem objete minhas assertivas sem coerência alguma. Afinal, como alerta Samuel Waxman, há "no academicismo intelectual no Brasil uns zeros com pernas (*literatos de letras tontas*), aves de voos curtos, escribomaníacos míopes, que não entendem o espírito contestador e acelerado de certos reformadores; não só não entendem como combatem virulentamente, contestando por pura negação, coisa facílima e, por isso, rota favorita dos ineptos, ou arrancando do bolso meia dúzia de objeções infantis" (WAXMAN, Samuel G. In: RODRIGUES, João Gaspar. *O perfil moral e intelectual do juiz brasileiro*. Porto Alegre: Fabris, 2007. p. 21).

propositalmente para manter minha característica e, também, como forma de provocar a assimilação enfatizada e a atuação do superego, conduzindo, assim, a juízos de valor e à tomada de posição;

b) *exagerada e calorosa*, porque assim deve ser a manifestação de um idealista. Como assevera José Ingenieros, o "pensamento sem calor é morto, frio, carece de estilo, não tem caráter".[7] Procurei, entretanto, não me exceder nem ser deselegante ao manter fidelidade à rebeldia filosófica, que é um dos elementos responsáveis pela minha energia vital. Esclareço, ainda, que o idealismo[8] que cultuo é pertinaz, experimental (estoico),[9] pois jamais deixo de colocar em prática meus pensamentos e de refletir serenamente sobre suas consequências. Não se trata, portanto, de um idealismo que vive no mundo dos sonhos.

Não sou ingênuo a ponto de acreditar que detenho o monopólio da verdade, sobretudo por ter plena consciência do terreno movediço no qual estou a me embrenhar (semelhante ao de um mar em tempestade), bem como da sempre presente capacidade de obstrução daqueles que nada pretendem mudar.[10] O anacronismo não perdoa quem se atreve a questionar suas bases e o embate para conscientizar é extremamente árduo, diante da hegemonia da dogmática convencional que possui os atrativos da tradição e da inércia. Mesmo assim, prefiro manter um pensamento otimista. Apesar de singelo, acredito que este texto poderá provocar reflexões, discussões, debates, sugestões e proposições. Mas espero, sobretudo, que desperte ousadia e transformação.

---

7 INGENIEROS, José. *O homem medíocre*. São Paulo: Quartier Latin, 2004. p. 39.

8 Mas o "homem incapaz de alentar nobres paixões afasta-se do amor como se fosse um abismo; não sabe que ele purifica todas as virtudes e é o mais eficaz dos moralistas. Vive e morre sem ter aprendido a amar. Ridiculariza esse sentimento, guiando-se pelas sugestões de sórdidas conveniências" (INGENIEROS, José. *O homem medíocre*. São Paulo: Quartier Latin, 2004. p. 43). Alguns poderão até dizer que sou um sonhador, mas "não é utopia estéril manter-se na trincheira em busca de uma Justiça melhor" (NALINI, José Renato. *A rebelião da toga*. 2. ed. Campinas: Millennium, 2008. p. 30). E ainda que se tratasse de sonho, vale recordar Mário Quintana que afirmou que "sonhar é acordar-se para dentro", ou Fernando Pessoa, que afirmou que "somos do tamanho de nossos sonhos". Lembrando, ainda, do poeta lusitano, não posso deixar de transcrever um de seus mais belos poemas, intitulado Dever de Sonhar: "Eu tenho uma espécie de dever, dever de sonhar, de sonhar sempre, pois sendo mais do que um espetáculo de mim mesmo, eu tenho que ter o melhor espetáculo que posso. E, assim, me construo a ouro e sedas, em salas supostas, invento palco, cenário para viver o meu sonho entre luzes brandas e músicas invisíveis".

9 As lições de realidade não matam o idealista: educam-no. A atitude do idealista estoico é de "franca resistência à mediocridade organizada. Prefere "se ver livre para realizar aquela perfeição que só depende de seu próprio esforço. Adquire uma 'sensibilidade individualista', que não é egoísmo vulgar nem menosprezo pelos ideais que agitam a sociedade em que vive. São marcantes as diferenças entre o individualismo doutrinário e o sentimento individualista: um é teoria, o outro é atitude. (...) Todo individualismo, como atitude, é uma rebeldia contra os dogmas e os falsos valores respeitados nas mediocracias; revela energias ansiosas por se expandir, estancadas por mil obstáculos opostos pelo espírito gregário" (INGENIEROS, José. *O homem medíocre*. São Paulo: Quartier Latin, 2004. p. 46).

10 Como ressalta Cassirer, há "uma luta que não cessa entre a tradição e a inovação, entre as forças reprodutoras e criadoras. Este dualismo se encontra em todos os domínios da vida cultural" (CASSIRER, Ernst. *Antropologia filosófica*. São Paulo: Mestre Jou, 1972. p. 351).

2.2. Atualização do processo do trabalho

Ninguém duvida da necessidade de atualização do processo do trabalho.[11] A questão que merece tratamento, portanto, não é essa. O que desafia resposta é: *que tipo de atualização reclama o processo do trabalho? Sob que perspectiva deve ser atualizado o processo do trabalho?*

As respostas a essas questões podem ser encontradas a partir da análise dos obstáculos à implantação de um processo tempestivo e de resultados justos. Esses obstáculos são:

a) *o pensamento jurídico tradicional*. As escolas de direito produzem profissionais com formação excessivamente positivista. O dogmatismo que daí decorre gera, entre outros fatores, distorção, estancamento, retrocesso, confusão, entorpecimento. E isso tudo refreia o desenvolvimento e produz desconexão entre o mundo jurídico e o mundo real;

Não podemos mais tomar como válida a lição de Hermann Heller, no sentido de que devemos tratar as questões independentemente do quadro histórico a que pertencem.[12] Essa ideia provoca uma ruptura entre conceito e realidade e produz deformação ideológica do discurso jurídico, na medida em que se valoriza o conceito pelo conceito. Trata-se de verdadeiro apego ao formalismo excessivo que, no dizer de Carlos Alberto Alvaro de Oliveira, deve ceder em favor do formalismo-valorativo.[13]

Não é possível erigir o mundo jurídico separado do mundo histórico, sob pena de adotar-se um discurso deformado, que se mostra insensível às transformações reclamadas pelas necessidades sociais. O jurista, por isso, atento aos novos fatores de ordem técnica, econômica, demográfica, geográfica etc., bem como sob pressão de motivos axiológicos e da mudança na tábua dos valores de aferição da realidade, deve adotar postura ativa e dar novas interpretações às normas vigentes,[14] bem como lançar ideias para a positivação.

Embora sejamos fruto de uma formação jurídica cujo modelo é *dogmático-positivista* (em que a ciência jurídica gira em torno do próprio eixo), temos de nos esforçar para avançar na construção de um discurso jurídico autêntico, capaz de realizar a *justiça social* (em que a ciência jurídica gravita em torno da sociedade).

---

11 O "processo, na verdade, espelha uma cultura, serve de índice de uma civilização" (LACERDA, Galeno. Processo e cultura. In: *Tribuna da Magistratura*, abr. 1999. p. 58).

12 HELLER, Hermann. *Teoria del Estado*. México: FCE, 1942. p. 8.

13 OLIVEIRA, Carlos Alberto Alvaro de. O formalismo-valorativo no confronto com o formalismo excessivo. In: *Revista de Processo*, São Paulo, v. 31, n. 137, jul. 2006.

14 As leis jurídicas "são momentos de vida que se integram na experiência humana e que, a todo instante, exigem um esforço de superamento de entendimentos contrastantes, para que possam ser aplicadas em consonância com as exigências da sociedade em determinado momento e lugar" (REALE, Miguel. *Lições preliminares de direito*. 27. ed. São Paulo: Saraiva, 2003. p. 167).

b) *a não atualização legislativa*. O moroso, pesado e intrincado sistema político de produção de leis, aliado à falta de comprometimento do legislador com a modernização das normas, gera uma situação de permanente descompasso entre as prescrições normativas e o mundo empírico, caracterizado, entre outros, pela velocidade dos acontecimentos, pelo dinamismo da vida, pelo surgimento de novas tecnologias e pelas constantes mudanças nos relacionamentos entre as pessoas;[15]

c) *a deficiência estrutural do Poder Judiciário Trabalhista*. As deficiências estruturais mais graves são a falta de aparelhamento humano (juízes e servidores) e material (instalações físicas, equipamentos, tecnologias) adequado diante da má distribuição do orçamento (da Justiça do Trabalho em relação à Justiça Federal e internamente entre os TRT's) e das unidades judiciárias, o que provoca o congestionamento de demandas à espera de solução, tendo em vista a quantidade de ingresso destas.

Como o objeto de investigação não visa ingressar no campo da análise estrutural da Justiça do Trabalho, pode-se concluir, portanto, que o tipo de atualização reclamado pelo processo do trabalho diz respeito a:

a) *um novo pensamento jurídico*;

b) *uma atualização da legislação*.

2.3. Medo do novo

Por ignorância, pela falta de ideais, pela incapacidade de se sobressair por suas virtudes, obras e criatividade, bem como pelo medo do desconhecido (medo do novo), o homem fica preso ao velho, ao que conhece.[16] É tomado por uma apatia conservadora e torna-se servil (retórico). É o intelectual tradicional do direito. Infenso a qualquer mudança, busca segurança psicológica na segurança jurídica. Sua filosofia é

---

15 Num plano mais geral, poderíamos dizer que a falta de atuação eficiente do legislador decorre da crise do direito que, segundo Luigi Ferrajoli está assentada em três planos: a *crise da legalidade*, "del valor vinculante asociado a las reglas por los titulares de los poderes públicos. Se expresa en la ausencia o en la ineficácia de los controles, y, por tanto, en la variada y llamativa fenomenología de la ilegalidad del poder. (...) El segundo aspecto de la crisis (...) Es la inacuación estructural de las formas del Estado de derecho a las funciones de *Welfare State*, agravada por la acentuación de su caráter selectivo y desigual que deriva de la *crisis del Estado social*. (...) Tal crisis se manifesta en la inflación legislativa provocada por la presión de los intereses setoriales y corporativos, la pérdida de generalidad y abstracción de las leyes, la creciente producción de leyes-acto, el proceso de descodificación y el desarrollo de una legislación fragmentária (...). Hay, ademas, un tercer aspecto de la crisis del derecho, que está ligado a la *crisis del Estado nacinal* y que se manifesta en el cambio de los lugares de la soberanía, en la alteración del sistema de fuentes y, por conseguiente, en un debilitamiento del constitucionalismo" (FERRAJOLI, Luigi. *Derechos y garantías*. 5. ed. Madrid: Trotta, 2006. p. 15-6).

16 Samuel G. Waxman, ao prefaciar a obra de João Gaspar Rodrigues, esclarece que o desconhecido e o novo soam, "para os rotineiros, fossilistas e espíritos sedentários, como exagero, como um excêntrico rasgo de ousadia" (WAXMAN, Samuel G. In: RODRIGUES, João Gaspar. *O perfil moral e intelectual do juiz brasileiro*. Porto Alegre: Fabris, 2007. p. 14).

a do funcionamento das coisas como estão, pois o horizonte de suas experiências é o limite de sua mente.[17]

O medo[18] do novo (do desconhecido), segundo estudos psicanalíticos, é uma característica do ser humano que funciona como mecanismo de defesa. O homem se sente em perigo diante do que não conhece. Não consegue conviver com mistérios.[19] Acredita não saber andar sobre solo movediço, embora esteja permanentemente avançando sobre ele. Daí por que prefere adotar conduta estática e afogar-se na inércia, pois os modelos convencionais lhes dão a falsa ilusão de harmonia, controle e segurança.

Mesmo vivendo uma situação de desconforto, o velho é uma situação conhecida e, por isso mesmo, (ilusoriamente) controlável. A pessoa conhece os limites e as dificuldades e sabe como se equilibrar. Acostuma-se com a dificuldade. É como o pássaro na gaiola que desconhece a liberdade: quando solto, volta para a gaiola.

Estabelecer uma rotina monótona e tediosa que cristaliza o comportamento e trilhar sempre o mesmo caminho, ainda que mais longo, difícil e perigoso é, para aqueles que têm medo do novo, mais seguro do que se aventurar no desconhecido. Este, mesmo sendo mais fácil, é ameaçador, pois representa mudança.[20] E a mudança gera sofrimento, porque importa em aprender coisas novas com perda de dados adquiridos que são substituídos por outros.[21]

Daí por que os que têm medo do novo preferem repetir suas histórias, suas escolhas e suas decisões. Estão sempre em busca do invariável e do seguro, quando deveri-

---

17 Segundo Lord Devlin, citado por Cappelletti, "os juízes, como toda outra categoria de homens idosos, que tenham vivido vidas geralmente não aventurosas, tendem a ser tradicionalistas nas suas ideias. Este é um fato natural" (CAPPELLETTI, Mauro. *Juízes legisladores?* Porto Alegre: Fabris, 1993. p. 34).

18 O medo é um sentimento que varia entre o sobressalto e a ansiedade e causa paralisia, tolhe o raciocínio, inibe a geração de novas ideias e sugere condutas estereotipadas.

19 Tudo que surge, se transforma ou é diferente, provoca falta de confiança nos conhecimentos existentes. É, por isso, incontrolável e assustador e gera desorientação, inquietação e mal-estar.

20 "Dar um passo ao desconhecido, ao incerto, é perigoso e nos causa receio (...). Embora o passo possa não ser arriscado depois de dado, antes dele tudo parece extremamente perigoso, e daí surge o receio de empreendê-lo e o desejo de permanecer com o que nos é conhecido e seguro. Todo avanço ou passo dado à frente, rumo ao desconhecido, traz em si o risco do fracasso" (RODRIGUES, João Gaspar. *O perfil moral e intelectual do juiz brasileiro.* Porto Alegre: Fabris, 2007. p. 118).

21 "Evidente que a postura do jurista orgânico (principalmente pelo desapego a formas sacralizadas) causa desconforto. Mas isso parece explicável: Primeiro, porque é atitude nova e o novo (negador da velha estrutura) gera insegurança na maioria das pessoas, as quais são educadas para perpetuação do *status quo* (...). Segundo, chama ao consciente que somos agentes inconscientes de um sistema opressivo e comprometido com os fortes. Terceiro, demonstra que o nosso sucesso profissional e o nosso saber estão assentados na opressão e que este saber é limitado. Quarto, exige radical mudança: nova forma de estudo; nova postura; nova visão de mundo... ... Não seria isso o 'nascer de novo' de que falou Cristo (Bíblia, João 3.3)? Quinto, prova que somos conservadores (postulamos e decidimos dentro e para manter um sistema), embora nos pensemos progressistas ou, no mínimo, liberais. Sexto, obriga a criar. Na ótica tradicional tudo estava pronto, irremediavelmente pronto, desde Pontes de Miranda" (CARVALHO, Amilton Bueno de. Juiz orgânico: uma contribuição. In: *Revista AJURIS*, Porto Alegre, ano XV, v. 42, mar. 1988. p. 94).

am estar atentos aos benefícios do incerto, do aberto e do múltiplo, como asseverava Friedrich Nitzsche.[22] Só "aqueles que ousam abrir os olhos sem temer a cegueira podem encarar o sol. Os corações desprezíveis não colhem rosas em seu jardim com medo dos espinhos; os virtuosos sabem que é preciso expor-se a eles para colher as flores mais perfumadas".[23]

Não fuja, não reprima o medo, não o mande de volta ao inconsciente. Enfrente-o. Somente avançando para o novo e para o desconhecido é que teremos a oportunidade de viver novas experiências, novas descobertas, novas sensações, renovações e inovações. Somente avançando para o novo e para o desconhecido é que teremos a possibilidade de evoluir para acompanhar as mudanças sociais, culturais, educacionais, etc.[24] O avanço do conhecimento exige turbulência.

Temos de apender, então, a ser menos sedentários (necessidade de enraizamento) e mais nômades (necessidade de mobilidade), desenvolvendo, assim, a incapacidade visceral pela paralisia. Precisamos descobrir o prazer da mobilidade, a alegria pelo movimento, a paixão pela mudança, o amor pela independência, o culto pela liberdade, a capacidade de improvisação. Precisamos compreender, sobretudo, que somos energia em constante e intensa movimentação.

Assim como no universo, no direito nada há de ser exatamente igual no segundo seguinte.[25] Como partícipes da vida em sociedade, devemos escolher o nosso papel. Por isso, como na vida, seremos ator ou espectador, timoneiro ou remador.

2.4. Reforma do advogado e do juiz

Para alcançar um processo tempestivo e de resultados justos, além da indispensável atualização das regras processuais, faz-se necessário reformar a rotina, os hábitos e as atitudes dos advogados e juízes.[26]

---

22 "Se você quer mesmo se sentir seguro, terá que viver a vida na insegurança. Se quer realmente se sentir vivo, terá de se preparar para morrer a qualquer momento. Esse é o ilogismo da vida! Se quer ser autenticamente verdadeiro, então você terá de arriscar" (OSHO. *Saúde emocional*. São Paulo: Cultrix, 2007. p. 28).

23 INGENIEROS, José. *O homem medíocre*. São Paulo: Quartier Latin, 2004. p. 126

24 Temos de abandonar, portanto, o medo de perder dados históricos, medo de tentar, medo de experimentar. Como assevera Paul Fayerabend, a história da ciência mostra que boa parte dos inventos mais importantes para a humanidade são produtos de falhas metodológicas, de desvios experimentais ou de meras casualidades (*Apud* CÁRCOVA, Carlos María. *Las teorías jurídicas post positivistas*. Buenos Aires: Lexis Nexis, 2007. p. 3).

25 Como ressalta Nalini, inovar "é a regra que a natureza ensina às pretensões humanas. As células se inovam para não perecer. Aquilo que não se renova desaparece. Portanto, é necessário mudar para sobreviver com vida nova" (NALINI, José Renato. *A rebelião da toga*. 2. ed. Campinas: Millennium, 2008. p. 207).

26 "No Direito o que é importante é o operador, é o material humano. Nele é que se deve investir e ele é que precisa ser aperfeiçoado" (PASSOS, J. J. Calmon de. A função social do processo. In: WAMBIER, Luiz Rodrigues; GOMES JÚNIOR, Luiz Manoel; TEOTÔNIO, Paulo José Freire; SANTOS FILHO, Ronaldo Fenelon (Coords.). *As novas fronteiras do direito processual*. São Paulo: RCS, 2007. p. 296).

Não se pode mais admitir entendimentos preconceituosos, dogmas supostamente irremovíveis, atitudes retóricas, conformismo e apatia[27] que, de modo angustiante, obscureçam o sistema.[28] É preciso manter viva a capacidade de indignação, a fim de convertê-la em atitude.

O jurista acadêmico, que vive do estudo meramente teórico (*idealista teórico*), é um sujeito cujos conhecimentos encontram-se fechados em rigorismos estéreis, distanciando-se, assim, da vida prática da qual emana e sobre a qual incide o direito. O jurista prático, que vive da avaliação prática de casos particulares (*empírico*), tende a fossilizar seu cérebro, que se torna impermeável à ciência teórica, uma vez que apenas se adapta às noções e aplicações mais acessíveis, perdendo, assim, a capacidade de abstrair. Deve-se, portanto, aliar teoria (estudo acadêmico) e prática (orientação profissional). Aquela sem esta deságua na vida contemplativa; esta sem aquela, num ativismo vazio.

Superar atitudes irrefletidas, derivadas da acomodação mental (acomodação no processo de aprendizagem), ansiedades e angústias está na base de um processo de mudança contínua de advogados e juízes rumo:

a) *à compreensão do seu raciocínio*, mediante manifestações claras (a linguagem deve ser simples e concisa — sem prejuízo da terminologia),[29] objetivas (sem rodeios), certas (quanto ao que se deseja) e precisas (delimitação daquilo que se deseja).[30] Sob o pretexto de cientificidade e da técnica, muitos juízes, procuradores e advogados se valem de um linguajar vazio, árido e áspero. Muitas vezes, utilizam, ainda, palavras difíceis e rebuscadas de uso incomum. O objetivo disso? Acreditam impressionar os seus leitores que os julgarão eruditos. Não percebem,

---

27 "É assombroso como os operadores do direito, na maioria das vezes por desconhecimento das razões da lei, acabam realizando interpretações que privilegiam os conceitos doutrinários em detrimento das transformações que se operaram na sociedade e no Estado. A ausência de ligação crítica da lei com a sociedade, aliada à tendência — natural ao ser humano — de ver o velho no novo, além de reduzir o benefício que o 'novo processo civil' pode gerar para a sociedade, limita a significação social da doutrina e dos aplicadores do direito" (MARINONI, Luiz Guilherme. *Técnica processual e tutela dos direitos*. São Paulo: RT, 2004. p. 99).

28 "As maiores revoluções têm início no recôndito das mentes inquietas. Das mentes insatisfeitas. Das mentes com vontade de mudar" (NALINI, José Renato. *A rebelião da toga*. 2. ed. Campinas: Millennium, 2008. p. 200).

29 Em "todo setor do conhecimento e da atividade humana forma-se e desenvolve-se uma linguagem particular. É fenômeno inevitável e, em si, perfeitamente natural. Os geômetras dificilmente poderiam entender-se uns com os outros se não dispusessem de palavras como circunferência e poliedro; e o mesmo se dirá dos botânicos, se lhes faltassem os vocábulos líquen e pistilo. Conforme bem se compreende, à medida que aumenta o grau de especialização, vai tomando feitio mais complicado o vocabulário técnico, e com isso a distância entre ele e o comum, com a fatal consequência de aumentar igualmente, para os não iniciados, a dificuldade de perceber de que se trata" (BARBOSA MOREIRA, José Carlos. *Temas de direito processual* — Sétima série. São Paulo: Saraiva, 2001. p. 241).

30 "Um estilo atraente e claro não é obrigação apenas do filósofo em suas empreitadas especulativas e metafísicas ou do literato em sua estética, mas de todo escritor, inclusive do que trata de temas científicos" (WAXMAN, Samuel G. In: RODRIGUES, João Gaspar. *O perfil moral e intelectual do juiz brasileiro*. Porto Alegre: Fabris, 2007. p. 16).

porém, que esse modo de proceder oculta uma mente confusa e uma inteligência sumária;[31]

b) *ao abandono de práticas viciadas*, como, por exemplo, as de redigirem longas peças (petição inicial, contestação, recurso, sentença etc.) contendo extensas citações doutrinárias e jurisprudenciais (valendo-se do argumento de autoridade) e reprodução integral (ou parcial) de textos de leis, que somente cansam e dificultam a compreensão do litígio;

c) *à renúncia às provocações desnecessárias*, como, por exemplo, as de sustentarem teses superadas, formularem pedidos de verbas indevidas ou já quitadas, arguirem preliminares inadequadas ou mal utilizadas, uma vez que provocam desperdício de atividade jurisdicional.

Quanto ao juiz, especificamente, cumpre a ele ter a noção de que a prestação jurisdicional é um serviço público e a sua missão não é etérea e transcendente. Cabe-lhe, portanto, ter em conta que o jurisdicionado busca o bem essencial chamado justiça. Deve, por isso, encarar a sua atividade (serviço público) de modo ágil, descomplicado e célere.[32] Aliás, não é demais lembrar que a eficiência dos serviços públicos é uma garantia constitucional (CF, 37).

Como ser humano que influi na vida e no destino das pessoas, deve o juiz estar atento para os esquemas rígidos de pensamento, que o tornam prisioneiro de verdades absolutas, e (continuamente) repensar as suas escolhas, a fim de jamais sacrificar o sentimento de justiça à ordem imperiosa da norma. É verdade que mesmo nesse caso a decisão poderá abrigar certa injustiça. Esse risco, porém, fica reduzido se o juiz for capaz de desenvolver a virtude da prudência (cautela, moderação, sensatez).

---

31 Há, ainda, o excesso de preciosidade de alguns juristas que, ao invés de simplificar o estudo do direito, criam novas palavras ou novas expressões (em verdadeiro exercício de neologismo) para transmitir ideias já existentes ou com colorido próprio. Pior ainda são os idiotas que em concursos públicos formulam perguntas para saber se o candidato sabe o que significa aquela expressão.

32 A sentença não é peça literária. Não é, por isso, o lugar apropriado para tratados ou para demonstração de cultura, ideologias e exibicionismo. Nela o juiz deverá, de forma prática, simples e concisa solucionar o conflito de interesses que lhe foi submetido. Como se "não bastassem as dificuldades do linguajar jurídico, há juízes que elegem o ato sentencial palco para seus brilharescos vernaculares. A sentença acaba sendo o local onde despejam suas palavras colecionadas, de pouco uso corrente e por isso, pouco compreensíveis" (PORTANOVA, Rui. *Princípios do processo civil*. Porto Alegre: Livraria do Advogado, 1995. p. 249).

Capítulo 3
Pensamento Jurídico Tradicional

3.1. Necessidade de leis

Para satisfazer suas múltiplas necessidades e realizar seus ideais de vida (individuais, sociais ou de humanidade), o homem se submete às leis da natureza e constrói o seu mundo cultural. Passa, então, por processos de adaptações interna (orgânica) e externa (extraorgânica).[33] O mundo exterior (cultural) é, portanto, modelado pelo homem para acomodá-lo em suas ideias.

A vida em sociedade é uma forma de adaptação humana. Para atingir a plenitude da sua existência terrena, o homem precisa conviver e participar da sociedade, e isso gera relações interindividuais e intergrupais (interação social) com interesses variados, e se apresenta sob as formas de cooperação (pessoas movidas por um mesmo objetivo e que conjugam seus esforços), competição (disputa pelo mesmo objeto capaz de satisfazer apenas um dos concorrentes) e conflito (impasse não solucionado pelo diálogo) que, por isso, pressupõe organização (ordem e equilíbrio).

Sendo assim que, à medida que a sociedade vai se tornando complexa e multifacetada, surge a necessidade de se autodeterminar.[34] Deixa de ser suficiente o controle presente na família e nas pequenas comunidades.[35] A consciência coletiva, quanto à partilha de um mesmo destino histórico, torna indispensável o estabelecimento da forma jurídica de Estado, com a criação de instituições e de um ordenamento jurídico,[36] cuja função é

---

33 As adaptações: a) *internas* são orgânicas — o organismo físico do homem supera situações adversas e se transforma; b) *externas* são extraorgânicas — compreendem todas as ações realizadas pelo homem no sentido de complementar a obra da natureza, mediante o desenvolvimento de esforços com escopo de gerar os recursos que julga indispensáveis.

34 Sociedade "e direito forçosamente se pressupõem, não podendo existir aquela sem este, nem este sem aquela" (RÁO, Vicente. *O direito e a vida dos direitos*. 5. ed. São Paulo: RT, 1999. p. 53).
A norma positiva é elaborada sempre que o homem, em determinado momento, sente a necessidade de regular certa situação. Sob pressão dessa necessidade, o homem realiza operações mentais no intuito de solucionar, efetivamente, certos problemas. A obra cultural, portanto, é sempre *circunstancial*, ou seja, diz respeito a "circunstancias concretas en que se presentó la necesidad estimulante" (SICHES, Luis Recaséns. *Nueva filosofía de la interpretación del derecho*. 2. ed. México: Porrúa, 1973. p. 140).

35 "Encontra-se, pois, a origem do direito na própria natureza do homem, havido como ser social" (RÁO, Vicente. *O direito e a vida dos direitos*. 5. ed. São Paulo: RT, 1999. p. 53).

36 A atividade do ser humano sempre se exterioriza por meio "de suas relações com os seus semelhantes, ou de sua ação sobre os bens, materiais ou imateriais, que lhe proporcionam os meios de conservação

criar e manter a harmonia na sociedade mediante o equacionamento da vida social, com atribuição de uma reciprocidade de poderes (ou faculdades) e de deveres (ou obrigações) aos seus integrantes (regula, pois, as condições existenciais dos indivíduos e dos grupos sociais).[37]

O direito[38] surge, então, com a finalidade de tornar possível a vida social.[39] Positivam-se modelos de comportamento com fixação de limites à liberdade do homem (que, apesar tender para o bem, é fraco) a fim de se assegurar o bem-estar de todos.[40]

A nação, "mais que sociedade humana, mais que população, muito mais que simples aglomerado de pessoas",[41] por meio da Constituição, delega ao Estado a capacidade

---

e desenvolvimento". O direito existe para proteger e aperfeiçoar o homem. "Mas, para realizar este fim, não o considera isoladamente; considera-o, sim, em estado de comunhão com os seus semelhantes, isto é, como parte do todo social, a que pertence" (RÁO, Vicente. *O direito e a vida dos direitos*. 5. ed. São Paulo: RT, 1999. p. 51).

37 "Embora não se defina como a simples soma dos indivíduos que a formam, e, sim, como um todo orgânico dotado de ações e reações próprias, a sociedade não é um *ser* em sentido biológico, nem é capaz de sobreviver totalmente indiferente à sorte de seus membros, que não são seus meros instrumentos, mas a sua própria finalidade, pois a vida social é uma decorrência da natureza do homem" (RÁO, Vicente. *O direito e a vida dos direitos*. 5. ed. São Paulo: RT, 1999. p. 54).

38 "A palavra *direito* se origina do latim *directum*, para significar *o que está conforme à regra*. Assim é que se diz em inglês *right*, em alemão *Recht*, em holandês *regt*, em espanhol *derecho*, em francês *droit*, em italiano *diritto*, em rumeno *dreptus* etc. Mas, em latim, *rectum* tem um sentido mais moral do que jurídico e o direito é, propriamente, designado pela palavra *jus* (v. Planiol, *Traité Élémentaire*, I, 1)" (RÁO, Vicente. *O direito e a vida dos direitos*. 5. ed. São Paulo: RT, 1999. p. 51, nota n. 1).

39 Toda "atividade jurídica representa uma limitação à livre atividade humana; fora da esfera regular do Direito, o homem é livre para fazer o que quiser. O âmbito da atividade de um homem pode, portanto, ser (...) dividido (...) em dois compartimentos: aquele no qual é regulado por normas jurídicas, e que poderemos chamar de espaço jurídico pleno, e aquele no qual é livre, e que poderemos chamar de espaço jurídico vazio". Desse modo, até "onde o Direito alcança com as suas normas, evidentemente não há lacunas; onde não alcança, há espaço jurídico vazio e, portanto, não há lacuna do Direito, mas atividade indiferente ao Direito" (BOBBIO, Norberto. *Teoria do ordenamento jurídico*. 10. ed. Brasília: UNB. p. 129).

40 "O Direito como Processo de Adaptação Social. As necessidades de paz, ordem e bem comum levam a sociedade à criação de um organismo responsável pela instrumentalização e regência desses valores. Ao Direito é conferida esta importante missão. A sua faixa ontológica localiza-se no mundo da cultura, pois representa elaboração humana. O Direito não corresponde às necessidades individuais, mas a uma carência da coletividade. A sua existência exige uma equação social. Só se tem direito relativamente a alguém. O homem que vive fora da sociedade vive fora do império das leis. O homem só, não possui direitos nem deveres" (NADER, Paulo. *Introdução ao estudo do direito*. 9. ed. Rio de Janeiro: Forense, 1994. p. 20).

Segundo Souto Maior, numa "nova visão o direito se apresenta como fruto da socialização do Estado, refletindo uma espécie de positivação do considerado 'direito natural', retratando os direitos sociais fundamentais, como o direito à educação, ao trabalho, ao repouso, à saúde, à previdência e à assistência social, etc. Consequentemente, o direito passa a ser entendido como 'parte integrante de um mais complexo ordenamento social', interligado, portanto, a outros ramos do conhecimento humano como a economia, a moral, a política, a filosofia, a sociologia, sugerindo uma visão crítica do direito e reclamando a criação de instrumentos para tornar efetiva a satisfação dos novos interesses" (SOUTO MAIOR, Jorge Luiz. *Direito processual do trabalho*. São Paulo: LTr, 1998. p. 122).

41 BRITTO, Carlos Ayres. *Teoria da Constituição*. Rio de Janeiro: Forense, 2006. p. 22.

normante coercitiva (embora estabeleça freios),[42] para que faça do direito o complexo das condições existenciais da sociedade e da vida de relação de seus integrantes.

Sociedade e direito, como adaptações humanas, são as duas faces da mesma moeda. Constituem, reciprocamente, a base de sustentação um do outro. O direito não tem existência autônoma: ele existe na sociedade. A sociedade, ao mesmo tempo, é fonte criadora e não é capaz de resistir sem o direito.[43] Daí por que sociedade e direito têm sua eficácia condicionada à:

a) existência de normas jurídicas ajustadas às condições do meio (devem elas se conformar às manifestações do povo);[44]

b) adaptação do comportamento do povo aos novos padrões de convivência.[45]

3.2. Breve histórico da base do pensamento jurídico tradicional

Os pré-socráticos (Grécia) sustentavam a existência de uma ordem natural, em que o mundo era dominado pelas forças do universo, guardadas pelos deuses (jusnaturalismo cosmológico). Os sofistas Pitágoras, Hipias e Górgias (século V a.C.), por sua vez, desmitificaram essa visão pré-socrática, sustentando que o direito se apresentava como algo relativo, arbitrário, fruto da força. Justo, portanto, era aquilo que favorecia ao mais forte.

Sócrates (470-399 a.C.), Platão (427-347 a.C.) e Aristóteles (384-322 a.C.), pilares do pensamento helênico, disseminaram, entre outras ideias, as de que:

a) deve-se respeito às leis escritas e não escritas, diante de uma justiça superior (Sócrates);

b) como o Estado tem função educadora, as leis devem fazer-se acompanhar de prévia explicação quanto aos seus fins (Platão);

---

42 Afinal, como afirmava Montesquieu, todo aquele que detém o poder tende a abusar dele.

43 Por ser fenômeno de adaptação social, a lei não absorve todos os atos e manifestações do homem, mas, apenas, os fatos mais relevantes para o convívio social. Satisfaz, portanto, algumas necessidades. Outras dizem respeito à moral (aperfeiçoamento do homem), religião (conquista de uma vida eterna), trato social (cortesia, gentileza, etiqueta), etc.

44 "Para o homem e para a sociedade, o Direito não constitui um fim, apenas um meio para tornar possível a convivência e o progresso social. Apesar de possuir um substrato axiológico permanente, que reflete a estabilidade da 'natureza humana' o Direito é um engenho à mercê da sociedade e deve ter a sua direção de acordo com os rumos sociais" (NADER, Paulo. *Introdução ao estudo do direito*. 9. ed. Rio de Janeiro: Forense, 1994. p. 20). O direito, portanto, não surge aleatoriamente. Decorre da vontade social. Não se trata de mecanismo que deseja transformar a natureza humana. Por meio dele se busca, unicamente, assimilar os valores que a sociedade elegeu e que está propensa a acatar para assegurar o bem comum.

45 "Para o homem e para a sociedade, o Direito não constitui um fim, apenas um meio para tornar possível a convivência e o progresso social. Apesar de possuir um substrato axiológico permanente, que reflete a estabilidade da 'natureza humana' o Direito é um engenho à mercê da sociedade e deve ter a sua direção de acordo com os rumos sociais" (NADER, Paulo. *Introdução ao estudo do direito*. 9. ed. Rio de Janeiro: Forense, 1994. p. 20).

c) as leis têm por conteúdo a justiça, e o princípio desta é a igualdade. A justiça, por isso, é *distributiva* (dar a cada um honra e bens segundo seu mérito) e *corretiva* (estabelece condições de paridade entre os envolvidos em uma relação) (Aristóteles).

Em seguida, entra em cena o direito romano. Assim como na Grécia, em Roma, o direito também era visto como algo superior à vontade dos homens, uma força aprioristicamente concebida. De acordo com Cícero (105-43 a.C.), o direito é fruto da natureza. Existe um justo natural, imutável, e a sua testemunha é a consciência do homem (embora a consciência dos súditos e escravos nunca tenha sido consultada). Na verdade, tanto na Grécia quanto em Roma, o direito legitimou a vontade dos que detinham o poder, que justificavam todos os seus atos dizendo corresponder à ordem da própria natureza.

Nas Idades Média e Moderna, dois são os momentos que se destacam, conhecidos como Patrística (séculos I a VIII) e Escolástica (séculos IX ao XVII). Esses séculos tiveram a marca da filosofia cristã, e seus protagonistas foram Santo Agostinho (354-430) e Santo Tomás de Aquino (1225-1274).

Para Santo Agostinho, toda justiça e todo direito estão contidos na lei eterna de Deus. As leis humanas não são capazes de realizar a justiça. Mesmo assim, deve-se obediência a elas, que possuem uma razão não revelada na história da salvação.

Santo Tomás de Aquino dizia haver três categorias de lei:

a) *lex aeterna* (lei eterna) — é a própria razão divina que governa o mundo. O homem não é capaz de conhecê-la inteiramente, podendo obter, apenas, conhecimento parcial;

b) *lex naturalis* (lei natural) — é a lei da natureza. O homem obtém conhecimento dela por meio da razão;

c) *lex humana* (lei do homem) — é obra do homem, que deve ser construída com base nos princípios da lei natural.

Da Patrística e da Escolástica, deriva um *jusnaturalismo teológico*, assim denominada a ideia de que Deus é a fonte de toda a justiça. A lei humana, no caso, tem o escopo único de disciplinar o plano empírico dos homens.

Com o renascimento (séculos XIII a XVII), que marcou o fim da Idade Média e início da Idade Moderna (bem como a transição do feudalismo para o capitalismo), houve revolução em todas as esferas do conhecimento e das manifestações culturais, além da laicização do direito (visão contratualista da sociedade) e da exaltação do absolutismo. O fundamento único do direito, portanto, era a vontade do soberano (daí a razão da famosa frase dita por Luís XIV: *L'état c'est moi*). Machiavel (1467-1527), expressão dessa época, sustentava que o Estado é o supremo bem, em favor do qual tudo pode ser sacrificado, mesmo quando utiliza de meios contrários à moral, pois, segundo interpretação dada ao texto de *O Príncipe*, os fins justificam os meios. Exaltando o absolutismo, João Bodin (1530-1596) acrescentou às ideias de Machiavel a de que aquele que faz as leis não se sujeita a elas, mas apenas às leis divinas e naturais.

Sobrevém, então, a fase racionalista (séculos XVII e XVIII). Para esta, o homem é capaz "de organizar com a sua razão a vida social, emitindo leis perfeitas, harmônicas e completas, criando um ordenamento jurídico e oferecendo-o pronto e acabado aos Juízes e aplicadores do Direito, aos quais caberia, apenas, através de um ato de conhecimento, apreender o conteúdo dos conceitos legais e aplicá-los aos casos concretos".[46] Símbolo dessa fase é a famosa frase de René Descartes (1596-1650): "Penso, logo existo".[47]

Exaltado, o racionalismo abriu caminho para o Naturalismo (séculos XVII e XVIII) e para o Iluminismo (século XVIII — chamado de Século das Luzes), representado pelas ideias de Isaac Newton (1642-1727); Hobbes (1588-1679); Locke (1632-1704); Voltaire (1694-1778); Rosseau (1712-1778); Montesquieu (1689-1755); Diderot (1713-1784); e Rond d'Alembert (1717-1783), entre outros.[48]

A visão iluminista, então, na esteira do racionalismo (pensamento do tipo cartesiano: a razão é a única fonte do conhecimento humano; ela, e somente ela, é capaz de explicar todas as coisas no universo), valorizava o homem e a razão em detrimento das crenças, dos misticismos e da emoção (positivismo filosófico).[49] E essa ideia, levada ao extremo no campo do direito, fez emergir o positivismo jurídico, disseminando-o na Europa Ocidental e, por conseguinte, nas Américas.

3.3. Positivismo como fundamento do pensamento jurídico tradicional

Positivismo jurídico é expressão derivada da locução *direito positivo*, que tem por escopo identificar um pensamento contrário ao dos partidários do direito natural.[50]

---

46 AGUIAR JÚNIOR, Rui Rosado de. Interpretação. In: *Revista AJURIS*, Porto Alegre, ano XVI, v. 45, mar. 1989. p. 9.

47 O racionalismo preconizado por Descartes (Deus e Sua obra são substituídos pela Deusa-Razão) era filosófico. Não obstante, influenciou a ponto de conduzir ao racionalismo jurídico. Na verdade, o racionalismo filosófico se encontra na base de todos os racionalismos.

48 O Iluminismo combatia o: a) absolutismo monárquico, considerado, então, um sistema injusto porque impedia a burguesia de participar das decisões políticas e de realizar seus ideais; b) mercantilismo que, por causa da intensa intervenção da monarquia, impedia a livre-iniciativa e o desenvolvimento espontâneo do capitalismo; e c) poder da igreja, uma vez que se baseava em verdades reveladas pela fé.

49 Opositores das ideias puramente racionais iluministas, Savigny (1779-1861), Gustavo Hugo (1764-1844) e Puchta (1798-1846), entre outros, sustentavam que o direito se formava espontânea e imperceptivelmente, sendo produto da cultura do povo. Cada povo, então, tem seu direito e este não deve ser codificado, uma vez que codificação representa a tentativa de imutalizar o mutável.

50 Deve-se ressaltar: a) a existência de um positivismo, cujo precursor foi Auguste Comte (1789-1857). Referido positivismo, porém, não tem nenhuma relação com o chamado positivismo jurídico, uma vez que se tratava de corrente sociológica iluminista, surgida em razão das crises social e moral, composta pela experimentação, pragmatismo e empirismo. O positivismo jurídico tem por objeto a regra positiva; b) que o positivismo jurídico possui múltiplas faces. Dentro dele, estão "la jurisprudencia conceptualista,

Os jusnaturalistas[51] entendiam que um ato é moralmente necessário ou torpe segundo a própria natureza racional do homem, sendo, em decorrência disso, vetado ou comandado por Deus, enquanto autor da natureza.[52]

Os críticos dessa concepção jusnaturalista, entretanto, diziam que no estado de natureza (em que cada um tem direito de usar a força para defender seus interesses) não existia certeza do respeito às leis. Daí a necessidade de dar a alguém o poder de produzir (elemento formal) e de impor a lei. Esse alguém era o Estado, visto naquele momento segundo a moderna conformação dada por Montesquieu. O Estado, pelo braço do poder legislativo, passou então a ser o único criador do direito.

Nessa mesma época (do iluminismo e da revolução francesa, e influenciada por suas ideias), sugeriu-se a codificação do direito, sob o fundamento da possibilidade de "existir um *legislador universal* (isto é, um legislador que dita leis válidas para todos os tempos e para todos os lugares) e da exigência de se realizar um *direito simples e unitário*".[53] A codificação representava então a substituição do acúmulo de normas comuns (consuetudinárias) por um conjunto sistemático de normas deduzidas exclusivamente pela razão (desenvolvimento extremo do racionalismo) e feitas valer por meio do Estado.[54] E deveria seguir dois pressupostos fundamentais:

a) *perfeição formal* — a legislação deveria enunciar as normas jurídicas de modo claro e preciso;

b) *perfeição substancial* — a legislação deveria conter normas capazes de regular todas as relações sociais.

---

la misma jurisprudencial de intereses, la vieja teoría general del Derecho, la teoría pura del Derecho de Kelsen que es su más cabal y depurada expresión filosófica, todas corrientes 'realistas'... y todas aquelas otras... que hacen de la ciencia jurídica un análisis del lenguage jurídico" (LACAMBRA, Luis Legaz y. *Filosofía del derecho*. 4. ed. Barcelona: Bosch, 1975. p. 219).

51 O jusnaturalismo possui duas versões principais: a) a de uma lei estabelecida pela vontade de Deus (ambiente teológico); b) a de uma lei ditada pela razão do homem (ambiente humano). Essa noção de direito natural teve ênfase no Século XVII.

52 O direito natural, por isso, é aquele que conhecemos por meio de nossa razão, enquanto que o direito positivo nos é dado conhecer por meio de uma declaração de vontade alheia (promulgação). Gluck em seu *Commentario alle Pandette* (Milão, 1888) assim distingue o direito natural do positivo: "O direito se distingue, segundo o modo pelo qual advém à nossa consciência, em *natural* e *positivo*. Chama-se direito natural o conjunto de todas as leis, que por meio da razão fizeram-se conhecer tanto pela natureza, quanto por aquelas coisas que a natureza humana requer como condições e meios de consecução dos próprios objetivos. Chama-se direito positivo, ao contrário, o conjunto daquelas leis que se fundam apenas na vontade declarada de um legislador e que, por aquela declaração, vêm a ser conhecidas" (*Apud* BOBBIO, Norberto. *O positivismo jurídico* — lições de filosofia do direito. São Paulo: Ícone, 2006. p. 21).

53 BOBBIO, Norberto. *O positivismo jurídico* — lições de filosofia do direito. São Paulo: Ícone, 2006. p. 65.

54 Embora os romanos já tivessem iniciado a monopolização da produção jurídica por parte dos Estados com Justiniano, o direito romano sempre fora visto como um direito comum (*jus commune*). A substituição desse direito comum pelo direito estatal pode ser representado pelas codificações (séculos XVIII e XIX), como decorrência do positivismo jurídico.

Mas havia um problema a ser solucionado. Como proteger o cidadão contra as arbitrariedades do poder legislativo? Segundo Montesquieu, isso seria solucionado pela *representatividade* e pela *separação dos poderes*. O poder legislativo não mais seria expressão de uma restrita oligarquia, mas da nação inteira, mediante a representação política. E sendo assim, a decisão judicial jamais poderia deixar de ser uma reprodução fiel da lei. Esse dogma (da vontade geral) produziu a ideia de sacralidade das leis. Por isso, ao decidir, o julgador deveria fazer um silogismo perfeito: a premissa maior deveria ser a lei geral, a premissa menor, a ação e a conclusão, a subsunção da ação à norma (lógica racionalista-matemática). O juiz, portanto, apenas tornaria explícito aquilo que já está implícito na premissa maior.

3.4. Código de Napoleão e positivismo jurídico

Em 1804, entrou em vigor o Código Civil francês (Código de Napoleão).[55] Ao mesmo tempo, o regime republicano-imperial, sob a pressão de Napoleão Bonaparte (que representava um resquício do Estado-absolutista), substituiu as Faculdades de Direito pelas Escolas de Direito, colocando-as sob o controle direto de autoridades políticas. O objetivo disso era impedir qualquer possibilidade de estudos mediante concepções jusnaturalistas (julgadas perigosas) e obrigar o ensino unicamente do direito positivo.[56]

Elaborado para ser um monumento legal, e fruto exclusivo da razão, sustentava-se que o Código de Napoleão era capaz de ser universalmente aplicado, contendo, pois, solução para todos os problemas jurídicos do cotidiano (culto à lei), cujo texto era suficientemente claro (sem ambiguidades). Nada precisava ou deveria ser buscado fora das normas do código (onipotência do legislador). Cabia aos órgãos jurisdicionais, por isso, interpretar literalmente o texto do código e atuar mecanicamente de forma silogística, subsumindo os fatos às fórmulas legais, como em uma operação matemática.[57] Esse era o modo de entender da escola dos intérpretes do código (*école de l'exégèse*),[58]

---

55 O Código Civil da França de 1804 derivou de estudos e sugestões de uma comissão de juristas (Tronchet, Malevillc, Bigot-Préameneau e Portalis) nomeados em 1800 por Napoleão Bonaparte (primeiro-cônsul), que buscaram inspiração no Tratado de Direito Civil de Pothier. Trata-se de uma obra que reuniu ao todo 34 leis que, coletadas, foram publicadas com o nome de *Code Civil des Français*. A partir de 1807, porém, recebeu o nome de *Code Napoléon*, sendo assim transmitido para a história.

56 Bonecase, citado por Norberto Bobbio, retrata uma declaração de Bugnet, que teria dito: "Eu não conheço o Direito civil, eu ensino o Código de Napoleão", revelando, com isso, a imposição do governo imperial, para que fosse ensinado apenas o direito positivo nas Faculdades de Direito (BOBBIO, Norberto. *O positivismo jurídico* — lições de filosofia do direito. São Paulo: Ícone, 2006. p. 82).

57 "Em sua maneira de ver o direito e sua aplicação há uma tentativa de aproximá-lo seja de um cálculo seja de uma pesagem" (AZEVEDO, Plauto Faraco de. *Aplicação do direito e contexto social*. 2. ed. São Paulo: RT, 1998. p. 96). Nesse caso, "não cabe aos juízes julgar as leis, mas julgar segundo as leis" (BODIN, Jean. *Les six livres de la répulique*. Paris: Lib. Générale Française, 1993. v. VI. p. 265).

58 "A escola da exegese deve seu nome à técnica adotada pelos seus primeiros expoentes no estudo e exposição do Código de Napoleão, técnica que consiste em assumir pelo tratamento científico o mesmo sistema de distribuição da matéria seguido pelo legislador e, sem mais, em reduzir tal tratamento a

com suporte no art. 4º,[59] que assim dispunha: "O juiz que se recusar a julgar, alegando omissão, obscuridade ou insuficiência da lei poderá ser processado como culpado de denegação de justiça".[60]

A partir daí, o pensamento jurídico ficou impregnado de formalismo e foi levado às últimas consequências (positivismo legalista), seduzido pela concepção lógico--matemática de julgar, que prometia ser infalível.[61] A repercussão disso foi tamanha que influenciou decisivamente o pensamento jurídico a partir de então (é até hoje é a base do ensino jurídico de muitas faculdades de direito do mundo ocidental),[62] passando o Código de Napoleão a representar o ponto deflagrador intenso do positivismo jurídico.

3.5. Kelsen e a ratificação científica do positivismo jurídico

A mais alta manifestação do positivismo jurídico ocorreu com Hans Kelsen, que o ratificou cientificamente já no século XX. Ao escrever a *Teoria Pura do Direito*, e sob o pálio de que a ciência do direito é ciência da razão, Kelsen desejou depurar o direito e separou (radicalmente) o mundo da natureza (que é o mundo real do *ser*) do mundo

---

um comentário, artigo por artigo, do próprio Código" (BOBBIO, Norberto. *O positivismo jurídico — lições de filosofia do direito*. São Paulo: Ícone, 2006. p. 83).

As características fundamentais da escola da exegese, relacionados por Norberto Bobbio são: a) *inversão das relações tradicionais entre direito natural e direito positivo* — em lugar de mensurar a validade do direito positivo com base na sua conformidade com o natural, afirma que este último é tanto mais relevante quanto seja consagrado pelo primeiro; b) *concepção rigidamente estatal do direito* — jurídicas são exclusivamente as normas postas pelo Estado (princípio da onipotência do legislador); c) *interpretação da lei fundada na intenção do legislador*; d) *culto do texto da lei* — o intérprete deve ser rigorosamente subordinado às disposições dos artigos do Código. Esta posição é exemplarmente expressa nas seguintes palavras de Demolombe: "A minha máxima, a minha profissão de fé é: *os textos acima de tudo!*"; e) *respeito pelo princípio de autoridade* — a justeza ou a verdade estabelecida pelo legislador não podem ser colocadas em discussão (BOBBIO, Norberto. *O positivismo jurídico* — lições de filosofia do direito. São Paulo: Ícone, 2006. p. 84-8).

59 A escola da exegese do direito fora acusada de "*fetichismo da lei*, porque considerava o Código de Napoleão como se tivesse sepultado todo o direito precedente e contivesse em si as normas para todos os possíveis casos futuros, e pretendia fundar a resolução de quaisquer questões na *intenção do legislador*" (BOBBIO, Norberto. *O positivismo jurídico — Lições de filosofia do direito*. São Paulo: Ícone, 2006. p. 77).

60 Art. 4º. Le juge qui refusera de juger, sous prétexte du silence, de l'obscurité ou de l'insuffisance de la loi, pourra être poursuivi comme coupable de déni de justice.

61 O positivismo jurídico, então, objetivou transformar o estudo do direito em uma ciência com as mesmas características das ciências físico-matemáticas, naturais e sociais.

62 "Na academia, é-lhe inoculado no cérebro todo um ensinamento teórico e positivista sem eco na prática, autossuficiente, à margem da vida" (RODRIGUES, João Gaspar. *O perfil moral e intelectual do juiz brasileiro*. Porto Alegre: Fabris, 2007. p. 184).

Aqueles que cursaram e cursam as faculdades de direito do país foram e ainda são em grande parte vítimas da formação positivista. Vale dizer, são levados a perceber apenas o que é visível, mediante o estudo direcionado unicamente às regras, sem qualquer incursão no domínio dos valores. Explica-se o direito sem preocupações políticas ou morais e, se as têm, restringe-se à situação de cidadão e não de jurista (MIAILLE, Michel. *Uma introdução crítica ao direito*. Lisboa: Moraes, 1976. p. 39).

do direito[63] (que é o mundo do juízo hipotético do *dever ser*).[64] Afastou, assim, de seu campo de investigação, todas e quaisquer referências a juízos de valor e às ideias de justiça, moral, política ou ideologia, bem como de elementos revelados pelos outros ramos do conhecimento (psicologia, sociologia, biologia, ética, teologia, etc.).[65]

A ciência do direito, sob a visão de Kelsen, deveria preocupar-se única e exclusivamente com a legalidade. Para ele, o direito é norma, e o único objeto da ciência jurídica é o conhecimento da norma,[66] que não passa de uma técnica social utilizada para influenciar a conduta humana, independentemente de guardar algum valor.[67] A norma adquire validade (unicamente) em razão de sua estrutura formal (formalismo jurídico).[68] Ação justa, por isso, nada mais é do que o cumprimento do dever imposto pela norma,[69] qualquer que seja esta, qualquer que seja seu conteúdo.[70]

3.6. Instrumentalização do positivismo jurídico

Largamente disseminados nas escolas de direito, os fundamentos teóricos do positivismo jurídico (alguns deles fazem parte do inconsciente coletivo)[71] foram

---

63 Antes de Kelsen, e como seu precursor, John Austin (1790-1859), fundador da Escola Analítica de Jurisprudência, já sustentava a redução do objeto da ciência jurídica ao direito positivo, sem qualquer abordagem alusiva à justiça.

64 Segundo a lei natural, os acontecimentos da vida sucedem um ao outro (*ser*). A norma jurídica não trilha exatamente essa noção. Ela fixa, unicamente, como se deve comportar o homem (*dever ser*), sem levar em conta qualquer juízo de valor.

65 Goffredo Telles Júnior resume o pensamento de Kelsen da seguinte forma: "o direito é *dever ser*; mas este *dever ser*, para a ciência jurídica, é considerado em si mesmo, e não em relação a qualquer ordem dita 'superior' (como seja a ordem do direito natural ou o ideal da justiça). Eis porque, para a ciência jurídica, o *dever ser é o ser do direito*. A Teoria Pura acredita assegurar, assim, sua posição anti-ideológica, ao isolar o estudo do direito de toda e qualquer pesquisa sobre a moral e a justiça" (TELLES JÚNIOR, Goffredo. *A criação do direito*. 2. ed. São Paulo: Juarez de Oliveira, 2004. p. 192-3).

Interessante notar, porém, que na *Teoria geral das normas* (obra póstuma), Kelsen reformulou vários conceitos. A norma fundamental, por exemplo, à qual atribuíra a qualificação de hipotética, passou a concebê-la como ficção (KELSEN, Hans. *Teoria geral das normas*. Porto Alegre: Fabris, 1986. p. 329). A norma como juízo hipotético de dever-ser passou a ser vista "como um ato de vontade, um imperativo". O dever-ser é o sentido de um querer, de um ato de vontade dirigido à conduta de outrem, para que se conduza de determinado modo (KELSEN, Hans. *Teoria geral das normas*. Porto Alegre: Fabris, 1986. p. 2-3).

66 O conhecimento do jurista se restringe à análise formal interna e dinâmica das normas.

67 Por essa forma, não cabe ao jurista perguntar se a aplicação da norma resultará bem-estar ou malefício social, ou se a fonte que as produz é legítima ou ilegítima.

68 A preocupação está centrada na legalidade (*lógica-formal*), e não na justiça (*valor*). A norma vale porque foi criada por uma autoridade que, segundo a Constituição, tem competência para editar normas jurídicas.

69 O direito adquire validade segundo o modo como se produz, e não segundo o que estabelece.

70 O juiz cumpre e esgota o seu papel mediante uma operação lógico-dedutiva de submissão dos fatos à norma.

71 "O inconsciente coletivo é uma parte da psique que pode distinguir-se de um inconsciente pessoal pelo fato de que não deve sua existência à experiência pessoal, não sendo portanto uma aquisição pessoal. Enquanto o inconsciente pessoal é constituído essencialmente de conteúdos que já foram conscientes e no entanto desapareceram da consciência por terem sido esquecidos ou reprimidos, os conteúdos do inconsciente coletivo nunca estiveram na consciência e portanto não foram adquiridos

instrumentalizados no mundo empírico mediante certas atitudes, comportamentos e simbolismos como:

a) *considerar todas as pessoas livres e absolutamente iguais*. Considerar todas as pessoas absolutamente iguais significa dizer que elas estão dotadas das mesmas necessidades, independentemente das diferenças concretas entre elas. Parte-se, então, da noção de que a sociedade é homogênea (sem desigualdades) e, por isso, a lei tem de ser aplicada da mesma forma para todos (*lei genérica e abstrata*),[72] evitando-se, assim, os favores e privilégios. Não há como pensar, sob essa perspectiva, na aplicação da lei segundo as particularidades do caso concreto (a lei deve ser igualmente aplicada a todos);

b) *considerar a lei fonte única do direito*.[73] Por ser manifestação direta do poder soberano do Estado, somente a lei é fonte do direito (princípio da legalidade — CF, 5º, II);

A razão de encarar a lei como fonte única do direito, entretanto, decorreu de fato histórico. Quando os burgueses fizeram sua revolução e tomaram a bastilha, tiveram de conviver com os juízes do antigo regime (cujos cargos eram comprados ou adquiridos por herança), reconhecidamente imorais, corruptos e comprometidos com o poder feudal. A legalidade estrita e a exegese dogmática, então, surgiram como alguns dos mecanismos para frear os desmandos da tradição jurídica da época.[74] Desse modo, reduziu-se o direito à lei, considerada esta a norma jurídica aprovada com a cooperação

---

individualmente, mas devem sua existência apenas à hereditariedade. Enquanto o inconsciente pessoal consiste em sua maior parte de *complexos*, o conteúdo do inconsciente coletivo é constituído essencialmente de *arquétipos*". O conceito de arquétipo, por sua vez, "que constitui um correlato indispensável da ideia do inconsciente coletivo, indica a existência de determinadas formas na psique, que estão presentes em todo tempo e em todo lugar. A pesquisa mitológica denomina-as 'motivos' ou 'temas'; na psicologia dos primitivos elas correspondem ao conceito das *représentations collectives* de Levy-Brühl e no campo das religiões comparadas foram definidas como 'categorias da imaginação' por Hubert e Mauss. Adolf Bastian designou-as bem antes como 'pensamentos elementares' ou 'primordiais'" (JUNG. Carl Justav. Os arquétipos e o inconsciente coletivo. 6. ed. Petrópolis: Vozes, 2008. p. 53).

72 Segundo a: a) *generalidade* — a lei não deve tomar em consideração alguém especificamente, garantindo, assim, a imparcialidade do poder diante dos cidadãos; e b) *abstração* — a lei não deve tomar em consideração situação específica, garantindo-se, assim, a estabilidade do ordenamento jurídico.

73 São "fontes do direito aqueles fatos ou aqueles atos aos quais um determinado ordenamento jurídico atribui a competência ou a capacidade de produzir normas jurídicas" (BOBBIO, Norberto. *O positivismo jurídico* — lições de filosofia do direito. São Paulo: Ícone, 2006. p. 161).

74 A Lei Revolucionária de agosto de 1790 afirmou expressamente que: a) "os tribunais judiciários não tomarão parte, direta ou indiretamente, no exercício do poder legislativo, nem impedirão ou suspenderão a execução das decisões do poder legislativo..." (Título II, art. 10); b) os tribunais "reportar-se-ão ao corpo legislativo sempre que assim considerarem necessário, a fim de interpretar ou editar uma nova lei" (Título II, art. 12); c) "as funções judiciárias são distintas e sempre permanecerão separadas das funções administrativas. Sob pena de perda de seus cargos, os juízes de nenhuma maneira interferirão com a administração pública, nem convocarão os administradores à prestação de contas com respeito ao exercício de suas funções" (Título II, art. 12) (CAPPELLETTI, Mauro. Repudiando Montesquieu? A expansão e a legitimidade da justiça constitucional. In: *Revista da Faculdade de Direito da UFRGS*, v. 20, p. 272).

da representação popular que, por isso, adquire validade intrínseca (a lei vale por força da autoridade da sua fonte de produção) independentemente de seu conteúdo. Vale, pois, como ordem, e não por qualidades morais e lógicas (Hobbes).

O sistema brasileiro:

(i) de ensino do direito, como regra, não produz seres pensantes que valoram a norma. Não permite o despertar da consciência, sendo eficaz, apenas, em doutrinar para a confiança e reverência pelo que está posto. Como ressalta António Homem, um dos triunfos do positivismo na teoria do direito foi "afastar do ensino jurídico o estudo do direito natural e da teoria da justiça, demonstrando a validade de uma observação de Engisch: a lei ao jurista e o direito ao filósofo do direito";[75]

(ii) de recrutamento dos juízes (concurso público) testa unicamente a capacidade de memorização (armazenamento) de informações legais. Busca selecionar, então, o melhor técnico possível. Pessoa asséptica, legalista, estacionária, que saiba asfixiar concepções intelectuais inovadoras, que ignore as contingências da vida prática, que saiba acatar ordens e cumprir deveres e, sem mobilidade, trabalhe sobre conceitos pré-constituídos, repousando serenamente no leito da lei. Despreza-se, assim, a consciência e o significado espiritual quanto aos valores sociais, morais e de justiça que o candidato a juiz possa ter;

c) *considerar o direito (norma) como fato (e não como valor)*. Sob essa perspectiva, o direito passou a ser visto como um conjunto de fatos, de fenômenos ou de dados sociais em tudo análogos àqueles do mundo natural. A justiça, nessa concepção, é um ideal irracional, inacessível ao conhecimento.[76] Assim, do mesmo modo que o cientista estuda a realidade natural, o juiz aplica o direito abstendo-se de formular juízos de valor[77] (*direito avalorativo, ontológico — neutralidade axiológica*);[78]

---

75 HOMEM, António Pedro Barbas. *O justo e o injusto*. Lisboa: Associação Acadêmica da Faculdade de Direito de Lisboa, 2005. p. 10.

76 A fórmula de Rousseau, de que a *lei é expressão da vontade geral*, foi tomada ao pé da letra pelo *positivismo jurídico*. Daí que a vontade do povo, manifestada por meio de seus representantes, tem força de lei independentemente da justiça ou injustiça de seu conteúdo. "Mas quando se admite que a vontade geral faça a lei, sem se preocupar com o justo cuja preexistência se nega, a lei passa a ser no fundo o que a maioria parlamentar deseja" (FERREIRA FILHO, Manoel Gonçalves. *Direitos humanos fundamentais*. 10. ed. São Paulo: Saraiva, 2008. p. 110).

77 A atuação do juiz, portanto, não é de natureza crítica. "Ao operar no plano da Ciência do Direito, o cientista tão somente cogita dos juízos de constatação, a fim de apurar as determinações contidas no conjunto normativo. É irrelevante, nesse momento, qualquer consideração sobre o valor justiça, pois a disciplina se mantém alheia aos valores" (NADER, Paulo. *Introdução ao estudo do direito*. 9. ed. Rio de Janeiro: Forense, 1994. p. 11-2).

78 Na linguagem juspositivista, o termo direito é absolutamente avalorativo, isto é, "privado de qualquer conotação valorativa ou ressonância emotiva: o direito é tal que prescinde do fato de ser bom ou mau, de ser um valor ou um desvalor" (BOBBIO, Norberto. *O positivismo jurídico — lições de filosofia do direito*. São Paulo: Ícone, 2006. p. 131).
Bobbio esclarece que *juízo de fato* compreende "a *tomada de conhecimento da realidade*, visto que a formulação de tal juízo tem apenas a finalidade de *informar*, de comunicar a um outro a minha constatação".

Essa ausência de juízo de valor constitui característica fundamental das ciências,[79] uma vez que prima pelo conhecimento puramente objetivo.[80] Se o direito, então, tem de ser visto como ciência, o jurista tem de renunciar a se colocar diante da realidade das coisas e não deve tomar atitudes fundadas na moral, cumprindo-lhe, também, abandonar quaisquer concepções teleológicas (finalistas).[81] Em síntese, deve excluir toda e qualquer qualificação fundada em juízo de valor que comporte a distinção do direito em bom ou mau, justo ou injusto.

Com isso, o direito adquire validade unicamente pela sua estrutura formal (*aspecto externo*), sendo irrelevante o seu conteúdo (*aspecto interno — substancial*). Vale dizer: afirmar a validade do direito não importa afirmar o seu valor (*teoria da validade do direito, ou teoria do formalismo jurídico — valoriza-se a lógica em detrimento da axiologia*).[82] O conceito de valor, então, fica reduzido ao de validade.[83]

d) *dar por completo o ordenamento jurídico*.[84] Afirmar a completude do ordenamento jurídico significa negar a existência de lacunas na lei.[85] Assim, cada norma que

---

O *juízo de valor*, entretanto, representa "uma *tomada de posição frente à realidade*, visto que sua formulação possui a finalidade não de informar, mas de *influir* sobre o outro, isto é, de fazer com que o outro realize uma escolha igual à minha e, eventualmente, siga certas prescrições minhas" (BOBBIO, Norberto. *O positivismo jurídico* — lições de filosofia do direito. São Paulo: Ícone, 2006. p. 135).

79 A característica base das ciências é a avaloratividade. Vale dizer: a ciência distingue juízos de fato de juízos de valor e exclui estes de seu campo de estudo. O "cientista moderno renuncia a se pôr diante da realidade com uma atitude moralista ou metafísica, abandona a concepção teleológica (finalista)" e procura compreender a realidade "com base numa concepção puramente experimental (que nos seus primórdios é uma concepção mecanicista)" (BOBBIO, Norberto. *O positivismo jurídico* — lições de filosofia do direito. São Paulo: Ícone, 2006. p. 135-6).

80 "Ao jurista caberia tão só conhecer e aplicar as normas jurídicas, não lhe incumbindo valorizá-las, o que seria o mister do filósofo do direito, ou perquirir seus efeitos sociais reais, o que tocaria ao sociólogo do direito, realizando-se a atuação de cada um em sua respectiva órbita de atuação, segundo limites implicitamente admitidos por todos, constitutivos do modelo de cientificidade positivista" (AZEVEDO, Plauto Faraco de. *Aplicação do direito e contexto social*. 2. ed. São Paulo: RT, 1998. p. 14).

81 Em nome da cientificidade, o positivismo declara não científica toda a contemplação valorativa do direito (RADBRUCH, Gustav. *Filosofia do direito*. 4. ed. Coimbra: Armênio Amado, 1961. v. 1. p. 83).

82 A interpretação da norma se restringe à fixação do seu sentido e das várias possibilidades que existem dentro dela. O problema do saber qual das possibilidades existentes é justa é problema que escapa ao conhecimento jurídico; não é um problema de teoria, mas de política do Direito (KELSEN, Hans. *Teoria pura do direito*. São Paulo: Saraiva, 1939. p. 84).

83 Importante, então, é fazer a ditinção entre *validade do direito* e *valor do direito*, tomando-se o contrário de cada uma dessas expressões: a) o contrário de validade é invalidade; e b) o contrário de valor (justiça) é desvalor (injustiça).

84 Segundo Bobbio, a completitude do ordenamento jurídico "representa o ponto central, o coração do coração" do positivismo jurídico e está "estreitamente ligada ao princípio da *certeza do direito*, que é a ideologia fundamental deste movimento jurídico" (BOBBIO, Norberto. *O positivismo jurídico* — lições de filosofia do direito. São Paulo: Ícone, 2006. p. 207).

85 "O positivismo não se preocupava com o conteúdo da norma, uma vez que a validade da lei estava apenas na dependência da observância do procedimento estabelecido para a sua criação. Além do mais, tal forma de pensar o direito não via lacuna no ordenamento jurídico, afirmando a sua plenitude. A lei, compreendida como corpo de lei ou como Código, era dotada de plenitude e, portanto, sempre

estabelece uma dada regulamentação é sempre acompanhada de outra norma nela implícita que exclui todos os atos não previstos.[86] Característica expressiva da completude (nada há nada para acrescentar ou retirar do ordenamento jurídico) são as codificações.[87] "A miragem da codificação é a completude: uma regra para cada caso. O código é para o juiz um prontuário que lhe deve servir infalivelmente e do qual não pode afastar-se";[88]

e) *não questionar dogmas*. Não devem ser postos em dúvida dogmas e a experiência do passado (rotinas, preconceitos, domesticidades);

f) *interpretar mecanicamente a lei*. Ao interpretar a norma, deve-se fazer prevalecer o elemento declarativo sobre o criativo.[89] O dever do intérprete, por isso, é de conservação e não de criação do direito.[90] Ele até pode fazer reflexões psicológicas ou sociológicas. Contudo, nunca deverá servir-se disso na sua construção conceitual normativa.[91] Nada acrescenta, portanto, ao fenômeno jurídico.[92] De acordo

---

teria que dar resposta aos conflitos de interesses" (MARINONI, Luiz Guilherme. *Teoria geral do processo*. São Paulo: RT, 2006. p. 30).

86 Uma "norma que regula um comportamento não só limita a regulamentação e, portanto, as consequências jurídicas que desta regulação derivam para aquele comportamento, mas ao mesmo tempo *exclui* daquela regulamentação todos os outros comportamentos. Uma norma que proíba fumar exclui da proibição, ou seja, permite, todos os outros comportamentos que não sejam fumar. Todos os comportamentos não compreendidos na norma particular são regulados por uma *norma geral exclusiva*, isto é, pela regra que exclui (...). Poder-se-ia dizer, também, que as normas nunca nascem sozinhas, mas aos pares: cada norma particular, que podemos chamar de inclusiva, está acompanhada, como se fosse sua própria sombra, pela norma geral exclusiva" (BOBBIO, Norberto. *Teoria do ordenamento jurídico*. 10. ed. Brasília: UNB. p. 133).

87 Segundo Bobbio, Siéyes, defensor da codificação do direito, afirmava que com a vigência desta "o procedimento judiciário consistiria somente de um *juízo de fato* (isto é, em assegurar que fossem verificados os fatos previstos pela lei), visto que o direito se tornaria tão claro que a *quaestio juris* (a saber, a determinação da norma jurídica a ser aplicada no caso em exame) não apresentaria qualquer dificuldade, já que todas as questões de direito que o juízo tradicionalmente comportava (e que exigiam a intervenção de técnicos do direito) eram exclusivamente fruto da multiplicidade e da complicação irracional das leis" (BOBBIO, Norberto. *O positivismo jurídico* — lições de filosofia do direito. São Paulo: Ícone, 2006. p. 67).

88 BOBBIO, Norberto. *Teoria do ordenamento jurídico*. 10. ed. Brasília: UNB. p. 121.

89 O "positivismo jurídico sustenta a *teoria da interpretação mecanicista*, que na atividade do jurista faz prevalecer o elemento declarativo sobre o produtivo ou criativo do direito (empregando uma imagem moderna, poderíamos dizer que o juspositivismo considera o jurista uma espécie de robô ou de calculadora eletrônica)" (BOBBIO, Norberto. *O positivismo jurídico* — lições de filosofia do direito. São Paulo: Ícone, 2006. p. 133).

90 A Constituição da República do Rio Grande do Sul, de 8.2.1843 atribuía à Assembleia-Geral a função de interpretar a leis (art. 14, § 2º).

91 O positivismo jurídico "não apenas aceitou a ideia de que o direito deveria ser reduzido à lei, mas também foi o responsável por uma inconcebível simplificação das tarefas e das responsabilidades dos juízes, promotores, advogados, professores e juristas, limitando-as a uma aplicação mecânica das normas jurídicas na prática forense, na universidade e na elaboração doutrinária" (MARINONI, Luiz Guilherme. *Teoria geral do processo*. São Paulo: RT, 2006. p. 30)

92 Os positivistas creem que o "legislador é o único que inova na ordem jurídica, criando a norma que vai integrar um sistema ordenado, completo e justo. Para sua aplicação querem um juiz servo da lei, imparcial, desideologizado. A interpretação é atividade secundária, só presente quando a lei não é clara; segue

com essa concepção, cumpre ao juiz, então, não ser mais que a boca que repete as palavras da lei;[93]

O compromisso de zelar pela interpretação mecanicista é legalmente exigido do juiz brasileiro. O art. 79 da LC n. 35/1979 estabelece que o juiz, no ato da posse, *prestará o compromisso de desempenhar com retidão as funções do cargo, cumprindo a Constituição e as leis*.[94]

g) *adotar comportamento ideologicamente neutro pelo juiz*. O juiz não tem compromisso com a justiça. Seu compromisso é com a lei. Daí por que deve ser indiferente às consequências de suas decisões (se justas ou injustas), desde que imponha a força da lei[95] (*dura lex, sed lex* — a lei é dura mas é a lei; *durum ius, sed ita lex scripta est* — o direito é duro, porém, assim foi escrita a lei; *lex quamdiu dura servanda est* — conquanto dura, a lei deve ser obedecida).[96] A venda nos olhos da figura justiça, então, ganha novo significado: o da irresponsabilidade do juiz. Se injustiça há, não foi ela praticada pelo juiz, mas pelo legislador;[97]

h) *julgar mediante raciocínio silogístico*. Silogisticamente, a lei deve ser a premissa maior, os fatos, a premissa menor e a conclusão a adequação dos fatos à lei;[98]

i) *isolamento do juiz*. Cabe ao juiz ficar distante das questões triviais para não se contaminar com as fraquezas terrenas. O juiz deve ser cego e surdo ao angustiante

---

métodos que levam ao conhecimento da vontade da lei ou do legislador, para o que a lógica formal é um bom instrumento" (AGUIAR JÚNIOR, Ruy Rosado de. Interpretação. In: *Revista Ajuris*, Porto Alegre, 16 (45), mar. 1989. p. 11).

93 O juiz é "la bouche qui prononce les paroles de la loi ; des êtres inanimés qi n'en peuvent modérer ni la force, ni la rigueur" (Montesquieu. *De l'Esprit des Lois*, livro XI, cap. VI).

94 Na esteira positivista, assim também preconiza o Estatuto da OAB, no art. 34. Constitui infração disciplinar: VI – advogar contra literal disposição de lei, presumindo-se a boa-fé quando fundamentado na inconstitucionalidade, na injustiça da lei ou em pronunciamento judicial anterior.

95 As pessoas devem se adaptar à lei. Daí por que a atividade do juiz limita-se a compreender o significado da norma e nela enquadrar os fatos sem se importar com as consequências daí advindas.

96 Tomando por empréstimo o pensamento de d'Aguesseau, citado por Roger Perrot, pode-se dizer que enquanto o jurisdicionado espera do juiz sentenças do coração, estes, guiados pela neutralidade, somente podem oferecer sentenças de direito (PERROT, Roger. Crise du juge et contentieux judiciaire civil en droit français. In: *La crise du juge*. Paris: Lenoble, 1996. p. 37).

97 "Quem tiver uma concepção positivista do direito nada mais verá no direito do que a lei. Identificará mesmo direito e lei. Então, tudo se torna singelo. Sendo a *lei injusta, por falta de critério do legislador ou por revelar-se inadequada às exigências do caso concreto (são duas as hipóteses)*, cause bem ou mal-estar social sua aplicação, tudo isto será irrelevante ao mecanicismo a presidir o raciocínio do intérprete. Por essa forma, exime-se o Juiz de toda responsabilidade: aplicando a lei, julgará ter cumprido seu dever. Tal postura poderá eventualmente ser-lhe apaziguante, evitando o incômodo da dúvida. Mas os destinatários da interpretação e consequente aplicação ver-se-ão frustrados em suas expectativas, o que é sempre mau para a estabilidade da ordem jurídica" (AZEVEDO, Plauto Faraco. Rumo a uma hermenêutica material. In: *Revista AJURIS*, Porto Alegre, ano XV, v. 43, jul. 1988. p. 44).

98 "Qualquer ser humano que tenha experimentado o ofício de julgar — e todos julgam, só que nem todos são obrigados por lei, como o juiz, a expor os motivos de seu julgamento — sabe que o convencimento vem primeiro. Depois é que se procura argumento para justificá-lo" (NALINI, José Renato. *A rebelião da toga*. 2. ed. Campinas: Millennium, 2008. p. 322).

clamor por justiça.[99] Próximo do povo, o juiz "perceberá com clareza a angústia popular e ficará contaminado por ela. E perto do oprimido, contagiado pelo seu sofrimento, evidente que tomará opção por ele. A solução encontrada é deixar o juiz só, fora do mundo, distante dos conflitos sociais, para não se dar conta do que acontece na história. Um Juiz desse tipo será, evidentemente, um frio aplicador da lei";[100]

j) *reprimir a emoção e o sentimento*.[101] Emoção e sentimento impedem o adequado funcionamento da razão, devendo o juiz, portanto, reprimi-los. Representa muito bem esse dever a seguinte afirmação de Diderot: a sensibilidade "é, a meu ver, aquela disposição companheira da fraqueza dos órgãos, consequência da mobilidade do diafragma, da vivacidade da imaginação, da delicadeza dos nervos, que inclina alguém a compadecer, fremir, admirar, temer, perturbar-se, chorar, desmaiar, socorrer, fugir, gritar, perder a razão, exagerar, desprezar, desdenhar, não ter nenhuma ideia precisa do verdadeiro, do bom, do belo; é ser injusto, ser louco".[102]

Não se deve, então, pensar com emoção. Os sentimentos não são permitidos. O homem de sentimento é considerado fraco, infantil, imaturo. Importante não é o coração, mas a cabeça. Seja prático! Seja duro! Não mostre suas limitações humanas!

Já notaram que as pessoas de cultura teórica e os chefes são chamados de cabeça e que o uso da toga simboliza a repressão da emoção, uma vez que por meio dela deixa-se visível unicamente a cabeça do juiz, onde se situa seu cérebro, órgão da razão?

3.7. Segurança jurídica estática

A segurança jurídica estática (previsibilidade e constância na aplicação do direito) é o pilar de maior sustentação das ideias positivistas, uma vez que garante a estabilidade da ordem e das relações jurídicas, permitindo a elaboração e a realização de projetos de vida.

A certeza (confiabilidade) do direito, por isso, sobreleva à retidão porque "a vida contenta-se melhor com um direito certo, embora com menos possibilidade de ser reto, do que com um direito que lhe ofereça largas virtudes de retidão, mas só à custa de menor certeza".[103]

---

99 Segundo Verônica Ferreira, os magistrados brasileiros têm a imagem de pessoas rígidas, poderosas e privadas de humor e sentimento (FERREIRA, Verônica A. M. César. Mudada a imagem, muda-se a realidade. In: *Boletim Juízes para a Democracia*, n. 14, ano 4, 1998. p. 6).

100 CARVALHO, Amilton Bueno de. *Teoria e prática do direito alternativo*. Porto Alegre: Síntese, 1998. p. 20.

101 Emoção é "um complexo estado de sentimentos, com componentes somáticos, psíquicos e comportamentais, relacionados ao afeto e ao humor" (KAPLAN, H. I.; SADOCK, B. J. *Compêndio de psiquiatria*. Porto Alegre: Artmed, 1993. p. 230). O afeto é a parte visível (exterior) da emoção: gestos, voz etc. O humor é a parte invisível (interior) da emoção. Dele somente tomamos conhecimento questionando a pessoa.

102 DIDEROT, Denis. *Paradoxe sul le comédien en ouvres esthétiques*. Paris: Paul Vernière, 1967. p. 365.

103 ANDRADE, Manoel de. *Ensaio sobre a teoria da interpretação das leis*. Coimbra: Américo Amado, 1987. p. 54-5.

3.8. Consequências derivadas do positivismo jurídico

O positivismo jurídico transmite como herança, entre outros:

a) *a igualdade formal*. Partindo-se da ideia de sociedade homogênea, formada por pessoas absolutamente iguais e dotadas das mesmas necessidades (como forma de não discriminar), se estabelece uma igualdade formal (igualdade perante a lei);

A sociedade, porém, não é homogênea. Ao contrário, é heterogênea e multicultural e todos participam de redes de relações, em que as culturas influenciam e são influenciadas. As pessoas não são absolutamente iguais e dotadas das mesmas necessidades. Há desigualdades reais. Desse modo, ao aplicar a lei (genérica e abstrata) de modo igual a todos (sem levar em conta as desigualdades) se produz mais desigualdade.

b) *a obediência cega à lei*, uma vez que não há compromisso do juiz com a justiça.[104] Essa atitude, desenvolvida na França do século XVIII para garantir a segurança jurídica diante dos excessos cometidos pelos juízes num momento em que se lutava para fazer prevalecer o parlamento, não é mais necessária e nem se justifica na concepção moderna (atual) da sociedade;[105]

Além disso, a postura de um juiz meramente legalista e servil[106] é cômoda e irresponsável.[107] Cômoda porque bastará seguir as prescrições formais. Tem-se, então, um juiz previsível, burocrata e hermético.[108] Irresponsável porque não há

---

104 É mais fácil, assim, seguir "o caminho de menores obstáculos, sempre nadando a favor e ajustados à correnteza" (INGENIEROS, José. *O homem medíocre*. São Paulo: Quartier Latin, 2004. p. 151).
"O positivismo pretendeu ser uma *teoria* do Direito, na qual o estudioso assumisse uma atitude cognoscitiva (de conhecimento), fundada em juízos de fato. Mas acabou se convertendo em uma *ideologia*, movida por juízos de valor, por ter-se tornado não apenas um modo de *entender* o Direito, mas também de *querer* o Direito. Em diferentes partes do mundo, o fetiche da lei e o legalismo acrítico, subprodutos do positivismo jurídico, serviram de disfarce para autoritarismos de matizes variados. A ideia de que o debate acerca da justiça se encerrava quando da positivação da norma tinha um caráter legitimador da ordem estabelecida. Qualquer ordem" (BARROSO, Luís Roberto. *Curso de direito constitucional contemporâneo*. São Paulo: Saraiva, 2009. p. 241).

105 "É preciso, hoje, rejeitar, afastar o exegetismo e todas as demais expressões do positivismo jurídico, na medida em que, preconizando a mera subsunção da lei, no trabalho de aplicação, a bem dizer, nega a hermenêutica" (AZEVEDO, Plauto Faraco. Rumo a uma hermenêutica material. In: *Revista AJURIS*, Porto Alegre, ano XV, v. 43, jul. 1988. p. 38).

106 "O costume de obedecer cria uma mentalidade doméstica; o que nasce de servos a carrega no sangue, segundo Aristóteles. Herda hábitos servis e não encontra ambiente propício para formar um caráter. As vidas nascidas na servidão não adquirem dignidade" (INGENIEROS, José. *O homem medíocre*. São Paulo: Quartier Latin, 2004. p. 161).

107 "O apego à letra da lei, além do servilismo subjacente, põe em relevo uma mentalidade reducionista, estreita, asséptica e primitiva" (RODRIGUES, João Gaspar. *O perfil moral e intelectual do juiz brasileiro*. Porto Alegre: Fabris, 2007. p. 35).

108 "O juiz não é um autômato, nem um burocrata, nem um servo cego do ordenamento. Ao contrário, é qualificado intérprete de um contexto normativo propiciador da realização da verdadeira justiça. Ou, pelo menos, do justo mais próximo ao ideal de justiça acalentado por ele e pela comunidade a que serve" (NALINI, José Renato. *A rebelião da toga*. 2. ed. Campinas: Millennium, 2008. p. 299).

preocupação alguma com a justiça da decisão. Toda responsabilidade é atribuída ao legislador.[109]

c) *o formalismo excessivo*. Por conta da autonomia científica do processo, privilegia-se a postura teórica, a abstração filosófica e científica, a mecânica exegética, estilística e interpretativa. Isso importa no excessivo apego a fórmulas (padrões). Os juristas, então, aplicam o direito pelo direito, em detrimento da efetividade, das particularidades e das mudanças e inovações da realidade na direção evolutiva;[110]

Como diziam os romanos, porém, *triplex est injustitia fons: vis mera, iliaqueatio malitiosa, praetextu legis et acerbitas ipsius legis* (tríplice é a fonte de injustiça: a pura força, o engano malicioso sob o pretexto da lei e o rigor da lei).

O formalismo nada mais representa do que o desejo do perfeccionismo, da precisão. Trata-se, como explica a psicanálise, de um mecanismo de fugir da realidade e fazer atuar a visão de mundo ideal. O ritualismo estéril faz com que a razão pura se sobreponha à emoção. E isso produz a (falsa) sensação de onipotência de que é possível domar o mundo real. Desse modo, elimina-se qualquer possibilidade de sofrimento com a constatação das imperfeições humanas.

d) *uma visão deformada do mundo*, em que tudo está conceituado,[111] classificado[112] e enquadrado.[113] A experiência judiciária, porém, demonstra que não é possível

---

109 "Para que o jurista possa buscar soluções ao quadro político-jurídico presente, precisa desvestir a couraça positivista que lhe veste o ensino tradicional, tornando-o, em nome da ciência pela ciência, insensível ao clamor dos desvalidos e surdo às lições e advertências da história. O jurista, visto como técnico a serviço de uma ordem jurídica dita neutra, em verdade é formado para ser o ordenador do poder instituído, seja ele qual for. Preparado para nada contestar, torna-se incapaz de colaborar de modo efetivo na construção da democracia, que passa necessariamente pelo adequado encaminhamento dos problemas suscitados pela justiça distributiva, reclamando pensamento aberto, habituados ao confronto e discussão de ideias contrárias, capazes de compreender o presente e planejar o futuro" (AZEVEDO, Plauto Faraco de. *Aplicação do direito e contexto social*. 2. ed. São Paulo: RT, 1998. p. 65).

110 "A dogmática, quando sacralizada, fechada, rígida, maciça, impenetrável aos valores, distancia o direito do povo, artificializa-se, esteriliza-se, mais servindo ao prazer intelectual de mentalidades lógico-matemáticas, envolvidas em abstratas elocubrações cerebrinas, do que aos fins verdadeiros e últimos do direito. O exercício de deduzir ou induzir o direito passa a ser um fim em si" (PEREIRA, Sérgio Gischkow. Interpretação jurídica e aplicação do direito. In: *Revista AJURIS*, Porto Alegre, ano X, v. 27, mar. 1983. p. 181).

111 O conceitualismo puro leva a ver o direito como um *ser em si*, constituído de normas que se autoexplicam. A ênfase no trato prevalentemente conceitual do direito aguça sua função conservadora, "privilegiando-a em excesso, levando a esquecer a importância de sua função transformadora, sempre reclamada pela evolução social" (AZEVEDO, Plauto Faraco de. *Aplicação do direito e contexto social*. 2. ed. São Paulo: RT, 1998. p. 121-2). A concepção conceitualista é alienante, uma vez que conduz à manutenção do *statu quo*, ainda que a dinâmica da vida o tenha tornado insustentável. Tal atitude, no afã de objetividade estrita, leva "o jurista a exacerbar o culto dos textos legais, com *progressiva perda de contato com a realidade histórica e os valores ideais (...) esterilizando-se em esquemas fixos, enquanto a vida*" prossegue, "sofrendo aceleradas mutações em seus centros de interesse" (REALE, Miguel. *Teoria tridimensional do direito*. São Paulo: Saraiva, 1968. p. 14-5).

Os positivistas, na verdade, confundem *precisão conceitual* como necessidade de transmitir uma ideia com conceito pelo conceito. E isso provoca uma ruptura com a realidade, ou melhor, reduz a realidade ao conceito que, por fim, é considerado como única e principal realidade. Perde-se, então, a verdadeira

aprisionar os infinitos e imprevisíveis acontecimentos da vida em textos legais.[114] Demonstra, também, que a ideia científica pura leva o juiz a compartimentalizar o direito (em si) como especialização, em completa ignorância da realidade e das outras ciências (rigidez mental),[115] desligando-se, desse modo, das causas do direito;[116]

Não há, porém, como cultivar o direito sem levar em conta a vida atual,[117] caracterizada pela rápida mobilidade.[118] Esse alerta, aliás, foi dado pela Suprema Corte dos Estados Unidos da América, ainda no Século XIX, ao dizer que não é "possível julgar com justiça aplicando a lei em seu estrito sentido literal, ignorando a mudança

---

conexão ideia-realidade. Por isso deve-se, sempre, perquirir os motivos e finalidades da norma que aparentemente seja aplicável ao caso. Não pode o juiz se ater unicamente aos conceitos jurídicos, pois, como dizia Jhering "a vida não existe para os conceitos, mas os conceitos para a vida" (JHERING, Rudolf Von. *L'esprit du droit romain*. 3. ed. Paris: Maresq, 1886. v. 4. p. 311).

112 Acostuma-se, pois, a ver somente uma parte da realidade, e "quem vê parte não vê o todo; mas quem vê o todo (ou o uno) vê todas as partes dele. Quem faz de uma parte o todo, totaliza aquela parte da realidade, tem uma visão parcial e, portanto, distorcida do universal" (SOUZA, Carlos Aurélio Mota de. As tendências contemporâneas da ideologia e práticas jurídicas. In: ZIMERMAN, David; COLTRO, Antonio Carlos Mathias (Coords.). *Aspectos psicológicos na prática jurídica*. Campinas: Millenium, 2002. p. 3).

113 "O homem procura ordenar o universo desde a primeira vez que, deitado sobre a relva, vislumbrou as estrelas numa noite clara. Dá nomes aos fenômenos, às plantas e aos animais; reduz os eventos naturais a fórmulas matemáticas; classifica, etiqueta, organiza e cria sistemas explicativos. Mantém a sensação de que seus meios de cognição do universo, calcados nas diversas formas de sua classificação, podem ser completos" (FAVA, Marcos Neves. *Execução trabalhista efetiva*. São Paulo: LTr, 2009. p. 59).

114 Segundo Recaséns Siches, não é pela análise conceitual que encontramos soluções para as situações reais da vida que se apresentam. A solução deve ser encontrada pela ponderação, compreensão e avaliação dos resultados práticos que a aplicação da norma produziria naquela situação real. Não se deve esquecer que "uma norma jurídica é um pedaço de vida humana objetivada, que, enquanto esteja vigente, é revivida de modo atual pelas pessoas que a cumprem ou aplicam, e que, ao ser revivida, deve experimentar modificações para ajustar-se às novas realidades em que e para que é revivida" (SICHES, Luís Recaséns. *Nueva filosofía de la interpretación del derecho*. 2. ed. México: Porrúa, 1973. p. 275-6).

115 No âmbito do direito processual, transparece uma consideração particularmente grave, "notando-se a tendência a ver o processo não como meio eficaz de solução de problemas emergentes do inter-relacionamento humano, mas como fim em si mesmo. Daí o surgimento de toda uma legião de *procedimentalistas*, sempre pronta à discussão no plano conceitual, em que medram distinções e subdistinções sibilinas, convocada sempre que se pretende postergar a solução judicial" (AZEVEDO, Plauto Faraco de. *Aplicação do direito e contexto social*. 2. ed. São Paulo: RT, 1998. p. 121-2).

116 "É preciso evitar o vezo persistente de se apresentar as doutrinas e teorias jurídicas desligadas de suas condicionantes sociais e políticas, para que não apareçam como puras construções do espírito (...)" (AZEVEDO, Plauto Faraco. Rumo a uma hermenêutica material. In: *Revista AJURIS*, Porto Alegre, ano XV, v. 43, jul. 1988. p. 42).

117 "Talvez em virtude de trabalhar com uma só dimensão do tempo — o passado —, o Judiciário tem-se mostrado incapaz de planejar, voltando-se para o futuro" (NALINI, José Renato. *Dez recados ao juiz do III milênio*. Disponível em: <http://www.cjf.jus.br/revista/numero7/artigo16.htm> Acesso em: 20 nov. 2008).

118 Como ressalta Gischkow, o juiz que se limita a aplicar mecanicamente a lei ignorará todas as suas imensas repercussões "na coletividade e repelirá as pulsações valorativas que desta emanam a cada instante, sempre modificadas, renovadas, repensadas, inovadas, coerentes ou contraditórias, na dialeticidade ínsita ao fenômeno humano" (PEREIRA, Sérgio Gischkow. Interpretação jurídica e aplicação do direito. In: *Revista AJURIS*, Porto Alegre, ano X, v. 27, mar. 1983, p. 181).

do sentido das palavras, das circunstâncias sociais, dos costumes e da própria escala de valores dos povos, influenciados por novas condições de vida e de convivência". É necessário levar em conta a atualização do sentido das palavras, bem como as "circunstâncias históricas, podendo haver grande diferença entre o momento da elaboração da lei e o de sua aplicação".[119]

e) *a inversão de uma proposição lógica*, em que as pessoas devem servir à lei.

As leis, porém, são instrumentos destinados a atender à humanidade.[120] Por isso, necessariamente devem refletir a realidade social e ditar regras em conformidade com esta. A lei é que serve à humanidade, e não o contrário.[121] Como assevera João Gaspar Rodrigues, é na vida "que se revela a validez de uma teoria, de um sistema. Do impacto com a história, com a realidade vivida é que emerge o valor de uma ideia, embora não possa ser erigido como critério supremo de verdade";[122]

f) *um pensamento binário, rigidamente cartesiano*, traduzido por dualismos: certo-errado, justo-injusto, branco-preto, sujeito-objeto, mente-corpo, natureza-sociedade, etc.[123] Tudo está sempre nos extremos. Não há espaço para o relativo. E quando não há espaço para o relativo a mente se fecha e o ser humano perde a capacidade de resiliência;[124]

É preciso, porém, romper com essa amarra. O mundo dos valores não admite conceitos e situações intocáveis, absolutas, rígidas. A realidade dinâmica da vida (mobilidade das relações sociais) exige adaptações.[125] E para isso é indispensável colocar em cheque

---

119 Cit. por: DALLARI, Dalmo de Abreu. *O poder dos juízes*. 2. ed. São Paulo: Saraiva, 2002. p. 98.

120 O principal defeito da escola da exegese "está em condenar o intérprete ao caminho estreito da lógica formal, que pode levar a conclusões absurdas e a soluções práticas aberrantes e inadequadas. Esquece que a lei é um instrumento de realização do justo, um meio e não um fim em si, que não pode ser elevado à categoria de bem maior a preservar. A lei necessariamente é genérica e distante da realidade do caso, cujos contornos só podem ser conhecidos pelo juiz" (AGUIAR JÚNIOR, Ruy Rosado de. Interpretação. In: *Revista Ajuris*, Porto Alegre, 16 (45), mar. 1989, p. 16).

121 Fanatizados pela lógica aparente do positivismo jurídico, os juízes "não chegam a perceber que o excessivo apego a exigências formais impede ou dificulta ao extremo a consideração dos direitos envolvidos no processo" (DALLARI, Dalmo de Abreu. *O poder dos juízes*. 2. ed. São Paulo: Saraiva, 2002. p. 40).

122 RODRIGUES, João Gaspar. *O perfil moral e intelectual do juiz brasileiro*. Porto Alegre: Fabris, 2007. p. 190.

123 "Para aquele que contempla apenas a ordenação jurídica, a norma 'está em vigor' ou 'está derrogada'; Não há outra possibilidade. Por outro lado, quem considera, exclusivamente, a realidade política e social ou não consegue perceber o problema na sua totalidade, ou será levado a ignorar, simplesmente, o significado da ordenação jurídica" (HESSE, Konrad. *A força normativa da constituição*. Porto Alegre: Fabris, 1991. p. 13).

124 Resiliência é termo oriundo da física (capacidade dos materiais de resistirem aos choques). Os psicanalistas utilizam esse vocábulo para identificar a capacidade humana de enfrentar problemas (obstáculos) e, com flexibilidade e versatilidade, superá-los, respondendo, assim, às dificuldades de modo a torná-las promotoras de habilidades para a vida. Resiliência é, portanto, a capacidade de lidar com problemas, superá-los e até de se deixar transformar por adversidades. O resiliente não se abate facilmente, não culpa os outros pelos seus fracassos e tem um humor invejável.

125 "Dada a generalidade das normas jurídicas e as circunstâncias particulares de cada caso concreto, resulta impossível, por exceder as potencialidades da inteligência humana, estabelecer antecipadamente

antigos conceitos, velhas certezas, e trabalhar com ideias como *talvez* e *pode ser*. Sócrates asseverava que as discussões sobre números, comprimento e peso são facilmente solucionadas. Basta contar, medir ou pesar. As discussões, porém, se prolongam e se envenenam quando não podemos contar com tais métodos de medição. E é isso que ocorre quando estamos em desacordo sobre valores.

O relativismo axiológico, por isso, é indispensável.[126] A ciência evolui quando há recusa de um conhecimento até então considerado válido. É esse comportamento que torna possível a aquisição de novos conhecimentos;[127]

g) *a condição olímpica do juiz* (*criaturas de ficção*), que deixa de pertencer ao mundo dos mortais, dele subtraindo-se toda a capacidade filosófica (acentuando-se a sua vaidade).[128] Suas decisões, por isso, têm por base regras e formas,[129] e não valores fundamentais do ser humano;[130]

h) *um juiz solitário e com personalidade esquizoide*. O isolamento não é um mal quando com ele se pretende o aprimoramento. Pitágoras, Platão e Sêneca, por exemplo, buscaram o isolamento para realizar grandes criações. O isolamento cego (sem razão para o aprimoramento), porém, não passa de uma autossuficiência vã

---

normas adequadas a todas as variações e complicações futuras. Necessita o direito, em consequência, do suplemento da equidade (*epieikeia*); há que existir um poder de adaptação capaz de assegurar flexibilidade ao processo jurídico, ditando, por vezes, decisões contrárias a todo direito formalmente elaborado e como tal reconhecido, que, no entanto, resultem intrinsecamente justas" (VINOGRADOFF, Paul. *Introducción al derecho*. México: Fondo de Cultura Económica, 1957. p. 149-50).

126 Segundo Aulis Aarnio "democracia no significa tratar de lograr resultados verdaderos. El objetivo es la creación de una base aceptable de acción desde el punto de vista de la comunidad. Por ello, el relativismo moderado no es más que una parte de la exigencia de la democracia. Expresa un ideal del manejo de los asuntos sociales; su objetivo es producir resultados apoyados por aquellas personas razonables que representan los valores adoptados y aceptados en general por la sociedad" (AARNIO, Aulis. *Lo racional como razonable*. Madrid: Centro de Estudios Constitucionales, 1991. p. 286-7).

127 Repugnar o positivismo em sua pureza "não importa em negar-se as leis ou o dever de obediência que lhes deve o Juiz" (AZEVEDO, Plauto Faraco. Rumo a uma hermenêutica material. In: *Revista AJURIS*, Porto Alegre, ano XV, v. 43, jul. 1988, p. 38). Quer, antes de tudo, significar a necessidade de não se perder o contato com a vida, a fim de que, sábia e habilmente, promova-se a aplicação da lei para o tempo presente, sobretudo diante da constatação de desajustes entre os fatos e as leis, a evidenciar irredutível contradição entre o direito positivo e a justiça.

128 A falta de simplicidade, equilíbrio moral e de autoconsciência conduz a uma estratosférica consideração de si mesmo. Tudo isso somado à ausência de consciência da importância social do seu papel infla desmedidamente a vaidade de pessoas delirantes que acreditam estar no centro do globo terrestre e se julgam incapazes de errar. Não suportam críticas e têm ouvidos para ouvirem somente a si mesmos. Não desconfiam da bajulação e do elogio gratuito, mas são hipersensíveis às dúvidas e impugnações às suas decisões. Possuem baixíssima resistência à frustração e sentem-se insultados quando não são reconhecidos ou não se lhe dispensam saudações com distinção.

129 É bastante comum ver decisões judiciais preocupadas com a teorização, com citações eruditas e uso de linguagem rebuscada (cifrada), que lhes dá ar professoral, em total desprezo à realidade.

130 Vale aqui a advertência de Couture: a "lógica do direito não é uma lógica formal, mas uma lógica viva, feita com todas as substâncias da experiência humana" (COUTURE, Eduardo Juan. *Os mandamentos de advogado*. Porto Alegre: Fabris, 1979. p. 29).

que deságua na personalidade esquizoide. Trata-se de um transtorno de personalidade (que não se confunde com a esquizofrenia) em que o juiz, embora não perca o senso de realidade, inconscientemente nega a existência da sociedade. Seu comportamento inclui, entre outros, fuga das relações íntimas e sociais, hipersensibilidade e excentricidades. No cumprimento do dever, tem-se um juiz estatizado (apático, utilitário e dogmático) que alija sua essência humana e se desconecta dos aspectos morais;

i) *o imobilismo judicial*, pois há reatividade ao ativismo judicial. Aquele que ousa fugir do padrão é visto (e muitas vezes investigado) como um estranho.[131] Impede-se, com isso, a originalidade e se refreia a criatividade;[132]

j) *a assepsia política do juiz*, que se vê obrigado a sufocar a sua independência e a sua rebeldia[133] para assumir uma postura acrítica, descompromissada e vazia.[134]

Como ressalta Dalmo de Abreu Dallari, é comum ouvir "um juiz afirmar, com orgulho vizinho da arrogância, que é 'escravo da lei'. E com isso fica em paz com sua consciência, como se tivesse atingido o cume da perfeição, e não assume responsabilidade pelas injustiças e pelos conflitos humanos e sociais que muitas vezes decorrem de suas decisões. Com alguma consciência esse juiz perceberia a contradição de um juiz-escravo e saberia que um julgador só poderá ser justo se for independente. Um juiz não pode ser escravo de ninguém nem de nada, nem mesmo da lei".[135]

---

131 O positivismo "se serve do raciocínio abstrato e das ficções. Afeiçoa-se ao ritualismo para escapar às transformações. Administra uma única dimensão de tempo — o passado — nunca aprendeu a encarar o porvir e não consegue interagir oportunamente com o povo para oferecer prontas respostas às suas legítimas aspirações" (NALINI, José Renato. *A rebelião da toga*. 2. ed. Campinas: Millennium, 2008. p. XVIII).

132 "É necessário rejeitar e afastar os pressupostos positivistas do raciocínio jurídico, eis que levam ao empobrecimento da função judicante, negando implicitamente a interpretação criadora do direito, que a vida impõe e reclama" (AZEVEDO, Plauto Faraco. Rumo a uma hermenêutica material. In: *Revista AJURIS*, Porto Alegre, ano XV, v. 43, jul. 1988, p. 42).

133 O formalismo jurídico tem papel fundamental para o estabelecimento e a manutenção de sistemas antidemocráticos. "Onde predomina essa concepção jurídica, os atos são considerados justos quando são legais" (DALLARI, Dalmo de Abreu. *O poder dos juízes*. 2. ed. São Paulo: Saraiva, 2002. p. 50).

134 "Acredito que o juiz não é servo da lei, nem escravo de sua vontade, mas submetido ao ordenamento jurídico vigente, que é um sistema aberto afeiçoado aos fins e valores que a sociedade quer atingir e preservar, no pressuposto indeclinável de que essa ordem aspira justiça. O primeiro compromisso do julgador é com a justiça; estando ele convencido de ser injusto o sistema, trazendo-lhe sua sujeição inconciliável conflito de consciência, não há como exercer a atividade operativa, porque toda aplicação que fizer será sempre um modo de efetivação do sistema. O intérprete não é um ser solto no espaço, liberto de todas as peias, capaz de pôr em ordem jurídica entre parênteses. Ele atua com a ordem jurídica, fazendo-a viva no caso concreto. Inserido no ambiente social onde vive, tem de perceber e preservar os valores sociais imanentes dessa comunidade, tratando de realizá-los. Não pode fazer prevalecer a sua vontade a esses valores: 'É expectativa fundamental da vida em sociedade civilizada que a vontade de um homem não se submeta à vontade arbitrária de outro' (Roscoe Pound, *Justiça conforme a lei*. p. 36). Não lhe cabe sobrepor-se aos sentimentos médios da sociedade em geral e da comunidade jurídica em particular, que mais o fiscalizam nas suas decisões quanto mais democrático o regime" (AGUIAR JR., Ruy Rosado de. Interpretação. In: *Revista Ajuris*, Porto Alegre, 1989, a. XVI, n. 45, p. 7).

135 DALLARI, Dalmo de Abreu. *O poder dos juízes*. 2. ed. São Paulo: Saraiva, 2002. p. 82.

Essa concepção positivista presta um desserviço à sociedade, pois distancia o direito da realidade e da ética, frustra a expectativa humana dos que almejam justiça e se mostra conveniente apenas para aqueles que preferem ter a consciência anestesiada.[136]

Sob a máscara da segurança jurídica, o positivismo propicia um meio legal de promover injustiças, pois impede que o juiz veja e julgue de acordo com as transformações sociais e ouça os clamores por uma justiça adequada às novas exigências da vida.

3.9. Reações ao positivismo jurídico

O positivismo jurídico teve como verdadeiro móvel propulsor a repulsa aos juízes, que eram subservientes aos senhores da terra. Exerceu, por isso, importante função histórica.[137] Superada a subserviência dos juízes, entretanto, começou a ganhar corpo o grupo de juristas e filósofos que via as ideias positivistas como insuficientes e redutivas, uma vez que se revelavam como fenômeno de substrato puramente normativo, em que o direito se desenvolvia como um puro processo lógico.

O levante contra o positivismo jurídico, porém, não significa repulsa à lógica e à razão. Ambas exercem importantes funções no mundo do direito. Como ressalta Recaséns Siches, a lógica e a razão são indispensáveis para conhecer, compreender, aprender e entender a essência e as formas do direito.[138] O que gerou reações contrárias ao positivismo jurídico, então, foi o uso da lógica do tipo racional puro[139] e a desconexão dos outros processos de conhecimento.

As manifestações de maiores repercussões e de maior relevância contra o positivismo jurídico, aqui brevissimamente resumidas, foram as seguintes:

a) *Rudolph Von Ihering*. O filósofo e jurista alemão criticou o tipo conceitualista de jurisprudência. Segundo ele, o conteúdo do direito se acha e deve se achar determinado pelo propósito de levar à realização prática de determinados fins;

---

136 "Esta doutrina, como também o racionalismo, permite que se atribua o conceito do direito ao justo e ao injusto, à verdade e ao erro. Nada mais é preciso acrescentar para que fique patenteado que racionalismo e positivismo constituem, em suma, duas construções cerebrais, sem contato com o mundo do ser — como se o *dever ser* e o direito não existissem, *para* o ser; como se o *ser*, não nas suas aparências circunstanciais, mas em sua realidade profunda, autêntica e natural, não encerrasse a razão última do *dever ser* e do direito" (TELLES JUNIOR, Goffredo. *A criação do direito*. 2. ed. São Paulo: Juarez de Oliveira, 2004. p. 221).

137 Após a derrubada da ordem jurídica feudal, a burguesia (até então jusnaturalista) passou a adotar a ideia de que somente a lei liberta, a fim de evitar que os juízes (subservientes aos senhores da terra) colocassem a perder as conquistas positivadas. Atentar à intenção do legislador e afirmar o Estado como fonte e fundamento únicos do direito passaram a constituir a ordem. A esse sistema, deveria corresponder, então, a hermenêutica, cerrando quaisquer possibilidades de interpretação pelo juiz, que ficara sem espaço para criar.

138 SICHES, Luis Recaséns. *Nueva filosofía de la interpretación del derecho*. 2. ed. México: Porrúa, 1973. p. 176.

139 Aristóteles (primeiro tratadista sobre lógica de que se tem notícia) e Cícero sustentavam que existe uma grande área do nosso pensamento excluída do raciocínio matemático. Trata-se da área onde estão incluídos o comportamento humano e social. Relativamente a essa área, o raciocínio necessariamente tem de ser dialético (diálogo e contraposição entre argumentos), de modo plausível, provável, prudente, segundo o justo, o eficaz, etc.

b) *Escola do Direito Livre*. Tendo como precursores Hermann Kantorowicz, Karl Erhlich e Oscar Von Büllow, a escola do direito livre sustentou que o direito deve ser interpretado humanamente. O magistrado, por isso, deve guiar-se por juízos de solidariedade humana. Ao lado do direito estatal, há o direito livre (produto da obra jurídica dos membros da sociedade, da ciência do direito e das sentenças dos juízes), com igual potência e influência. O juiz, por isso, não se vincula às leis para decidir segundo conceitos jurídicos fixos. Cabe-lhe valorar a lei, o que o leva a agir, em alguns casos, como legislador;[140]

c) *Jurisprudência dos interesses*. Tendo como figuras principais Philipp Keck e Max Rümelin, esse movimento surgido na Alemanha sustentava que o fim último de toda legislação é regular as relações inter-humanas à luz do bem comum. O juiz, então, deve guiar-se por esse espírito, mais que pelas palavras do legislador. Além disso, deve ter presente, sempre, as ideias de razoabilidade, de justiça, de conformidade com a natureza das coisas e de boa-fé;

d) *Jurisprudência sociológica*. Oliver Wendell Holmes, Benjamin Cardozo e Roscoe Poud são as principais figuras desse movimento desenvolvido nos EUA, que sustentava que muitas das regras assentadas pela *common law* não estavam à altura dos novos tempos, nem serviam para dar solução justa e adequada aos problemas que as novas realidades sociais apresentavam. Projetadas sobre as circunstâncias da época, não era possível obter-se aplicação das normas existentes pelo simples raciocínio dedutivo. As regras, então, não deveriam ter sua validade recusada, mas teriam de receber uma nova interpretação ao se relacionarem com os novos fatos (ponderação valorativa da realidade social). A jurisprudência sociológica não buscava desligar o juiz da aplicação do direito positivo, mas inspirá-lo, na aplicação deste, com as ideias de justiça e bem-estar social;

e) *John Dewey*. Para o filósofo americano, a lógica dedutiva deve ser abandonada e substituída por uma lógica que gravite sobre as consequências da decisão judicial. Assim, as regras e princípios devem ser considerados apenas hipóteses de trabalho. E essas hipóteses devem, ainda, ser constantemente verificadas do ponto de vista dos efeitos que produzem quando aplicadas a situações concretas. Ao invés de pretender imutabilidade, então, devem (as regras e princípios) ser adaptadas às novas situações sociais;

f) *Realismo jurídico*. Esse movimento nasceu como uma crítica à escola analítica fundada por Austin que, seguindo as ideias de Hobbes, refere o direito positivo ao mandato do soberano. O movimento realista levou a cabo a mais demolidora crítica da concepção mecânica da função judicial como um silogismo. Karl N. Llewellyn, professor da Universidade de Columbia (NY) e de Chicago, sustentou haver *regras no papel* (são as regras existentes na lei e as que os juízes invocam em seus julgamentos) e *regras efetivas* (são aquelas — declaradas ou não — que

---

140 ENGISCH, Karl. *Introdução ao pensamento jurídico*. 5. ed. Lisboa: Calouste Gulbenkian, 1979. p. 172.

os juízes utilizam para decidir realmente o litígio). Jerome Frank, juiz da Suprema Corte dos EUA, sustentou não haver certeza, segurança e uniformidade no direito. Antes de o tribunal pronunciar sua decisão acerca de determinado assunto, somente haverá suposições, probabilidades;

g) *Chaim Perelman*. O filósofo polonês e professor da Universidade de Bruxelas condena o pensamento silogístico e matematizante no campo do direito e propõe uma forma de raciocínio mais elevado, que é a deliberação sobre as argumentações apresentadas nos casos jurídicos. A argumentação é a solução mais plausível, mais justa e mais adequada para resolver os problemas jurídicos práticos;

A importância da função jurisdicional não permite ao juiz aplicar o direito mediante raciocínio puramente formal. A interpretação jurídica não pode fixar-se no princípio *in claris cessat interpretatio*. O raciocínio jurídico é um raciocínio engajado em um contexto político, econômico, ideológico, social, cultural, etc., o que só faz com que o mito da legalidade pura e estrita desapareça no horizonte;[141]

Não pode o juiz, portanto, agir desinteressadamente, mostrando-se indiferente às consequências e iniquidades de suas decisões. Tem ele o dever de emitir juízo de valor, conciliando, pois, as técnicas de raciocínio jurídico com a noção de justiça e razoabilidade, ou, ao menos, com a aceitabilidade social da sua decisão.[142]

h) *Luis Recaséns Siches*. Para o professor emérito da Universidade Nacional do México, no campo da lógica, há diferentes modos de raciocinar além do raciocínio formal (raciocínio puro, matemático — *lógica de lo racional*), caracterizado pela mera explicação de conexões entre ideias de causa e efeito. Um desses modos de raciocinar é o raciocínio do razoável (do *logos do humano, logos do razoável*) que, valendo-se do raciocínio formal, acrescenta a lógica do razoável (*lógica de lo razanable*) no sentido de levar em conta os problemas humanos, políticos e jurídicos, que produzem valoração segundo as finalidades e propósitos.[143] Daí por que sua compreensão necessariamente tem de partir de um ponto de vista da índole e da estrutura da vida humana.[144] A lógica do razoável está orientada

---

141 Para Chaïm Perelman, a verdade não existe, ela é construída. Por isso, ele substitui o vocábulo verdade por razoável (equitativo, aceitável, admissível). A argumentação, então, desempenha um papel fundamental na atuação prática do jurista, que deve pensar os fatos não segundo os ditames da lei (direito dogmático ou valorativo), mas como ocorrências suscetíveis de valoração (vale a capacidade, o discurso, a persuasão). O julgamento é, portanto, uma atividade de constante ponderação entre possibilidades válidas e o ato de julgar constrói e complementa o sistema jurídico, que não é fechado.

142 PERELMAN, Chaim. *La lógica jurídica y la nueva retórica*. Madri: Editorial Civitas, 1979; PERELMAN, Chaïm. *Lógica jurídica*. São Paulo: Martins Fontes, 2004.

143 SICHES, Luis Recaséns. *Nueva filosofía de la interpretación del derecho*. 2. ed. México: Porrúa, 1973.

144 "La lógica formalista tradicional nunca podrá dar ninguna iluminación sobre cuales deban ser los contenidos de las normas jurídicas, ni de las normas jurídicas generales, ni de las normas jurídicas particulares (contrato, etc.), ni de las normas jurídicas individualizadas (sentencias judiciales y resoluciones administrativas)" (SICHES, Luis Ricaséns. *Introducción al estudio del derecho*. 4. ed. México: Porrúa, 1977. p. 259).

pelos ensinamentos extraídos da experiência da vida humana (individual e social) e da experiência histórica.[145] O direito que se inicia com o legislador continua com a obra do órgão jurisdicional;[146]

i) *Theodor Viehweg*. O filósofo alemão buscou oferecer solução ao tecnicismo cego do positivismo jurídico mediante o ressurgimento das ideias de tópica (*topoi*) e dialética de Aristóteles. Segundo ele, o pensamento jurídico não pode ser sistemático, nem dedutivo. Deve ser, sempre, pensamento sobre problemas, considerando-se, assim, todos os componentes deste. Os problemas, caracterizados pelo surgimento de uma questão que admite mais de uma solução possível e contraditória (*aporia*), devem ser solucionados casuisticamente;

A prudência é a virtude do saber que consegue ponderar argumentos diversos, confrontar opiniões antagônicas e, ao final, decidir de modo equilibrado. Tem-se aí, então, um pensamento *a posteriore*. E nisso se difere do positivismo, que busca traduzir um pensamento universalizante *a priori*;[147]

j) *Carlos Cossio*. O professor argentino foi aluno e discípulo de Kelsen. Dele, porém, passou a divergir radicalmente, criando a *Teoria Egológica*, cuja premissa fundamental é enxergar o direito enquanto fenômeno incorporado na vida do ego.[148] Enquanto Kelsen identifica o direito com a norma, Cossio o identifica com

---

145 Segundo Siches, o *logos do humano* ou do *razonable* apresenta as seguintes características: a) *é limitado (condicionado) pela realidade histórica*. Levam-se em conta as circunstâncias históricas (sociais e particulares) que influenciaram a elaboração das normas jurídicas; b) *está impregnado de valorações*. Levam-se em conta os valores, as finalidades, os propósitos. Essa dimensão axiológica (valorativa) é o que, decisivamente, diferencia o *logos do razonable* do *logos do racional*; c) *as valorações são concretas*. A valoração é realizada sempre em concreto, ou seja, sempre diante de uma determinada situação humana real; d) *as valorações constituem a base*. Fundado na valoração será possível formular os propósitos, as finalidades; e) está orientado pelos ensinamentos tirados da experiência vital e histórica (SICHES, Recasens Luis. *Experiencia jurídica, naturaleza de la cosa y lógica razonable*. México: Fondo de Cultura Económica, 1971. p. 535-6).

146 Examine-se a seguinte situação narrada por Recaséns Siches, extraída dos trabalhos de Radbruch e Petrasyski: numa estação ferroviária da Polônia uma placa indicativa dizia o seguinte (transcrevendo um artigo do regulamento da viação férrea): "É proibido transitar com cachorros na plataforma da Estação". Certa vez, então, um sujeito estava adentrando à plataforma com um urso. O empregado da viação férrea, então, impediu o seu acesso, sendo advertido pelo homem com o urso de que a placa proibia o ingresso com cachorros, e não com outros animais (SICHES, Luis Recaséns. *Nueva filosofía de la interpretación del derecho*. 2. ed. México: Porrúa, 1973. p. 168). A lógica tradicional e o raciocínio silogístico, forçosamente, nos levariam a dar razão ao sujeito com o urso, uma vez que a norma não pode ser valorada. Se utilizarmos a lógica do razoável, entretanto, não será difícil notar que o objetivo da norma era o de proibir o ingresso de animais com o escopo de proteger as pessoas que ali estivessem.

147 Viehweg chama o Direito de Jurisprudência, ao invés de Jurisciência, porque acredita que o direito é a arte de pensar problemas por meio de um estilo de pensamento: a tópica.

148 A teoria egológica compreende os seguintes conceitos: a) *sentido da conduta humana* — o foco não é a norma, mas o sujeito. A legitimidade normativa, por isso, está dentro de cada cidadão. A Constituição não passa de papel e tinta se não for sentida como parte de uma cultura a que cada indivíduo do povo está submerso; b) *tempo jurídico* — o tempo jurídico não é real. É virtual, pois o julgamento ocorrerá muito tempo depois de acontecido o fato; c) *intersubjetividade jurídica* — é a relação entre os indivíduos que solucionam as pequenas contendas. Não é possível ao Estado resolver todos os litígios.

a *conduta humana*, sendo a norma jurídica apenas a representação do *dever-ser*. A conduta humana, objeto de atenção do jurista, não é qualquer conduta, mas a *conduta compartilhada* (conduta humana em sua interferência intersubjetiva);[149]

Para a *teoria egológica*, o direito é um objeto cultural. Seu sentido se constitui quando estiver referido e fundamentado em um valor. Para conhecer o direito, deve-se fazer uso do método *empírico-dialético*, percorrendo, de modo sucessivo, substrato (*conduta humana*) e sentido (*vivência espiritual de valores*) até chegar a um conhecimento preciso e completo do direito. A investigação do direito se dá, então, sob três perspectivas: (i) *dogmática jurídica* — exegese do direito; (ii) *lógica prática* — estudo da norma; (iii) *estimativa jurídica* — conhecimento da valoração social.

k) *Ottmar Ballweg*. Para o professor alemão, os problemas que a realidade social apresenta requerem uma solução rápida e decisiva e não podem ser tratados com o simples manejo dos métodos científicos, cabendo ser estes enfocados e resolvidos segundo o método da prudência. A prudência inclui a arte de comparar o incomparável, de resolver os conflitos práticos e de controlar o procedimento eficazmente para a solução dos problemas;

l) *Karl Engisch*. Para o professor alemão, uma regra de direito não pode nunca ser verdadeira ou falsa. Poderá ser mais ou menos justa, mais ou menos adequada, mais ou menos viável, mais ou menos segura. Na realidade jurídica, se dá *o mais ou o menos* porque a vida é flexível, oscila dentro de um determinado campo de várias possibilidades. O mesmo sucede com a ciência jurídica, porque está orientada para a vida;

A norma jurídica não é um critério absoluto, de modo que deva ser admitida como produto divino. Trata-se, apenas, de expressão de ideias com as quais o jurista deverá lidar ao operar com realidades particulares, concretas, determinadas. Daí por que a interpretação deve ser sempre teleológica, de modo a atender os propósitos da norma.

m) *Miguel Reale*. Para o filósofo brasileiro, o direito não se reduz a pura norma, pois pressupõe a vida social concreta e as aspirações axiológicas (valorativas) que determinam exigências para o legislador e para o juiz. A ciência jurídica, por isso, deve ser considerada em termos de uma realidade cultural, em que a norma é tomada como resultado da tensão entre fato e valor;

Com a *Teoria Tridimensional do Direito*, Miguel Reale explicou que o direito se compõe de três dimensões: (i) *fato* — econômico, geográfico, demográfico, de ordem técnica etc.; (ii) *valor* — confere determinada significação ao fato, inclinando ou

---

149 Cossio se distinguiu por demonstrar que o Direito deveria ser compreendido e interpretado mediante uma teoria do conhecimento, relativa ao respeito da conduta humana em interferência intersubjetiva. Já não se tratava de sujeitos jurídicos ideais (normativismo mecânico), mas sim de pessoas, de seres humanos reais. Era o direito como conduta humana.

determinando a ação dos homens no sentido de atingir ou preservar certa finalidade ou objetivo; e (iii) *norma* — representa a relação ou medida que integra fato e valor.[150]

Daí por que, para interpretar o direito e resolver conflitos, deve-se partir de uma abordagem holística (do todo e não da mera soma das partes) e sistêmica (deve-se ter em conta fatores culturais e humanísticos), inclusive com o auxílio de outros ramos do conhecimento humano, além do conhecimento da ciência do direito.[151] Aquele que assim não age corre o risco de aplicar o direito de maneira maniqueísta.

n) *Ronald Dworkin*. O filósofo norte-americano repele explicitamente a doutrina positivista e tenta construir uma terceira via entre o juspositivismo e o jusnaturalismo. Segundo Dworkin, o modelo positivista leva em conta unicamente a norma, e deixa de fora as diretrizes políticas (dizem respeito aos objetivos sociais que devem ser alcançados) e os princípios (fazem referência à justiça e à equidade) que existem junto dela;

Enquanto as normas têm a peculiaridade de serem ou não aplicadas, os princípios (que são dinâmicos e não possuem hierarquia entre si) autorizam decisões em um ou em outro sentido, uma vez que junto aos direitos legais existem direitos morais (que se sobrepõem àqueles).

o) *Robert Alexy*. Para o filósofo alemão, a decisão jurídica que soluciona um litígio, em muitos casos, não deriva da simples aplicação de normas jurídicas, restando ao juiz um determinado campo de ação dentro do qual escolhe (emite juízo de valor) entre várias soluções possíveis. Com a publicação da: (i) *Teoria da Argumentação Jurídica*, Alexy preconizou, entre outras ideias, o abandono do silogismo e a adoção de justificação racional sintonizada com valores (princípios); (ii) *Teoria dos Direitos Fundamentais*, Alexy sustentou que liberdade, igualdade e dignidade são conceitos morais básicos incorporados à Constituição e que irradiam efeito por todo o sistema positivo.

---

150 "*Fato, valor e norma* estão sempre presentes e correlacionados em qualquer expressão da vida jurídica, seja ela estudada pelo filósofo ou o sociólogo do direito, ou pelo jurista como tal, ao passo que, na tridimensionalidade genérica ou abstrata, caberia ao filósofo apenas o estudo do valor, ao sociólogo o do fato e ao jurista o da norma (*tridimensionalidade como requisito essencial ao direito*)" (REALE, Miguel. *Teoria tridimensional do direito*. 5. ed. São Paulo: Saraiva, 2005. p. 57).

151 Fato, valor e norma estão sempre presentes e correlacionados em qualquer expressão da vida jurídica. O Direito, por isso, não deve ser estudado de forma isolada, mas, sim, associado ao *mundo da vida*, ou seja, o estudo deve ser dialético. Assim, a sentença judicial não deve ser reduzida a um mero ato lógico formal, resultante unicamente de um silogismo, mas uma experiência axiológica concreta. Segundo Reale, é "necessário aprofundar o estudo dessa 'experiência normativa', para não nos perdemos em cogitações abstratas, julgando erroneamente que a vida do Direito possa ser reduzida a uma simples inferência de Lógica formal, como a um silogismo, cuja conclusão resulta da simples posição das duas premissas. Nada mais ilusório do que reduzir o Direito a uma geometria de axiomas, teoremas e postulados normativos, perdendo-se de vista os valores que determinam os preceitos jurídicos e os fatos que os condicionam, tanto na sua gênese como na sua ulterior aplicação" (REALE, Miguel. *Filosofia do direito*. 19. ed. São Paulo: Saraiva, 2000. p. 564).

Embora tenha me limitado a relacionar apenas alguns juristas e filósofos de expressão internacional, não poderia deixar de citar, aqui, um importante jurista, cuja repercussão interna é expressiva. Trata-se de Goffredo Telles Junior. Para o professor do Largo São Francisco, no "pós-positivismo, percebe-se que uma tomada de consciência que tente relacionar os anseios e desejos humanos com o respeito pela capacidade de criação e de orientação do próximo passa a superar determinações que classifico como 'fragmentárias', pois se tentarmos entender a noção de justo apenas pela perspectiva legal, estamos claramente fazendo uma análise restritiva que, tal qual um fragmento, apenas dá uma resposta incompleta (...). Quando o jurista percebe que uma lei não está de acordo com a valorização da pessoa humana ou conforme a dignidade no sentido pós-positivo desta palavra, ele deve empreender uma modificação desta lei. Deve modificar sua essência, suprimindo partes que considera indesejáveis e, até mesmo, estendendo sua aplicação para esferas que não foram previamente determinadas pelo legislador. Esta 'alteração' da lei não significa sua destruição, mas revela a união entre a norma e aquele que dela faz parte, mostrando que não existe separação entre o sujeito e a lei, mas uma necessária complementaridade: cada um dá sentido existencial para o outro. Não há lei sem pessoa humana e não há pessoa humana sem uma lei que por ele foi criada e, nesse sentido, por ele seja respeitada".[152]

---

152 TELLES JUNIOR, Goffredo. *O direito quântico*. São Paulo: Juarez de Oliveira, 2003. p. 145-54.

Capítulo 4
Pensamento Jurídico Contemporâneo

4.1. Reconfiguração de valores

A vida se transforma continuamente.[153] A velocidade dos acontecimentos e a evolução científica e tecnológica, somada à globalização, impõem novas dinâmicas. As noções de tempo e espaço mudam diariamente. O passado não é mais contado em séculos ou décadas, mas em anos ou meses. As constantes mudanças nos relacionamentos, a migração e o trânsito intenso de pessoas e a comunicação que chega a todos os cantos do planeta (em um cenário comunicativo mundial) provocam o surgimento de sociedades multiculturais (interculturais) e, com isso, a reconfiguração de valores e de dados políticos, jurídicos e sociais.[154]

---

153 "Nada é. Tudo vem a ser. Não há que parar, e sim, caminhar resolutamente para frente. A vida é um equilíbrio instável, em que o estudo e a observação alimentam continuamente os nossos sonhos de progresso e prosperidade. Ela é inquieta, variável, múltipla, avessa à rotina e à inércia. Como diz Rush, 'l'essence de la vie est le changement, le processus, l'activité continuel'. A única realidade crível é a mudança perpétua" (RODRIGUES, João Gaspar. *O perfil moral e intelectual do juiz brasileiro*. Porto Alegre: Fabris, 2007. p. 48).

154 "Os mais importantes e desafiadores problemas que se propõem ao jurista de nossos dias decorrem da massificação. As relações de troca intensificaram-se; populações inteiras, antes postas à margem do comércio jurídico, entraram a participar dele; democratizou-se o capital pela abertura dos mercados acionários; universalizou-se a demanda de consumo sob o estímulo irresistível da propaganda massiva; multiplicou-se a produção de bens e de serviços para corresponder a essa demanda incessantemente expandida; produtos de cuja existência nem sequer se poderia ter cogitado no limiar deste século tornaram-se imprescindíveis à vida do homem comum, pelo mecanismo conhecido das necessidades criadas, popularizou-se o crédito a fim de garantir se a constante expansão da massa consumidora; as relações de trabalho multiplicaram-se e se fazem a cada dia mais complexas e conflituosas; a mecanização e agora a automação conduzem à sempre crescente terciarização da economia. De outra banda, a superpopulação reduz o espaço físico à disposição de cada indivíduo, intensificando atritos, neurotizando o convívio e favorecendo litígios: a luta pelo espaço vital vai deixando de ser simples metáfora para tornar-se a realidade do dia a dia; a competição entre indivíduos e grupos toma cores de guerra sem quartel; a máquina onipresente e multímoda atropela, acidenta, danifica, fere e mata em proporções assustadoras, sem que a possamos dispensar ou sequer controlar; a inquietação e a desigualdade sociais produzem as mais variadas rebeldias e o repúdio a todas as normas de contenção; a conscientização política desvenda os mal-afortunados e os incorpora à multidão dos insatisfeitos e reivindicantes.

Como consequência disso, surge o descompasso entre as prescrições normativas e o mundo empírico que exige a substituição de "velhas receitas do pensamento por princípios de integração sistemática do direito, recolhidos da índole própria do direito particular que nos reclama atividade interpretativa".[155]

Lembrando Benjamin Cardozo, Luis Recaséns Siches ressalta que "vivemos em um mundo em transformação. A ordem jurídica adequada para a vida de ontem não serve para as necessidades de hoje. E a ordem jurídica adequada para os problemas atuais provavelmente será incapaz de satisfazer as demandas da civilização de amanhã. Se as realidades sociais mudam, o direito não pode permanecer invariável. Até mesmo quando os textos da lei permanecem os mesmos, porque a lei não foi modificada, o sentido e o alcance variam inevitavelmente diante das transformações das realidades sociais. Esses mesmos textos, quando se aplicam à conduta e aos problemas de hoje, significam algo diferente do que significavam ao serem aplicados à conduta de ontem".[156]

4.2. Modificação do pensamento

O modelo escolhido no Brasil para enfrentar a reconfiguração de valores e a necessidade de adaptação das normas às novas necessidades da vida, na esteira de muitos países europeus e latino-americanos, foi a reforma da legislação.

Além de andar a passos lentos (motivado pelo moroso, pesado e intrincado sistema político de produção de leis), as reformas normativas acabaram sendo neutralizadas pelo conservadorismo de uma maioria de juristas que, por conta de sua formação positivista (*pensamento jurídico tradicional*), estão mais preocupados com elaborações formais, complexas e sofisticadas da norma, mantendo-se, assim, insensíveis às transformações, herméticos e desconectados do mundo real.

De tudo resulta o afluxo contínuo de levas cada vez maiores de participantes da atividade jurídica" (FABRÍCIO, Adroaldo Furtado. As novas necessidades do processo civil e os poderes do juiz. In: FABRÍCIO, Adroaldo Furtado (Org.). *Ensaios de direito processual*. São Paulo: Saraiva, 2003. p. 403).

Além disso, como bem ressalta Luís Roberto Barroso, o constitucionalismo moderno promoveu "uma volta aos valores, uma reaproximação entre ética e Direito. Para poderem beneficiar-se do amplo instrumental do Direito, migrando da filosofia para o mundo jurídico, esses valores compartilhados por toda a comunidade, em dado momento e lugar, materializam-se em princípios, que passam a estar abrigados na Constituição, explícita ou implicitamente" (BARROSO, Luís Roberto. *Interpretação e Aplicação da Constituição*. 6. ed. São Paulo: Saraiva, 2004. p. 326).

155 COUTURE, Eduardo Juan. *Interpretação das leis processuais*. 2. ed. Rio de Janeiro: Forense, 1993. p. 48.

156 "(...) vivimos en un mundo cambiante. El orden jurídico adecuado para la vida de ayer no sirve para las necesidades de hoy. Y el orden jurídico congruente para los problemas actuales probablemente será incapaz de satisfacer las demandas de la civilización de mañana. Si las realidades sociales cambian, el Derecho no puede permanecer invariable. Incluso cuando las formulaciones verbales de la ley permanecen las mismas, porque la ley no fue modificada, el sentido y el alcance de dichas formulaciones varían inevitablemente al transformarse las realidades sociales. Esas mismas fórmulas, cuando se aplican a la conducta y a los problemas de hoy, significan algo diferente de lo que significaban al ser aplicadas a la conducta de ayer" (SICHES, Luis Recaséns. *Nueva filosofía de la interpretación del derecho*. 2. ed. México: Porrúa, 1973. p. 306).

Isso revela, então, que o modelo para enfrentamento da reconfiguração de valores há de aliar à (necessária) atualização legislativa um (novo) pensamento jurídico[157] guiado pela noção de que a ciência jurídica gravita em torno da sociedade (e não o contrário), libertando, assim, o jurista para dar novas interpretações às normas legais existentes e atualizá-las ao momento histórico em que vivemos.[158] Afinal, e como acentua Castanheira Neves, "o direito, que está sempre em mutação, tem de ser fixado para um certo momento temporal".[159]

Para mudar o pensamento, é necessário, entre outros:

a) *desidentificação com as ideias com as quais nos identificamos*. Se a nossa mente se apegar (se agarrar) às nossas ideias, aos nossos ideais, não haverá espaço para nenhuma outra ideia;

b) *abandonar o comodismo*. Quando aprendemos algo, nos acomodamos e passamos a agir automaticamente de acordo com o conhecimento adquirido. E isso é bom porque economiza energia. Mudar o pensamento significa ter de adquirir novos conhecimentos e talvez até criar contradições com os conhecimentos já adquiridos. E isso significa despender muita energia;

c) *compreender que mudar as concepções não fará com que você deixe de existir*. As pessoas se agarram aos seus conceitos, doenças e problemas porque lidando com eles se sentem vivas. Abandonar os conceitos, as doenças e os problemas, porém, não fará com que você deixe de existir. Você não morre. Ocorre, apenas, fenômeno semelhante ao das árvores que perdem as folhas velhas para dar lugar às novas;

d) *enfrentar seus medos*. O medo (assim como os demais sentimentos) vem do inconsciente, que é algumas vezes maior que o consciente, de onde vêm todas as suas capacidades e habilidades. Lidar com o medo (bem como com todos os sentimentos), portanto, não é uma tarefa fácil, pois você sente que poderá não ter controle. Além disso, o desconhecido sempre assusta. A solução mais simples é reprimirmos esse sentimento (e mandar o medo de volta para o inconsciente), como mecanismo de proteção. Não devemos, porém, negar o medo. Assumi-lo é o primeiro passo, embora provoque ansiedade e angústia. Somente admitindo o medo é possível refletir sobre a sua realidade.

---

157 "É um dado da experiência que, infelizmente, não basta editar normas para alcançar o objetivo que as inspira" (BARBOSA MOREIRA, José Carlos. O neoprivatismo no processo civil. In: DIDIER JR., Fredie (Org.). *Leituras complementares de processo civil*. 6. ed. Salvador: Juspodvm, 2008. p. 31).

158 "Sendo os valores fundantes do *dever ser*, a sua objetividade é impensável sem ser referida ao plano da história, entendida como 'experiência espiritual', na qual são discerníveis certas '*invariantes axiológicas*', expressões de um *valor-fonte* (a pessoa humana) que condiciona todas as formas de convivência juridicamente ordenada (*historicismo axiológico*)" (REALE, Miguel. *Teoria tridimensional do direito*. 5. ed. São Paulo: Saraiva, 2005. p. 62).

159 NEVES, A. Castanheira. *A natureza dos "assentos" e a função jurídica dos Supremos Tribunais*. Coimbra: Coimbra, 1983. p. 126.

É pela falta de assimilação dessa nova mentalidade que "os juízes frequentemente se abstêm de utilizar por inteiro os poderes que o sistema legislado já lhes põe à mão".[160] É indispensável, portanto, "e mais do que indispensável, urgente, formar juristas que não sejam, como agora, técnicos sem princípios, meros intérpretes passivos de textos, em última análise, escravos do poder (VILLEY, Michel. *Leçons d'historie de la philosophie du droit*. Paris, 1957. p. 109), pois o servilismo judicial frente ao império da lei anula o Poder Judiciário que, em nossas circunstâncias históricas, tornou-se o mais democrático dos três ramos do poder estatal".[161]

Ou o juiz aprimora seu pensamento ou será dispensável.[162] "Permanecer como está é estagnar, e estagnar é ser superado" (Lee Kuan Yen). Daí a interrogação de José Renato Nalini: "O juiz já foi sacerdote e já foi rei. Oscila hoje entre ser poder e funcionário do Estado. Fala-se em juiz de aluguel e juiz privado. O que acontecerá com o juiz do futuro?"[163]

4.3. Base para um pensamento jurídico contemporâneo

O pensamento jurídico contemporâneo, compatível com o dinâmico ritmo da vida moderna (atual) e com a reconfiguração de valores, no âmbito do direito processual, deve estar orientado à justa solução dos litígios em curto prazo. Daí falar-se em processo de resultados justos.

Cumpre aos juízes, portanto, conscientizarem-se de que lhes cabe revolucionar o processo, invertendo, assim, a assertiva de José Renato Nalini de que falta aos juízes "certa dose de coragem cívica para simplificar o processo, mesmo sem alteração legislativa".[164]

Deve-se compreender, então, que o direito é fruto de um contexto político-econômico-ideológico-social[165] relativo a determinado momento histórico (a lei tem a marca do seu tempo e dos compromissos partidários e eleitorais assumidos pelo legislador).[166] Por isso, entre outros:

---

160 FABRÍCIO, Adroaldo Furtado. As novas necessidades do processo civil e os poderes do juiz. In: FABRÍCIO, Adroaldo Furtado (Org.). *Ensaios de direito processual*. São Paulo: Saraiva, 2003. p. 410.

161 SILVA, Ovídio A. Baptista da. *Jurisdição e execução na tradição romano-canônica*. 2. ed. São Paulo: RT, 1997. p. 219.

162 "Muitos institutos jurídicos podem ser aperfeiçoados, desde que os juízes se disponham a assumir uma mentalidade criativa, ativa e independente. Não carece muito, basta um comprometimento maior com a função pública de judicar, encarando as coisas com uma nova atitude e pensando por si mesmos" (RODRIGUES, João Gaspar. *O perfil moral e intelectual do juiz brasileiro*. Porto Alegre: Fabris, 2007. p. 71).

163 NALINI, José Renato. *Dez recados ao juiz do III milênio*. Disponível em: <http://www.cjf.jus.br/revista/numero7/artigo16.htm> Acesso em: 20 nov. 2008.

164 NALINI, José Renato. *A rebelião da toga*. 2. ed. Campinas: Millennium, 2008. p. 112.

165 Em um "quadro de competição paritária, é fatal que a lei se politize" e essa "politização da lei é fonte de seu (relativo) desprestígio. Ela, desvinculada de um ideal de justiça, passa a ser um mero instrumento: um dos instrumentos com que conta a maioria parlamentar para realizar o seu programa" (FERREIRA FILHO, Manoel Gonçalves. *Direitos humanos fundamentais*. 10. ed. São Paulo: Saraiva, 2008. p. 111).

166 Cumpre-nos ver o direito sob a perspectiva da vida sociocultural, situado historicamente. Ao agirmos assim evitaremos os excessos da lógica formal "abrindo-se o caminho para a consideração da equidade,

a) *não se contenta com a mera igualdade formal.* A ideia de sociedade homogênea, em que todas as pessoas são absolutamente iguais e dotadas das mesmas necessidades, é fantasiosa. A sociedade é desigual. As pessoas pertencem a classes sociais diferentes, possuem necessidades distintas e vivem realidades culturais variadas. Não há como não tomar em consideração as particularidades de cada caso. Seria "impossível conceber o mundo se todos os homens vissem as mesmas coisas sempre de maneira idêntica. Só o tirano, pela força, poderá sonhar com um mundo desta espécie. Realmente, a sobrevivência e 'relativa' sanidade mental da espécie humana alimentam-se das *diferenças* não das *identidades,* fabricadas pela lógica, contra a natureza, onde não existem identidades".[167]

A igualdade que se deve buscar, então, não é a igualdade formal (igualdade estática — igualdade perante a lei), mas a igualdade material (igualdade substancial, igualdade dinâmica — igualdade na lei), que emerge quando, segundo a máxima de Aristóteles, tratamos igualmente os iguais e desigualmente os desiguais, na medida de suas desigualdades.

O ponto de partida, portanto, é a lei genérica e abstrata. Na sua aplicação, entretanto, deve-se ter em conta as desigualdades concretas, sob pena de o direito reger a vida de pessoas sem rosto.

b) *não permite equiparar justiça com legalidade.*[168] A atitude tipicamente positivista de promover essa equiparação produz um direito formalmente impecável, mas intrinsecamente sem alma, destinado a reger uma sociedade imaginária, e não a sociedade real;[169]

Marcada pelas diversidades, a sociedade moderna (atual) não permite uma única noção de justiça, sendo necessário buscar solução no que John Rawls denominou de *overlapping consensus,* correspondente ao consenso sobre certa ideia que pessoas distintas, racionais e razoáveis consideram importantes. Alcançando esse consenso há o que se

---

da argumentação, desvelando-se *os reais interesses em questão,* porque é preciso ter a coragem de optar" (AZEVEDO, Plauto Faraco. Rumo a uma hermenêutica material. In: *Revista AJURIS,* Porto Alegre, ano XV, v. 43, jul. 1988, p. 44).

167 SILVA, Ovídio A. Baptista da. *Verdade e significado.* Disponível em: <http://www.baptistadasilva.com.br> Acesso em: 25 fev. 2009.

168 Embora o conceito de lei tenha sido reduzido à mera observância da forma (processo legislativo), a matéria (conteúdo) desta não é irrelevante. Embora seja válida, não se há de conceber como eficaz lei que não possua conteúdo justo. O devido processo legal substancial alcança a razoabilidade (a justiça da norma). "Com base neste, o juiz exerce um verdadeiro controle sobre o conteúdo da norma que vai aplicar" (FERREIRA FILHO, Manoel Gonçalves. *Direitos humanos fundamentais.* 10. ed. São Paulo: Saraiva, 2008. p. 127).

169 "Instrumento da jurisdição, o processo não estaria servindo aos seus altos objetivos se, por motivo de ordem meramente formal, não revestidos de justificativa razoável, ensejasse delonga grave e inconveniente ao seu escopo principal, que é a realização da justiça" (STJ-REsp-6427-MG, 4ª T., Rel. Min. Sálvio de Figueiredo Teixeira, DJU 5-8-1991).

denomina de *representação argumentativa jurisdicional*.[170] Por isso, deve o juiz estar em contato com a sociedade para constantemente renovar suas ideias e legitimar suas decisões no eco da consciência coletiva.

c) *não se identifica unicamente com a norma positivada*. O direito compreende mais do que a norma positivada,[171] uma vez que esta, diante da natureza humana, não tem a mínima possibilidade de se revelar completa e dar solução satisfatória e justa a todos os acontecimentos da vida[172] (*lacunas ideológicas da norma*);[173]

Com mais intensidade a partir do processo de guerra de Nuremberg,[174] e sem sustentar um retorno ao direito natural, asseveram os mais vanguardistas que não basta

---

170 Sob a perspectiva fática de análise de fatos e provas, Malatesta utiliza a expressão sociabilidade do convencimento. Segundo ele, "a convicção não deve ser a expressão de uma condição subjetiva do juiz; há de ser tal que os fatos e provas submetidas a seu julgamento, se se submetessem ao juízo desinteressado de qualquer outro homem de razão, deveriam produzir também neste aquela mesma certeza produzida no juiz. É isto que chamamos sociabilidade da convicção" (MALATESTA, Nicola Framarino dei. *A lógica das provas em matéria criminal*. Campinas: Conan, 1995. v. I, p. 107).

171 "Nosso tempo não pode mais conviver com o mito da supremacia absoluta da lei, como imaginaram Montesquieu, Rousseau e Malberg. Concepções políticas e filosóficas assim orientadas tiveram o seu momento e prestaram serviço inestimável à causa da libertação do Homem, ao tempo em que a luta por liberdade envolvia a burguesia ascendente e a nobiliarquia opressora (...). Esse, entretanto, não é o nosso tempo. (...) Chegamos a um momento em que o cidadão precisa ser protegido não apenas em face de outras manifestações de poder, mas em face da própria lei. Nesse quadro faz-se imprescindível a noção de que a lei é a principal, mas não a única fonte do Direito, e de que, portanto, o Direito é mais extenso do que a lei" (FABRÍCIO, Adroaldo Furtado. *Ensaios de direito processual*. Rio de Janeiro: Forense, 2003. p. 418).

172 Estamos envolvidos por um mundo circundante que, além de nós, contém inúmeros objetos, sendo o direito um deles. O direito é um dado que abrange diferentes experiências que se complementam, sejam elas históricas, antropológicas, sociológicas, psicológicas, axiológicas, etc. Grande é a sua complexidade constitutiva. A experiência jurídica contém uma imensidão de dados heterogêneos. Destarte, as normas, por mais completas, por mais compactas que sejam, são apenas parte do direito" (DINIZ, Maria Helena. *As lacunas no direito*. 7. ed. São Paulo: Saraiva, 2002. p. 72).
Apesar de incompleto, o ordenamento jurídico é completável por meio das técnicas da: a) *heterointegração*. Consiste na integração operada por meio da utilização de ordenamentos diversos e de fontes diversas daquela que é dominante. De acordo com o art. (i) 126 do CPC, "O juiz não se exime de sentenciar ou despachar alegando lacuna ou obscuridade da lei. No julgamento da lide caber-lhe-á aplicar as normas legais; não as havendo, recorrerá à analogia, aos costumes e aos princípios gerais de direito"; (ii) 8º da CLT, "As autoridades administrativas e a Justiça do Trabalho, na falta de disposições legais ou contratuais, decidirão, conforme o caso, pela jurisprudência, por analogia, por equidade e outros princípios e normas gerais de direito, principalmente do direito do trabalho, e, ainda, de acordo com os usos e costumes, o direito comparado, mas sempre de maneira que nenhum interesse de classe ou particular prevaleça sobre o interesse público"; (iii) o art. 4º da LICC, "Quando a lei for omissa, o juiz decidirá o caso de acordo com a analogia, os costumes e os princípios gerais de direito"; b) *autointegração*. Consiste na integração operada por meio da utilização de *normas do mesmo ordenamento*.

173 Entende-se por *lacuna ideológica* a falta de "uma norma que se desejaria que existisse, mas que não existe" (...). "Quando os juristas sustentam, em nossa opinião, sem razão, que o ordenamento jurídico é completo, isto é, não tem lacunas, referem-se às lacunas reais e não às ideológicas" (BOBBIO, Norberto. *Teoria do ordenamento jurídico*. 10. ed. Brasília: UNB. p. 140).

174 O termo processo de Nuremberg (oficialmente Tribunal Militar Internacional vs. Hermann Göring *et al.*) se refere ao julgamento dos 24 principais criminosos (dirigentes do nazismo) da 2ª Guerra Mundial, diante do Tribunal Militar Internacional (TMI) (*International Military Tribunal* — IMT) em 20-11-1945, na cidade alemã de Nüremberg.

apenas solução conforme a lei. Deve o juiz, então, em cada caso particular, encontrar uma solução equitativa, razoável e aceitável, ou seja, deve encontrar solução "social e moralmente aceitável para as partes e para o público esclarecido".[175] Assim é que, em certos casos particulares, os princípios gerais de direito e as regras não escritas limitam, excluem ou estendem a aplicação do direito positivo. Este, apesar de válido, não é eficaz. E é por meio da argumentação que o juiz convence da adequação da sua decisão. A "paz judicial só se restabelece definitivamente quando a solução, a mais aceitável socialmente, é acompanhada de uma argumentação jurídica suficientemente sólida".[176]

d) *é mutável e está em constante elaboração*. O direito nunca foi, não é e jamais será algo pronto para sempre.[177] Como adverte Umberto Eco, "tanto na vida pessoal quanto no direito temos de conviver com o caráter relativo de verdade";[178]

A sociedade da era atual, sobretudo diante da crise institucional do Estado, não comporta mais a existência de um direito estável, sem modificações formais e material[179] ou de interpretação.[180]

---

175 PERELMAN, Chaïm. *Lógica jurídica*. São Paulo: Martins Fontes, 2004. p. 184.

176 *Ibidem*, p. 191.

177 O esquema burocrático e verticalizado da magistratura brasileira, o "método de recrutamento dos juízes, a inocorrência até pouco tempo atrás, de cursos de aperfeiçoamento e especialização para os membros do Judiciário, o distanciamento dos julgadores, que tem reflexos até mesmo na linguagem, tudo isto tem levado, no curso dos tempos, ao excessivo corporativismo dos juízes, encastelados em posições de gabinete que pouco ou nada têm a ver com a realidade de uma sociedade em transformação. Eis a razão pela qual nem todos os magistrados têm se demonstrado sensíveis aos desafios criados pelos novos tempos e nem todos têm sabido dar as necessárias respostas a conflitos diversos dos tradicionais, a serem solucionados por instrumentos processuais antes inexistentes, esboçados pela Constituição de 1988 e, em alguns casos, por leis ainda recentes. Acresça-se a isto a dificuldade de adaptação a uma ordem jurídica profundamente inovadora, traçada pela Constituição, a demandar do juiz a postura de árbitro de controvérsias de dimensões sociais e políticas; e ter-se-á a medida da grande dificuldade de entrosamento entre a mentalidade do juiz brasileiro e as novas funções que institucionalmente se lhe demandam. (...) Por sua vez, a mentalidade conservadora, bastante difusa, também resulta em tendência ao imobilismo. E a preguiça mental, que leva a interpretar princípios e regras como se nada de fundamental houvesse mudado, constitui-se em outra circunstância que embaraça a plena eficácia das disposições constitucionais" (GRINOVER, Ada Pellegrini. *O processo em evolução*. 2. ed. São Paulo: Forense Universitária, 1998. p. 25).

178 ECO, Umberto. *Seis paseos por los bosques narrativos*. Barcelona: Lumen, 1996. p. 97.

179 "O direito deve ser visto em sua dinâmica como uma realidade que está em perpétuo movimento, acompanhando as relações humanas, modificando-se, adaptando-se às novas exigências e necessidades da vida, inserindo-se na história, brotando do contexto cultural. A evolução da vida social traz em si novos fatos e conflitos, de maneira que os legisladores, diariamente, passam a elaborar novas leis; juízes e tribunais constantemente estabelecem novos precedentes e os próprios valores sofrem mutações, devido ao grande e peculiar dinamismo da vida" (DINIZ, Maria Helena. *As lacunas no direito*. 7. ed. São Paulo: Saraiva, 2002. p. 72).

180 Como acentua Karl Larenz, não existe "uma interpretação 'absolutamente correta', no sentido de que seja definitiva, como válida para todas as épocas. Nunca é definitiva, porque a variedade inabarcável e a permanente mutação das relações da vida colocam aquele que aplica a norma constantemente perante novas questões. Tão-pouco pode ser válida em definitivo, porque a interpretação (...) tem sempre uma referência de sentido à totalidade do ordenamento jurídico respectivo às pautas de valoração que lhe são subjacentes" (LARENZ, Karl. *Metodologia da ciência do direito*. 3. ed. Lisboa: Fundação Calouste Gulbenkian, 1997. p. 443).

As "estruturas lógicas da Dogmática Jurídica tradicional não correspondem mais às transformações operadas na sociedade atual, nem às exigências morais e técnicas do *Estado de bem-estar social ou da Justiça social* — expressões com as quais se reclama um *Estado de Direito* concebido em função de uma comunidade humana plural e, ao mesmo tempo, solidária".[181]

Daí a necessidade de o juiz adotar uma postura de continuamente repensar sobre as suas opiniões, opções, conceitos, expectativas, valores, evitando, assim, procedimentos padrões em todas as circunstâncias e em todos os tempos, para assumir um papel verdadeiramente criador do direito.[182] "Há asperezas e injustiças a serem mitigadas, se não evitadas cabendo ao juiz da atualidade buscar o direito na realidade, assumindo o papel de um intérprete que se importa em compreender a lei na plenitude de seus fins sociais, atento aos conhecimentos de sua época"[183] e as mutáveis situações da vida.[184]

e) deve ser encarado com visão multidisciplinar. Embora a pureza do direito de Kelsen tenha desempenhado um papel relevante para a ciência jurídica,[185] uma postura crítica impõe, para a contemporaneidade, um direito impuro, isto é, um direito conectado com outros ramos do conhecimento, que ultrapasse a esfera do dogmatismo (implantado pela orientação positivista) e permita sua elaboração de modo útil para a sociedade. A especialização do direito sem acréscimo de outros ramos do conhecimento furta a inteligência e o equilíbrio e produz um jurista fechado em seu microssistema, de refinada e apurada técnica, mas insensível ao projeto da sociedade;[186]

---

181 REALE, Miguel. *Teoria tridimensional do direito.* 5. ed. São Paulo: Saraiva, 2005. p. 9-10.

182 Cabe ao juiz, ao interpretar a lei, fazer escolhas, e fazer escolhas "significa valoração e 'balanceamento'; significa ter presentes os resultados práticos e as implicações morais da própria escolha; significa que devem ser empregados não apenas os argumentos da lógica abstrata, ou talvez decorrente da análise linguística puramente formal, mas também e sobretudo aqueles da história da economia, da política e da ética, da sociologia e da psicologia" (CAPPELLETTI, Mauro. *Juízes legisladores?* Porto Alegre: Fabris, 1993. p. 33).

183 COLTRO, Antonio Carlos Mathias. Uma visão humanística da prática judiciária. In: ZIMERMAN, David; COLTRO, Antonio Carlos Mathias (Coords.). *Aspectos psicológicos na prática jurídica.* Campinas: Millenium, 2002. p. 37.

184 "A cada momento e lugar, a realidade varia; com essa variação se desloca o ponto de referência dos ideais. Nascem e morrem, convergem ou se excluem, esmorecem ou se acentuam; são, eles também, vivos como os cérebros em que germinam ou se enraízam, num processo sem fim" (INGENIEROS, José. *O homem medíocre.* São Paulo: Quartier Latin, 2004. p. 33).

185 A "mentalidade do século XIX foi fundamentalmente analítica ou reducionista". E havia razões históricas plausíveis para que o direito fosse encarado unicamente como norma, ou seja, havia razões para o predomínio da imagem do direito com base na certeza objetiva da lei. "O erro foi considerar-se imutável e intangível um sistema jurídico-político que, como se sabe, estava prestes a ser superado, sob o impacto de profundas inovações operadas na ciência e na tecnologia, dando lugar a conhecidos conflitos sociais e ideológicos" (REALE, Miguel. *Teoria tridimensional do direito.* 5. ed. São Paulo: Saraiva, 2005. p. 10 e 17).

186 "O direito é certamente uma ciência, ao menos no sentido de ser um conjunto organizado de conhecimentos, regidos por princípios e conceitos próprios. (...) Mas só isso é pouco. Não se entende plenamente o mundo jurídico, expõe Elias Días, se o sistema normativo (ciência do direito) se insula e se afasta da realidade em que nasce e à qual se aplica (sociologia do direito) e do sistema de legitimidade que o inspira e que deve sempre favorecer sua própria crítica racional (filosofia do direito). Não é possível,

Daí a necessidade de o jurista ser mais permeável e interagir com outras esferas do pensamento para adquirir conhecimento eclético (interdisciplinar, transdisciplinar), somando ao jurídico conhecimentos gerais (holísticos) sobre ética, história, biologia, antropologia, psicologia, psicanálise, sociologia e semiologia,[187] entre outros.[188] Cabe ao jurista, em suma, superar a formação jurídica departamentalizada e olhar para além das fronteiras do direito,[189] a fim de situar-se entre o homem e a realidade.[190]

Não se trata, como bem observa José Eduardo Faria, "de desprezar o conhecimento jurídico especializado. Trata-se, isto sim, de conciliá-lo com um saber genérico sobre a produção, a função e as condições de aplicação do direito 'positivo', o que 'exige uma reflexão multidisciplinar capaz de desvendar as relações sociais subjacentes às normas e às relações jurídicas".[191]

---

assim, uma visão cindida do direito, especialmente no momento de sua interpretação e aplicação. Aí será necessário ter em conta sua dimensão social e ética. Remarque-se bem a ideia: uma coisa é o conhecimento jurídico. Outra é a sua *contextualização*, o que se faz inclusive através da sociologia e da filosofia. (...). Portanto, a interdisciplinariedade, não só com a sociologia e a filosofia, mas com outros ramos do conhecimento científico, é parte importante de uma análise globalizadora do direito" (BARROSO, Luís Roberto. *Interpretação e aplicação da Constituição*. 7. ed. São Paulo: Saraiva, 2009. p. 294).

187 "A Semiótica (do grego *semeiotiké* ou 'a arte dos sinais') é a ciência geral dos *signos* e da *semiose* que estuda todos os fenômenos culturais como se fossem sistemas sígnicos, isto é, sistemas de significação. Ocupa-se do estudo do processo de significação ou *representação*, na natureza e na cultura, do *conceito* ou da *ideia*. Mais abrangente que a *linguística*, a qual se restringe ao estudo dos signos linguísticos, ou seja, do sistema sígnico da linguagem verbal, esta ciência tem por objeto *qualquer sistema sígnico* — Artes visuais, Música, Fotografia, Cinema, Culinária, Vestuário, Gestos, Religião, Ciência, etc." (disponível em: <http://pt.wikipedia.org/wiki/Semiologia_(lingu%C3%ADstica)> Acesso em: 12 fev. 2008).

188 "A formação dogmática e positivista está na raiz da chamada crise da Justiça. Ela tem uma face que não é apreensível pela ciência jurídica, pois envolve questões políticas, sociais, econômicas, históricas e até psicológicas" (NALINI, José Renato. *A rebelião da toga*. 2. ed. Campinas: Millennium, 2008. p. XVI). "Os juízes do amanhã necessitam de uma intensa formação nos domínios da lógica, da hermenêutica, da sociologia, da psicologia, da filosofia, da história entre outros. Formação mais relevante do que a mera memorização da lei, da doutrina e da jurisprudência, se esta receber leitura literal e acrítica" (TEIXEIRA, Sálvio de Figueiredo. *A criação judicial do direito*. Rio de Janeiro: Forense, 2003. p. 284-5).

189 Apesar do ceticismo dos juristas mais conservadores e, por isso, menos flexíveis às experiências inovadoras, temos de "olhar para além das barreiras científicas que conhecemos, para além das simples convenções" (Wanda Lemos-Cappeler, ao apresentar livro de ARNAUD, André-Jean. *O direito traído pela filosofia*. Porto Alegre: Fabris, 1991. p. 7), a fim de obter as contribuições que outros ramos do conhecimento podem emprestar para que melhor conheçamos o Direito.

190 "O domínio da técnica jurídica é predicado de que jamais se poderá prescindir num juiz; está longe, contudo, de ser bastante. Preparação adequada teria de incluir certa familiaridade com outros ramos do conhecimento humano, como a sociologia e a ciência política. As escolas de magistratura podem e devem tentar suprir lacunas e abrir novas perspectivas. Precisamos de juízes compenetrados da relevância social de sua tarefa e das repercussões que o respectivo desempenho produz no tecido da sociedade. Em época de crises reiteradas e de transformações profundas, como esta em que vivemos, o juiz vê-se convocado a dar mais que o mero cumprimento pontual de uma rotina burocrática. Por difícil que lhe seja, com a carga de trabalho que o oprime, corresponder a esse chamamento, não há como exonerá-lo de uma responsabilidade que a ninguém mais se poderia atribuir. Pois a verdade é que, sem a sua colaboração, por melhores leis que tenhamos, jamais lograremos construir um processo socialmente efetivo" (BARBOSA MOREIRA, José Carlos. Por um processo socialmente efetivo. In: *Revista Síntese de Direito Civil e Processual Civil*, v. 11, maio/jun. 2001. p. 5).

191 FARIA, José Eduardo. *A reforma do ensino jurídico*. Porto Alegre: Fabris, 1987. p. 38-9.

f) *tem de ser eficaz, não sendo suficiente a validade.* Quando o *dever ser* se divorcia do *ser*, isola-se o direito da realidade. E isso cria uma tensão profunda. O direito, embora válido, fica desprovido de eficácia.[192] Tem-se, então, mera disposição técnica de escasso valor[193] que, cedo ou tarde, sucumbe, pois, como advertia Georges Ripert, "quando o direito ignora a realidade, a realidade se vinga, ignorando o direito";

O direito, por isso, há de ser formado por normas hipotético-dedutivas. Isto é: deve ser construído a partir da observação e da experimentação, a fim de gravitar em torno da sociedade e não de seu próprio eixo.

No estágio da vida atual, não é mais possível negar a prevalência da eficácia da lei sobre a sua validade. Basta simples observância do quotidiano para notar as mudanças e inflexões que diariamente ocorrem em relação aos valores, costumes, princípios, atividades etc. Ninguém pode validamente sustentar — a menos que o faça para deleite de especialistas vesgos — que a Ciência Jurídica não deva ter um comportamento com a busca da justiça social.[194]

g) *está voltado à proteção de valores.*[195] O direito há de ser formado por normas axiomáticas,[196] tendo em vista que o fenômeno jurídico existe para regular um determinado setor da vida e realizar certos fins[197] (tendo em conta considerações de

---

192 Segundo as ideias da corrente do realismo jurídico, o elemento que deve definir o direito é a eficácia. E assim o é porque o direito é uma realidade social e sua função é ser aplicado.

193 Normas destinadas a criar situações ideais (derivadas da pura racionalidade), por si só, não têm força vital para modificar a essência das coisas. Não passam de meras construções teóricas. Somente a perspectiva de progresso diante da realidade gera aceitação. Konrad Hesse adverte sobre isso a respeito da Constituição. Diz ele: "Se não quiser permanecer 'eternamente estéril', a Constituição — entendida aqui como 'Constituição jurídica' — não deve procurar construir o Estado de forma abstrata e teórica" (HESSE, Konrad. *A força normativa da Constituição*. Porto Alegre: Fabris, 1991. p. 18).
Não "se deve ter a ingenuidade — ou, mais grave, a pretensão — de supor que a realidade se transforme drasticamente porque assim se escreveu ou desejou. Os processos históricos amadurecem e eclodem na sua hora. O dia amanhece, simultaneamente aos muitos cantos que o anunciam, mas por desígnio próprio" (BARROSO, Luís Roberto. *Curso de direito constitucional contemporâneo*. São Paulo: Saraiva, 2009. p. 217).

194 AZEVEDO, Plauto Faraco de. *Aplicação do direito e contexto social*. 2. ed. São Paulo: RT, 1998. p. 34.

195 "Direito é norma, com especiais características, *elaborada pelos homens com o propósito de realizar certos valores*" (REALE, Miguel. *Teoria tridimensional do direito*. 5. ed. São Paulo: Saraiva, 2005. p. 41).

196 "Desde que o *Iluminismo* consagrou o primado da razão (...), o mundo construído pela ciência aspira à *objetividade*. (...) A racionalidade do conhecimento procura despojá-lo das crenças e emoções subjetivas, puramente voluntaristas, para torná-lo impessoal, na medida do possível. A *medida do possível* variará imensamente, e em poucas áreas enfrentará dificuldades como no direito. É que a *ciência* jurídica, ao contrário das ciências exatas, não lida com fenômenos que se ordenem independentemente da atividade do cientista. E assim, tanto no momento da elaboração quanto no de interpretação da norma, hão de se projetar a visão subjetiva, as crenças e os valores do intérprete" (BARROSO, Luís Roberto. *Interpretação e aplicação da Constituição*. 7. ed. São Paulo: Saraiva, 2009. p. 291).

197 Por ser expressão da vida cultural, o direito não pode estar destituído dos valores que protege. "A consciência jurídica é, acima de tudo, uma consciência de valores na vida social (...). Na formulação da ordem jurídica, não cabe, dessa maneira, o neutralismo axiológico, em virtude do qual 'justo é apenas sinônimo de legal'" (SILVEIRA, José Nery da. A função do juiz. In: *Revista AJURIS*, Porto Alegre, ano XIX, v. 54, mar. 1992, p. 41).

justiça).[198] E um "fim outra coisa não é senão um valor posto e reconhecido como motivo de conduta. Quando reputamos algo valioso e nos orientamos em seu sentido, o valioso apresenta-se como fim que determina como *deve ser* o nosso comportamento. Não existe possibilidade de qualquer fenômeno jurídico sem que se manifeste este elemento de natureza axiológica, conversível em elemento teleológico";[199]

Para que a norma alcance sua finalidade, portanto, deve o seu aplicador ter um pensamento orientado para valores.[200] Se assim o fizer, não irá aplicar a norma mediante simples silogismo,[201] em que se limitará, diante de um procedimento lógico-formal, a subsumir a situação de fato em causa à previsão normativa (dogmatismo),[202] mas dará sua parcela de contribuição para a concretização do valor.[203] A aplicação da norma não deve ser equiparada a um cálculo, mas a uma atividade criadora do espírito.[204]

---

198 "A verdade, a verdade simples e trivial, evidente por si mesma, é que o direito foi criado para que o homem, por meio dele, atinja determinados fins. E, desde logo, ressalta que desconhecer o fim do direito é impedir sua criação" (TELLES JUNIOR, Goffredo. *A criação do direito*. 2. ed. São Paulo: Juarez de Oliveira, 2004. p. 220). Afinal, que "arquiteto serei eu, se minhas obras são erigidas sem consideração do fim para que se destinam? E, admitindo que eu as erguesse sem qualquer objetivo, serão elas tão inúteis e imprestáveis, que equivalerão praticamente a zero. Ora, não é humano criar para nada" (TELLES JUNIOR, Goffredo. *A criação do direito*. 2. ed. São Paulo: Juarez de Oliveira, 2004. p. 221).

199 REALE, Miguel. *Filosofia do direito*. 15. ed. São Paulo: Saraiva, 1993. p. 544.

200 A norma só é legítima quando possui justificação moral, quando possui um objetivo a atingir, um valor a proteger, sob pena de se converter em mero ato de autoridade. Segundo Engisch, a "lei não é uma grandeza apoiada sobre si própria e absolutamente autônoma, algo que haja de ser passivamente aceito como mandamento divino" (ENGISCH, Karl. *Introdução ao pensamento jurídico*. Lisboa: Fundação Calouste Gulbenkian, 1996. p. 367).
A correlação entre *fato, valor e norma* "é de natureza funcional e dialética, dada a 'implicação polaridade' existente entre *fato e valor*, de cuja tensão resulta o momento *normativo*, como solução superadora e integrante nos limites circunstanciais de lugar e de tempo (*concreção histórica do processo jurídico, numa dialética de complementaridade*)" (REALE, Miguel. *Teoria tridimensional do direito*. 5. ed. São Paulo: Saraiva, 2005. p. 57).
O direito reflete, "no seu dinamismo, a historicidade mesma do ser do homem, que é o *único ente que, de maneira originária, é enquanto deve ser*, sendo o valor da pessoa a condição transcendental de toda a experiência ético-jurídica (*personalismo jurídico*)" (REALE, Miguel. *Teoria tridimensional do direito*. 5. ed. São Paulo: Saraiva, 2005. p. 63).

201 "O direito existe para realizar-se e a verificação do cumprimento ou não de sua função social não pode ser estranha ao seu objeto de interesse e de estudo" (BARROSO, Luís Roberto. *Curso de direito constitucional contemporâneo*. São Paulo: Saraiva, 2009. p. 216).

202 O "Juiz não deve, nunca, alienar a sua consciência, insistindo na vã tentativa de proceder à mera subsunção automática do preceito legal ao caso concreto" (FREITAS, Juarez. *Hermenêutica jurídica: o juiz só aplica a lei injusta se quiser*. In: *Revista AJURIS*, Porto Alegre, ano XIV, v. 40, jul. 1987. p. 51).

203 "Hoy en día esa 'concepción mecánica' de la función jurisdiccional, o de la sentencia como silogismo, ha sido enérgica y definitivamente repudiada por la casi totalidad del pensamiento jurídico contemporáneo", uma vez que "la norma individualizada de la sentencia o de la resolución contiene ingredientes nuevos, que no se dan en la norma general, la función judicial tiene necesariamente dimensiones creadoras en tanto que aporta esos nuevos ingredientes" (SICHES, Luis Recaséns. *Introducción al estudios del derecho*. México: Porrúa, 1981. p. 195 e 197).

204 "A sentença deve ser compreendida como uma experiência axiológica concreta e não apenas como um ato lógico redutível a um silogismo, verificando-se nela, se bem que no sentido da aplicação da

A norma é feita por homens e para homens e tem "uma vontade dirigida à criação de uma ordem tanto quanto possível justa e adequada às necessidades da sociedade. Por detrás da lei está uma determinada intenção reguladora, estão valorações, aspirações e reflexões substantivas, que nela acham expressão mais ou menos clara".[205]

Como ressaltou o Papa Pio XI na *Encíclica Divina Redemptoris*, a "sociedade é um meio natural que o homem pode e deve usar para obter seu fim, pois a sociedade humana é para o homem, e não o contrário. Isto não se há de entender no sentido do liberalismo individualista, que subordina a sociedade ao uso egoísta que dela faz o indivíduo; mas só no sentido de que, pela união orgânica com a sociedade, se faça possível a todos, mediante a mútua colaboração, a realização da verdadeira felicidade terrena".

4.4. Atitudes compatíveis com um pensamento jurídico contemporâneo

A formação positivista inabilita o jurista a defender-se contra a legalidade injusta. Por isso, um pensamento jurídico moderno (atual) impõe:

a) *recusa ao conformismo e compromisso com a justiça*. O juiz deve ter consciência de que interfere nos acontecimentos da história. É inadmissível, por isso, a sua apatia e indiferença com relação à realidade e à vida. É inadmissível que assista passivamente aos acontecimentos à sua volta sem nenhuma preocupação com a justiça, contentando-se com o simples legalismo, como se a vida fosse qualquer uma e o direito pudesse aceitar qualquer conteúdo. Sempre que o direito "se afasta da justiça, revela-se, em grande parte, arbítrio, força opressora, puro ato de imposição, e, com isso, sem ser balança, oprime pela espada que deve proteger";[206]

O juiz, moral e politicamente, é responsável por suas decisões.[207] Deve, pois, ser capaz de questionar e apreender diária e incessantemente a realidade social como um autêntico sociólogo,[208] e deter capacidade para renovar suas ideias e conceitos.

Como bem ressalta José Renato Nalini, diante de "uma situação de injustiça e de iniquidade, para quem tem brio não há lugar para conformismo (...). Se para os demais

---

norma, um processo análogo ao da *integração normativa* acima referida" (REALE, Miguel. *Teoria tridimensional do direito*. 5. ed. São Paulo: Saraiva, 2005. p. 62).

205 LARENZ, Karl. *Metodologia da ciência do direito*. 3. ed. Lisboa: Fundação Calouste Gulbenkian, 1997. p. 446.
206 BITTAR, Eduardo; ALMEIDA, Guilherme Assis de. *Curso de filosofia do direito*. 6. ed. São Paulo: Atlas, 2008. p. 647.
207 O juiz "não pode mais se ocultar, tão facilmente, detrás da frágil defesa da concepção do direito como norma preestabelecida, clara e objetiva, na qual pode basear sua decisão de forma 'neutra'. É envolvida sua responsabilidade pessoal, moral e política, tanto quanto jurídica, sempre que haja no direito abertura para escolha. E a experiência ensina que tal abertura sempre ou quase sempre está presente" (CAPPELLETTI, Mauro. *Juízes legisladores?* Porto Alegre: Fabris, 1993. p. 33).
208 "A melhor interpretação da lei é a que se preocupa com a solução justa, não podendo o seu aplicador esquecer que o rigorismo na exegese dos textos legais pode levar a injustiças" (STJ-REsp-299-RJ, DJU 02-10-1999).

a aversão pode resumir-se ao protesto ou ao desalento, a sadia indignação do juiz deve suscitar uma atuação transformadora".[209]

b) *renúncia a preconceitos*.[210] Mesmo sem conhecimento, toma-se como verdadeira certa ideia (preconcebida).[211] A disseminação e a impregnação dessas *verdades* são tamanhas que Albert Einstein dissera ser "mais fácil quebrar um átomo do que o preconceito";

Nenhum homem e, por isso, nenhum juiz está "livre de preconceitos (no sentido de ideias preconcebidas), qualquer que seja sua origem ou sua educação. Cada homem está marcado em seu modo de entender as coisas, seja por sua origem, por seu entorno vital, pela educação cultural recebida, por suas experiências de vida e de profissão e por outros muitos fatores. A independência de pensamento não é congênita para ninguém e tampouco se adquire com instrução, senão exige o trabalho solitário do homem ao largo de toda a sua vida".[212]

O preconceito, que forma a base das premissas ocultas de certos comportamentos,[213] nem sempre é externado ou visível. Atua, portanto, de modo velado. Na maioria das vezes, o preconceituoso se vale do mecanismo da negação;[214] noutras, desconhece o preconceito, mostrando-se alienado à influência que ele exerce em seu comportamento.[215]

A verdade (que é sempre relativa) somente se forma adequadamente com o conhecimento dos fatos e circunstâncias a ela relacionados.[216] Daí por que "recusar-se a

---

209 NALINI, José Renato. *A rebelião da toga*. 2. ed. Campinas: Millennium, 2008. p. 299.

210 A CF estabelece, como base da comunidade brasileira, a exclusão do preconceito (anunciado em seu preâmbulo).

211 O preconceito "faz com que o indivíduo somente perceba sinais que lhe provocam raiva, repulsa ou revolta em relação ao objeto" (FIORELLI, José Osmir; MANGINI, Rosana Cathya Ragazzoni. *Psicologia jurídica*. São Paulo: Atlas, 2009. p. 79). A negação da realidade é mecanismo psicológico de defesa que reforça o preconceito. A pessoa, então, "utiliza amostra distorcida para justificá-lo (...); vê como exceção tudo o que contraria o estereótipo; desconsidera informações que questionam seu juízo e busca aquelas que o corroborem" (FIORELLI, José Osmir; MANGINI, Rosana Cathya Ragazzoni. *Psicologia jurídica*. São Paulo: Atlas, 2009. p. 80).

212 LARENZ, Karl. *Derecho justo — fundamentos de ética jurídica*. Madrid: Civitas, 1993. p. 183.

213 "Juízes que conheceram a pobreza, de lares de pouca escolaridade, nem por isso são mais solidários para com o miserável, mas chegam a exorbitar em prepotência. O mesmo se pode dizer daqueles que ascenderam na escala funcional e um dia foram subalternos de outro magistrado. Olvidam-se dos reclamos de seus antigos colegas de trabalho e passam a nutrir as mesmas idiossincrasias que antes criticaram" (NALINI, José Renato. *A rebelião da toga*. 2. ed. Campinas: Millennium, 2008. p. 170).

214 Para Freud, a negação é um mecanismo de defesa da pessoa humana contra realidades externas que ameaçam o ego.

215 Segundo Dalmo de Abreu Dallari, "é muito raro que alguém reconheça que tem posição preconceituosa em relação a alguma coisa. Muitas vezes, o preconceituoso não percebe que age dessa forma, pois, como adverte o professor Goffredo Telles Junior, o preconceito geralmente atua de forma sutil, sinuosa, levando uma pessoa a tomar como premissa, como ponto de partida, aquilo que deseja que seja a conclusão" (DALLARI, Dalmo de Abreu. Policiais, juízes e igualdade de direitos. In: CARDOSO, Ruth et al. *O preconceito*. São Paulo: IMESP, 1997. p. 89).

216 "Para se fazer uma descoberta, é preciso desconfiar das ideias que estão em voga — e desconfiar não pelo simples prazer em desconfiar, mas seriamente. Existem muitas ideias completamente falsas que

nutrir qualquer preconceito é prova de caráter".[217] É necessário, portanto, a fim de não se deixar guiar por preconceitos, desenvolver higidez psíquica e estruturar a personalidade. Sem aquela, o juiz dificilmente conseguirá evitar o prejulgamento; sem esta, não terá força suficiente para se manter equidistante e disposto para formar conceitos diante da aquisição de conhecimentos adequados.[218]

c) *renúncia a dogmas*. Tal postura metodológica não pode ser ignorada.[219] Não se admite mais entendimentos suportados em "dogmas supostamente irremovíveis que, em vez de iluminar o sistema, concorrem para uma Justiça morosa e às vezes insensível às realidades da vida e às angústias dos sujeitos em conflito";[220]

d) *criatividade, neutralidade, sensibilidade racionalizada e razão sensibilizada e humanismo*. Esses pontos serão destacados em itens específicos (*infra*, ns. 4.5 a 4.11).[221]

4.5. Juiz criador do direito

A aplicação lógico-formal da norma (ortodoxa) obscurece a visão do jurista (que nada vê além do texto legal),[222] subtrai a sua importância e contribuição para o

---

estão estabelecidas há muito tempo, e ninguém se dá conta disso. Penso que esta é a parte mais difícil: pensar de uma maneira diferente daquela a que estamos habituados. Depois, é preciso substituir essa ideia falsa por outra, melhor. Uma ideia nova só aparece quando deixamos de acreditar na antiga" (Neils Jerne, Entrevista à *Revista Veja*, 835:5).

217 NALINI, José Renato. *A rebelião da toga*. 2. ed. Campinas: Millennium, 2008. p. 171.

218 O preconceito dirige a conduta do juiz que não possui higidez psíquica e que não estrutura a sua personalidade. "Acreditando-se integrante de uma elite intelectual, o magistrado pode se tornar alvo fácil" do preconceito. "Recebe tratamento diferenciado. É tributário de atenções das quais o cidadão comum não usufrui. Trabalha com a ficção e com o raciocínio abstrato. Tende a distanciar-se da realidade e a não querer contaminar-se com ela, sobretudo quando abandona a trincheira do primeiro grau de jurisdição" (NALINI, José Renato. *A rebelião da toga*. 2. ed. Campinas: Millennium, 2008. p. 169).

219 "Um indivíduo se aperfeiçoa despojando-se dos dogmas da tradição que se lhe foi acumulado na alma. O homem aperfeiçoado e superior é um homem despido de ideias universalmente aceitas como verdadeiras numa determinada época" (WAXMAN, Samuel G. In: RODRIGUES, João Gaspar. *O perfil moral e intelectual do juiz brasileiro*. Porto Alegre: Fabris, 2007. p. 22).

220 DINAMARCO, Cândido Rangel. Julgamento do mérito em apelação. In: CALMOM, Eliana; BULOS, Uadi Lammêgo (Orgs.). *Direito processual*: inovações e perspectivas: estudos em homenagem ao ministro Sálvio de Figueiredo Teixeira. São Paulo: Saraiva, 2003. p. 126.

221 Os juízes integram a população. Sentem como ela as agruras da disfuncionalidade do Poder Judiciário e das leis processuais. Há quem se acomode e se burocratize. Os vocacionados e idealistas, porém, "procuram oferecer o seu desforço pessoal para aperfeiçoar o Judiciário. Arrostam sacrifícios. Enfrentam as vicissitudes naturais de uma função que se caracteriza por desagradar a uma das partes ou a ambas. Sofrem a falta de compreensão, a ausência de qualquer reconhecimento. Submetem-se às deficiências estruturais, a carga irracional de trabalho, mas acreditam na realização do justo. Estão convencidos de que só podem contar com sua força de vontade, sua consciência e o respaldo da Constituição. Mas esse arsenal de esperança é mais do que suficiente para transformar o mundo" (NALINI, José Renato. *A rebelião da toga*. 2. ed. Campinas: Millennium, 2008. p. 29-30).

222 Não podem os combatentes do direito adotar "atitude de indiferença, abstendo-se, deliberadamente, de discutir o valor do conteúdo da ordem positiva, na parte que guarda pertinência com esse tema, ao fundamento de que seu dever se restringe, tão-só, à verificação da justiça conforme a lei" (SILVEIRA, José Nery da. A função do juiz. In: *Revista AJURIS*, Porto Alegre, ano XIX, v. 54, mar. 1992. p. 181. p. 41-2).

progresso e desenvolvimento jurídico-social e impede a emissão de soluções criativas e modernas (atuais). A vida, que deveria ser fonte dos conceitos jurídicos, passa, então, a constituir mero campo passivo da aplicação de normas legais.

A dinâmica da vida do século XXI, porém, não admite mais o jurista de formação clássica. O jurista contemporâneo não pode mais ser uma pessoa isolada do mundo e manietada intelectualmente, que se limita a reproduzir, sem qualquer reflexão, antigas ideias e práticas consagradas. Sua função social é muito maior. Cabe-lhe, por isso, situar-se o mais próximo possível da realidade, permitir a discussão axiológica, abandonar a pseudoneutralidade e questionar a ordem estabelecida, a fim de dar ao direito um cunho progressista, com a criação de novas soluções.[223]

As reclamações dos jurisdicionados mudam e se diversificam a cada dia. A reciclagem permanente do jurista, portanto, é fundamental.[224] Em atividade constante, as ideias devem ser questionadas, as praxes repensadas, as soluções reinventadas, as normas reinterpretadas, atualizadas e ajustadas às novas circunstâncias históricas e às exigências sociais.[225] Por que fazer sempre igual? O juiz tem de pensar, repensar, refletir, meditar permanentemente, a fim de participar ativamente da modernização do Estado brasileiro.[226]

O que legitima o poder jurisdicional é a eficiência, e não a legalidade. É preciso mais que apenas aplicar a lei em tempos de pós-modernidade e de pós-positivismo.[227]

---

223 "O direito é vida, é gente, é sociedade, é valoração, é incessante e desesperadora ânsia de alcançar o justo. O direito é impregnado, palpita, vibra, transborda com o humano. A norma escrita não tem o dom de aprisionar e destruir a vida, de estiolar e sufocar o que de especificamente humano há no homem, de conter os desejos, as angústias, as emoções, as realidades, as inquietações, o que fazer perene que nos vai essencializando" (PEREIRA, Sérgio Gischkow. Interpretação jurídica e aplicação do direito. In: *Revista AJURIS*, Porto Alegre, ano X, v. 27, mar. 1983. p. 181).

224 "Se o juiz não tem apenas a função de resolver litígios, porém a de zelar pela idoneidade da prestação jurisdicional, sem poder resignar-se a aplicar a técnica processual que possa conduzir a uma tutela jurisdicional inefetiva, é certo dizer que o seu dever não se resume a uma mera resposta jurisdicional, pois exige a prestação de uma tutela jurisdicional *efetiva*. Ou seja, o dever do juiz, assim como o do legislador ao instituir a técnica processual adequada, está ligado ao direito fundamental à efetividade da tutela jurisdicional, compreendido como um direito necessário para que se dê proteção a todos os outros direitos" (MARINONI, Luiz Guilherme. *Técnica processual e tutela dos direitos*. São Paulo: RT, 2004. p. 188).

225 "A circunstância de ser sua função derivada da legislativa não a torna, por isto, servil e nem lhe retira o papel criativo que precisa exercer na interpretação e aplicação do direito, afeiçoando a lei às circunstâncias do caso e à evolução social, resolvendo a aporia da lei injusta, suprindo as lacunas e buscando eliminar as antinomias do ordenamento jurídico" (AZEVEDO, Plauto Faraco de. *Aplicação do direito e contexto social*. 2. ed. São Paulo: RT, 1998. p. 36).

226 O conhecimento do juiz não é "ni pura episteme, ni pura doxa; ni pura teoria, ni sólo comportamiento repetitivo" (CÁRCOVA, Carlos María. *Las teorías jurídicas post positivistas*. Buenos Aires: Lexis Nexis, 2007. p. 94).

227 O pós-positivismo, que tem como pioneiros John Rawls, Ronald Dworkin, Robert Alexy, Luigi Ferrajoli, Paulo Bonavides, Ricardo Lobo Torres e Luís Roberto Barroso entre outros, é uma doutrina inspirada "na revalorização da razão prática, na teoria da justiça e na legitimação democrática. Nesse contexto, busca ir além da legalidade estrita, mas não despreza o direito posto; procura empreender uma leitura moral da Constituição e das leis, mas sem recorrer a categorias metafísicas" (BARROSO, Luís Roberto.

É preciso que a solução judicial seja adequada, útil e tempestiva. Daí por que o juiz não deve contentar-se em ser um mero burocrata que se subordina à norma sem analisá-la.[228] O juiz deve abandonar o heroísmo estéril. Um juiz consciente, forte, destemido, corajoso, ousado, criativo, dotado de espírito crítico e inovador, capaz de compreender que exerce função pública e imbuído da missão de atuar na transformação da sociedade é o que o jurisdicionado espera ao bater às portas da Justiça.[229]

Não estou sustentando a liberdade absoluta do juiz,[230] mas, como ressalta José Renato Nalini, lembrando Bartolomé, o aplicador da norma deve "gozar de suficiente liberdade intelectual para decidir entre as diversas opções no caso concreto submetido a sua apreciação".[231] Afinal, de nada valeria a promessa constitucional de realizar a justiça sem homens capazes de fazê-la.[232]

Para evitar o arbítrio puro, então, caberá ao juiz motivar sua escolha (decisão). Nela deverá ignorar o raciocínio silogístico e preocupar-se menos com justificações técnicas e mais com o convencimento da justiça da solução encontrada (*juízos de valores*),

---

Curso de direito constitucional contemporâneo. São Paulo: Saraiva, 2009. p. 249). Se apresenta, "em certo sentido, como uma *terceira via* entre as concepções positivista e jusnaturalista: não trata com desimportância as demandas do Direito por clareza, certeza e objetividade, mas não o concebe desconectado de uma filosofia moral e de uma filosofia política. Contesta, assim, o postulado positivista entre Direito, moral e política, não para negar a especificidade do objeto de cada um desse domínios, mas para reconhecer a importância de tratá-los como espaços totalmente segmentados, que não se influenciam mutamente" (BARROSO, Luís Roberto. *Curso de direito constitucional contemporâneo.* São Paulo: Saraiva, 2009. p. 248).

228 A melhor interpretação não se subordina servilmente às palavras da lei, nem usa raciocínios artificiais para enquadrar friamente os fatos em conceitos prefixados, porém, se preocupa com a solução justa, com olhos voltados para a lógica do razoável, na expressão de Recasens Siches (STJ-REsp-234385/SP, 4ª T., Min. Sálvio de Figueiredo Teixeira, DJU 14-8-2000. p. 177).

229 "O progresso da sociedade, a evolução dos costumes, as constantes adaptações do homem a um universo em constante mutação, demandam e exigem que os acompanhem, já não mais num andar de coxo, mas *pari passu*, um pensamento jurídico-filosófico e um correspondente corpo legislativo-doutrinário-jurisprudencial compatíveis com as mais justas aspirações do homem. Jungir-se a 'correntes' ou 'escolas', que descendem de verdadeira 'etnias' jurídicas, impositivas de um inaceitável culto à tradição, é puro e simples retrocesso; não condiz com o dinamismo imanente ao inquieto espírito humano" (SOUZA, José Guilherme de. *A criação judicial do direito.* Porto Alegre: Fabris, 1991. p. 47).

230 "Não se trata de jurisprudência livre, radical (...). Prefacialmente, é necessário recordar o óbvio de que o direito não se revela só pela lei. Dada esta, todavia, dela se parte. Não se a despreza, mas se a dimensiona e redimensiona em conformidade com os critérios de justiça e interesses sociais e individuais em análise" (PEREIRA, Sérgio Gischkow. Interpretação jurídica e aplicação do direito. In: *Revista AJURIS*, Porto Alegre, ano X, v. 27, mar. 1983. p. 181-2).
O juiz exerce, "em grande medida, poder criativo, embora com firmes amarras, na interpretação e na construção dos atos decisórios, para atender à finalidade constitucional. Realiza-o com vistas ao cumprimento dos direitos fundamentais, base e arcabouço da estruturação jurídico-normativa dos povos civilizados" (FAVA, Marcos Neves. *Execução trabalhista efetiva.* São Paulo: LTr, 2009. p. 29).

231 NALINI, José Renato. *A rebelião da toga.* 2. ed. Campinas: Millennium, 2008. p. 322.

232 "A independência pessoal e intocável do magistrado, que a Constituição garante, há de ser âncora de seu agir, mas, acima de tudo, deve constituir instrumento para a realização do justo, não podendo inspirar-se em premissas maiores de diversa natureza, nem servir à promoção de qualquer outra finalidade" (SILVEIRA, José Nery da. A função do juiz. In: *Revista AJURIS*, Porto Alegre, ano XIX, v. 54, mar. 1992. p. 51).

conforme a natureza do problema. A motivação é o mecanismo de controle que permite ao juiz demonstrar o caráter sensato e justo, e, por isso, moral e socialmente aceitável da sua decisão (*infra n. 4.13.3.1*).

4.6. Criação (adaptação) judicial do direito

A norma jurídica é portadora de valoração independente. Como lembra Adriano Moreira, a "lei é uma criatura livre do criador, e está mais a mercê dos intérpretes do que dos autores".[233] Separada a norma de seu criador, ela passa a flutuar "no vazio de um espaço potencialmente infinito de interpretações possíveis. Por conseguinte, nenhum texto pode ser interpretado segundo a utopia de um sentido autorizado, definido, original e final".[234]

O direito vale-se da argumentação, e ela "não visa à adesão de uma tese exclusivamente pelo fato de ser verdadeira. Pode-se preferir uma tese à outra por parecer mais equitativa, mais oportuna, mais útil, mais razoável, mais bem adaptada à situação".[235] Além disso, os "argumentos podem fortalecer-se mutuamente, mas podem também combater-se, e é raro que, contra as razões em favor de uma tese, não se possam alegar razões em sentido contrário".[236]

A função jurisdicional, por isso, não é determinada por um parâmetro lógico-matemático (*lógico-formal*).[237] Os aspectos empíricos são fundamentais no sentido de ligarem a atividade jurisdicional à realidade social e aos sistemas de valores.

O direito não é apenas o que as palavras da lei dizem. É, também, o que os advogados argumentam, o que os doutrinadores produzem e, principalmente, o que os juízes interpretam.[238] Como ressalta Carlos Cárcova, "as normas só dizem o que alguns homens dizem que as normas dizem".[239]

---

233 MOREIRA, Adriano. *Ciência política amadora*. Rio de Janeiro: Bertrand, 1979. p. 210.

234 ECO, Umberto. *Los límites de la interpretación*. Madri: Lumen, 1992. p. 9.

235 PERELMAN, Chaïm. *Lógica jurídica*. São Paulo: Martins Fontes, 2004. p. 156.

236 *Ibidem*, p. 170.

237 "Tudo andaria muito bem, se o legislador não fosse um ser humano e tivesse a capacidade de prever rigorosamente tudo quanto na vida comum pode acontecer. Mas, como a vida é muito mais rica do que a imaginação do legislador, na experiência comum surgem situações que, contrariando as expectativas, não comportam as soluções postas nos textos do direito positivo. (...) Daí a imperfeição de toda ordem jurídico-positiva, a ser superada pela atuação inteligente e ativa do juiz empenhado em fazer com que prevaleçam os verdadeiros princípios da ordem jurídica sobre o que aparentemente poderia resultar dos textos" (DINAMARCO, Cândido Rangel. *Nova era do processo civil*. São Paulo: Malheiros, 2003. p. 21).

238 O juiz deve decodifificar, complementar, aperfeiçoar a lei, "tirar dela o sentido possível. Afaste-se qualquer possibilidade de aplicação mecanicista da lei. O juiz assumiu uma tarefa que não deixa de ser também normativa. Foi o que já constatou Dworking, para quem a interpretação 'tenta fazer com que algo seja o melhor que possa ser e isto significa que a interpretação tem um comportamento indubitavelmente normativo'" (NALINI, José Renato. *A rebelião da toga*. 2. ed. Campinas: Millennium, 2008. p. 321).

239 "(...) las normas sólo dicen, lo que algunos hombres dicen, que las normas dicen" (CÁRCOVA, Carlos María. *Las teorías jurídicas post positivistas*. Buenos Aires: Lexis Nexis, 2007. p. 152).

A jurisprudência, portanto, é o verdadeiro modo pelo qual caminha o direito,[240] queiram ou não os ortodoxos.[241] É a forma de revelação deste. Para aplicar a norma, o juiz tem de realizar um trabalho prévio de interpretação, que deve levar em conta o momento histórico da sua edição (análise do direito como realidade cultural; verificação dos valores e sua manutenção no tempo, etc.),[242] as nuanças da infinita variabilidade da vida e as experiências humanas.[243] Daí por que interpretar a norma legal exige "um esforço de superamento de entendimentos contrastantes, para que possam ser aplicadas em consonância com as exigências da sociedade em determinado momento e lugar".[244]

A compreensão das normas jurídicas não se faz unicamente pela "exegese do texto em que o legislador traduziu seu propósito normativo. Os valores culturais que

---

240 "A Jurisprudência é uma *ciência normativa* (mais precisamente, compreensivo-normativa) devendo-se, porém, entender por norma jurídica bem mais que uma simples proposição lógica de natureza ideal: é antes uma realidade cultural e não mero instrumento técnico de medida no plano ético da conduta, pois nela e através dela se compõem conflitos de interesses, e se integram renovadas tensões fático-axiológicas, segundo razões de oportunidade e prudência (*normativismo jurídico concreto ou integrante*)" (REALE, Miguel. *Teoria tridimensional do direito*. 5. ed. São Paulo: Saraiva, 2005. p. 61).

241 Daí por que me posiciono entre aqueles que afirmam que a jurisprudência é fonte do direito. "Em face da notória socialização do direito, cada vez mais preocupado em servir à sociedade, assim como da imperiosa ampliação dos poderes do juiz, aliadas à natureza da sentença judicial, quer-me parecer que não se pode negar a força criadora da jurisprudência. No exercício da função jurisdicional, realizam os magistrados uma atividade predominantemente intelectual, quer na apreensão e reconstituição dos fatos, quer na adequação desses ao ordenamento jurídico, quer na interpretação da norma ou mesmo na formulação de uma regra integrativa, preenchendo lacuna da lei. A multifária atividade humana, a impedir a previsão exaustiva das mais variadas formas de conflitos, exige do magistrado uma atuação jurisdicional que o afasta da condição de mero aplicador da lei, impondo-lhe inclusive a formulação de normas não previstas no ordenamento positivo, mesmo porque, segundo anotado por Schlesinger, 'não há país onde todas as regras aplicadas pelos tribunais derivem de códigos ou de leis'. Enquanto as leis físico-matemáticas têm um rigor e uma estrutura que não dão lugar a interpretações conflitantes, como observa *Reale*, as leis jurídicas, ao contrário, são momentos de vida que se integram na experiência humana e que, a todo instante, exigem um esforço de superação de entendimentos contrastantes, para que possam ser aplicadas em consonância com as exigências da sociedade em determinados momento e lugar" (TEIXEIRA, Sálvio de Figueiredo. *A jurisprudência como fonte do direito e o aprimoramento da magistratura*. Disponível em: <http://bdjur.stj.gov.br> Acesso em: 20 nov. 2008).

242 "Al revivir una norma jurídica acontece que las gentes que la cumplen espontáneamente, a los órganos jurisdiccionales que la aplican, la adaptam a las circunstáncias concretas de cada caso singular, y la individualizan para ese caso particular. Y acontece también que, al correr del tiempo, cuando las normas jurídicas preexistentes son aplicadas a nuevas situaciones de la vida social, en esa operación de ser aplicadas a nuevos hechos, van engendrando nuevos sentidos, cobran alcance diferente, y producen otras consecuencias diferentes de las que produjeron antaño" (SICHES, Recasens. *Nueva filosofía de la interpretación del derecho*. México: Fondo de Cultura Económica, 1956. p. 133).

243 "Para vencer o longo espaço que se mete entre a generalidade da lei e a concretude da aplicação em juízo, cabe ao magistrado estabelecer um confronto entre aquilo que o legislador programou e aquilo que realmente aconteceu na experiência concreta da vida. Se a vida humana se submetesse a uma cristalização, de modo que os atos sociais fossem sempre iguais, sempre os mesmos, a missão do juiz seria muito mais simples, pois padronizar-se-ia como a do matemático e a do físico, que sempre aplicam a mesma regra e chegam sempre ao mesmo e exato resultado" (THEODORO JÚNIOR, Humberto em prefácio à obra: TEIXEIRA, Sálvio de Figueiredo. *A criação e realização do direito na decisão judicial*. Rio de Janeiro: Forense, 2003. p. X).

244 REALE, Miguel. *Lições preliminares de direito*. 27. ed. São Paulo: Saraiva, 2003. p. 167.

o inspiram continuam vivos a influir igualmente sobre a interpretação e aplicação (...). E nisso a jurisdição exerce mais que uma atividade de simples aplicador da norma legal, pois tem de descobrir os valores que a motivaram e compatibilizá-los com outros valores que o tempo e as particularidades do conflito adicionaram".[245]

O juiz, então, deve compreender a lei histórica, dialética e linguisticamente, colocando-se em campo aberto.[246] Deve, ainda, adotar postura crítica,[247] a fim de interpretar a lei de acordo com o impacto da realidade,[248] observando os fins sociais e os imperativos do bem comum.[249] Vale dizer: deve empregar o método de adaptação da lei dentro de um novo contexto renovado da vida social[250] (sem contentar-se com os critérios da lógica formal, de tipo físico-matemático),[251] pois o direito deve refletir a vida e "já não se procura a *mens leges* no pensamento do legislador, ao tempo mais ou menos

---

245 THEODORO JÚNIOR, Humberto em prefácio à obra: TEIXEIRA, Sálvio de Figueiredo. *A criação e realização do direito na decisão judicial*. Rio de Janeiro: Forense, 2003. p. X.

246 O "juiz, sem precisar lançar mão de artifícios, atualiza o sentido possível da lei, ajustando-a às circunstâncias e contingências do momento. Desse modo, o que antes obrigava significando X, sofre uma variação, pela consagração de um sentido Y ou Z" (REALE, Miguel. *Lições preliminares de direito*. 27. ed. São Paulo: Saraiva, 2003. p. 170).

247 Na interpretação das normas processuais, o julgador não deve pautar-se por exegese literal e isolada. Em vez disso, partindo do texto da norma, deve orientar-se por uma interpretação não só construtiva, mas também sistemática e teleológica (STJ-REsp-503073/MG, 4ª T., Min. Sálvio de Figueiredo Teixeira, DJU 06-10-2003. p. 280).

248 As palavras "outra coisa não representam senão símbolos convencionais, cujo significado encontra-se inevitavelmente sujeito a mudanças e aberto a questões e incertezas" (CAPPELLETTI, Mauro. *Juízes legisladores?* Porto Alegre: Fabris, 1993. p. 22). Daí por que interpretação "significa penetrar os pensamentos, inspirações e linguagem de outras pessoas com vistas a compreendê-los e (...) reproduzi-los, 'aplicá-los' e 'realizá-los' em novo e diverso contexto, de tempo e lugar" (CAPPELLETTI, Mauro. *Juízes legisladores?* Porto Alegre: Fabris, 1993. p. 21).

249 Há de ter o juiz "presente a realidade do mundo social e econômico em que vive, ao voltar-se para a concretude do caso que lhe incumbe dirimir. Só desta maneira atenderá ao caráter prático de seu ofício, considerando, outrossim, na aplicação da lei, conforme preceito em voga, os fins sociais a que ela se dirige, quanto às exigências do bem comum" (SILVEIRA, José Nery da. A função do juiz. In: *Revista AJURIS*, Porto Alegre, ano XIX, v. 54, mar. 1992, p. 181, p. 45).

250 O juiz, ao interpretar a lei, "não deverá quedar-se surdo às exigências do real e da vida. O direito é essencialmente uma coisa viva. Está ele destinado a reger homens, isto é, seres que se movem, pensam, agem, mudam, se modificam. O fim da lei não deve ser a imobilização ou a cristalização da vida, e sim manter o contato íntimo com esta, segui-la em sua evolução e adaptar-se a ela. Daí resulta que o direito é destinado a um fim social, de que deve o juiz participar ao interpretar as leis, sem se aferrar ao texto, às palavras, mas tendo em conta não só as necessidades sociais que elas visam disciplinar, como ainda às exigências da justiça e da equidade, que constituem o seu fim. Em outras palavras, a interpretação das leis não deve ser formal, mas sim, antes de tudo, real, humana, socialmente útil" (Henri de Page. Apud TEIXEIRA, Sálvio de Figueiredo. *A criação e realização do direito na decisão judicial*. Rio de Janeiro: Forense, 2003. p. 281-2).

251 "A norma jurídica, assim como todos os modelos jurídicos, não pode ser interpretada com abstração dos fatos e valores que condicionaram o seu advento, nem dos fatos e valores supervenientes, assim como da totalidade do ordenamento em que ela se insere, o que torna superados os esquemas lógicos tradicionais de compreensão do direito (*elasticidade normativa e semântica jurídica*)" (REALE, Miguel. *Teoria tridimensional do direito*. 5. ed. São Paulo: Saraiva, 2005. p. 62).

remoto em que foi elaborada a lei, mas no espírito evoluído da sociedade e no sentido imanente, que se transforma com o avanço da civilização".⁽²⁵²⁾

A lei traz consigo a marca do seu tempo, e o curso deste, normalmente, afasta o sentido primitivo da norma⁽²⁵³⁾ e exige adaptação.⁽²⁵⁴⁾ "Toda interpretação é produto de uma época, de uma conjuntura que abrange os fatos, as circunstâncias do intérprete e, evidentemente, o imaginário de cada um."⁽²⁵⁵⁾ Por isso, Lord Diplok, citado por Cappelletti, asseverou que "os juízes estão constrangidos a ser *criadores do direito* (...). Efetivamente, eles são chamados a interpretar e, inevitavelmente a esclarecer, integrar, plasmar e transformar, e não raro a criar *ex novo* direito".⁽²⁵⁶⁾

É fundamental, então, para um direito que pretende ser justo, que não seja estático.⁽²⁵⁷⁾ Se ao longo do tempo variam as percepções que o homem tem de si e do mundo, não

---

252 HUNGRIA, Nelson. *Comentários ao Código Penal*. 2. ed. Rio de Janeiro: Forense, 1959, v. IX. p. 45.
Nos casos de "criação judicial do direito, o que move os juízes a *manipularem* o sentido literal das normas jurídicas, descobrindo novos significados para esses textos legais, está intimamente relacionado com o sentimento de *justiça* que carregam. Não satisfeitos com os resultados que poderão advir de uma aplicação ortodoxa da lei, esses juízes procuram manejar o sentido da norma a ser interpretada de forma que se conforme com seus padrões de *justiça*, ainda que o legislador tenha imaginado ou querido resultados diversos" (NOJURI, Sergio. *A interpretação judicial do direito*. São Paulo: RT, 2005. p. 164-5).

253 "Com o decurso do tempo, certas questões perdem importância, e outras vêm a surgir. Quem interpreta a lei em certo momento busca nela uma resposta para as questões do seu tempo. A interpretação tem isto em conta; acontece com isto que a própria lei participa até certo ponto do fluir do tempo (histórico)" (LARENZ, Karl. *Metodologia da ciência do direito*. 3. ed. Lisboa: Fundação Calouste Gulbenkian, 1997. p. 448).
A objetivação da vida humana é constantemente reatualizada por novos seres humanos, em situações vivas, reais, concretas. Assim, apesar de as normas serem "en si inertes, cristalizadas, adquiren nueva vida, cambian, se transforman y evolucionan" (SICHES, Luis Recaséns. *Nueva filosofía de la interpretación del derecho*. 2. ed. México: Porrúa, 1973. p. 136). Diante da evolução das coisas com o passar do tempo, "las normas jurídicas preexistentes son aplicadas a nuevas situaciones de la vida social, en esa operación de ser aplicadas a nuevos hechos, van engendrando nuevos sentidos, cobran alcance diferente, y producen otras consecuencias" (SICHES, Luis Recaséns. *Nueva filosofía de la interpretación del derecho*. 2. ed. México: Porrúa, 1973. p. 136-7).
"A produção das normas submete-se ao tempo de sua realização, fincam raízes na formação do tríduo fato-valor-norma, porque correspondem às expectativas sociais, à divisão de forças e de poder e, sobretudo, às realidades fáticas. Tudo envelhece, cada vez mais rapidamente, é o que se colhe como um dos frutos da pós-modernidade" (FAVA, Marcos Neves. *Execução trabalhista efetiva*. São Paulo: LTr, 2009. p. 66).

254 "As instituições jurídicas são inventos humanos que sofrem variações no tempo e no espaço. Como processo de adaptação social, o Direito deve estar sempre se refazendo, em face da mobilidade social. A necessidade de ordem, paz, segurança, justiça, que o Direito visa a atender, exige procedimentos sempre novos. Se o Direito se envelhece, deixa de ser um processo de adaptação, pois passa a não exercer a função para a qual foi criado. Não basta, portanto, o ser do Direito na sociedade, é indispensável o ser atuante, o ser atualizado. Os processos de adaptação devem-se renovar, pois somente assim o Direito será um instrumento eficaz na garantia do equilíbrio e da harmonia social" (NADER, Paulo. *Introdução ao estudo do direito*. 9. ed. Rio de Janeiro: Forense, 1994. p. 20).
Ao tomar em consideração o fator temporal, pode "resultar que uma interpretação que antes era correta agora não o seja" (LARENZ, Karl. *Metodologia da ciência do direito*. 3. ed. Lisboa: Fundação Calouste Gulbenkian, 1997. p. 498).

255 BARROSO, Luís Roberto. *Interpretação e aplicação da Constituição*. 7. ed. São Paulo: Saraiva, 2009. p. 1.

256 CAPPELLETTI, Mauro. *Juízes legisladores?* Porto Alegre: Fabris, 1993. p. 73-4.

257 Como afirma Benjamin Cardoso, "o direito deve ser estável, no entanto não deve ser estático" (CARDOZO, Benjamin N. *A natureza do processo e a evolução do Direito*. Porto Alegre, Coleção Ajuris/9, 1978).

se pode negar ao juiz uma atuação transformadora, com interpretação evolutiva (em busca da *ratio legis* contemporânea), em contraposição à interpretação originalística (do momento histórico de criação da lei). Assim, se não há como mudar a lei na mesma velocidade das transformações de uma sociedade dinâmica, cabe ao juiz dar-lhe a devida interpretação ao tempo vigente,[258] levando em conta a lógica do humano,[259] as novas conquistas dos cidadãos e a riqueza miltifária dos acontecimentos da vida.[260]

Daí a razão da assertiva de que o direito caminha pela jurisprudência.[261] Fundada na experiência, a jurisprudência é flexível e construtiva, na medida em que abre espaço para o conhecimento de temas além das palavras do texto legal.[262] Elastece e amplia, pois,

---

258 A norma sempre objetiva a proteção de determinados valores diante de um determinado contexto histórico. Daí por que a sua interpretação tem sempre que levar em conta o momento histórico da sua instituição e da sua aplicação. É preciso verificar se os fatos e valores que autorizaram a projeção da norma ainda existem. Se ainda existem, é preciso verificar se mantêm a mesma forma. Se os fatos e valores sofreram variações pela inquietude do tempo, haver-se-á de reconhecer que a norma não mais se ajusta às novas relações, pois toda norma "está, como fato histórico, em relação atuante com o seu tempo" (LARENZ, Karl. *Metodologia da ciência do direito*. 3. ed. Lisboa: Fundação Calouste Gulbenkian, 1997. p. 495).

259 A interpretação da lei não é "algo fortuito, ni tampouco algo que pueda ser decidido arbitrariamente. Es algo que debe ser *resuelto razonablemente*. Pero para eso no sirven las razones de tipo matemático. La lógica tradicional, la de la razón pura, no sirve para tratar ni resolver tales problemas. Necesitamos otro tipo de lógica, la cual es también lógica, pero diferente de la lógica tradicional: necesitamos la lógica de lo humano, la lógica de lo razonable, a diferencia de la lógica de lo racional" (SICHES, Recasens. *Nueva filosofía de la interpretación del derecho*. México: Fondo de Cultura Económica, 1956. p. 133).
O "Direito obedece, em sua origem e em sua aplicação, à *natureza das coisas*. Não há que confundir, porém, a teoria da natureza das coisas com a do Direito Natural, como temos visto ocorrer frequentemente. Mesmo sem se aceitar a ideia de Direito Natural, é possível reconhecer-se que as normas jurídicas não podem ser elaboradas com desprezo de dados naturais" (REALE, Miguel. *Lições preliminares de direito*. 27. ed. São Paulo: Saraiva, 2003. p. 187).

260 Os escopos iniciais da lei nem sempre se mantêm com a passagem do tempo, sofrendo mudanças. A "lei intervém em relações da vida diversas e em mutação, cujo conjunto o legislador não podia ter abrangido" (LARENZ, Karl. *Metodologia da ciência do direito*. 3. ed. Lisboa: Fundação Calouste Gulbenkian, 1997. p. 446).
"Se a norma não acompanha o compasso da vida, e, no entanto, torna-se preciso com ela regular relações novas, é mister extrair-lhe sentido inédito e emprestar-lhe consequências inesperadas" (Recaséns Siches). E, então, o Juiz desdobra-se no completar e desenvolver, no restringir e atenuar, segundo critérios emergentes, as deficiências e arestas dos textos legais (FAGUNDES, SEABRA. Contribuição da jurisprudência à evolução do direito brasileiro. In: *Revista Forense*, São Paulo, 126/18).

261 "Trata-se, agora de arquivar para sempre a visão do juiz como '*la boche de la loi*', como ser inanimado que apenas repete mecanicamente as palavras do texto sagrado. Não, certamente, para jogar à sarjeta os escritos normativos e construir à margem deles um outro direito, de imprecisas e legítimas fontes, com ou sem o nome de direito alternativo; sim para buscar dentro do Direito alternativas que ele sempre comporta e que os bons juízes sempre souberam identificar" (FABRÍCIO, Adroaldo Furtado. *Ensaios de direito processual*. Rio de Janeiro: Forense, 2003. p. 418-9).

262 É plenamente aceitável a mudança de sentido de determinada norma, mesmo que não haja alteração de seu conteúdo. Como ressalta Miguel Reale, a lei, uma vez publicada, "se destaca da pessoa do legislador, para se integrar no processo social como um de seus elementos fundamentais. A lei vai variando de sentido em função de múltiplos fatores, pois uma circunstância de ordem técnica imprevista pode alterar completamente a significação e o conteúdo de um texto legal, o mesmo ocorrendo quando se altera a tábua dos valores de aferição da realidade social. Podemos dizer, com o civilista italiano

a margem das formulações jurídicas. Quando o direito caminha pela jurisprudência, mantém-se em eterna transformação e renovação[263] (como a vida)[264] de seu sentido, alcance e conteúdo.[265]

Se o direito, então, encontra na jurisprudência a sua revelação para o presente, cumpre ao juiz estar atento aos fatos do tempo em que vive.[266] Não basta que conheça a técnica do direito. Em cada processo, há problemas humanos. E para servir à sociedade, o direito deve ser companheiro da vida. Sua existência não se justifica pelo desejo de render culto ou homenagem à lei. Um juiz atento às necessidades e ocorrências da vida nunca hesitará em desvestir-se do formalismo para interpretar a norma e romper com a abstração e a generalidade quando isso se fizer necessário.[267]

A atuação judicial voltada às necessidades e ocorrências da vida não se dá, porém, ao sabor de meras ideologias ou concepções pessoais (direito livre), preferências políticas ou simpatia do juiz. A criação do direito não pode ser irresponsável. Não deve retratar

---

Ludovico Barassi, que a lei se destaca da pessoa do legislador como uma criança se liberta do ventre materno a fim de ter vida própria, mudando sob a influência do meio ambiente. Há até casos em que ela passa a satisfazer a finalidades que não haviam sido previstas, nem imaginadas pelos que tiveram a iniciativa de sua elaboração" " (REALE, Miguel. *Lições preliminares de direito*. 27. ed. São Paulo: Saraiva, 2003. p. 171).

263 "Auscultando, em face da dramaticidade inerente ao caso concreto, as pulsações da vida social, o Juiz, guardando as palavras da lei, porta-se com certa margem de liberdade na sua aplicação" (ABREU, João Leitão de. A função política do judiciário. In: *Jornal Correio do Povo*, Porto Alegre, ed. 14-9-1965. p. 4).

264 Toda interpretação da lei, por isso, está condicionada pela época. Assim, a "relativa insegurança jurídica consubstanciada na possibilidade de uma alteração da jurisprudência dos tribunais tem que aceitar-se para tornar possíveis sentenças materialmente corretas" (LARENZ, Karl. *Metodologia da ciência do direito*. 3. ed. Lisboa: Fundação Calouste Gulbenkian, 1997. p. 443).

265 "A jurisprudência, mesmo quando embasada em reiterados julgados, refletida em antigos posicionamentos, deve evoluir para adaptar-se à multifária riqueza da vida, em seus variados aspectos e circunstâncias, sob pena de agasalhar a injustiça e ferir elementares princípios de direito" (STJ-REsp-4296-RS, DJU 23-9-1991).

266 As "pautas normativas não podem permanecer mumificadas, cristalizadas, mortas, sepultadas em uma pretensa volição legislativa, muitas vezes antiga, retrógrada ou dirigida a acontecimentos radicalmente modificados pela vertiginosa celeridade e multiplicidade das variações em todos os setores da atividade humana" (PEREIRA, Sérgio Gischkow. Interpretação jurídica e aplicação do direito. In: *Revista AJURIS*, Porto Alegre, ano X, v. 27, mar. 1983, p. 180).
O direito não pode ser pensado sob a ótica da logicidade racional-teórica, que se apresenta distorcida do ponto de vista da realidade. "O processo cooperativo parte da ideia de que o Estado tem como dever primordial propiciar condições para a organização de uma sociedade livre, justa e solidária, fundado que está na dignidade da pessoa humana. Indivíduo, sociedade civil e Estado acabam por ocupar, assim, posições coordenadas. O direito a ser concretizado em um direito que conta com a *juris prudentia*" (MITIDIERO, Daniel. *Colaboração no processo civil*. São Paulo: RT, 2009. p. 102).

267 Como ressalta Carlos Alberto Alvaro de Oliveira, o juiz "não é uma máquina silogística, nem o processo, como fenômeno cultural, presta-se a soluções de matemática exatidão. Isso vale, é bom ressaltar, não só para o equacionamento das questões fáticas e de direito, como também para a condução do processo e notadamente no recolhimento e valorização do material fático de interesse para a decisão. Mesmo a regra jurídica clara e aparentemente unívoca pode ser transformada em certa medida, de acordo com as peculiaridades do caso concreto, por valorações e ideias do próprio juiz" (OLIVEIRA, Carlos Alberto Alvaro. *O processo civil na perspectiva dos direitos fundamentais*. Disponível em: <http://www.mundojuridico.adv.br/sis_artigos/artigos.asp?codigo=216> Acesso em: 11 nov. 2008).

um pensamento individual, mas uma ideia coletiva da sociedade.[268] Deve o juiz, pois, ser capaz de captar o sentimento da sociedade e a consciência coletiva e revelá-lo em suas decisões.[269] Ter consciência de que a personalidade se projeta para as escolhas (*infra*, n. 4.12) é imprescindível, cabendo ao juiz, desse modo, trabalhar a higidez psíquica (evitando deixa-se conduzir principalmente por traumas e influências de sentimentos reprimidos na sombra),[270] a fim de planejar (organizar) seu pensamento para revolucionar (transformação radicalmente) o direito em prol da sociedade.[271]

---

[268] Há, porém, os ignorantes e sem métodos que, por desconhecerem os limites e a responsabilidade da liberdade criativa, decidem segundo suas crenças pessoais, por impulsos irrefletidos e pela noção individual que têm sobre a justiça. Normalmente, valem-se de frases feitas, brocardos jurídicos e não oferecem justificação social e coletiva. "Como o juiz julga para a sociedade e não para si, de forma narcísica, impõe-se que adquira uma sensibilidade social sobre um conhecimento consciente da sociedade a que serve. Os juízes e tribunais devem se constituir num corte transversal da sociedade em que se assentam, refletindo em suas decisões as inquietudes e ânsias da comunidade. Deve o juiz ter bem claro que sua responsabilidade não é meramente *legal*, mas *social*; e por isso, deve ter uma indispensável formação e mentalidade social" (RODRIGUES, João Gaspar. *O perfil moral e intelectual do juiz brasileiro*. Porto Alegre: Fabris, 2007. p. 156).

[269] A criação do direito é um mecanismo inerente ao próprio sistema para que se possa "amenizar o rigor da lei naquelas hipóteses em que sua aplicação importe na criação de situações desconformes com padrões culturais de um grupo de pessoas ou mesmo de uma dada sociedade, situadas em certa época" (NOJURI, Sergio. *A interpretação judicial do direito*. São Paulo: RT, 2005. p. 164-5).
Se "a um tempo a decisão judicial tem quê de política, por outro não é só política. O limite para o juiz é o próprio ordenamento sobre o qual ele precisa *fundamentar* suas decisões". Respeitando "os limites jurídicos que lhe são impostos, o juiz ao proferir sua decisão, mesmo posicionando-se politicamente, põe em relevo as vicissitudes do ordenamento e não a sua vontade pessoal de fazer das coisas aquilo que ele queria que elas fossem, pois isso, como diz Tércio Sampaio Ferreira Júnior, em vez de fortalecer a democracia gera conflitos em larga escala e, no limite, torna-se incontrolável. O juiz que se pauta pelo aspecto político, sem se ater aos limites (...) impostos pela ordem jurídica, acaba expondo suas decisões a críticas quanto ao seu próprio conteúdo — e não quanto à expressão jurídica que ela representa — sujeitando-se a exposição que até ridicularizam suas decisões. E, por outro lado, decisões sem esse parâmetro favorecem uma postura autoritária dos juízes, em prejuízo da luta democrática pelo direito" (SOUTO MAIOR, Jorge Luiz. *Direito processual do trabalho*. São Paulo: LTr, 1998. p. 114-5).

[270] A sombra (também chamada de personalidade inferior, *self* inferior, *alter ego*, *id*, eu reprimido) é a "personalidade oculta, recalcada, frequentemente inferior" de nós mesmos (JUNG, Carl Gustav. *Estudos sobre o simbolismo do si-mesmo*. Petrópolis: Vozes, 1982. v. IX/2 — Obras Completas de C. G. Jung —, § 422). É "o nosso lado escuro onde moram todas as coisas que desagradam em nós, ou mesmo nos assustam" (SILVEIRA, Nise da. *Jung, vida e obra*. 7. ed. Rio de Janeiro: Paz e Terra, 1981, Coleção Vida e Obra. p. 91). Como na sombra repousam todas as coisas que não aceitamos em nós, é comum, inconscientemente, projetamos essas coisas sobre os outros e deixamo-nos atuar desse modo. Daí a importância da higidez psicológica do juiz, pois quanto mais a sombra é afastada da consciência, mais ela se torna espessa e negra (JUNG, Carl Gustav. *Psicologia da religião ocidental e oriental*. 2. ed. Petrópolis: Vozes, 1983. v. XI, — Obras Completas de C. G. Jung, § 122).

[271] Ao juiz "é dada a obrigação de, no caso particular, corrigir a situação não prevista, ou mal prevista, *caso contrário, não teria sentido sua existência* (...). *Se a função do Juiz é buscar a vontade do legislador, qual a razão de ser do Judiciário?* Simples seria deixar ao próprio legislador a tarefa da aplicação, que o faria administrativamente. O intermediário Judiciário seria mera formalidade, *a não ser que sua existência tivesse por fim a hipótese levantada por Dallari: esconder o legislador, o verdadeiro interessado, cabendo ao Judiciário fazer 'um papel sujo, pois é quem garante a efetivação da injustiça'*" (CARVALHO, Amilton Bueno de. A lei, o juiz, o justo. In: *Revista AJURIS*, Porto Alegre, ano XIV, v. 39, mar 1987. p. 138).

4.7. Ativismo judicial

Enfraquece, "como recordação de um passado que se distancia, a figura do juiz inanimado, insensível aos fatos que o rodeiam, imagem que a realidade repudiou, uma vez que, como proclamava o filósofo de Estagira, os homens recorrem aos juízes como a um direito vivo, uma justiça animada (*ad judicem confungiunt omnes, sicut ad justum animatum*)".[272]

Por isso, mesmo sem utilizar esses rótulos, a ordem jurídica consagrou a *proibição de retrocesso* e o *progresso do direito*. Daí a necessidade de uma atuação judicial mais ativa, pautada, sobretudo, nos valores constitucionais. "Essa premência de valorizar a Constituição e reinterpretar todo o arcabouço legislativo criado ao longo de séculos impõe ao magistrado uma nova postura" diante do direito.[273]

Em matéria de políticas públicas, o STF é vanguardista na criação do direito. Segundo o Min. Celso de Mello, apesar de enfrentar algumas resistências culturais e ideológicas, por se tratar de um fenômeno recente, o ativismo judicial é praticado pela Corte Maior. De acordo com ele, o STF "desempenha um papel relevantíssimo no contexto de nosso processo institucional, estimulando-o, muitas vezes, à prática de ativismo judicial, notadamente na implementação concretizadora de políticas públicas definidas pela própria Constituição que são lamentavelmente descumpridas, por injustificável inércia, pelos órgãos estatais competentes".[274]

O juiz tem "uma Constituição que o legitima a transformar a realidade fática. O pacto vigente o qualifica na condição de agente de poder. Faz mais: confere-lhe o monopólio da decisão judicial. (...) Torna o juiz responsável direto pela edificação de uma sociedade justa, fraterna e solidária. O garante das promessas do formulador da grande aliança fundante. É o constituinte, portanto, que arremessa o juiz a assumir esse novo compromisso. Empurra-o a um saudável protagonismo".[275]

O juiz brasileiro, então, deve ser menos submisso (o que não significa ser avesso) ao legalismo e ao conceitualismo, a fim de contribuir ágil e efetivamente com a criação de um direito justo.[276]

---

272 TEIXEIRA, Sálvio de Figueiredo. *A jurisprudência como fonte do direito e o aprimoramento da magistratura.* Disponível em: <http://bdjur.stj.gov.br> Acesso em: 20 nov. 2008.

273 PORTO, Sérgio Gilberto; USTÁROZ, Daniel. *Lições de direitos fundamentais no processo civil.* Porto Alegre: Livraria do Advogado, 2009. p. 19-20.

274 Entrevista publicada na Revista *Consultor Jurídico* (15 de março de 2006).

275 NALINI, José Renato. *A rebelião da toga.* 2. ed. Campinas: Millennium, 2008. p. 329.

276 "O juiz do direito liberal estava proibido de assumir uma postura ativa no processo. Em nome da liberdade do indivíduo, chegou-se a proibi-lo de interpretar a lei. A figura do juiz inerte, visto como *bouche de loi* (boca da lei), sem qualquer poder criativo ou de *imperium*, foi sustentada pelo mito da neutralidade, que supôs i) ser possível um juiz despido de vontade inconsciente, ii) ser a lei — como pretendeu Montesquieu — uma relação necessária fundada na natureza das coisas, iii) predominar no processo o interesse das partes e não o interesse público na realização da justiça e, ainda, iv) que o juiz nada tinha a ver com o resultado da instrução, como se a busca do material adequado para a sua decisão fosse somente problema das partes. Com a democracia social intensificou-se a participação do Estado na

Deve ser a voz, e não o eco.[277] Jurista do seu tempo, "deve viver com sua época, se não quiser que esta viva sem ele, na advertência de *Josserand*. Homem do seu tempo, não deve curvar-se às doutrinas de conveniências, ou a jurisprudência subserviente, mas revestir-se da coragem de preferir 'ser justo, parecendo injusto, do que injusto para que sejam salvas as aparências' (*Calamandrei*), mesmo que tenha que divergir do entendimento predominante, procedendo como *bonus iudex*, ou seja, aquele que 'adapta as normas às exigências da vida'".[278]

4.8. Pânico do juiz ativo e criativo

Para os juristas de ideologia conservadora, que cultuam a segurança jurídica estática (*supra*, n. 3.7) como regra máxima de conduta, o ativismo e a criação judiciais são pecados mortais.[279]

Como não sabem conviver com o que não conseguem controlar, tais juristas estabelecem como padrão de juiz o egresso de uma formação jurídica tradicional, dogmática, com qualidade técnica, erudito e reprodutor do que já se sabe. Um juiz cujas decisões (pela perfeição técnica) sejam verdadeiras peças literárias (com abundância de lições professorais, citações de leis, doutrina e jurisprudência). Mas, sobretudo, um juiz que saiba conformar-se com um sistema idêntico ao de um quartel: que saiba obedecer sem questionar e reprima todas as suas capacidades autênticas.

Cegos pela certeza desse modelo-padrão (ideal e estratificado) de juiz, os juristas de ideologia conservadora, ao se defrontarem com juízes ativos e criativos são tomados de imensa ira e angústia que os obriga, como mecanismo de defesa, a atacá-los com voracidade e sabotar suas ideias. Costumam se valer da ironia e do ridículo para desmerecer a postura daqueles que fogem do padrão. Quem não segue o *manual* deve ser triturado, "em exercício institucional da antropofagia, seja mediante neutralização de suas potencialidades",[280] seja folclorizando suas condutas. Ideias que não estão no *esquema* são

---

sociedade e, por consequência, a atuação do juiz no processo, que não deve mais estar apenas preocupado com o cumprimento das 'regras do jogo', cabendo-lhe agora zelar por um processo justo, capaz de permitir: i) a adequada verificação dos fatos e a participação das partes em um contraditório real, ii) a justa aplicação das normas de direito material, e iii) a efetividade da tutela dos direitos, já que a inércia do juiz, ou o abandono do processo à sorte que as partes lhe derem, tornou-se incompatível com a evolução do Estado e do direito" (MARINONI, Luiz Guilherme. *Teoria geral do processo*. São Paulo: RT, 2006. p. 414).

277 Nossa "vida só é digna de ser vivida quando algum ideal a enobrece (...). A vida vale pelo uso que dela fazemos, pelas obras que realizamos. Não viveu mais o que conta um maior número de anos, e sim aquele que melhor sentiu um ideal" (INGENIEROS, José. *O homem medíocre*. São Paulo: Quartier Latin, 2004. p. 60).

278 TEIXEIRA, Sálvio de Figueiredo. *A jurisprudência como fonte do direito e o aprimoramento da magistratura*. Disponível em: <http://bdjur.stj.gov.br> Acesso em: 20 nov. 2008.

279 Juristas "de ideologia mais conservadora, a pretexto de se assegurar o garantismo, a observância estrita aos preceitos processuais serve a um extremado formalismo. Chega-se à sacralização das praxes e, até mesmo, a uma verdadeira negação de justiça" (NALINI, José Renato. *A rebelião da toga*. 2. ed. Campinas: Millennium, 2008. p. 112). Criatividade, ousadia, inovação são quase que doenças, sob a ótica do conservadorismo.

280 NALINI, José Renato. *A rebelião da toga*. 2. ed. Campinas: Millennium, 2008. p. 214.

identificadas (sem qualquer reflexão) como equivocadas e são tratadas como doenças contagiosas que devem ser banidas.[281] Não há flexibilidade. Não há tolerância.[282]

Há quem veja nas manifestações iradas do conservadorismo a manifestação de pessoas com *personalidade forte*. Na verdade, o olhar míope não permite enxergar que a personalidade dessas pessoas não é forte, mas obsessiva. Geralmente, são "líderes de perfil autocrático, superexigentes com seus subordinados (filhos, alunos, funcionários), não suportam pessoas que tenham ideias e ritmos diferentes dos seus, tomam decisões rápidas e gostam de impor seus mandamentos e, não raramente, têm crises coléricas diante de contrariedades".[283] Não conseguem perceber que neles, sepultada sob uma massa de neuroses e psicoses, há uma pessoa implorando para nascer.

Não há, porém, porque recear o ativismo e a criação judiciais, uma vez "que vivificam, humanizam, concretizam, amoldam, atualizam, maleabilizam, tornam possível, fazem justo, equânime e adequado o direito. Os magistrados acompanham a evolução do direito em relação aos eventos sociais, intentando minimizar o completo descompasso que pode emergir da cristalização legislativa; sentem, pressentem, ocupam-se e preocupam-se com as peculiaridades de cada caso que lhes é submetido, sem nunca descurar, obviamente, dos dados probatórios: estão, e precisam estar, na linha de frente dos embates sociais, diagnosticando as defasagens do sistema jurídico, corrigindo-as e completando-as com exercício de verdadeiro poder criador, quando indispensável, sem elidir os princípios básicos norteadores do direito nacional. Por compreender plenamente este papel judicial magno é que a escola norte-americana tanto insiste em que o direito realmente aparece só e unicamente através da decisão do julgador".[284]

Se o juiz que procura inovar, seduzido pela realidade das coisas, representa um mal pela instabilidade que causa, mal menor não causa o julgador autômato a serviço de normas corroídas pela ferrugem do tempo. Na "atual crise de valores, o mundo pede aos juristas ideias novas, mais que sutis interpretações".[285]

---

281 Aquele que ousa ser diferente do rebanho é, na maioria dos casos, um inimigo que deve ser impiedosamente criticado e, até mesmo, perseguido. "É motivo de infelicidade não ser igual aos colegas de ofício, no comportamento e nas atitudes funcionais. O talento criativo que distingue eventual juiz, ao invés de simpatia e afeição, desperta cobiça, inveja e medo" (RODRIGUES, João Gaspar. *O perfil moral e intelectual do juiz brasileiro*. Porto Alegre: Fabris, 2007. p. 121). Daí a razão de sufocar o diferente e apagar a sua luz para que a mediocridade da maioria não seja revelada e continuem eles a serem chamados de *doutores*.

282 Exigir disciplina judiciária nada mais é do que exigir do magistrado que aceite a domesticação, seja dócil e não ouse pensar. Garante-se, com isso, uma uniformização medíocre das ideias das forças conservadoras.

283 ZIMERMAN, David. *Vivências de um psicanalista*. Porto Alegre: Artmed, 2008. p. 66.

284 PEREIRA, Sérgio Gischkow. Interpretação jurídica e aplicação do direito. In: *Revista AJURIS*, Porto Alegre, ano X, v. 27, mar. 1983, p. 195.

285 Tulio Ascarelli, citado por Tercio Sampaio Ferraz Júnior ao apresentar o livro: BOBBIO, Norberto. *Teoria do ordenamento jurídico*. 10. ed. Brasília: UNB. p. 17.

4.9. Neutralidade

O pensamento jurídico tradicional prega a neutralidade do juiz sob as vertentes da imparcialidade[286] e da neutralidade axiológica (direito como fato — *supra, n. 3.6*).[287]

O pensador moderno (atual), porém, sabe que:

a) *juiz imparcial não é sinônimo de juiz neutro*.[288] A imparcialidade diz respeito à condição pessoal do juiz (juiz individual, juiz homem) que o impede de atuar ou continuar no processo em que se verifique a ocorrência de alguma situação que possa revelar o seu interesse pessoal na causa;

b) *é impossível e ilusória a neutralidade axiológica*. Não há a menor possibilidade de o intérprete e aplicador da lei ficar indiferente ao produto do seu trabalho. É claro que há casos em que o juiz atua burocraticamente. Mas há outros tantos que exigem escolhas de valores.[289] Um juiz independente e que não se preocupa unicamente com ascender na carreira não hesita, algumas vezes, em tomar decisões antipáticas, ácidas. É utópico, então, "exigir neutralidade dos juízes, na guarda e na implementação de valores e princípios tão abstratos e carentes de significação como são a dignidade da pessoa humana, a construção de uma sociedade livre, justa e solidária, bem como a erradicação da pobreza e a redução das desigualdades sociais".[290]

A neutralidade, por isso, embora sugira uma recusa na tomada de posição do juiz, expressa justamente o contrário,[291] pois busca a atitude comissiva,[292] ou seja,

---

286 Imparcialidade e independência do juiz são garantias concedidas a todos os jurisdicionados. A independência destina-se a assegurar condução processual e julgamento por juiz imune a qualquer pressão sobre seus atos e decisões.

287 Se "existe uma categoria que, praticamente em todos os países, tudo seja menos revolucionária, esta é exatamente a magistratura, especialmente a dos tribunais superiores" (CAPPELLETTI, Mauro. *Juízes legisladores?* Porto Alegre: Fabris, 1993. p. 34). Conservadores, quietos e respeitadores da lei, são "contrários a evoluções que tendam a pôr em evidência e exaltar o elemento voluntarístico das suas decisões, colocando em perigo a mística da sua objetividade e neutralidade" (CAPPELLETTI, Mauro. *Juízes legisladores?* Porto Alegre: Fabris, 1993. p. 35).

288 O "juiz é membro da sociedade em que vive e participa do seu acervo cultural e problemas que a envolvem, advindo daí as escolhas, que, através dele, a própria sociedade vem a fazer no processo" (GRINOVER, Ada Pellegrini; DINAMARCO, Cândido Rangel; WATANABE, Kazuo (Orgs.). *Escopos políticos do processo*. São Paulo: RT, 1988. p. 115).

289 Ainda que se possa utopicamente imaginar que alguém pode se libertar de sua visão de mundo, de suas opções políticas e da assepsia de justiça, "será impossível libertá-lo do próprio inconsciente, de seus registros primitivos. Não há como idealizar um intérprete sem memória e sem desejos. Em sentido pleno, não há neutralidade possível" (BARROSO, Luís Roberto. *Interpretação e aplicação da Constituição*. 7. ed. São Paulo: Saraiva, 2009. p. 293).

290 CAMBI, Eduardo. *Critério da transcendência para a admissibilidade do recurso extraordinário*. In: WAMBIER, Teresa Arruda Alvim; WAMBIER, Luiz Rodrigues; GOMES JR., Luiz Manoel; FISCHER, Octávio Campos; FERREIRA, William Santos (Orgs.). *Reforma do judiciário*: primeiros ensaios críticos sobre a EC n. 45/2004. São Paulo: RT, 2005. p. 1.595.

291 BARBOSA MOREIRA, José Carlos. A imparcialidade do juiz. In: *Revista Jurídica*, ano XLVI, n. 250, ago. 1998, p. 13.

292 Pertence "ao passado a ideia de um magistrado neutro e, portanto, alheio ao litígio, como se o desfecho da ação não decorresse necessariamente, de sua intervenção efetiva no caso levado a julgamento.

exige do juiz o comprometimento com os ideais de justiça que consegue captar e que deve revelar em suas decisões,[293] assegurando, com isso, a possibilidade de atualização da interpretação da lei.[294] É dever do juiz "entender a lei melhor do que aqueles que participaram da sua feitura e extrair dela mais do que aquilo que seus autores conscientemente lá introduziram".[295]

Vivendo em sociedade, o juiz experimenta os mesmos sentimentos, sofre as mesmas angústias e enfrenta os mesmo problemas sociais e políticos como qualquer pessoa. Não deve, portanto, ficar indiferente às realidades circundantes da vida, em posição acomodada, apática, contentando-se em aplicar a lei de modo automático.[296]

Ao assumir a posição de *escravo da lei*, o juiz se torna nocivamente dócil, obediente e disciplinado. Abre mão de sua independência e covardemente se esconde atrás da máscara de técnico do direito. Oculta "o temor, o comodismo, as conveniências pessoais ou a falta de consciência da extraordinária relevância de sua função social".[297]

Cabe ao juiz, então, expressar a sua visão do direito em atitude crítica,[298] participativa, dinâmica e criativa,[299] evitando, com isso, "desvirtuar-se no virtuoso silogismo

---

Mesmo porque as rápidas mutações da nossa época exigem do Poder Judiciário um constante diálogo com a sociedade. É também ultrapassada a concepção de um juiz indiferente ao resultado da causa e sem qualquer preocupação com o alcance da justiça. O magistrado empenhado em bem exercer sua profissão, que tem a virtude da prudência, não pode ficar indiferente ao resultado da contenda e alheio à busca da justiça em cada caso" (PRADO, Lídia Reis de Almeida. Neutralidade e imparcialidade dos juízes? In: GROENINGA, Giselle Câmara; PEREIRA, Rodrigo da Cunha (Orgs.). *Direito de família e psicanálise* — rumo a uma nova epistemologia. Rio de Janeiro: Imago, 2003. p. 304).

293 "Em caso de parcialidade o juiz não deve se comprometer, deve se omitir. Já no que diz com a neutralidade é diferente. A atuação do juiz dá-se pela sentença que provém de *sentire* (sentimento e/ou razão). Logo, o sistema quer que o juiz coloque o seu sentimento na decisão (não fora isso, um computador decidiria melhor). Obrigado a revelar o seu sentimento, o juiz tem que se comprometer com ele e revelá-lo na decisão" (PORTANOVA, Rui. *Princípios do processo civil*. Porto Alegre: Livraria do Advogado, 1995. p. 78).

294 A lei desprende-se do seu autor e adquire uma existência objetiva. Daí por que ao interpretá-la, pode-se lhe dar um sentido mais amplo ou diferente daquele que seus criadores pretenderam. A lei e seu conteúdo "não são uma coisa estática como qualquer facto histórico passado (eternamente quieto permanece o passado), mas são algo de vivo e de mutável e são, por isso, susceptíveis de avaliação" (ENGISCH, Karl. *Introdução ao pensamento Jurídico*. 2. ed. Lisboa: Fundação Calouste Gulbenkian, 1968. p. 143-4).

295 RADBRUCH, Gustav. *Filosofia do direito*. 4. ed. Coimbra: Armênio Amado, 1961. v. 2, p. 186.

296 O direito nem sempre "retrata o resultado de experiências pretéritas sobre o ser (o que é), tal como nas ciências matemáticas ou físicas. Seu mundo é o do prognóstico e suas leis visam ao hipotético: o que se imagina *deva ser*, e não o que *já é*" (THEODORO JÚNIOR, Humberto em prefácio à obra: TEIXEIRA, Sálvio de Figueiredo. *A criação e realização do direito na decisão judicial*. Rio de Janeiro: Forense, 2003. p. IX).

297 DALLARI, Dalmo de Abreu. *O poder dos juízes*. 2. ed. São Paulo: Saraiva, 2002. p. 53.

298 O jurista "tem a *faculdade* de criticar o dogma (jurídico), de desvalorizá-lo sob diferentes pontos de vista, assinalando suas injustiças, suas imperfeições técnicas, sua inadequação às necessidades sociais, sua falta de conexão com os antecedentes históricos, etc. Em uma palavra, o jurista, sem prejuízo de sua dimensão dogmática tem também uma função valorizadora que, nele, é imprescindível" (LACAMBRA, Luis Legaz y. *Filosofía del derecho*. 4. ed. Barcelona: Bosch, 1975. p. 81).

299 "Examinar as provas, intuir o correto enquadramento jurídico e interpretar de modo correto os textos legais à luz dos grandes princípios e das exigências sociais do tempo —, eis a grande tarefa do juiz ao

logicista, em que os conceitos substituem-se à realidade".[300] Deve assumir a politicidade.[301] A vedação constitucional (CF, 95, parágrafo único, III) proíbe unicamente o exercício de atividade político-partidária.[302] Não sugere, por isso, a alienação política. O juiz integra o aparato de poder do Estado e tem o dever de contribuir para a solução ou amenização dos problemas sociais e políticos.[303]

4.10. Sensibilidade racional e racionalidade sensível

O culto à racionalidade (característica do arquétipo masculino),[304] adotado e idolatrado pelo positivismo jurídico, marcou a sociedade ocidental a partir do século das luzes (século XVIII), por influência das ideias Iluministas (fé cega na razão para resolver todos os problemas fundamentais da humanidade).

A consequência disso foi a exclusão (repressão) da emoção (característica do arquétipo feminino) nos julgamentos. Pelo desejo de um saber controlador, aliado ao

---

sentenciar. Entram aí as convicções sociopolíticas do juiz, que hão de refletir as aspirações da própria sociedade; o juiz indiferente às escolhas axiológicas da sociedade e que pretenda apegar-se a um exagerado literalismo exegético tende a ser injusto, porque pelo menos estende generalizações a pontos intoleráveis, tratando os casos peculiares como se não fossem portadores de peculiaridades, na ingênua crença de estar com isso sendo fiel ao direito. O juiz moderno compreende que só se lhe exige imparcialidade no que diz respeito à oferta de iguais oportunidades às partes e recusa a estabelecer distinções em razão das próprias pessoas ou reveladoras de preferências personalíssimas. Não se lhe tolera, porém, a indiferença" (DINAMARCO, Cândido Rangel. *A instrumentalidade do processo*. 4. ed. São Paulo: Malheiros, 1994. p. 196).

300 AZEVEDO, Plauto Faraco de. *Aplicação do direito e contexto social*. 2. ed. São Paulo: RT, 1998. p. 37.

301 Afinal de contas, o *Poder Legislativo está em crise*. "Percebe-se, mundo afora, que o legislador, envolvido em uma crise institucional, não mais consegue desempenhar as próprias funções com a eficácia necessária. O envelhecimento das leis frente a uma sociedade em rápida transformação e o constante surgimento de novos fenômenos sociais a reclamar a atenção do direito (...), contribuíram para deslocar para o juiz a solução de problemas e de incertezas que deveriam encontrar uma resposta na sede legislativa. Na ausência de parâmetros normativos claros e tendo que decidir (...), ao juiz não resta alternativa senão julgar a partir de sua interpretação pessoal de certos princípios genéricos e valores abstratos" (FACCHINI NETO, Eugênio. 'E o juiz não é só direito ...' (ou 'a função jurisdicional e a subjetividade'). In: ZIMERMAN, David; COLTRO, Antonio Carlos Mathias (Coords.). *Aspectos psicológicos na prática jurídica*. Campinas: Millenium, 2002. p. 401).

302 Não há como negar, então, a função criativa "e, consequentemente, o papel ativo que o juiz desempenha ao prestar jurisdição. O juiz descobre-se autor de escolhas políticas, de opções valorativas, de decisões que possuem implicações éticas, econômicas, políticas" (FACCHINI NETO, Eugênio. 'E o juiz não é só direito ...' (ou 'a função jurisdicional e a subjetividade'). In: ZIMERMAN, David; COLTRO, Antonio Carlos Mathias (Coords.). *Aspectos psicológicos na prática jurídica*. Campinas: Millenium, 2002. p. 404).

303 "O reconhecimento da politicidade do direito nada tem a ver com opções partidárias nem tira, por si só, a autenticidade e a legitimidade das decisões judiciais. Bem ao contrário disso, o juiz consciente dessa politicidade fará um esforço a mais para conhecer e interpretar o direito, considerando sua inserção necessária num contexto social, procurando distingui-lo do direito abstrato ou do que é criado artificialmente para garantir privilégios, proporcionar vantagens injustas ou impor sofrimentos a outros com base exclusivamente numa discriminação social" (DALLARI, Dalmo de Abreu. *O poder dos juízes*. 2. ed. São Paulo: Saraiva, 2002. p. 96).

304 "Os arquétipos formam a base dos padrões de comportamento instintivos e não aprendidos, que são comuns a toda a espécie humana e que se apresentam à consciência humana de certas maneiras típicas" (SANFORD, John. *Os parceiros invisíveis* — o masculino e o feminino dentro de cada um de nós. 9. ed. São Paulo: Paulus, 2006. p. 13).

medo da natureza, negaram-se, então, os sentidos e os sentimentos e fetichizou-se a razão, com predominante rigidez de atitudes mentais. Tudo o que a razão não consegue explicar é tido como fantasia e, por isso, desconsiderado.

Devemos, porém, equilibrar a ordem das coisas. Como ressalta Leonardo Boff, a primeira determinação do humano não é "o cartesiano penso, logo existo, mas o sinto, logo existo".[305]

Isso não significa, porém, que os julgamentos devem se pautar exclusivamente com base nos sentimentos. Razão e emoção não se excluem. A identidade humana plena parte da conciliação entre as características dos arquétipos masculino e feminino. Reduzir o psiquismo a apenas um desses arquétipos representa empobrecimento da existência.[306] A emoção,[307] por isso, deve ser incorporada à razão "como um modo de praticar uma ética do cuidado. O afeto não exclui a reflexão e nem a reflexão exclui o afeto. (...) Onde o equilíbrio prepondera, estas instâncias estão em relação de complementaridade, onde o desequilíbrio prepondera, elas litigam e, ao litigarem, se anulam como forças capazes de afirmarem a vida".[308]

O equilíbrio entre razão e emoção,[309] portanto, é imprescindível.[310] Vale dizer: deve haver uma combinação "do pensamento racional e do sentimento. Se separarmos

---

305 BOFF, Leonardo. Justiça e cuidado: opostos ou complementares? In: PEREIRA, Tânia da Silva; OLIVEIRA, Guilherme de (Coords.). *O cuidado como valor jurídico*. Rio de Janeiro: Forense Universitária, 2008. p. 9.

306 "Os homens costumam pensar e julgar-se apenas como homens, e as mulheres pensam e julgam-se apenas como mulheres, mas os fatos psicológicos mostram que todo ser humano é andrógino. (...) No Livro do Gênesis, por exemplo, lemos que Deus era um ser andrógino e que os primeiros seres humanos, criados à imagem dele, eram, por isso, masculinos e femininos: 'No dia em que Deus criou Adão', começa dizendo o primeiro capítulo do Gênesis, 'ele o fez à semelhança de Deus. Criou-os macho e fêmea. Abençoou-os e deu-lhes o nome de Homem'. Também no segundo capítulo do Gênesis, dizem-nos que, quando Deus quis fazer a mulher, mandou a Adão um sono profundo, e criou Eva da costela de Adão. Evidentemente, o homem original, Adão, era pois, tanto macho quanto fêmea. Dessa primeira divisão do todo original, o ser humano bissexual provém, representando a nostalgia, através da sexualidade, da reunião das metades separadas. O segundo capítulo prossegue: 'Por isso um homem deixa seu pai e sua mãe, se une à sua mulher, e eles se tornam uma só carne (um só corpo)'. (...) Em nosso século, C. G. Jung é o primeiro cientista a observar esse fato psicológico da natureza humana e a tomá-lo em consideração ao descrever o ser humano no seu todo. Jung chamou os opostos existentes no homem e na mulher de *anima* e *animus*. *Anima* significa o componente feminino numa personalidade de homem, e o *animus* designa o componente masculino numa personalidade de mulher" (SANFORD, John. *Os parceiros invisíveis* — o masculino e o feminino dentro de cada um de nós. 9. ed. São Paulo: Paulus, 2006. p. 9-10).

307 A emoção compreende, também, a biofilia, ou seja, o amor à natureza. "A pessoa biófila prefere construir a guardar. Quer ser mais, em vez de ter mais. É capaz de admirar, e prefere ver algo novo a encontrar comprovação do que é antigo. Ama a aventura de viver mais do que a certeza. Vê, antes, o todo que apenas as partes; as estruturas ao invés de os somatórios totais. Deseja moldar e influenciar pelo amor, pela razão e pelo exemplo; não pela força, pelo desmembramento das coisas, pela forma burocrática de administrar as pessoas, como se elas fossem coisas" (BITTAR, Eduardo; ALMEIDA, Guilherme Assis de. *Curso de filosofia do direito*. 6. ed. São Paulo: Atlas, 2008. p. 647).

308 BITTAR, Eduardo; ALMEIDA, Guilherme Assis de. *Curso de filosofia do direito*. 6. ed. São Paulo: Atlas, 2008. p. 646.

309 Não apenas "el pensamiento sino también la emoción puede ser racional (...). La racionalidad respecto de la vida emocional significa que las emociones afirman y ayudan a la estructura psíquica de la persona

as duas funções, o pensamento se deteriora voltando-se para uma atividade intelectual esquizoide e o sentimento se dissolve em paixões neuróticas que prejudicam a vida".[311]

O culto à razão (característica do arquétipo masculino) leva à visão do direito como uma demonstração de força, de poder, de intimidação. Há sempre um inimigo que deve ser abatido. O comando da norma, por isso, é impositivo. Deve ser obedecido cegamente, sob pena de castração.

O culto à emoção (característica do arquétipo feminino), por sua vez, conduz a um agir exagerado, extremado e por impulso numa relação que transita, sem qualquer consideração, entre amor e ódio. Os sentimentos irrefletidos obscurecem completamente a visão, e o agir passa a ser inconsequente. "Deixar-se dominar pela emoção significa comprometer percepção, atenção, pensamento e memória e abrir espaço para enganos de raciocínio (falsas inferências, conclusões inadequadas), falhas de percepção (fixação em *figura* inadequada, eliminação de detalhes), lapsos e outros fenômenos psíquicos".[312]

Conciliados, entretanto, os arquétipos masculino e feminino, harmonizam-se as nossas energias[313] e surgem a *razão sensível* e a *sensibilidade racional*[314] (poeticamente traduzida por Fernando Pessoa como: "saber pensar com as emoções e sentir com o pensamento"), que abrem oportunidade para a constatação das infelicidades, angústias e sofrimentos das pessoas, tendo lugar as culturas do diálogo, da compreensão, do entendimento, da ponderação, da reflexão, da flexibilidade e, principalmente, das necessidades humanas.[315]

4.11. Humanismo

Na medida em que houver a consciência de que as faculdades intelectuais dos homens são limitadas e de que não é possível estabelecer uma lógica precisa, de que as

---

a mantener un equilibrio armónico a la vez que favorecen su desarrollo. Así, por ejemplo, el amor irracional es aquel que incrementa la dependencia del individuo y, por tanto, su angustia y hostilidad. El amor racional, en cambio, es un amor que relaciona íntimamente a una persona con otra y al mismo tiempo preserva su independencia e integridad" (FROMM, Erich. *La revolución de la esperanza*. México: Fondo de Cultura Econômica, 2003. p. 49).

310 "Os maiores espíritos são os que associam as luzes do intelecto às magnificências do coração" (INGENIEROS, José. *O homem medíocre*. São Paulo: Quartier Latin, 2004. p. 142).

311 "(...) del pensamiento racional y el sentimiento. Si separamos las dos funciones, el pensamiento se deteriora volviéndose una actividad intelectual esquizoide y el sentimiento se disuelve en pasiones neuróticas que dañan a la vida" (FROMM, Erich. *La revolución de la esperanza*. México: Fondo de Cultura Econômica, 2003. p. 49).

312 FIORELLI, José Osmir; MANGINI, Rosana Cathya Ragazzoni. *Psicologia jurídica*. São Paulo: Atlas, 2009. p. 176.

313 Para a razão não existe amor, não existe beleza, não existe graça; há, apenas, raciocínio. Para o coração não há lógica, prudência, noção de perigo. Daí a necessidade do equilíbrio.

314 Mitologicamente, a justiça é representada pela conciliação dos arquétipos, quando se vale da figura da deusa Têmis (filha de Urano e Gaia e segunda mulher de Zeus, considerada deusa da consciência coletiva, da ordem social, da paz, dos ajustes de divergências, da justiça divina, das cortes e juízes) exibindo em uma das mãos a balança, com a qual racionaliza seus sentimentos e, na outra, uma cornucópia (uma espécie de espada), com a qual faz valer as suas deliberações.

315 Nisso talvez resida a equidade de que falava Aristóteles: "correção da lei quando ela é deficiente em razão da sua universalidade" (ARISTÓTELES. *Ética a Nicômaco*. São Paulo: Abril, 1979. p. 1.137, *b*, 27-8).

necessidades (principalmente coletivas) são cada vez maiores, de que a sociedade se altera em sua composição e de que as relações entre as pessoas são numerosas, intensas, complexas e mutáveis, tratar-se-á de dar ao direito um conteúdo menos abstrato e mais humano.

Se o direito é feito pelo homem e para o homem, ele só ganha sentido se tiver conteúdo humano, revelador de crenças, conflitos, paixões, aspirações, costumes, etc. Daí por que a aplicação do direito não se satisfaz com uma justiça burocrática, tecnocrática, que julga cumprir sua obrigação mediante solução meramente técnica de subsunção dos fatos à norma, sem qualquer preocupação com o justo.[316]

O princípio da dignidade da pessoa humana, fundamento da República brasileira (CF, 1º, III),[317] "expressa um conjunto de valores civilizatórios que se pode considerar incorporado ao patrimônio da humanidade".[318] De inspiração religiosa no mandamento do respeito ao próximo, dá origem a proposições éticas superadoras do utilitarismo ao exigir que cada indivíduo seja "tratado como um fim em si mesmo, e não como um meio para realização de metas coletivas ou de outras metas individuais. As coisas têm preço; as pessoas têm dignidade. Do ponto de vista moral, *ser* é muito mais do que *ter*".[319]

Cabe ao julgador, então, assumir uma postura humana[320] (o ser humano como valor máximo), a fim de restabelecer o direito e corrigir injustiças, sendo capaz de:

---

316 A ideia de humanização do processo, timidamente discutida pela doutrina, traduz a noção de processo com feições mais humanas e menos técnicas, no sentido de valorizar o homem em sua essência. Por ser instrumento que o Estado põe a serviço do direito material, o processo é dotado de indiscutível conteúdo ético. É "um instrumento posto à disposição das partes não somente para a eliminação de seus conflitos e para que possam obter respostas às suas pretensões, mas também para a pacificação geral na sociedade e para a atuação do direito. Diante dessas suas finalidades, que lhe outorgam uma profunda inserção sociopolítica, deve ele revestir-se de uma dignidade que corresponda a seus fins" (CINTRA, Carlos Araújo; GRINOVER, Ada Pellegrini; DINAMARCO, Cândido Rangel. *Teoria geral do processo*. 12. ed. São Paulo: Malheiros, 1996. p. 71).

317 "O princípio da dignidade da pessoa humana identifica um espaço de integridade moral a ser assegurado a todas as pessoas por sua só existência no mundo. É um respeito à criação, independente da crença que se professe quanto à sua origem. A dignidade relaciona-se tanto com a liberdade e valores do espírito como com as condições materiais de subsistência" (BARROSO, Luís Roberto. *Interpretação e aplicação da Constituição*. 7. ed. São Paulo: Saraiva, 2009. p. 336).

318 BARROSO, Luís Roberto. *Curso de direito constitucional contemporâneo*. São Paulo: Saraiva, 2009. p. 253. O Preâmbulo da Declaração Universal dos Direitos Humanos, aprovada pela ONU em 1948, assim dispõe: "Considerando que o reconhecimento da dignidade inerente a todos os membros da família humana e de seus direitos iguais e inalienáveis é o fundamento da liberdade, da justiça e da paz no mundo; considerando que o desprezo e o desrespeito pelos direitos do homem resultaram em atos bárbaros que ultrajaram a consciência da Humanidade e que o advento de um mundo em que os homens gozem da liberdade de palavra, de crença e da liberdade de viverem a salvo do temor e da necessidade foi proclamado como a mais alta aspiração do homem comum (...)".

319 BARROSO, Luís Roberto. *Curso de direito constitucional contemporâneo*. São Paulo: Saraiva, 2009. p. 250.

320 A dignidade da pessoa "é um dos pilares supremos do nosso ordenamento, apto a funcionar como *vetor-mor* da compreensão superior de todos os ramos do Direito. Mais que *in dubio pro libertate*, princípio valioso nas relações do cidadão perante o Poder Público, faz-se irretorquível o mandamento humanizante segundo o qual em favor da dignidade, não deve haver dúvida" (FREITAS, Juarez. O intérprete e o poder de dar vida à Constituição. In: *Revista da Faculdade de Direito da UFPR*, 2000. v. 23, p. 71).

a) *indignar-se e de se rebelar contra a injustiça*. Não deve o juiz temer os desafios éticos e a ambiguidade dos valores que se lhe apresentem. Cumpre-lhe ser dinâmico, estar atento às transformações constantes e se revelar consciente de que possui poder para atuar na transformação da sociedade;

b) *comprometer-se com as consequências da sua decisão* (em abandono à ideia de irresponsabilidade — *supra, n. 3.6*). O juiz deve, pois, situar-se no contexto econômico, social, político e histórico e avaliar, "a todo o tempo, as consequências concretas de sua decisão sobre as pessoas atingidas, sobre o meio social e sobre a crença da comunidade em sua justiça. O fortalecimento da função é a missão para a qual cada juiz foi chamado pelo constituinte";[321]

c) *aproximar-se das pessoas*. A ideia de equidistância como fator necessário para evitar o risco de contaminação do juiz pelas fraquezas terrenas (*supra, n. 3.6*) tem de ser abandonada. O juiz não deve se comportar como um sujeito estranho. No lugar de se distanciar (isolar), deve se aproximar das pessoas para conhecer a realidade e as aspirações sociais. Deve se aproximar das partes em litígio para saber as suas razões (manifestadas e inconscientes). À medida que nossos olhos se voltam para as pessoas, que penetramos a realidade social, mais tomamos consciência dos dramas vividos por todos e principalmente por aqueles que buscam o Judiciário como o último refúgio. Distância, tecnicismo e erudição não contribuem para atenuar a infelicidade das almas dos homens;[322]

d) *exercitar a empatia*, que se traduz como a capacidade de se colocar no lugar das partes que irão se submeter ao seu julgamento. A "capacidade de *empatia* — muito importante nas funções de *Comunicação* e de *Julgamento* — resulta diretamente dessa possibilidade de uma pessoa poder se identificar, isto é, de se pôr no lugar do outro, e de sentir junto *com* ele, e não *por* ele. A textura da palavra *empatia* (*em* + *patia*) sugere claramente essa condição de poder sintonizar, de entrar dentro (*em*) do sofrimento (*pathos*) do outro. Empatia guarda, pois, uma significação profunda, e não deve ser confundida com *simpatia*, que se refere a uma atitude de superficialidade e que visa, sobretudo, a agradar e ser agradado, ou, mais fundamente, a de não decepcionar".[323]

---

321 NALINI, José Renato. *A rebelião da toga*. 2. ed. Campinas: Millennium, 2008. p. 184.

322 Os juízes são oriundos do provo e "devem ficar ao lado dele, e ter inteligência e coração atentos aos seus interesses e necessidades. A atividade dos pretórios não é meramente intelectual e abstrata; deve ter um cunho prático e humano; revelar a existência de bons sentimentos, tato, conhecimento exato das realidades duras da vida" (MAXIMILIANO, Carlos. *Hermenêutica e aplicação do direito*. 16. ed. Rio de Janeiro: Forense, 1997. p. 60).

323 ZIMERMAN, David. A influência dos fatores psicológicos inconscientes na decisão jurisdicional. A crise do magistrado. In: ZIMERMAN, David; COLTRO, Antonio Carlos Mathias (Coords.). *Aspectos psicológicos na prática jurídica*. Campinas: Millenium, 2002. p. 105-6.

4.12. Higidez psíquica do juiz

Não é possível ao juiz despir-se completamente de seus sentimentos (quer tenha ou não consciência disso)[324] e de suas perturbações psicológicas, fraquezas, deficiências, virtudes, ideologias, interesses, mediocridades, dogmas, preconceitos, valores, vínculos familiares, vínculos pessoais, posição econômica, posição social, experiência política, experiência jurídica, traços intelectuais, temperamento e outras manifestações do subjetivismo para proferir um julgamento puramente técnico.[325]

O juiz decide por intuição[326] e com sentimento, e não por uma inferência ou por silogismo. Decide por uma certeza que se forma de modo direto.[327] Calamandrei atentou para isso. Disse ele: "gostaria de sugerir a qualquer jovem cultor do direito processual de estudar se é verdade que a sentença se resuma a pura lógica, no chamado silogismo judicial, ou se, ao contrário, o elemento determinante, embora invisível, não seja muito frequentemente o sentimento. (...) É certo que age sempre, também sobre o juiz que acredita fazer justiça ou sobre o jurista que dá um parecer inspirado

---

324 Para fazer bom uso do sentimento, entretanto, o juiz *homem* deve primeiro entrar em contato com a *anima* que, por conta da cultura ocidental, foi reprimida. "Enquanto a *anima* permanecer inconsciente, a forma de expressão desse arquétipo, como ocorre com tudo aquilo que fica na *sombra*, será compulsivamente canhesta, primitiva, como ocorre com as projeções e invasões (...). Isso ocorre porque os conteúdos reprimidos são retidos do controle da consciência, passando a agir independentemente dela e levando, nas profundezas do inconsciente, uma vida autônoma, que é lesiva tanto para o indivíduo quanto para o coletivo" (PRADO, Lídia Reis de Almeida. *O juiz e a emoção — aspectos da lógica da decisão judicial*. 3. ed. Campinas: Millennium, 2.005. p. 65).
A intuição é fundamental para a decisão. Segundo Aristóteles, deve-se ter experiência *intuitiva* para bem resolver o caso concreto (*Ética a Nicômaco*. Livro VI, 1.141b). Santo Tomás de Aquino, da mesma forma, dizia o seguinte: "Muitos raciocinam bem, porém não são sensatos, é dizer, não julgam bem (...). A virtude de julgar bem se chama *syresis*, e é distinta da virtude de raciocinar" (S. T. II. IIae, 951).

325 "O profissionalismo, a orientação recebida, a prática, a disposição para atuar com isenção e desprendimento *não tornam as pessoas imunes às forças intrapsíquicas*. Acreditar nisso beira a ingenuidade, pois o intrapsíquico possui conteúdos consciente e inconscientes" (FIORELLI, José Osmir; MANGINI, Rosana Cathya Ragazzoni. *Psicologia jurídica*. São Paulo: Atlas, 2009. p. 178).

326 "Trata-se de uma condição necessária para quem analisa ou julga, que não tem nada de transcendental, como muitas vezes se pensa e tampouco interfere com o raciocínio lógico; antes, complementa. Assim, *intuição* alude a uma capacidade da mente para que o analista, ou o juiz, não utilizem exclusivamente os seus órgãos dos sentidos e o seu pensamento racional para captar algo importante da esfera afetiva. A etimologia do verbo *intuir* procede dos étimos latinos *in* (dentro) e *tuere* (olhar), ou seja, refere-se a uma capacidade de se olhar com um *terceiro olho*, não sensorial, com uma visão *para* dentro, partindo *desde* dentro do sujeito" (ZIMERMAN, David. Uma aproximação entre o perfil da figura do juiz de direito e a do psicanalista. In: ZIMERMAN, David; COLTRO, Antonio Carlos Mathias (Coords.). *Aspectos psicológicos na prática jurídica*. Campinas: Millenium, 2002. p. 585).

327 Nesse sentido, são as afirmações do sociólogo americano Karl Llewellyn e de Luís Ricaséns Siches. Segundo aquele, a mente do juiz primeiro antecipa (intui) a decisão que considera justa e depois procura a norma que pode servir de fundamento a essa solução. Este, por sua vez, assevera que o juiz, depois de haver decidido com base na sua intuição e sentimento, "põe todas as suas faculdades mentais a postos para justificar aquela intuição diante da própria razão e para afrontar as críticas que possam ser dirigidas a sua sentença" (Apud PRADO, Lídia Reis de Almeida. *O juiz e a emoção — aspectos da lógica da decisão judicial*. 3. ed. Campinas: Millennium, 2.005. p. 13 e 15, nota 7).

somente na verdade, o influxo de razões não confessadas nem mesmo a si próprio, de simpatia ou de repugnância inconscientes, que o guiam antecipadamente, quase por intuição, a escolher, entre várias soluções jurídicas que o caso comporta, aquela que corresponde a este seu oculto sentimento. (...).

Tudo isso sempre aconteceu, em todas as épocas. (...) Mas atualmente a esta inevitável intromissão em cada julgamento, de inconscientes elementos sentimentais de ordem individual, acrescem-se fatores sentimentais de inspiração coletiva e social. (...) Nem mesmo o juiz pode furtar-se àquela que os marxistas chamariam a sua consciência de classe, que o faz sentir-se participante de uma certa categoria social, de uma certa classe econômica. O juiz não é somente juiz: é um cidadão, isto é, um homem que vive em sociedade, que tem certas opiniões e certos interesses comuns com outros homens. Não vive só; está ligado por vínculos de solidariedade e de conivências: é inquilino, locador, ou proprietário de sua casa; é solteiro ou casado; é filho de comerciante ou de agricultores; pertence a uma igreja e talvez, embora não o diga, identifica-se com um partido. Seria possível que todas estas condições pessoais não repercutam de alguma forma sobre suas decisões? Seria possível que, no seu raciocínio, justiça e política não entrem jamais em contato?"[328]

É correta, então, a assertiva de Jerome Frank (juiz da Suprema Corte dos EUA). Segundo ele, "em razão da tradição formalista, os julgadores omitem o verdadeiro modo como raciocinam ao decidir, ou seja, como meros seres humanos, ainda que conhecedores do direito. Ora, os homens pensam, comumente, sem o uso do silogismo, mas raciocinam partindo das conclusões para as premissas".[329]

A razão, de acordo com as concepções psicanalíticas, não é tão poderosa quanto se supunha. O "Eu não somente não é senhor na sua própria casa, mas também está reduzido a se contentar com informações raras e fragmentadas daquilo que se passa fora da consciência, no restante da vida psíquica".[330]

Daí não ser possível ao juiz (queiram ou não os partidários de uma objetividade isenta) deixar de agir como ser humano.[331] Ao decidir, ele sofre uma tensão ético-psicológica

---

328 CALAMANDREI, Piero. La crisi della giustizia. In: AA. VV. La crisi del diritto. Padova: Cedam, 1963. p. 162-4.

329 Apud PRADO, Lídia Reis de Almeida. Neutralidade e imparcialidade dos juízes? In. GROENINGA, Giselle Câmara; PEREIRA, Rodrigo da Cunha. Direito de família e psicanálise — rumo a uma nova epistemologia. Rio de Janeiro: Imago, 2003. p. 304.

330 FREUD, Sigmund. Cinco lições sobre a psicanálise. Rio de Janeiro: Imago, 1988. v. XVI, p. 15.

331 Os conteúdos inconscientes compreendem uma extensa gama de fatores (como emoção, esquemas de pensamento, crenças, pensamentos automáticos, mecanismos psicológicos de defesa) e transferem, "para o julgador, o ônus do autoconhecimento, para que ele consiga, continuamente, conhecer a maneira como reage aos estímulos que recebe do meio. Daí a imensa responsabilidade de julgar, a importância da autocrítica para reduzir, tanto quanto possível, a margem de erros que possa acontecer em decorrência do que oculta o psiquismo de cada um. Afinal, como escreveu Nietzsche, somos todos humanos, demasiadamente humanos" (FIORELLI, José Osmir; MANGINI, Rosana Cathya Ragazzoni. Psicologia jurídica. São Paulo: Atlas, 2009. p. 179-80).

que vem de seu íntimo (do que ele sente e sabe por experiência própria)[332] e que incide sobre a sua personalidade.[333]

Se a personalidade do juiz é projetada sobre a decisão, e cada juiz possui uma personalidade única, não há como exigir uniformidade e certeza do direito (segurança jurídica estática). Isso, evidentemente, pode parecer desagradável. Mas, como ressalta Jerome Frank, "a uniformidade levaria a consequências muito piores, pois implicaria escolher para a judicatura pessoas pouco talentosas, de mente rígida, estereotipada, predispostas a ignorar os matizes individuais de cada caso".[334]

Para evitar distorções e caminhar rumo à decisão justa, então, é imprescindível que o juiz saiba identificar, mediante autoanálise, todos os fatores capazes de influenciar a formação do seu convencimento[335] (inclusive os mecanismos de defesa do ego).[336] Cabe-lhe, pois, ter higidez psíquica,[337] tornando-se consciente.[338]

---

332 "Não há dúvida de que o juiz não pode julgar senão com base no alegado e provado, mas isto não significa que ele, no ato de julgar, não deva tomar consciência do mundo no qual se situa a realidade dos autos a qual é inseparável do complexo dos motivos sociais, econômicos e transpessoais que vão além da pessoa do autor e da pessoa do réu por pressuporem os modelos éticos da Lebenswelt, da vida coletiva" (REALE, Miguel. A ética do juiz na cultura contemporânea. In: *Revista Forense*, jan./mar. 1994, p. 67).

333 Reconhecer e controlar as próprias emoções, portanto, é essencial. "Não tem qualquer fundamento a hipótese de que o bom profissional deva (e consiga) atuar *sem se deixar emocionar*. (...) O desafio é *emocionar-se sem se contaminar pelas emoções próprias e dos participantes*". À semelhança "daquele que assiste a uma excepcional peça de teatro: ou se deixa tomar pela emoção, ou não aproveita o empenho dos atores; contudo, não há por que adquirir as dores dos personagens a ponto de necessitar atendimento por profissional de saúde ao final do espetáculo" (FIORELLI, José Osmir; MANGINI, Rosana Cathya Ragazzoni. *Psicologia jurídica*. São Paulo: Atlas, 2009. p. 175).

334 Apud PRADO, Lídia Reis de Almeida. Neutralidade e imparcialidade dos Juízes? In: GROENINGA, Giselle Câmara; PEREIRA, Rodrigo da Cunha. *Direito de família e psicanálise — rumo a uma nova epistemologia*. Rio de Janeiro: Imago, 2003. p. 303.

335 Oto Bachof, citado por Nalini, esclarece que "o juiz experimentado conhece os perigos do envolvimento emocional e irracional de sua atividade e, precisamente, por regra geral, sabe eliminá-los. Toda sua formação profissional, a necessidade de um contínuo enfrentamento com outras opiniões, o ininterrupto diálogo a que já nos referimos: tudo isso garante um nível de objetividade que, ainda não seja absoluto, é muito elevado" (NALINI, José Renato. *A rebelião da toga*. 2. ed. Campinas: Millennium, 2008. p. 327, nota n. 89).

336 De modo simples e leigo os mecanismos de defesa do ego são: a) *deslocamento*: a pessoa desvia seus sentimentos emocionais da fonte originária a um alvo substituto; b) *distração*: a atenção migra para outro objeto; c) *fantasia*: troca o mundo real por um mundo imaginário; d) *identificação*: estabelece uma aliança real ou imaginária; e) *negação da realidade*: recusa-se a reconhecer fatos reais ou os substitui por fatos imaginários; f) *racionalização*: cria desculpas falsas, mas plausíveis, para poder justificar um comportamento inaceitável; g) *regressão*: adota atitudes e comportamentos característicos de uma idade anterior; h) *projeção*: atribui a outra pessoa algo dele mesmo. Essa é uma "causa comum de certos erros de juízo" (WEITEN, W. *Introdução à psicologia*. São Paulo: Pioneira, 2002. p. 185); i) *idealização*: este mecanismo prejudica a compreensão real da situação e de pessoas, ao passo que busca, no objeto, o ideal; enxerga somente aquilo que gostaria que o outro fosse; j) *sublimação*: entre os mecanismos de defesa é o mais evoluído. Pela sublimação, a pessoa modifica o impulso original sob influência do *id* (que deseja satisfazer o prazer), para explimi-lo conforme as exigências sociais.

337 David Zimerman ressalta que os tipos de personalidade não são estanques. Eles se sobrepõem e se combinam entre si, coexistindo em diferentes graus. A personalidade não se institui como um bloco

Um juiz consciente,⁽³³⁹⁾ que consiga equilibrar razão e emoção (*supra*, n. 4.10) e que seja capaz de adotar postura de atuação criativa (axiológica e humana), certamente será

> uniforme e maciço; pelo contrário, no mesmo indivíduo coexistem aspectos contraditórios e diferentes identidades parciais. Uma personalidade "*depressiva*, enxerga o mundo sob a ótica das lentes negras do pessimismo, e o seu juízo de valores será baseado em uma autodesvalia (...). Se a personalidade do julgador for, basicamente, do tipo *paranoide*, o mais provável é que ele estará sempre desconfiado, melindrado e querelante, sendo que, pelo fato de que se mantém em uma constante posição defensiva, contra-ataca com atitudes de aparência agressiva. Frequentemente exerce o conhecido papel de *criador de casos* (...). O sujeito de personalidade *maníaca* costuma reverter tudo a um *oba-oba* de otimismo exagerado e dá um toque acelerado, superficial e jocoso a tudo o que ele faz e diz. No fundo, ele está fugindo de uma depressão (...). No entanto seu humor é muito instável e diante de qualquer frustração, a sua manifesta alegria se transforma em ira. Personalidade *esquizoide* caracteriza aquelas pessoas muito arredias e que costumam ser reconhecidas pelos outros como sendo *esquisitas* (...). A personalidade *fóbica* caracteriza-se, principalmente, pelo fato de o sujeito utilizar uma óptica em que as lentes têm a cor do medo (...). Os traços *obsessivos*, em doses adequadas, compõem uma personalidade sadia (...). No entanto, o uso exagerado da obsessividade torna o julgador uma pessoa implacável e radical. Ele fica, então, sem um mínimo de flexibilidade e costuma perder-se num detalhamento inútil e, pior, ele acredita estar sendo o único, ou o mais honesto e capaz entre os demais (...). No tipo *histérico* os traços mais evidentes consistem em uma avidez, possessividade e em uma instabilidade de humor devido a uma baixíssima capacidade de tolerar frustrações (...). Personalidade *psicótica* (também conhecida como *sociopática*) é própria daquelas pessoas que não têm compromisso com a verdade, a seriedade e consideração pelos demais (...). A personalidade tipo *falsa* também é conhecida pela denominação de personalidade *como se*. Como o nome indica, trata-se de pessoas que aparentam ser aquilo que, na realidade, não são". A personalidade *narcisista* parece ser a que mais predomina entre os juízes (embora não esteja dissociada das outras). "As lentes da óptica narcisista consistem em uma exagerada valorização de si próprio. Decorre daí que essas pessoas se cercam de outras que os admirem e aplaudam incondicionalmente, razão porque elas toleram mal qualquer crítica que ameace a sua autoimagem de proprietário da verdade e da razão. (...) Em uma exagerada figura retórica pode-se dizer que eles sofrem de um *complexo de deus* (...)" (ZIMERMAN, David. A influência dos fatores psicológicos inconscientes na decisão jurisdicional. A crise do magistrado. In: ZIMERMAN, David; COLTRO, Antonio Carlos Mathias (Coords.). *Aspectos psicológicos na prática jurídica*. Campinas: Millenium, 2002. p. 107-11).

338 Cumpre ao juiz, portanto, ficar atento para que os seus sentimentos, "decorrentes de tudo quanto possa ter interferido na formação de sua personalidade e sua cultura, não acabem por superar aquilo que dele se espera quanto ao julgamento que irá proferir, tanto por não ser o dono da verdade, quanto por incumbir-lhe examinar a situação segundo critério em que sua análise considere os padrões sociais normalmente aceitos ou aqueles que tenham sido adotados a partir de determinado momento, sob pena de frustrar-se o fim da própria atividade judicante e a defesa da sociedade, sujeita a constantes mudanças de hábitos" (COLTRO, Antonio Carlos Mathias. Uma visão humanística da prática judiciária. In: ZIMERMAN, David; COLTRO, Antonio Carlos Mathias (Coords.). *Aspectos psicológicos na prática jurídica*. Campinas: Millenium, 2002. p. 39).
"O uso da emoção, ao lado da racionalidade — como ocorre com qualquer ser humano, que tem sentimento e Logos — dará aos juízes condições de não serem inconscientemente levados pelas manifestações negativas" dos arquétipos do ânimo e da ânima. "Essas manifestações podem provocar nos julgadores atos falhos (...), oscilações de humor, irritabilidade, com prejuízo até do bom uso da racionalidade e, portanto da boa solução da demanda. Pois, de acordo com a Psicologia Analítica, a emoção não deixa de existir pelo fato de ser desconsiderada pelo indivíduo ou pela cultura, permanecendo inconsciente" (PRADO, Lídia Reis de Almeida. Aspectos gerais da ciência jurídica. In: ZIMERMAN, David; COLTRO, Antonio Carlos Mathias (Coords.). *Aspectos psicológicos na prática jurídica*. Campinas: Millenium, 2002. p. 52).

339 Como ressalta José Renato Nalini, no prefácio que escreveu ao livro: *O juiz e a emoção — aspectos da lógica da decisão judicial*, da Prof. Lídia Reis de Almeida Prado, "Muito mais importante do que *saber Direito* é a pessoa *conhecer-se, interessar-se pelo semelhante, condoer-se de alheio sofrimento. Depois, vontade de trabalhar, humildade, espírito público*". Na mesma oportunidade, Nalini cita, ainda, Edgar

mais compromissado e menos: a) conformado; b) crítico em relação a pessoas com comportamentos flexíveis; c) apegado à dogmática do direito objetivo; d) convicto de verdades axiomáticas; e) distante das pessoas.[340]

A higidez psíquica faz emergir um homem adaptável, flexível, livre de traumas e em permanente desenvolvimento psicológico.

A alma de um verdadeiro magistrado, de um magistrado autêntico, "não se pode moldar para o egoísmo ou a soberba, que Calamandrei disse ser o grande pecado do Juiz, mas, sim, para a generosa comunicação da verdade e da justiça. Na decisão, com efeito, cumpre ocorra um ato de comunicação, como se algo do Juiz se separasse, numa mensagem existencial. Na equidistância dos interesses em conflito, na preocupação exclusiva com a verdade, o justo e o bem comum, o ofício de administrar a justiça, no exercício do poder, dá ao Juiz a íntima convicção de que, em essência, o mistério do poder é simplesmente o mistério do amor, que se revela no serviço aos outros".[341]

Aquele que se deixa levar pela parcela de poder a ele confiada e pela possibilidade de decidir sobre o destino alheio, acaba identificando seu ego com a *persona*.[342] Passa, então, a ser conduzido pela vaidade, pela soberba e pelo complexo de autoridade. Torna-se, como ressalta José Renato Nalini, arrogante e prepotente,[343] "é reverenciado

---

Morin para dizer que *"mais vale uma cabeça benfeita que bem cheia. E o significado de cabeça bem cheia é óbvio: é uma cabeça onde o saber é acumulado, empilhado, e não dispõe de um princípio de seleção e organização que lhe dê sentido. Uma cabeça benfeita significa que, em vez de acumular o saber, é mais importante dispor ao mesmo tempo de — uma aptidão geral para colocar e tratar os problemas — princípios organizadores que permitam ligar os saberes e lhes dar sentido"* (PRADO, Lídia Reis de Almeida. *O Juiz e a emoção* — aspectos da lógica da decisão judicial. 3. ed. Campinas: Millennium, 2.005. p. XV).

340 Cabe aos órgãos de administração da Justiça e às escolas de magistratura, caso desejem maior qualidade nas decisões, implantar, como sugerido por José Renato Nalini, serviços de acompanhamento psicológico ao juiz. "Tal providência seria muito útil para a Justiça, pois permitiria ao julgador entrar em contato com os próprios preconceitos e vulnerabilidades, percebendo-se um ser sensível. Muitos problemas resultantes de disponibilidades dos magistrados seriam evitados se os juízes tivessem recebido orientação psiquiátrica, terapia psicanalítica ou um acompanhamento profissional" (PRADO, Lídia Reis de Almeida. *O juiz e a emoção* — aspectos da lógica da decisão judicial. 3. ed. Campinas: Millennium, 2005. p. 22).

341 SILVEIRA, José Nery da. A função do juiz. In: *Revista AJURIS*, Porto Alegre, ano XIX, v. 54, mar. 1992. p. 51-2.

342 *Persona* é palavra origem latina derivada do verbo *personare* (soar por meio de) que designa a máscara que os atores do teatro grego usavam. Sua função era tanto dar ao ator a aparência que o papel exigia, quanto amplificar sua voz, permitindo que fosse bem ouvida pelos espectadores. Na psicologia analítica, *persona* corresponde à função psíquica relacional voltada ao mundo externo, na busca de adaptação social. Vale dizer: "é o arquétipo que se refere à face que colocamos para enfrentar a vida social. Segundo Jung, não passa de um compromisso entre o indivíduo e a sociedade, acerca do que alguém parece ser: pai, filho, possuidor de um título, detentor de um cargo, etc. Assim, durante a existência, muitas *personas* são utilizadas, relacionando-se com um *status social*, uma atividade ou profissão, um papel familiar" (PRADO, Lídia Reis de Almeida. *O juiz e a emoção* — aspectos da lógica da decisão judicial. 3. ed. Campinas: Millennium, 2005. p. 183). Nesta acepção, opõe-se à sizígia (*animus/anima*), responsável pela adaptação ao mundo interno. No processo de individuação, a primeira etapa é, justamente, a elaboração da *persona* desenvolvida, em termos de sua relatividade diante da personalidade como um todo.

343 "O magistrado tenta ser divino, sem máculas, incidindo, às vezes, na *bybris* (descomedimento) de se considerar a própria Justiça encarnada (porque só os deuses julgam os mortais). Esse fenômeno chama-se

pelos advogados e servidores, temido pelas partes, distante de todos. Considerando-se predestinado e dono do futuro das partes no processo, revela-se desumano, mero técnico eficiente e pouco humilde, esquecido da matéria-prima das demandas: as dores, sofrimentos e tragédias humanas".[344]

4.13. Legitimidade do juiz

Sempre que se fala de ativismo judicial e criação judicial do direito, surge o questionamento da legitimidade do juiz.

Os interlocutores portadores de visão simplista sustentam a ilegitimidade, fundados no princípio da separação dos poderes (e consequente soberania parlamentar) e na ausência de eleição dos juízes pelo povo.

Façamos, então, uma brevíssima análise.

4.13.1. Separação dos poderes

Charles-Louis de Secondat, ou simplesmente Montesquieu, inspirado em John Locke e Jean-Jacques Rosseau (na obra *De l'esprit des lois* — 1748), sistematizou e divulgou a ideia de separação dos poderes do Estado, que deveriam funcionar independentes e harmonicamente entre si. A divisão preconizada era vista como medida indispensável à democracia, uma vez que o momento histórico era representado pelo desejo de transposição do *estado absolutista* para o *estado liberal*. Daí a necessidade de rigidamente separar os poderes como forma de limitar racionalmente o poder do soberano. Essa ideia ganhou corpo e fora colocada em prática após a Revolução Francesa (1789), uma vez que chegara, naquele momento, a transição do absolutismo para o liberalismo, com surgimento do *estado moderno*.

O momento histórico atual, porém, é outro. Vivemos a era do *constitucionalismo* (que representa a quebra da onipotência do Estado em face da Constituição) e do *Estado de Bem-Estar Social*.[345] Daí a necessidade de eficiência da atuação estatal (sem prejuízo

---

inflação da persona, que ocorre quando os magistrados de tal forma se identificam com as roupas talares, que não mais conseguem desvesti-las nas relações familiares ou sociais. A inflação da *persona* causa fragilidade ou rigidez da psique. É notório o comportamento de certos juízes de 2ª instância que se julgam sueriores aos de 1ª instância, seus colegas. São clássicas, também, certas atitudes de juízes que se colocam de modo intimidativo diante dos advogados, das partes e dos funcionários do Poder Judiciário, sendo reverenciado pelos primeiros e temidos pelos outros" (PRADO, Lídia Reis de Almeida. *O juiz e a emoção* — aspectos da lógica da decisão judicial. 3. ed. Campinas: Millennium, 2005. p. 45).

344 PRADO, Lídia Reis de Almeida. *O juiz e a emoção* — aspectos da lógica da decisão judicial. 3. ed. Campinas: Millennium, 2005. p. 22.

345 Estado de bem-estar social (Estado-providência) é expressão utilizada para indicar a organização política e econômica que coloca o Estado (nação) como agente e regulamentador de toda vida e saúde social, política e econômica do país em parceria com entidades privadas. Todos os indivíduos, então, têm direito a um conjunto mínimo de bens (materiais e imateriais) e serviços garantidos diretamente ou por meio do Estado, que tem o poder de regulamentação sobre a sociedade civil.

dos direitos e liberdades fundamentais),[346] que flexibiliza (embora não dispense)[347] a separação dos poderes.[348]

Como acetua Celso Ribeiro Bastos, a separação rígida de poderes "já está superada, pois, no Estado contemporâneo, cada um destes órgãos é obrigado a realizar atividades que tipicamente não seriam suas".[349]

A separação dos poderes (CF, 2º), portanto, é necessária como sistema de organização do Estado, mas não é absoluta.[350] Daí por que passou a ser encarada sob a ótica do

---

346 "Não há, no sistema constitucional brasileiro, direitos ou garantias que se revistam de caráter absoluto, mesmo porque razões de relevante interesse público ou exigências derivadas do princípio de convivência das liberdades legitimam, ainda que excepcionalmente, a adoção, por parte dos órgãos estatais, de medidas restritivas das prerrogativas individuais ou coletivas, desde que respeitados os termos estabelecidos pela própria Constituição. O estatuto constitucional das liberdades públicas, ao delinear o regime jurídico a que estas estão sujeitas — e considerado o substrato ético que as informa — permite que sobre elas incidam limitações de ordem jurídica, destinadas, de um lado, a proteger a integridade do interesse social e, de outro, a assegurar a coexistência harmoniosa das liberdades, pois nenhum direito ou garantia pode ser exercido em detrimento da ordem pública ou com desrespeito aos direitos e garantias de terceiros (STF-MS 23452/RJ, TP, Rel. Min. Celso de Mello, DJU 12-5-2000, p. 20).

347 "O conteúdo nuclear e histórico do princípio da separação dos poderes pode ser descrito nos seguintes termos: as funções estatais devem ser divididas e atribuídas a órgãos diversos e devem existir mecanismos de controle recíproco entre eles, de modo a proteger os indivíduos contra o abuso potencial de um poder absoluto. A separação dos poderes é um dos conceitos seminais do constitucionalismo moderno, estando na origem da liberdade individual e dos demais direitos fundamentais" (BARROSO, Luís Roberto. *Curso de direito constitucional contemporâneo*. São Paulo: Saraiva, 2009. p. 136).

348 No contexto de modernização, "esse velho dogma da sabedoria política teve de flexibilizar-se diante da necessidade imperiosa de ceder espaço para a legislação emanada do Poder Executivo, como as nossas medidas provisórias — que são editadas com *força de lei* — bem assim para a legislação *judicial*, fruto da inevitável criatividade de juízes e tribunais, sobretudo das cortes constitucionais, onde é frequente a criação de normas de caráter geral, como as chamadas sentenças *aditivas* proferidas por esses supertribunais em sede de controle de constitucionalidade" (MENDES, Gilmar Ferreira; COELHO, Inocêncio Mártires; BRANCO, Paulo Gustavo Gonet. *Curso de direito constitucional*. 2. ed. São Paulo: Saraiva e IDP, 2008. p. 154).
Manoel Gonçalves Ferreira Filho, bem mais enfático, assevera que o papel histórico desempenhado pela separação de poderes tem, hoje, sua importância "minimizada; seu fim, profetizado; sua existência, até negada", sendo ela "mais aparente do que real" (FERREIRA FILHO, Manoel Gonçalves. *Curso de direito constitucional*. 31. ed. São Paulo: Saraiva, 2005. p. 136).

349 BASTOS, Celso Ribeiro. *Curso de direito constitucional*. São Paulo: Celso Bastos, 2002. p. 250.

350 "A independência dos 'poderes' não pode ser levada até o isolamento, sob pena de inviabilizar qualquer regime político e qualquer governo. Não há uma separação absoluta dos poderes (...). A cooperação entre eles não afeta a harmonia constitucional nem a independência de nenhuma" (RODRIGUES, João Gaspar. *O perfil moral e intelectual do juiz brasileiro*. Porto Alegre: Fabris, 2007. p. 53).
"O princípio da 'independência' pressupõe, porém, um rigor técnico que leva às vezes a graves consequências, e a separação extremada dos poderes, tirando, ao seu funcionamento uma elasticidade sempre recomendável" (CAVALCANTI, Themístocles Brandão. *A Constituição Federal comentada*. Rio de Janeiro: Konfino, 1949. v. I, p. 445).
A "separação dos poderes é um dogma, aliado à ideia de democracia (...). É necessário que se reconheça que o dogma está superado, reorganizando-se completamente o Estado de modo a conciliar a necessidade de eficiência, com os princípios democráticos" (DALLARI, Dalmo de Abreu. *Elementos de teoria geral do estado*. São Paulo: Saraiva, 1995. p. 186-7).

exercício preponderante das atribuições, com necessária colaboração dos poderes entre si (em autêntica interpenetração)[351] e recíproca fiscalização.[352]

4.13.2. Ausência de eleição do juiz pelo povo

A representação popular, na era da formação da vontade por meio da mídia e dos marqueteiros, importa a impossibilidade de "eleger representante da comunidade sem vinculação com expressivos grupos de força. Interesses econômicos e os que dele derivam substituem os critérios do eleitor".[353]

Daí por que a ausência de eleição do juiz (direta e democraticamente) pelo povo não importa a sua ilegitimidade. Ao contrário. Como ressalta Perfecto Andrés Ibañez, Juiz da Suprema Corte da Espanha, a ausência de eleição do juiz pelo povo é uma garantia. "Precisamente, a garantia que pediam os direitos fundamentais e todas aquelas posições de valor, especialmente sensíveis e facilmente vulneráveis, que precisam de proteção" diante das "diversas formas de poder, político ou econômico, formal ou fático".[354]

4.13.3. Legitimidade

Até os mais críticos reconhecem que o que legitima o juiz é o seu recrutamento por concurso público (CF, 93, I), a exigência de fundamentação de suas decisões (CF, 93, IX) e a publicidade dos atos judiciais (CF, 93, IX).

4.13.3.1. Concurso público

O concurso público é instrumento legitimador porque permite que as portas da magistratura se abram para todas as pessoas que reúnam os necessários requisitos para o desempenho da função jurisdicional.

As "objeções à seleção por concursos públicos, fundadas em seus defeitos conjunturais, não são diferentes das que podem ser formuladas aos sistemas eleitorais fraudulentos. Sua correta solução está radicada no melhoramento do procedimento, e não em sua substituição por outro que não satisfaça nem o princípio popular nem o

---

351 "Em verdade, prevalece uma interpenetração de funções — o que não significa confusão ou absorção de funções — daí resultando uma efetiva impossibilidade de estabelecer uma rígida separação entre legislação e atividade judicante. Há, entre estas duas atividades estatais, uma *real interpenetração*" (AZEVEDO, Plauto Faraco. Rumo a uma hermenêutica material. In: *Revista AJURIS*, Porto Alegre, ano XV, v. 43, jul. 1988, p. 31).

352 "Cabe ao Poder Judiciário verificar a regularidade dos atos normativos e de administração do Poder Público em relação às causas, aos motivos e à finalidade que os ensejam" (STF-RE-365.368-AgR, Rel. Min. Ricardo Lewandowski, DJU 29-6-2007).

353 NALINI, José Renato. *A rebelião da toga*. 2. ed. Campinas: Millennium, 2008. p. 6.

354 IBAÑEZ, Perfecto Andrés. Poder judicial e democracia política: lições de um século. In: *Revista AJURIS*, Porto Alegre, ano XXVII, v. 85, mar. 2002, t. I, p. 384.

de máxima idoneidade. Com a integração do Poder judiciário por concurso rigoroso, encontrar-se-ia garantida sua origem democrática (o povo, através de seus representantes constituintes, impõe sua vontade de ter os juízes que mais conhecimentos jurídicos possuam e, portanto, consagra este sistema seletivo conforme o princípio do máximo de idoneidade para o cargo e a pluralidade de sua composição)".[355]

Legitima-se o juiz, ainda, pelo contato que mantém com partes, advogados e outros, pois é ele "a autoridade estatal mais acessível à população. O juiz faz justiça em público, após ouvir pessoalmente as partes e testemunhas".[356]

4.13.3.2. Fundamentação das decisões judiciais

Todas as decisões judiciais devem ser fundamentadas (CF, 37, IX).[357] Vale dizer: devem declinar as razões (de fato e de direito) que formaram o convencimento do magistrado.[358] Essa exigência evita que as decisões se baseiem unicamente na autoridade do juiz, garantindo-se, assim, um exercício jurisdicional transparente.[359]

A fundamentação das decisões judiciais permite, então, sob o aspecto político, que restem convencidas da justiça da decisão, da imparcialidade do julgador, da ausência de arbítrio, etc. não somente as partes, mas também a opinião pública.[360]

---

355 ZAFFARONI, Eugenio Raúl. Estrutura e funcionamento do Judiciário na Argentina. In: AMB (Org.). *Justiça: promessa e realidade*. Rio de Janeiro: Nova Fronteira, 1996. p. 112-3.

356 NALINI, José Renato. *A rebelião da toga*. 2. ed. Campinas: Millennium, 2008. p. 67.

357 O dever de motivação das decisões judiciais "si fissa e si generalizza nella storia degli ordinamenti processuali moderni essenzialmente nella seconda mettà del sec. XVIII" (TARUFO, Michele. Il significato costituzionale dell'obbligo di motivazione. In: GRINOVER, Ada Pellegrini; DINAMARCO, Cândido Rangel; WATANABE, Kazuo (Orgs.). *Participação e processo*. São Paulo: RT, 1988. p. 37).

358 "Se, por um lado, o magistrado é livre para formar seu convencimento, por outro, deve prestar contas às partes e à sociedade, declinando nos autos as razões que o levaram a adotar sua conclusão" (PORTO, Sérgio Gilberto; USTÁRROZ, Daniel. *Manual dos recursos cíveis*. Porto Alegre: Livraria do Advogado, 2007. p. 66).
"O juiz deve dar as razões de sua decisão, da tese que ele adota". Os motivos "precisam ser bem explicitados, calcados em boa linguagem, com argumentação capaz de persuadir não apenas quem vier a ser afetado pela decisão, mas toda a comunidade subordinada ao sistema jurídico. Não pode ser a peça revestida de excessiva tecnicalidade, insuscetível de compreensão por parte do jejuno em Direito. Descomporta formalismo estéril" (NALINI, José Renato. *A rebelião da toga*. 2. ed. Campinas: Millennium, 2008. p. 65).

359 Como ressalta Michele Tarufo, "sul piano della giurisdizione, ciò significa che il provvedimento del giudice non se legittima in quanto esecizio di autorità assoluta, ma in quanto il gidice renda conto del modo in cui esercita il potere che gli à stato delegato dal popolo, che è il primo e vero titolare della sobranità. Donde l'olbligo di giustificare la decisione, che risponde sia alla necessità di permettere che tale fondatezza sia diskutierbar, cioè sia controllabile dall'esterno in modo diffuso. L'exercizio del potere giurisdizionale deve dunque essere 'transparente', razioonabile e controllabile, al pari dell'esercizio di qualunque potere nell'ambito dello Stato democrato di diritto" (TARUFO, Michele. Il significato costituzionale dell'obbligo di motivazione. In. GRINOVER, Ada Pellegrini; DINAMARCO, Cândido Rangel; WATANABE, Kazuo (Orgs.). *Participação e processo*. São Paulo: RT, 1988. p. 41-2).

360 "A legitimidade da decisão jurisdicional depende não apenas de estar o juiz convencido, mas também de o juiz justificar a racionalidade da sua decisão com base no caso concreto, nas provas produzidas e na convicção que formou sobre as situações de fato e de direito. Ou seja, não basta o juiz estar convencido —

Como disse anteriormente (*supra*, n. 4.3), é por meio da argumentação que o juiz convence da adequação e justiça da sua decisão. Muitas vezes, a representação argumentativa jurisdicional supera a representação política (ex.: nos casos de legalismo estrito), não havendo nisso qualquer infração à garantia da separação dos poderes. Há que se compreender "que a democracia não se resume apenas a um processo de decisão marcado pela existência de eleições periódicas e pela regra da maioria. Um conceito adequado de democracia deve envolver não somente decisão, mas também discussão. A inclusão da discussão no conceito de democracia torna a democracia deliberativa. A democracia deliberativa é uma tentativa de institucionalizar o discurso tanto quanto possível como um instrumento para a produção de decisões públicas. Essa dimensão discursiva da democracia é exercida pela representação argumentativa, e é nela que se situam as bases da convivência política legítima".[361]

4.13.3.3. Publicidade dos atos judiciais

Todas as decisões judiciais devem ser públicas. Essa exigência, de ordem constitucional (CF, 37, IX), é, de regra, a *publicidade popular*. Diz-se popular porque a ciência das decisões judiciais é permitida incondicionalmente a todos os cidadãos. Episodicamente, porém, a publicidade pode ceder (*publicidade restrita*) para a preservação de outras garantias constitucionais (*v. g.*, direitos de personalidade: intimidade, vida privada, honra e imagem etc.). Por ser a exceção, a restrição à publicidade deverá ser "criteriosamente fundamentada, com a indicação precisa dos direitos fundamentais que estariam sendo, em tese, albergados pela medida, ponderando-se as pretensões colidentes envolvidas, à luz dos critérios constitucionais".[362]

A publicidade é uma das garantias de que se vale "qualquer sistema de direito que não se embase na força, na exceção e no autoritarismo".[363] Trata-se de um instrumento democrático, com função educativa, que incentiva o interesse na justiça, desperta a confiança no Poder Judiciário e torna possível a fiscalização das decisões judiciais pelas partes e pelo público.[364]

---

deve ele demonstrar as razões de seu convencimento. Isso permite o controle da atividade do juiz pelas partes ou por qualquer cidadão, já que a sentença deve ser o resultado de um raciocínio lógico capaz de ser demonstrado mediante a relação entre o relatório, a fundamentação e a parte dispositiva" (MARINONI, Luiz Guilherme. *Teoria geral do processo*. São Paulo: RT, 2006. p. 104).

361 MARINONI, Luiz Guilherme. *Teoria geral do processo*. São Paulo: RT, 2006. p. 88.

362 PORTO, Sérgio Gilberto; USTÁRROZ, Daniel. *Manual dos recursos cíveis*. Porto Alegre: Livraria do Advogado, 2007. p. 65.

363 PORTANOVA, Rui. *Princípios do processo civil*. Porto Alegre: Livraria do Advogado, 1995. p. 167.

364 A "publicidade do julgamento é uma garantia oferecida imediatamente às partes e mediatamente à sociedade. A publicização dos atos estatais é da essência do Estado Democrático de Direito, haja vista que propicia a todo cidadão a fiscalização do exercício do poder que decorre, segundo a Constituição, do próprio povo. (...) Com a publicidade, há, potencialmente, um verdadeiro controle da cidadania sobre o comportamento do Poder Judiciário na condução dos julgamentos, prestigiando-se, por completo, o dever de transparência das instituições públicas. Em face dessa ideologia da publicização dos atos

4.14. Princípio da legalidade — nova configuração

À época do positivismo clássico (Estado legislativo), o princípio da legalidade implicou a redução do direito à lei, dependendo sua legitimidade, unicamente, da autoridade da qual emanava.

Se quisermos, porém, "pensar o direito processual na perspectiva de um novo paradigma de real efetividade, é preciso romper de vez com concepções privatísticas atrasadas, que não mais correspondem às exigências atuais (...). Nesse panorama, um dado importante é o declínio do normativismo legalista, assumido pelo positivismo jurídico, e a posição predominante, na aplicação do direito, dos princípios, conceitos jurídicos indeterminados e juízos de equidade, com toda sua incerteza, porque correspondem a uma tomada de decisão mais baseada em um *prius* anterior ao processo, mas dependente dos próprios elementos que nele serão colhidos".[365]

Há que se ter em conta, ainda, que:

a) a lei, atualmente, é o resultado da coalizão das forças de grupos de um parlamento formado por pessoas comprometidas com certos interesses e com atuação pautada em *lobbies* e pressões de bastidores. Por isso, "frequentemente adquire contornos não só nebulosos, mas também egoísticos", sendo necessário "submeter a produção normativa a um controle que tome em consideração os princípios de justiça"[366] e os direitos fundamentais;[367]

b) não vivemos mais a época do Estado legislativo, mas a do Estado constitucional, em que a lei, ao invés de ostentar supremacia, encontra-se subordinada à Constituição.[368] Somente a ausência de percepção crítica poderia levar à conclusão de que o texto da lei é perfeito simplesmente por ser o resultado de um procedimento legislativo regular, dispensando, assim, controle. Como as normas (regras e princípios) constitucionais ostentam supremacia (*infra*, n. 4.15.2), a lei deve a elas

---

estatais, sem dificuldade é alcançada a conclusão de que a publicidade não se limita ao ato de julgar, englobando todos os atos processuais em geral" (PORTO, Sérgio Gilberto; USTÁRROZ, Daniel. *Manual dos recursos cíveis*. Porto Alegre: Livraria do Advogado, 2007. p. 60-1).

365 OLIVEIRA, Carlos Alberto Alvaro de. Efetividade e tutela jurisdicional. In: *Revista Processo e Constituição*, Faculdade de Direito da UFRGS, n. 2, maio 2005, p. 5.

366 MARINONI, Luiz Guilherme. *Teoria geral do processo*. São Paulo: RT, 2006. p. 43.

367 "Compreender a lei a partir dos direitos fundamentais significa inverter a lógica da ideia de que esses direitos dependem da lei, pois hoje são as leis que têm a sua validade circunscrita aos direitos fundamentais, além de só admitirem interpretações que a eles estejam adequadas. (...) A lei deve ser compreendida e aplicada de acordo com a Constituição. Isso significa que o juiz, após encontrar mais de uma solução a partir dos critérios clássicos de interpretação da lei, deve obrigatoriamente escolher aquela que outorgue a maior efetividade à Constituição" (MARINONI, Luiz Guilherme. *Teoria geral do processo*. São Paulo: RT, 2006. p. 94).

368 No Estado constitucional: a) há subordinação da lei às normas constitucionais; b) o princípio da legalidade e da ciência do direito cedem espaço às normas (regras e princípios) constitucionais; c) há plena eficácia jurídica das normas constitucionais; d) a Constituição exerce função unificadora, sendo imprescindível a realização do controle jurisdicional da constitucionalidade da lei e de sua omissão.

conformar-se. A lei não vale por si; depende da sua adequação às regras e princípios constitucionais, que sobre ela exercem controle.

Isso tudo não significa dizer que o princípio da legalidade foi desprezado, mas que assumiu uma nova configuração (ganhou novo conteúdo), uma vez que era conceituado unicamente sob a *dimensão formal*, transfigurando-se, assim, para uma *dimensão material* (conformação da lei à Constituição).[369]

4.15. Direito constitucional processual

A maior aproximação do processo da constituição fez emergir um direito processual constitucional (voltado para a jurisdição constitucional)[370] e um direito constitucional processual (que é a denominação que recebe o conjunto de normas de direito processual que se encontra na Constituição Federal).[371] Este, também denominado tutela constitucional do processo, diz respeito à teoria geral do processo, uma vez que disciplina os órgãos da jurisdição, define competência e estabelece as garantias e os princípios que informam e fundamentam o direito processual.[372]

4.15.1. Permanente atualização dos direitos constitucionais

A Constituição brasileira adotou um sistema normativo aberto de regras e princípios.[373]

---

369 Atento a isso, Ferrajoli sustentou a superação do velho princípio da legalidade formal (e da ideia de jurisdição voltada à atuação da lei) pelo *princípio da estrita legalidade* ou *da legalidade substancial* (FERRAJOLI, Luigi. *Derechos fundamentales, los fundamentos de los derechos fundamentales*. Madrid: Trotta, 2001. p. 53).
"A transformação da concepção de direito fez surgir um positivismo crítico, que passou a desenvolver teorias destinadas a dar ao juiz a real possibilidade de afirmar o conteúdo da lei comprometido com a Constituição" (MARINONI, Luiz Guilherme. *Teoria geral do processo*. São Paulo: RT, 2006. p. 22).

370 Com a jurisdição constitucional tem-se o controle da constitucionalidade das leis (e atos administrativos) e a "preservação das garantias oferecidas pela constituição ('jurisdição constitucional das liberdades'), mais toda a ideia de instrumentalidade processual em si mesma, que apresenta o processo como sistema estabelecido para a realização da ordem jurídica, constitucional inclusive" (DINAMARCO, Cândido Rangel. *A instrumentalidade do processo*. 11. ed. São Paulo: Malheiros, 2003. p. 27).

371 Para Cândido Rangel Dinamarco, a "tutela constitucional do processo tem o significado e escopo de assegurar a conformação dos institutos do direito processual e o seu funcionamento aos princípios que descendem da própria ordem constitucional" (DINAMARCO, Cândido Rangel. *A instrumentalidade do processo*. 11. ed. São Paulo: Malheiros, 2003. p. 28).

372 A sujeição "à constituição efetivamente transforma o juiz em garante dos direitos fundamentais também contra o legislador, através do reconhecimento da invalidade das leis que violam aqueles direitos. Tem-se ressaltado que disso tudo deriva que a interpretação judiciária da lei é sempre também um juízo sobre a própria lei, relativamente à qual o juiz tem o dever de escolher somente os significados válidos, ou seja, compatíveis com as normas constitucionais substanciais e com os direitos fundamentais por estas estabelecidas. E, ao fazer escolhas, não há como afastar completamente a subjetividade" (FACCHINI NETO, Eugênio. 'E o juiz não é só direito ...' (ou 'a função jurisdicional e a subjetividade'). In: ZIMERMAN, David; COLTRO, Antonio Carlos Mathias (Coords.). *Aspectos psicológicos na prática jurídica*. Campinas: Millenium, 2002. p. 400).

373 A "ideia de princípio ou sua conceituação, seja lá qual for o campo do saber que se tenha em mente, designa a estruturação de um sistema de ideias, pensamentos ou normas por uma ideia mestra, por

Diz-se:

a) *aberto* porque não ignora a realidade cambiante das coisas da vida e admite, por isso, mudanças.⁽³⁷⁴⁾ É isso, então, que permite ao direito constitucional o

---

um pensamento chave, por uma baliza normativa donde todas as demais ideias, pensamentos ou normas derivam, se reconduzem e/ou se subordinam" (ESPÍNOLA, Ruy Samuel. *Conceito de princípios constitucionais*. 2 ed. São Paulo: RT, 2002. p. 200).

O que distingue regra de princípio? Com a resposta Canotilho: "(1) os princípios são normas jurídicas impositivas de uma *optimização*, compatíveis com vários graus de concretização, consoante os condicionalismos fácticos e jurídicos; as *regras* são normas que prescrevem imperativamente uma exigência (impõem, permitem ou proíbem) que é ou não é cumprida (...) a convivência dos princípios é conflitual; a convivência de regras é antinômica. Os princípios coexistem, as regras antinômicas excluem-se; (2) consequentemente, os princípios, ao constituírem *exigências de optimização*, permitem o balanceamento de valores e interesses (não obedecem, como as regras, à 'lógica do tudo ou nada'), consoante o seu peso e a ponderação de outros princípios eventualmente conflituantes; as regras não deixam espaço para qualquer outra solução, pois se uma regra *vale* (tem validade), deve cumprir-se na exata medida das suas prescrições, nem mais nem menos; (3) em caso de *conflito entre princípios*, estes podem ser objecto de ponderação, de harmonização, pois eles contêm apenas 'exigências' ou 'standards' que, em 'primeira linha' (*prima facie*), devem ser realizados; as regras contêm 'fixações normativas' *definitivas*, sendo insustentável a *validade* simultânea de regras contraditórias; (4) os princípios suscitam problemas de *validade e peso* (importância, ponderação, valia); as regras colocam apenas questões de *validade* (se elas não são corretas devem ser alteradas)" (CANOTILHO, José Joaquim Gomes. *Direito constitucional*. 6. ed. Coimbra: Almedina, 1995. p. 167-8).

"Se, por outro lado, adotarmos o critério de Ronald Dworkin, diremos que a diferença entre regras e princípios é de natureza *lógica* e que decorre dos respectivos modos de aplicação. Com efeito, em razão da sua estrutura normativo-material — se A deve ser B —, as *regras* são aplicadas à maneira de proposições disjuntivas, isto é, se ocorrerem os fatos descritos na sua hipótese de incidência e se elas forem normas válidas, de acordo com a *regra* de *reconhecimento* do sistema a que pertencem, as suas prescrições incidirão necessariamente sobre esses fatos, regulando-os na exata medida do que estatuírem e afastando — como *inválidas* — outras regras que, eventualmente, possam concorrer ou entrar em conflito com elas. Noutras palavras, em se tratando de *regras* de direito, sempre que a *sua* previsão se verificar numa dada situação de fato concreta, valerá para essa situação exclusivamente a *sua* consequência jurídica, com o afastamento de quaisquer outras que dispuserem de maneira diversa, porque no sistema não podem coexistir normas *incompatíveis*. Se, ao contrário, aqueles mesmos fatos constituírem hipótese de incidência de *outras* regras de direito, estas e não as primeiras é que regerão a espécie, também *integralmente* e com *exclusividade*, afastando-se — por incompatíveis — as consequências jurídicas previstas em quaisquer outras regras pertencentes ao mesmo sistema jurídico. Daí se dizer que na aplicação aos casos ocorrentes, as regras — disjuntivamente — valem *ou* não valem, incidem *ou* não incidem, umas afastando ou anulando as outras, sempre que para uma mesma situação de fato existam consequências jurídicas *antinômicas* ou reciprocamente excludentes, uma solução que é *lógica* só nas aparências e não revela o intrincado *jogo consigo* mesmo que, em qualquer instância, o aplicador do direito é obrigado a disputar até descobrir e/ou eleger as normas que levará em conta para decidir as causas ou controvérsias submetidas à sua apreciação (MENDES, Gilmar Ferreira; COELHO, Inocêncio Mártires; BRANCO, Paulo Gustavo Gonet. *Curso de direito constitucional*. 2. ed. São Paulo: Saraiva e IDP, 2008. p. 31-2).

374 Princípios expressam os fins que devem ser perseguidos e valem "como um impositivo para o presente e como um projeto para o futuro que se renova cotidianamente" (LEAL, Mônia Henning. *A Constituição como princípio*: os limites da jurisdição constitucional brasileira. São Paulo: Manole, 2001. p. 50). Sujeitam-se permanentemente, por isso, à realidade de cada momento histórico, uma vez que são moldados historicamente. Os "princípios são ao mesmo tempo temporais e atemporais: temporais porque o seu conteúdo é variável ao longo do tempo, bem como a prevalência ou supremacia que se dá a cada um deles em cada época; atemporais porque aparecem, invariavelmente, como ponto de referência da ordem existente,

aprimoramento contínuo.[375] Como ressalta Canotilho, o sistema aberto "permite *respirar, legitimar, enraizar* e *caminhar* o próprio sistema. A respiração obtém-se através da 'textura aberta' dos princípios; a legitimidade entrevê-se na ideia de os princípios consagrarem *valores* (liberdade, democracia, dignidade) fundamentadores da ordem jurídica; o enraizamento perscruta-se na *referência sociológica* dos princípios a valores, programas, funções e pessoas; a capacidade de caminhar obtém-se através de *instrumentos processuais e procedimentais* adequados, possibilitadores da concretização, densificação e realização prática (política, administrativa, judicial) das mensagens normativas da constituição";[376]

b) *de regras e de princípios* porque as normas se revelam tanto sob a forma de regras como de princípios.[377] Diferentemente das regras (*em sentido estrito*), os princípios comportam o convívio antagônico, prevalecendo aquele que, em juízo de ponderação (proporcionalidade, razoabilidade),[378] proteger o valor de maior

---

ou seja, a sua historicidade se reflete no fato de que, em alguns momentos, de acordo com a realidade vivida, muda a ordem de importância que se atribui a cada um deles, porém eles não deixam, de modo algum, de existir enquanto princípios (e nisto reside a sua temporalidade)" (LEAL, Mônia Henning. *A Constituição como princípio:* os limites da jurisdição constitucional brasileira. São Paulo: Manole, 2001. p. 54).

375 "Questões constitucionais não são, originariamente, questões jurídicas, mas sim questões políticas" (HESSE, Konrad. *A força normativa da Constituição.* Porto Alegre: Fabris, 1991. p. 9).

376 CANOTILHO, José Joaquim Gomes. *Direito constitucional.* 6. ed. Coimbra: Almedina, 1995. p. 170.

377 "A diferença entre princípios jurídicos e regras jurídicas é de natureza lógica. Os dois conjuntos de padrões apontam para decisões particulares acerca da obrigação jurídica em circunstâncias específicas, mas distinguem-se quanto à natureza da orientação que oferecem. As regras são aplicáveis à maneira do tudo ou nada. Dados os fatos que uma regra estipula, então ou a regra é válida, e neste caso a resposta que ela fornece deve ser aceita, ou não é válida, e neste caso em nada contribui para a decisão. (...) Mas não é assim que funcionam os princípios (...). Mesmo aqueles que mais se assemelham a regras não apresentam consequências jurídicas que se seguem automaticamente quando as condições são dadas" (DWORKIN, Ronald. *Levando os direitos a sério.* São Paulo: Martins Fontes, 2007. p. 39-40). Em essência, os elementos mais importantes que diferenciam regra de princípio são os de que este é marcado pela falta de precisão (generalização) e abstração lógica. Vale dizer: os princípios não possuem hipótese de incidência e consequência jurídica abstratamente determinadas" (ÁVILA, Humberto. A distinção entre princípios e regras e a redefinição do dever de proporcionalidade. In: *Revista de Direito Administrativo,* Rio de Janeiro, jan./mar. 1999, n. 215, p. 162).

378 O princípio da proporcionalidade (razoabilidade) é princípio constitucional não escrito, mas que se insere na ideia de Estado de Direito e decorre das noções de justiça e de devido processo legal substancial (*substantive due process*). "O desenvolvimento e a afirmação do *substantive due process* marcam um impulso de ascensão do Judiciário (...). É que através desse fundamento — o devido processo legal — abriu-se um amplo espaço de exame de mérito dos atos do Poder Público, com a redefinição da noção de discricionariedade. Embora se traduza na ideia de justiça, de *razoabilidade,* expressando o sentimento comum de uma dada época, não se trata de cláusula de fácil apreensão conceptual (...). De toda sorte, a cláusula enseja a verificação da compatibilidade entre o meio empregado pelo legislador e os fins visados, bem como a aferição da legitimidade dos fins. Somente presentes essas condições poder-se-á admitir a limitação a algum direito individual" (BARROSO, Luís Roberto. *Interpretação e aplicação da Constituição.* 7. ed. São Paulo: Saraiva, 2009. p. 226).
"Pelo juízo da proporcionalidade, ingressa no processo a prudência do julgador e bem assim tantos conceitos de teoria do direito, no momento em que trabalha os conceitos de justiça" (PORTO, Sérgio Gilberto; USTÁROZ, Daniel. *Lições de direitos fundamentais no processo civil.* Porto Alegre: Livraria do Advogado, 2009. p. 27).

relevância para o momento.⁽³⁷⁹⁾ O princípio da proporcionalidade (razoabilidade) "é um parâmetro de valoração dos atos do Poder Público para aferir se eles estão informados pelo valor superior inerente a todo ordenamento jurídico: a justiça. Sendo mais fácil de ser sentido do que conceituado, o princípio se dilui em um conjunto de proposições que não o libertam de uma dimensão excessivamente subjetiva. É *razoável* o que seja conforme a razão, supondo equilíbrio, moderação e harmonia; o que não seja arbitrário ou caprichoso; o que corresponda ao senso comum, aos valores em dado momento ou lugar".⁽³⁸⁰⁾

4.15.2. Princípios constitucionais e sua importância

Os juristas passaram a dar a devida importância aos princípios a partir da ideia de Ronald Dworkin,⁽³⁸¹⁾ que ressalta traduzirem eles tipos particulares de padrões, que consideram exigências de justiça, equidade e moralidade.⁽³⁸²⁾

A tutela constitucional do processo é essencialmente principiológica.⁽³⁸³⁾ Como valores dignificantes do direito, os princípios processuais inseridos na Constituição

---

379 "Os princípios não se submetem ao esquema da subsunção, mas dependem de ponderação. Princípio tem dimensão que a regra não possui", pois "são mandados de otimização, que são caracterizados por poderem, ser satisfeitos em graus variados e pelo fato de que a medida devida de sua satisfação não depende das possibilidades fáticas, mas também das possibilidades jurídicas" (ALEXY, Robert. *Teoria dos direitos fundamentais*. São Paulo: Malheiros, 2008. p. 90).
Diferenças no tratamento dos conflitos entre regras e entre princípios. A colisão entre: a) *regras*: (i) produz o efeito de excluir uma, não sendo possível a sobrevivência de duas regras incompatíveis; (ii) a exclusão da regra resolve-se no campo formal, segundo os critérios tradicionais de eliminação de antinomias (critérios: cronológico, hierárquico e segundo a especialidade); (iii) a decisão consiste em uma opção: ou uma ou outra. Não há terceira alternativa; b) *princípios*: (i) não produz a exclusão, mas simples deslocamento de um dos princípios, segundo o peso que possui e que lhe outorga precedência; (ii) não há antinomia real entre princípios, mas uma área de tensão entre eles. Daí por que não a colisão não é solucionada mediante regras tradicionais, mas por meio de juízo de ponderação; (iii) a decisão não decorre de uma opção, mas de um juízo de ponderação.

380 BARROSO, Luís Roberto. *Interpretação e aplicação da Constituição*. 7. ed. São Paulo: Saraiva, 2009. p. 230-1.

381 DWORKIN, Ronald. *Levando os direitos a sério*. São Paulo: Martins Fontes, 2007; DWORKIN, Ronald. *Uma questão de princípio*. São Paulo: Martins Fontes, 2005.

382 A constitucionalização do processo, "própria de nosso tempo, visa atualizar o discurso processual civil com normas tipo-princípios e tipo-postulados, além de empregar, como uma constante, a eficácia dos direitos fundamentais para a solução dos mais variegados problemas de ordem processual". Corolário disso é que aponta essa metódica constitucional para "o modo de pensar por princípios, o *'diritto per principi*, o que, inclusive, fez o direito voltar a ser encarado como *'juris prudentia'* e não tão somente como *'scientia júris'*" (MITIDIERO, Daniel. *Colaboração no processo civil*. São Paulo: RT, 2009. p. 42-3).

383 Como ressalta Ingo Sarlet "aplicar princípios é estar sempre aberto à renovação do Direito, compreendida aqui como necessariamente abrangendo um processo permanente de reconstrução da ordem jurídica, sempre protagonizado também pelo Poder Judiciário, ainda mais considerando a circunstância elementar de que é a jurisprudência responsável, em larga medida e por mais que se queira e possa criticar essa função, pela própria compreensão do conteúdo e significado jurídico desses princípios" (SARLET, Ingo Wolfgang. Breves notas sobre a contribuição dos princípios para a renovação da jurisprudência brasileira. In: TEPEDINO, Gustavo. *Direito civil contemporâneo: novos problemas à luz da legalidade constitucional*. São Paulo: Atlas, 2008. p. 298).

Federal ganharam força normativa (*em sentido amplo*)⁽³⁸⁴⁾ e "passaram a ocupar a centralidade da Constituição".⁽³⁸⁵⁾ Explícitos ou não, os princípios constitucionais são "a síntese dos valores abrigados no ordenamento jurídico. Eles espelham a ideologia da sociedade, seus postulados básicos, seus fins".⁽³⁸⁶⁾ O reconhecimento da força normativa dos princípios "coincide com o reconhecimento da força normativa da Constituição".⁽³⁸⁷⁾ Daí por que os princípios têm valor jurídico constitucionalmente idêntico às regras constitucionais (*em sentido estrito*).⁽³⁸⁸⁾

Reconhecida, então, a supremacia das disposições constitucionais (*princípio da supremacia da Constituição*),⁽³⁸⁹⁾ cabe aos órgãos judiciários interpretar a legislação

---

384 A compreensão do direito por meio dos princípios importa em romper com as ideias do positivismo clássico (que reduzia o direito a regras). Os princípios, entre outras características: a) expressam valores ligados à cultura; b) são fruto do pluralismo; c) possuem caráter aberto; d) ostentam capacidade de redimensionamento de acordo com a intensidade e velocidade com que evolui a sociedade; e) convivem nos casos casos de colisão, uma vez que, conforme as circunstâncias do caso concreto, um cede diante do outro.

385 BRITO, Carlos Ayres. *Teoria da Constituição*. Rio de Janeiro: Forense, 2003. p. 180-1.

386 BARROSO, Luís Roberto. *Interpretação e aplicação da Constituição*. 7. ed. São Paulo: Saraiva, 2009. p. 329.

387 BRITO, Carlos Ayres. *Teoria da Constituição*. Rio de Janeiro: Forense, 2003. p. 180-1.

388 Os princípios conquistaram "o *status* de norma jurídica, superando a crença de que teriam uma dimensão puramente axiológica, ética, sem eficácia jurídica ou aplicabilidade direta e imediata. A dogmática moderna avaliza o entendimento de que as normas em geral, e as normas constitucionais em particular, enquadram-se em duas grandes categorias diversas: os princípios e as regras. Normalmente, as regras contêm relato mais objetivo, com incidência restrita às situações específicas às quais se dirigem. Já os princípios têm maior teor de abstração e uma finalidade mais destacada no sistema. Inexiste hierarquia entre ambas as categorias, à vista do princípio da unidade da Constituição. Isso não impede que princípios e regras desempenhem funções distintas dentro do ordenamento" (BARROSO, Luís Roberto. *Interpretação e aplicação da Constituição*. 7. ed. São Paulo: Saraiva, 2009. p. 329-30). É preciso, pois, "reconhecer não só o valor normativo dos princípios e das normas constitucionais, mas também a supremacia deles" (PERLINGIERI, Pietro. A doutrina do direito civil na legalidade constitucional. In: TEPEDINO, Gustavo. *Direito civil contemporâneo*: novos problemas à luz da legalidade constitucional. São Paulo: Atlas, 2008. p. 1). Como ressalta Celso Antônio Bandeira de Mello, violar "um princípio é muito mais grave do que transgredir uma norma. A desatenção ao princípio implica ofensa não apenas a um específico mandamento obrigatório, mas a todo o sistema de comandos. É a mais grave forma de ilegalidade ou inconstitucionalidade, conforme o escalão do princípio atingido, porque representa insurgência contra todo o sistema, subversão de seus valores fundamentais (MELLO, Celso Antônio Bandeira de. *Elementos de direito administrativo*. São Paulo: Malheiros, 1986. p. 230).

389 A "supremacia da Constituição é tributária da ideia de superioridade do poder constituinte sobre as instituições jurídicas vigentes. Isso faz com que o produto do seu exercício, a Constituição, esteja situado no topo do ordenamento jurídico, servindo de fundamento de validade de todas as demais normas". Em nível dogmático e positivo, "traduz-se em uma supralegalidade formal e material. A supralegalidade *formal* identifica a Constituição como a fonte primária da produção normativa, ditando competências e procedimentos para a elaboração dos atos normativos inferiores. E a supralegalidade *material* subordina o conteúdo de toda a atividade normativa estatal à conformidade com os princípios e regras da Constituição. A inobservância dessas prescrições formais e materiais deflagra um mecanismo de proteção da Constituição, conhecido na sua matriz norte-americana como *judicial review*, e batizado entre nós de 'controle de constitucionalidade'" (BARROSO, Luís Roberto. *Interpretação e aplicação da Constituição*. 7. ed. São Paulo: saraiva, 2009. p. 168).

infraconstitucional (de hierarquia inferior) de acordo com as regras e com os princípios[390] da Constituição[391] (vale dizer: cabe ao juiz conformar a vontade da lei à vontade da Constituição),[392] recusando aplicação àquelas no caso de afronta a estes.[393]

A partir do momento em que a lei está subordinada às regras e aos princípios constitucionais, a tarefa da doutrina e da jurisprudência "deixa de ser a de simplesmente descrever a lei. Cabe agora ao jurista, seja qual for a área da sua especialidade, em primeiro lugar compreender a lei à luz dos princípios constitucionais e dos direitos fundamentais. (...) A obrigação do jurista não é mais apenas a de *revelar* as palavras da lei, mas sim a de *projetar uma imagem*, corrigindo-a e adequando-a aos princípios de justiça e aos direitos fundamentais. Aliás, quando essa correção ou adequação não for possível, só lhe restará demonstrar a inconstitucionalidade da lei — ou, de forma figurativa, comparando-se a sua atividade com a de um fotógrafo, descartar a película por ser impossível encontrar uma imagem compatível".[394]

---

390 "Não há como negar, hoje, a eficácia normativa ou a normatividade dos princípios de justiça. Atualmente, esses princípios e os direitos fundamentais têm qualidade de normas jurídicas e, assim, estão muito longe de significar simples valores. Aliás, mesmo os princípios constitucionais não explícitos e os direitos fundamentais não expressos têm plena eficácia jurídica" (MARINONI, Luiz Guilherme. *Teoria geral do processo*. São Paulo: RT, 2006. p. 45).

391 Da superioridade normativa do direito constitucional, decorre o *"princípio da conformidade* de todos os actos do poder político com as normas e princípios constitucionais (...). Em termos aproximados e tendenciais o referido princípio pode formular-se da seguinte maneira: nenhuma norma de hierarquia inferior pode estar em contradição com outra de dignidade superior (princípio da hierarquia), e nenhuma norma infraconstitucional pode estar em desconformidade com as normas e princípios constitucionais, sob pena de inexistência, nulidade e anulabilidade ou ineficácia (princípio da constitucionalidade)" (CANOTILHO, J. J. Gomes. *Direito constitucional*. 5. ed. Coimbra: Almedina, 1991. p. 142).
"O conflito de leis com a Constituição encontrará solução na prevalência desta, justamente por ser ela a Carta Magna, produto do poder constituinte originário, ela própria elevando-se à condição de obra suprema, que inicia o ordenamento jurídico, impondo-se, por isso, ao diploma inferior com ela inconciliável. De acordo com a doutrina clássica, por isso mesmo, o ato contrário à Constituição sofre de nulidade absoluta" (MENDES, Gilmar Ferreira; COELHO, Inocêncio Mártires; BRANCO, Paulo Gustavo Gonet. *Curso de direito constitucional*. 2. ed. São Paulo: Saraiva e IDP, 2008. p. 202-3).

392 Luís Roberto Barroso chama de eficácia interpretativa a possibilidade que há de exigir-se "do Judiciário que as normas de hierarquia inferior sejam interpretadas de acordo com as de hierarquia superior a que estão vinculadas. (...) A eficácia interpretativa poderá operar também dentro da própria Constituição, em relação aos princípios: embora eles não disponham de superioridade hierárquica sobre as demais normas constitucionais, é possível reconhecer-lhes uma ascendência axiológica sobre o texto constitucional em geral, até mesmo para dar unidade e harmonia ao sistema" (BARROSO, Luís Roberto. *Interpretação e aplicação da Constituição*. 6. ed. São Paulo: Saraiva, 2004. p. 378).

393 A Constituição é o ápice do ordenamento e alicerce que valida todas as normas infraconstitucionais. Por isso, "as leis e os outros actos do Estado devem estar conformes à Constituição e não devem ser aplicados pelos tribunais no caso de serem desconformes" (MIRANDA, Jorge. *Manual de direito constitucional*. 6. ed. Coimbra: Coimbra, 1997. v. I, p. 147). Assim, "qualquer juiz, encontrando-se no dever de decidir um caso em que seja 'relevante' um norma legislativa ordinária contrastante com a norma constitucional, deve não aplicar a primeira e aplicar, ao invés, a segunda" (CAPPELLETTI, Mauro. *O controle de constitucionalidade das leis no direito comparado*. 2. ed. Porto Alegre: Fabris, 1999. p. 76).

394 MARINONI, Luiz Guilherme. *Teoria geral do processo*. São Paulo: RT, 2006. p. 45.

Cumpre esclarecer, ainda, que a crescente constitucionalização dos direitos fundamentais,[395] em especial dos direitos humanos e sociais "postula uma actividade concretizadora dos tribunais. A legislação social do Estado-de-bem-estar justifica uma intervenção activa do Estado e a utilização de técnicas de promoção social e econômica que passam, não apenas pela administração, mas também pelos tribunais".[396]

Implementar os desejos da Constituição (correspondentes aos anseios da sociedade),[397] trabalhando sob as luzes de suas regras e princípios, portanto, é dever de ofício do juiz.

4.15.2.1. Princípio do direito de acesso à justiça

O *princípio do direito de acesso à justiça* é corolário do *princípio da inafastabilidade da jurisdição* (CF, 5º, XXXV).[398] Apesar de representar garantia constitucional,[399] a sua repercussão prática ainda é deficiente, uma vez que:

a) segundo conclusões de juristas, sociólogos e filósofos, o panorama econômico e sociopolítico-cultural revela um enorme contingente de pessoas privadas desse

---

395 "Entre os princípios ético-jurídicos, aos quais a interpretação deve orientar-se, cabe uma importância acrescida aos princípios elevados a nível constitucional. Estes são, sobretudo, os princípios e decisões valorativas que encontram expressão na parte dos direitos fundamentais da Constituição, quer dizer, a prevalência da 'dignidade da pessoa humana'" (LARENZ, Karl. *Metodologia da ciência do direito*. 3. ed. Lisboa: Fundação Calouste Gulbenkian, 1997. p. 479).
"É no valor da dignidade da pessoa humana que a ordem jurídica encontra seu próprio sentido, sendo seu ponto de partida e seu ponto de chegada, na tarefa de interpretação normativa. Consagra-se, assim, dignidade da pessoa humana como verdadeiro superprincípio a orientar o Direito Internacional e o Interno" (PIOVESAN, Flávia. Direitos humanos, o princípio da dignidade da pessoa humana e a Constituição de 1988. In: (Neo)constitucionalismo: ontem os Códigos, hoje as Constituições. In: *Revista do Instituto de Hermenêutica Jurídica*, Porto Alegre, n. 2, 2004, p. 92-3).
Ao eleger a dignidade da pessoa humana como fundamento do Estado, o constituinte deixou expresso "que é o Estado que existe em função da pessoa humana, e não o contrário, já que o homem constitui a finalidade precípua, e não meio da atividade estatal" (SARLET, Ingo Wolfgang. *A eficácia dos direitos fundamentais*. Porto Alegre: Livraria do Advogado, 1998. p. 100-1).

396 HOMEM, António Pedro Barbas. *O justo e o injusto*. Lisboa: Associação Acadêmica da Faculdade de Direito de Lisboa, 2005. p. 76.

397 A "Constituição de um país expressa as relações de poder nele dominantes: o poder militar, representado pelas Forças Armadas, o poder social, representado pelos latifundiários, o poder econômico, representado pela grande indústria e pelo grande capital, e, finalmente, ainda que não se equipare ao significado dos demais, o poder intelectual, representado pela consciência e pela cultura gerais. As relações fáticas resultantes da conjugação desses fatores constituem a força ativa determinante das leis e das instituições da sociedade, fazendo com que estas expressem, tão somente, a correlação de forças que resulta dos fatores reais de poder. Esses fatores reais do poder formam a Constituição *real* do país. Esse documento chamado Constituição — a Constituição *jurídica* — não passa, nas palavras de Lassalle, de um pedaço de papel (...). Sua capacidade de regular e de motivar está limitada à sua compatibilidade com a Constituição real" (HESSE, Konrad. *A força normativa da Constituição*. Porto Alegre: Fabris, 1991. p. 9).

398 CF, 5º, XXXV — a lei não excluirá da apreciação do Poder Judiciário lesão ou ameaça a direito.

399 Em termos de acesso à justiça, a CF brasileira "representa o que de mais moderno existe na tendência universal rumo à diminuição da distância entre o povo e a justiça" (CINTRA, Carlos Araújo; GRINOVER, Ada Pellegrini; DINAMARCO, Cândido Rangel. *Teoria geral do processo*. 8. ed. São Paulo: RT, 1991. p. 78).

direito pela ausência de condições estruturais da máquina judiciária, bem como pelo fato de não possuírem condições ou de não saberem como exercê-lo.[400] Daí a necessidade, nessa área, de melhor estrutura (material e física)[401] e de uma atuação educativa do Estado que deve, ainda, propiciar meios (econômicos) para o exercício do direito de ação pelos que dele necessitarem;

b) o acesso à justiça não se resume à possibilidade de ingresso em juízo (acesso ao Judiciário).[402] Compreende a defesa eficaz do direito rumo à solução justa do conflito[403] (justiça material).[404] Como ressalta Mauro Cappelletti, o acesso

---

400 CAPPELLETTI, Mauro; GARTH, Bryant. *Acesso à justiça*. Porto Alegre: Fabris, 1988. p. 29.

401 "Ao extraordinário progresso científico da disciplina não correspondeu o aperfeiçoamento do aparelho judiciário e da administração da Justiça. A sobrecarga dos tribunais, a morosidade dos processos, seu custo, a burocratização da Justiça, certa complicação procedimental; a mentalidade do juiz, que deixa de fazer uso dos poderes que o Código lhe atribui; a falta de informação e de orientação para os detentores dos interesses em conflito; as deficiências do patrocínio gratuito, tudo leva à insuperável obstrução das vias de acesso à Justiça, e ao distanciamento cada vez maior entre o Judiciário e seus usuários" (GRINOVER, Ada Pellegrini. *Novas tendências do direito processual*. 2. ed. São Paulo: Forense Universitária, 1990. p. 177).

402 A "norma constitucional que afirma que a lei não excluirá da apreciação do Poder Judiciário lesão ou ameaça a direito (CF, art. 5º, XXXV) significa, de uma só vez, que: i) o autor tem o direito de *afirmar* lesão ou ameaça a direito; ii) o autor tem o direito de ver essa *afirmação apreciada* pelo juiz quando presentes os requisitos chamados de condições da ação pelo art. 267, VI, do CPC; iii) o autor tem o direito de pedir a apreciação dessa afirmação, ainda que um desses requisitos esteja ausente; iv) a sentença que declara a ausência de uma condição da ação não nega que o direito de pedir a apreciação da afirmação de lesão ou de ameaça foi exercido ou que a ação foi proposta e se desenvolveu ou for exercitada; v) o autor tem o direito de *influir* sobre o convencimento do juízo mediante alegações, provas e, se for o caso, recurso; vi) o autor tem o direito à *sentença e ao meio executivo* capaz de dar plena efetividade à tutela jurisdicional por ela concedido; vii) o autor tem o direito à antecipação e à segurança da tutela jurisdicional; e viii) o autor tem o direito ao *procedimento* adequado à situação de direito substancial carente de proteção" (MARINONI, Luiz Guilherme. *Teoria geral do processo*. São Paulo: RT, 2006. p. 221).

403 Não "basta haver Judiciário; é necessário haver Judiciário que decida. Não basta haver decisão judicial; é necessário haver decisão judicial justa. Não basta haver decisão judicial justa; é necessário que o povo tenha acesso à decisão judicial justa. O acesso à decisão judicial constitui importante questão política. Não há verdadeiro Estado Democrático de Direito quando o cidadão não consegue, por inúmeras razões, provocar a tutela jurisdicional" (CLÈVE, Clèmerson Merlin. *Temas de direito constitucional e da teoria do direito*. São Paulo: Acadêmica, 1993. p. 50-1).
O "princípio da inafastabilidade do controle jurisdicional, inscrito no art. 5º, XXXV da CF, não assegura, apenas, o acesso formal aos órgãos judiciários, mas sim o acesso à justiça que propicie a efetiva e tempestiva proteção contra qualquer forma de denegação da justiça e também o acesso à ordem jurídica justa" (WATANABE, Kazuo. Tutela antecipada e tutela específica. In: TEIXEIRA, Sálvio de Figueiredo (Coord.). *A reforma do CPC*. São Paulo: Saraiva, 1996. p. 20).

404 A "problemática do acesso à Justiça não pode ser estudada nos acanhados limites do acesso aos órgãos judiciais já existentes. Não se trata apenas de possibilitar o acesso à Justiça enquanto instituição estatal, e sim de viabilizar o acesso à ordem jurídica justa. Uma empreitada assim ambiciosa requer, antes de mais nada, uma nova postura mental. Deve-se pensar na ordem jurídica e nas respectivas instituições, pela perspectiva do consumidor, ou seja do destinatário das normas jurídicas, que é o povo, de sorte que o problema do acesso à Justiça traz à tona não apenas um programa de reforma como também um método de pensamento, como com acerto acentua Mauro Cappelletti" (WATANABE, Kazuo. Acesso à justiça e sociedade moderna. In: WATANABE, Kazuo; GRINOVER, Ada Pellegrini; DINAMARCO, Cândido Rangel (Coords.). *Participação e processo*. São Paulo: RT, 1988. p. 128).

à justiça deve ser encarado como o "requisito fundamental — o mais básico dos direitos humanos — de um sistema jurídico moderno e igualitário que pretende garantir, e não apenas proclamar direitos".[405] Daí a necessidade de atuação interessada, comprometida e participativa do juiz. Não cabe a ele dirigir o processo zelando unicamente pela observância formal das regras processuais, mas como instrumento de realização efetiva dos direitos individuais e coletivos.[406] Cumpre-lhe, por isso, intervir diretamente no processo para assegurar que seus escopos sejam atingidos.[407]

Destacando a publicização do processo,[408] Alfredo Buzaid, na Exposição de Motivos do CPC de 1973, asseverou que o processo "é um instrumento que o Estado põe à disposição dos litigantes, a fim de administrar a justiça. Não se destina a simples definição de direitos na luta privada entre os contendores. Atua, como já observara Betti, não no interesse de uma ou outra parte, mas por meio do interesse de ambos. O interesse das partes não é senão um meio, que serve para conseguir a finalidade do processo na medida em que dá lugar àquele impulso destinado a satisfazer o interesse público da atuação da lei na composição dos conflitos. A aspiração de cada uma das partes é a de ter razão: a finalidade do processo é a de dar razão a quem efetivamente a tem. Ora, dar razão a quem tem é, na realidade, não um interesse privado das partes, mas um interesse público de toda sociedade".[409]

O imobilismo, a apatia e a indiferença do juiz-espectador, portanto, não é digna do Estado intervencionista que para si chamou a função de fazer justiça e assegurou o

---

405 CAPPELLETTI, Mauro; GARTH, Bryant. *Acesso à justiça*. Porto Alegre: Fabris, 1988. p. 12.

406 "O estudioso do processo e o aplicador das normas processuais têm, necessariamente, de ir além da dogmática jurídica, além dos conceitos e categorias exclusivas do Direito. Têm de dar ouvidos a todo o clamor que se ouve no meio socioeconômico sobre o qual o Direito Processual deve atuar. Somente assim se conseguirá dar ao processo e às normas que o regem força de garantir, e não apenas de declarar, direitos na vida social. E será assim que — como, de fato, vem ocorrendo na sensível transformação do Direito Processual de nosso tempo — se conseguirá realizar o ideal de 'acesso à Justiça', preocupação que, necessariamente, ocupa "o ponto central da moderna processualística" (THEODORO JÚNIOR, Humberto. *Celeridade e efetividade da prestação jurisdicional. Insuficiência da reforma das leis processuais*. Disponível em: <http://www.abdcp.org.br> Acesso em: 25 fev. 2009).

407 "(...) a) *o direito de acesso à justiça é*, fundamentalmente, *direito de acesso à ordem jurídica justa*; b) são *dados elementares desse direito*: (1) o *direito à informação e perfeito conhecimento do direito substancial* e *à organização de pesquisa permanente* a cargo de especialistas e orienta à aferição constante da adequação entre a ordem jurídica e a realidade socioeconômica do País; (2) *direito de acesso adequadamente organizada e formada por juízes inseridos na realidade social e comprometidos com o objetivo de realização da ordem jurídica justa*; (3) *direito à preordenação dos instrumentos processuais capazes de promover a efetiva tutela de direitos*; (4) *direito à remoção de todos os obstáculos que se anteponham ao acesso efetiva à Justiça com tais características*" (WATANABE, Kazuo. Acesso à justiça e sociedade moderna. In: WATANABE, Kazuo; GRINOVER, Ada Pellegrini; DINAMARCO, Cândido Rangel (Coords.). *Participação e processo*. São Paulo: RT, 1988. p. 135).

408 A "rigor, não há processo que interesse exclusivamente às partes e não ecoe na paisagem da sociedade" (BARBOSA MOREIRA, José Carlos. O processo, as partes e a sociedade. In: *Revista de Processo*, São Paulo, v. 30, n. 125, jul. 2005, p. 124).

409 BUZAID, Alfredo. *Exposição de motivos do Código de Processo Civil de 1973*.

acesso a ela.⁽⁴¹⁰⁾ Aliás, se o juiz faz parte do Estado, dele não se espera outra coisa senão o comprometimento com a consecução do bem-estar social.⁽⁴¹¹⁾

4.15.2.2. Princípio da efetividade do processo

O *princípio da efetividade do processo* decorre do *princípio da inafastabilidade da jurisdição* (CF, 5º, XXXV) — representa, portanto, garantia constitucional —, e pode-se dizer integrante do *princípio do direito de acesso à justiça*.⁽⁴¹²⁾

A efetividade enuncia o afastamento do processo do plano meramente conceitual e técnico⁽⁴¹³⁾ (não mais se admite valorá-lo unicamente pelas suas estruturas internas), a fim de torná-lo instrumento destinado a produzir transformações positivas e concretas no mundo empírico (real).⁽⁴¹⁴⁾

---

410 "A compreensão do direito de ação como direito fundamental confere ao intérprete luz suficiente para a complementação do direito material pelo processo e para a definição das linhas desse último na medida das necessidades do primeiro. Ou seja, a perspectiva do direito fundamental à efetividade da tutela jurisdicional permite que o campo da proteção processual seja alargado, de modo a atender a todas as situações carecedoras de tutela jurisdicional" (MARINONI, Luiz Guilherme. *Técnica processual e tutela dos direitos*. São Paulo: RT, 2004. p. 30).

411 "Acredito estejamos caminhando para o processo como instrumento político de participação. A democratização do Estado alçou o processo à condição de garantia constitucional; a democratização da sociedade fá-lo-á instrumento de atuação política. Não se cuida de retirar do processo sua feição de garantia constitucional, e sim fazê-lo ultrapassar os limites da tutela dos direitos individuais, como hoje conceituados. Cumpre proteger-se o indivíduo e as coletividades não só do agir *contra legem* do Estado e dos particulares, mas de atribuir a ambos o poder de provocar o agir do Estado e dos particulares no sentido de se efetivarem os objetivos politicamente definidos pela comunidade. Despe-se o processo de sua condição de meio para realização de direitos já formulados e transforma-se ele em instrumento de formulação e realização dos direitos. Misto de atividade criadora e aplicadora do direito, ao mesmo tempo" (PASSOS, J. J. Calmon de. Democracia, participação e processo. In: WATANABE, Kazuo; GRINOVER, Ada Pellegrini; DINAMARCO, Cândido Rangel. *Participação e processo*. São Paulo: RT, 1988. p. 95).

412 Segundo Barbosa Moreira, a efetividade do processo deve ter por base o seguinte: "a) o processo deve dispor de instrumentos de tutela adequados, na medida do possível, a todos os direitos (e outras posições jurídicas de vantagem) contemplados no ordenamento, quer resultem de expressa previsão normativa, quer se possam inferir do sistema; b) esses instrumentos devem ser praticamente utilizáveis, ao menos em princípio, sejam quais forem os supostos titulares dos direitos (e das outras posições jurídicas de vantagem) de cuja preservação ou reintegração se cogita, inclusive quando indeterminado ou indeterminável o círculo dos eventuais sujeitos; c) impende assegurar condições propícias à exata e completa reconstituição dos fatos relevantes, a fim de que o convencimento do julgador corresponda, tanto quanto puder, à realidade; d) em toda a extensão da possibilidade prática, o resultado do processo há de ser tal que assegure à parte vitoriosa o gozo pleno da específica utilidade a que faz jus segundo o ordenamento; e) cumpre que se possa atingir semelhante resultado com o mínimo dispêndio de tempo e energias" (BARBOSA MOREIRA, José Carlos. Efetividade do processo e técnica processual. In: Revista dos Tribunais, São Paulo, v. 19, n. 74, abr./jun. 1994. p. 168; BARBOSA MOREIRA, José Carlos. Efetividade do processo e técnica processual. In: *Temas de direito processual civil — Sexta Série*. São Paulo: Saraiva, 1997. p. 17-8).

413 "Para que o processo alcance o máximo de eficiência, suas regras e rito devem adequar-se, simultaneamente, aos sujeitos, ao objeto e ao fim" (LACERDA, Galeno. *Comentários ao Código de Processo Civil*. 4. ed. Rio de Janeiro: Forense, 1992. v. VIII, t. I, p. 19).

414 A efetividade "está consagrada na Constituição Federal, art. 5º, XXXV, pois não é suficiente tão somente abrir a porta de entrada do Poder Judiciário, mas prestar jurisdição tanto quanto possível eficiente,

Efetividade significa, então, atuação prática do processo,[415] no sentido de fazer prevalecer (no mundo dos fatos) os valores (escopos) sociais, políticos e jurídicos por ele tutelados.[416] Daí dizer-se que efetivo é o processo que atinge os seus escopos[417] e concretamente satisfaz o direito das partes, com vistas, sempre, ao interesse público. Essa ideia é comumente representada pela assertiva de Chiovenda de que *il processo deve dare per quanto è possibile praticamente a chi ha un diritto tutto quello e proprio quello ch'egli ha diritto di conseguire* (o processo deve, na medida do que for praticamente possível, dar a quem tem um direito tudo aquilo e precisamente aquilo que ele tem o direito de receber).

O processo, assim, deve ostentar capacidade de propiciar àquele que tiver razão uma situação mais vantajosa do que possuía anteriormente ao ingresso em juízo.[418] Deve, pois, servir de instrumento de realização da justiça substancial que assegure o maior grau de utilidade possível.[419]

Não basta a emissão de "uma sentença bem estruturada e portadora de afirmações inteiramente favoráveis ao sujeito, quando o que ela dispõe não se projetar utilmente na vida deste, eliminando a insatisfação que o levou a litigar".[420] Essa é a razão de se

---

efetiva e justa, mediante um processo sem dilações temporais ou formalismos excessivos, que conceda ao vencedor no plano jurídico e social tudo a que faça jus" (OLIVEIRA, Carlos Alberto Alvaro de. *O Formalismo-valorativo no confronto com o formalismo excessivo*. Disponível em: <http://tex.pro.com.br> Acesso em: 6 maio 2009).

415 O processo vale pelos resultados positivos que concretamente é capaz de produzir no mundo das pessoas. "O centro das preocupações da moderna ciência processual é, indiscutivelmente, a realização concreta da justiça" (BEDAQUE, José Roberto dos Santos. *Direito e processo*. 3. ed. Malheiros, 2003. p. 49).
A Corte Europeia dos Direitos do Homem proclamou várias vezes que a Convenção Europeia dos Direitos do Homem ostenta por finalidade proteger direitos não mais "teóricos ou ilusórios, mas concretos e efetivos" (FAVREAU, Bertrand. *Le procès équitable. Une certaine idée de la qualité de la justice*. Disponível em: <www.favreaucivilise.com/fr-conf2000.htm> Acesso em: 20 nov. 2008).

416 O processo desempenha as seguintes funções: a) *social*. Sob essa vertente o processo possui os escopos de educar e pacificar; b) *política*. A função política revela o processo como instrumento de que o Estado se serve para a consecução dos objetivos políticos ditados pela própria lei (com o que afirma o seu próprio poder e autoridade) e abre as portas para a efetiva participação dos cidadãos na administração da justiça; e c) *jurídica*. O processo exige a aplicação da lei. Contudo, deve-se oferecer mais do que a exclusiva aplicação da lei (DINAMARCO, Cândido Rangel. *Instituições de direito processual civil*. São Paulo: Malheiros, 2001. v. I, p. 128-31).

417 De acordo com o jovem magistrado Alexandre Alliprandino Medeiros, conferir "efetividade ao processo nada mais é do que lhe dar plena exequibilidade, ou, para ser mais preciso, é fazer com que o processo atinja, de fato, os fins para os quais fora constituído" (MEDEIROS, Alexandre Alliprandino. *A efetividade da hasta pública no processo do trabalho*. São Paulo: LTr, 2003. p. 19).

418 A ideia de efetividade consiste "na consciência de que o valor de todo sistema processual reside na capacidade, que tenha, de propiciar ao sujeito que tiver razão uma situação melhor do que aquela em que se encontrava antes do processo" (DINAMARCO, Cândido Rangel. *Instituições de direito processual civil*. São Paulo: Malheiros, 2001. v. I, p. 108).

419 Deve o ordenamento processual, portanto, "atender, do modo mais completo e eficiente possível, ao pleito daquele que exerceu seu direito à jurisdição, bem como daquele que resistiu, apresentando defesa" (NOLASCO, Rita Dias. *Exceção de pré-executividade*. São Paulo: Método, 2003. p. 31).

420 DINAMARCO, Cândido Rangel. *Instituições de direito processual civil*. São Paulo, Malheiros, 2001. v. I, p. 108.

falar em *processo de resultados justos*.[421] Processo de resultados é o método "perante o qual o processo e as atividades jurisdicionais são encarados pela perspectiva da utilidade que possa ter perante as pessoas ou a população como um todo".[422] Ou seja: o processo "vale pelo resultado que produz na vida das pessoas ou grupos".[423]

Falhando o sistema legal nesse desiderato, cabe ao juiz (que tem solene compromisso com a justiça), "oferecer às partes a solução que realmente realize o escopo de fazer justiça".[424] Os juízes, segundo entendimento do Tribunal Constitucional da Espanha, têm o dever de promover e colaborar ativamente para a realização da efetividade da tutela jurisdicional. Esse dever não é apenas moral. Trata-se de um dever jurídico-constitucional, uma vez que os juízes e tribunais têm a "(...) obrigação de proteção eficaz do direito fundamental".[425]

4.15.2.3. Princípio da tempestividade do processo

O *princípio da tempestividade do processo* decorre do *princípio da inafastabilidade da jurisdição* (CF, 5º, XXXV), não obstante a expressa previsão constitucional (CF, 5º, LXXVIII),[426] e pode-se dizer integrante do *princípio do direito de acesso à justiça*.

O processo é dialético e dinâmico. É inviável sua resolução instantânea (imediata).[427] Uma certa duração no tempo, por isso, é indispensável[428] à produção de resultados justos.[429] Daí considerar-se legítima (essencial)[430] essa duração,[431] embora, por si

---

421 Cabe ao juiz "buscar a adequada tutela jurisdicional, visando ao resultado justo pretendido pelas partes" (BRASIL JR., Samuel Meira. *Justiça, direito e processo*. São Paulo: Atlas, 2007. p. 148).

422 DINAMARCO, Cândido Rangel. *Instituições de direito processual civil*. 2. ed. São Paulo: Malheiros, 2004. v. II, p. 588.

423 *Ibidem*, p. 108.

424 DINAMARCO, Cândido Rangel. *Instituições de direito processual civil*. São Paulo: Malheiros, 2001. v. I, p. 61.

425 BERNAL, Francisco Chamorro. *La tutela judicial efectiva — derechos y garantías procesales derivados del artículo 24.1 de la Constitución*. Barcelona: Bosch, 1994. p. 329.

426 CF, 5º, LXXVIII – a todos, no âmbito judicial e administrativo, são assegurados a razoável duração do processo e os meios que garantam a celeridade de sua tramitação.

427 "Tanto é inaceitável um processo extremamente demorado como aquele injustificadamente rápido e precipitado, no qual não há tempo hábil para produção de provas e alegações das partes, com total cerceamento de defesa" (HOFFMAN, Paulo. *Razoável duração do processo*. São Paulo: Quartier Latin, 2006. p. 41).

428 "Indiscutível é que o processo judicial, até mesmo por uma exigência lógica, reclama cadência ordenada para atingir os seus vários objetivos. O desenvolvimento do processo no tempo resolve-se numa sucessão de determinações temporais, a permitir harmônica disposição dos fatos no âmbito do procedimento, regulando dessa forma o proceder rítmico do fenômeno, elemento de fundamental importância para a organização do procedimento — os atos do procedimento, portanto, tendo uma prévia fixação cronológica — *prazos judiciais* —, devem ser realizados no momento oportuno" (CRUZ E TUCCI, José Rogério. *Tempo e processo*: uma análise empírica das repercussões do tempo na fenomenologia processual (Civil e Penal). São Paulo: RT, 1997. p. 14-5).

429 "Devemos recusar um processo burocrático e extremamente formal, mas, principalmente, cabe-nos rechaçar a mentalidade do término do processo a todo custo, eliminando-se fases, recursos, procedimentos e técnica jurídica" (HOFFMAN, Paulo. *Razoável duração do processo*. São Paulo: Quartier Latin, 2006. p. 42).

só, seja causa de danos (toleráveis) às partes, os quais são compensados com atualização monetária e incidência de juros de mora.

O que não se admite é a demora exagerada[432] (além do necessário, do essencial, do justo, do racional).[433] Por isso, duração razoável "nada tem a ver com duração

---

A "afirmação de que há acúmulo de serviço, ou de que a estrutura da administração da justiça não viabiliza a adequada prestação da tutela jurisdicional, constituem autênticas confissões de violação ao direito fundamental à duração razoável do processo. O acúmulo de serviço, assim como a falta de pessoal e instrumentos concretos, pode desculpar o juiz e eventualmente o próprio Judiciário, mas nunca eximir o Estado do dever de prestar a tutela jurisdicional de forma tempestiva" (MARINONI, Luiz Guilherme. *Teoria geral do processo*. São Paulo: RT, 2006. p. 223).

430 É possível extrair duas modalidades de tempo no processo. Segundo Vincenzo Vigoritti, "em um nível estrutural, se distingue entre tempo de espera e tempo técnico. Os tempos de espera são aqueles necessários para que a causa ritualmente introduzida seja tomada em consideração, e os tempos técnicos são aqueles necessários à decisão" (VIGORITTI, Vincenzo. Notas sobre o custo e a duração do processo civil na Itália. In: *Revista de Processo*, São Paulo, ano 11, n. 43, jul./set. 1996, p. 145).
A "razoável duração do processo deve ser compreendida como *tolerável aguardo da solução definitiva das controvérsias, sem dilações indevidas (desnecessárias, inadequadas ou desproporcionais)*" (BRASIL JÚNIOR, Samuel Meira. *Justiça, direito e processo*. São Paulo: Atlas, 2007. p. 129).

431 Em linhas gerais, poderíamos dizer que um "processo adequado e justo deve demorar exatamente o tempo necessário para a sua finalização, respeitados o contraditório, a paridade entre as partes, o amplo direito de defesa, o tempo de maturação e compreensão do juiz, a realização de provas úteis e eventuais imprevistos" (HOFFMAN, Paulo. *Razoável duração do processo*. São Paulo: Quartier Latin, 2006. p. 61).

432 A tempestividade do processo tem a ver com "a compreensão da duração do processo de acordo com o uso racional do tempo processual por parte do réu e do juiz. (...) Pretender distribuir o tempo implica em vê-lo como ônus, e essa compreensão exige a prévia constatação de que ele não pode ser considerado *algo neutro ou indiferente* ao autor e ao réu" (MARINONI, Luiz Guilherme. *Técnica processual e tutela dos direitos*. São Paulo: RT, 2004. p. 183). Por isso, o juiz deverá tomar de ofício todas as medidas para necessárias para evitar a paralisação do processo (Anteprojeto CPT-Russomano, 1963, art. 6º).

433 A preocupação com a tempestividade do processo é objeto de regulação, entre outros: a) nos CPCs de Portugal e de Macau: "A protecção jurídica através dos tribunais implica o direito de obter, em prazo razoável, uma decisão judicial que aprecie, com força de caso julgado, a pretensão regularmente deduzida em juízo, bem como a possibilidade de a fazer executar" (CPC-Portugal, art. 2º, 1; CPC-Macau, art. 1º, 1); b) na Convenção Europeia para a Salvaguarda dos Direitos do Homem e das Liberdades Fundamentais (subscrita em Roma, em 4-11-1950 e ratificada por quase todos os países da Europa): "Toda pessoa tem direito de ser ouvida em audiência pública, diante de um juiz independente e imparcial constituído pela lei" (art. 6º, 1). O título segundo da Convenção institui a Corte Europeia dos Direitos do Homem (com sede em Estrasburgo), a quem poderá dirigir-se qualquer pessoa alegando violação das normas convencionais (art. 34). Feita a reclamação e constatada a infração, a Corte fixará uma indenização a ser paga à parte prejudicada — *equa soddisfazione* (art. 41) — independentemente de ser vencedor ou vencido na causa; c) na Constituição da Itália: "*Ogni processo si svolge nel contraddittorio tra le parti, in condizioni di parità, davanti a giudice terzo e imparziale. La legge ne assicura la ragionevole durata*" ("Todo processo se desenvolve em contraditório entre as partes, em condição de igualdade, diante de um juiz imparcial. A lei assegurará a sua razoável duração" — art. 111.1); d) na Constituição da Espanha: "*Asimismo, todos tienen derecho al Juez ordinario predeterminado por la ley, a la defensa y a la asistencia de letrado, a ser informados de la acusación formulada contra ellos, a un proceso público sin dilaciones indebidas y con todas las garantías, a utilizar los medios de prueba pertinentes para su defensa, a no declarar contra sí mismos, a no confesarse culpables y a la presunción de inocência*" ("todos têm direito ao juiz ordinário previamente determinado por lei, a defesa e a assistência de advogado, a ser informado da acusação contra si deduzida, a um processo público sem dilação indevida e com todas as garantias" — art. 24.2); e) na EC n. 6 (1791) dos EUA, que prevê o julgamento rápido em matéria criminal

limitada a um prazo certo ou determinado. Se essa confusão fosse aceita, não se trataria de duração razoável, mas de duração legal, ou do simples dever de o juiz respeitar o prazo fixado pelo legislador para a duração do processo. O direito à duração razoável faz surgir ao juiz o dever de, respeitando os direitos de participação adequada do autor e do réu, dar a máxima celeridade ao processo. E dar a máxima celeridade ao processo implica em não praticar atos dilatórios injustificados, sejam eles omissivos ou expressos".[434]

A demora excessiva na duração do processo, denominada por Ítalo Andolina *dano marginal*,[435] torna a justiça inoperante,[436] uma vez que: a) favorece quem não tem razão em detrimento daquele que vem a juízo defender seu direito;[437] b) estimula o descumprimento das leis; c) institucionaliza o conflito; e d) causa, entre outros, sensações

---

(*speedy trial clause*): "em todos os processos criminais, o acusado usufruirá do direito a julgamento rápido e público"; f) na Lei Processual do Trabalho do Peru: "(...) *El Juez dirige e impulsa el proceso para lograr una pronta y eficaz solución de las controversias que conoce*" ("O juiz dirige e impulsiona o processo para obter uma pronta e eficaz solução das controvérsias que conhece" — art. I); g) na Convenção Americana sobre Direitos Humanos — Pacto de São José da Costa Rica (1969) — incorporada ao território brasileiro desde 06-11-1992 pelo Decreto n. 678/1992: "Toda pessoa tem direito a ser ouvida, com as devidas garantias e dentro de um prazo razoável, por Juiz ou Tribunal competente, independentemente e imparcial, estabelecido anteriormente por lei, na apuração de qualquer acusação penal formulada contra ela, ou para que se determinem seus direitos ou obrigações de natureza civil, trabalhista, fiscal ou de qualquer outra natureza" (art. 8º, 1); "Toda pessoa tem direito a um recurso simples e rápido ou a qualquer outro recurso efetivo, perante os juízos ou Tribunais competentes, que a projeta contra atos que violem seus direitos fundamentais reconhecidos pela Constituição, pela lei ou pela presente Convenção, mesmo quando tal violação seja cometida por pessoas que estejam atuando no exercício de suas funções oficiais" (art. 25, 1). Referida Convenção criou, também, a Corte Interamericana dos Direitos do Homem, a quem qualquer pessoa poderá fazer reclamação de violação de seus preceitos (art. 44). Não obstante isso, somente poderá a Corte fixar uma indenização se o Estado-membro tiver formalizado a aceitação da jurisdição da Corte para casos relativos à aplicação da Convenção (art. 62), aceitação essa ainda não realizada pelo Brasil; h) na CF do Brasil (art. 5º, LXXVIII); i) na CLT: "Os Juízos e Tribunais do Trabalho terão ampla liberdade na direção do processo e velarão pelo andamento rápido das causas, podendo determinar qualquer diligência necessária ao esclarecimento delas" (art. 765); j) no CPC (Brasil): "O juiz dirigirá o processo conforme as disposições deste Código, competindo-lhe velar pela rápida solução do litígio" (art. 125, II).

434 MARINONI, Luiz Guilherme. *Teoria geral do processo*. São Paulo: RT, 2006. p. 223, nota de rodapé n. 155.

435 ANDOLINA, Ítalo. *Cognizione e esecuzione forzata nel sistema della tutela giurisdizionale*. Milano: Giuffrè, 1983. p. 17.

436 "Realmente, como adverte Nicolò Trocker, uma justiça realizada com atraso é sobretudo um grave mal social; provoca danos econômicos — imobilizando bens e capitais —, favorece a especulação e a insolvência, e acentua a discriminação entre os que podem esperar e aqueles que, esperando, tudo podem perder. Um processo que se desenrola por longo tempo — nas palavras de Trocker — torna-se um cômodo instrumento de ameaça e pressão, arma formidável nas mãos do mais forte para ditar ao adversário as condições de sua rendição" (MARINONI, Luiz Guilherme; ARENHART, Sérgio Cruz. *Execução*. São Paulo: RT, 2007. p. 341).

437 A rápida definição do litígio "interessa a todas as partes que agem de boa-fé. E apenas beneficiam aqueles que almejam protelar a prestação e se valer ilegitimamente do tempo como moeda de troca" (PORTO, Sérgio Gilberto; USTÁRROZ, Daniel. *Manual dos recursos cíveis*. Porto Alegre: Livraria do Advogado, 2007. p. 102).

de desconforto, angústia, ansiedade[438] e, principalmente, de injustiça.[439] Poucos "fatos são tão lamentados pelo cidadão quanto o reconhecimento tardio e inútil de seu direito. A injustiça, nessas hipóteses, ocorre duas vezes: pela ameaça ou agressão pretérita e pela resposta tardia e ineficaz".[440]

O tempo é um dos parâmetros fundamentais na vida das pessoas e "a duração do processo constitui em cada matéria um termômetro da capacidade do Estado de dar resposta à demanda da justiça por seus jurisdicionados, de modo ainda mais significativo nas hipóteses como aquelas do trabalho, nas quais estão em jogo aspectos que para o valor pessoal refletem diretamente o sujeito que clama por justiça".[441]

Cumpre à Justiça, portanto, assimilar essa realidade para prestar a tutela jurisdicional (do direito) efetiva (com qualidade) e tempestivamente[442] (em curto prazo):[443] dentro de um tempo apto ao gozo do direito. Como ressalta Paulo Hoffman, é "inconcebível que em um mundo moderno, capaz de enviar informações de uma parte a outra instantaneamente ou de transmitir uma guerra em tempo real, a burocracia, o formalismo e a falta de estrutura mantenham o Poder Judiciário arcaico e ineficaz".[444]

Diante da impossibilidade de uma reforma estrutural profunda (destinada ao aparelhamento e capacitação do Judiciário), cabe aos juízes assumirem o compromisso

---

438 Se "o tempo é a dimensão fundamental da vida humana e se o bem perseguido no processo interfere na felicidade do litigante que o reivindica, é certo que a demora no processo gera, no mínimo, infelicidade pessoal e angústia e reduz as expectativas de uma vida mais feliz (ou menos infeliz)" (MARINONI, Luiz Guilherme. *Tutela antecipatória, julgamento antecipado e execução imediata da sentença*. 4. ed. São Paulo: RT, 2000. p. 17).

439 "A injustiça consegue uma sobrevida com a longa duração das demandas, que podem se prolongar por mais de uma década, até vencer as quatro instâncias recursais" (NALINI, José Renato. *A rebelião da toga*. 2. ed. Campinas: Millennium, 2008. p. 107).
A demora excessiva na duração do processo é sempre "injusta, por maior que seja o mérito científico do conteúdo da decisão" (CRUZ E TUCCI, José Rogério. Garantia do processo sem dilações indevidas. In: CRUZ E TUCCI, José Rogério (Coord.). *Garantias constitucionais do processo civil, homenagem aos 10 anos da Constituição Federal de 1988*. São Paulo: RT, 1998. p. 235-6).

440 PORTO, Sérgio Gilberto; USTÁRROZ, Daniel. *Manual dos recursos cíveis*. Porto Alegre: Livraria do Advogado, 2007. p. 103.

441 GALANTINO, Luísa. O processo do trabalho e a efetividade das decisões no ordenamento italiano. In: *Revista de Direito do Trabalho*, São Paulo, RT, ano 34, v. 130, abr./jun. 2008, p. 298.

442 Somente "à luz do caso concreto, com análise dos sujeitos e do direito posto em causa, é que se poderá aquilatar qual o tempo razoável para a efetivação da prestação jurisdicional" (PORTO, Sérgio Gilberto; USTÁRROZ, Daniel. *Manual dos recursos cíveis*. Porto Alegre: Livraria do Advogado, 2007. p. 101).

443 "O processo, enquanto instrumento de realização do direito substancial, tem de ser tempestivo" (JAYME, Fernando Gonzaga. Os problemas da efetiva garantia de proteção judicial perante o Poder Judiciário brasileiro. In: JAYME, Fernando Gonzaga; FARIA, Juliana Cordeiro de; LAVAR, Maria Terra (Coords.). *Processo civil — novas tendências*. Belo Horizonte: Del Rey, 2008. p. 246).
Ao "lado da efetividade do resultado, imperioso é também que a decisão do processo seja tempestiva" (GAJARDONI, Fernando Fonseca. Os reflexos do tempo no direito processual civil (anotações sobre a qualidade temporal do processo civil brasileiro e europeu. In: *Revista de Processo*, São Paulo, v. 32, n. 153, nov. 2007, p. 107).

444 HOFFMAN, Paulo. *Razoável duração do processo*. São Paulo: Quartier Latin, 2006. p. 26.

político de evitar que a lentidão do processo judicial continue a ser característica da justiça estatal moderna.⁽⁴⁴⁵⁾ É preciso compatibilizar o tempo do Judiciário com o tempo da era atual.⁽⁴⁴⁶⁾ Pode o juiz, portanto, além de adotar soluções criativas,⁽⁴⁴⁷⁾ considerar inconstitucionais quaisquer leis, normas ou atividades que representem atraso na atividade jurisdicional⁽⁴⁴⁸⁾ (*princípio da supremacia da Constituição — supra* n. 4.15.2).⁽⁴⁴⁹⁾

Mudar o pensamento e as atitudes, portanto, são questões fundamentais rumo a um novo processo que garanta efetividade e tempestividade.⁽⁴⁵⁰⁾ Não "é possível desconhecer

---

445 A excessiva demora do processo no tempo deve ser um inimigo contra o qual o juiz tem de lutar sem descanso. Não "há mais como admitir que o tempo do processo seja tratado como um mal inevitável ou como um entrave que naturalmente deve ser suportado por aquele que busca o Poder Judiciário" (MARINONI, Luiz Guilherme; ARENHART, Sérgio Cruz. *Execução*. São Paulo: RT, 2007. p. 342).

446 É preciso distribuir equitativamente o tempo, sem fazer com que uma das partes "espere mais do que o tempo empregue pela outra, sob pena de a *espera* tornar-se *desesperança*, ou em desespero. (...) Um tempo que guarde relação com a eficácia, que não seja muito, nem menos. Medida do equilíbrio entre justiça e celeridade, para a realização dos fins originários e fundantes do processo" (FAVA, Marcos Neves. *Execução trabalhista efetiva*. São Paulo: LTr, 2009. p. 51-2).

447 O "princípio da razoável duração do processo pode justificar a não aplicação de regras processuais inúteis, que somente atrasariam, sem necessidade ou razão que as justificasse, a tutela jurisdicional" (BRASIL JÚNIOR, Samuel Meira. *Justiça, direito e processo*. São Paulo: Atlas, 2007. p. 127-8).

448 "No nosso sistema, pela adoção da fiscalização difusa da constitucionalidade das leis e atos, todo e qualquer juiz tem o dever de não aplicar previsões que conflitem com a Constituição Federal. Não há justificativa, portanto, para qualquer magistrado eximir-se da aferição de constitucionalidade de toda e qualquer norma que venha a ser aplicada em todo e qualquer contexto" (PORTO, Sérgio Gilberto; USTÁROZ, Daniel. *Lições de direitos fundamentais no processo civil*. Porto Alegre: Livraria do Advogado, 2009. p. 18).
"Assim, se o juiz, diante da lei processual, *é obrigado* a optar pela interpretação de acordo com o direito fundamental, cabe a ele, *em caso de omissão ou de insuficiência legal, aplicar diretamente a norma que institui o direito fundamental à tutela jurisdicional efetiva, considerando os princípios que com ele possam se chocar diante do caso concreto*" (MARINONI, Luiz Guilherme. *Técnica processual e tutela dos direitos*. São Paulo: RT, 2004. p. 233-4).

449 Todas "as normas e interpretações da legislação processual devem respeito aos princípios e aos valores recepcionados pela Constituição Federal" (PORTO, Sérgio Gilberto; USTÁROZ, Daniel. *Lições de direitos fundamentais no processo civil*. Porto Alegre: Livraria do Advogado, 2009. p. 30). "Por isso, quando ferido algum princípio nela contemplado (...) observar-se o vício superlativo da inconstitucionalidade" (PORTO, Sérgio Gilberto; USTÁROZ, Daniel. *Lições de direitos fundamentais no processo civil*. Porto Alegre: Livraria do Advogado, 2009. p. 36).

450 A Corte Europeia dos Direitos do Homem estabeleceu os seguintes critérios para aferir a razoabilidade da duração do processo (considerando a até a satisfação do direito), os quais parecem bastante adequados: a) *a complexidade do caso*. Ex.: uma causa em que houve revelia ou que dispensa realização de provas não deve demorar mais do que uma causa em que o contraditório efetivamente se instaurou, com produção de provas ("Quanto à alegação de excesso de prazo, constata-se a existência de elementos que sinalizam para a complexidade da causa. Dos documentos acostados aos autos, verifica-se também haver contribuição da defesa para a demora processual por meio de atos processuais tais como: expedição de carta rogatória para a oitiva de testemunha residente em Israel; expedição de cartas precatórias para a inquirição de testemunhas; e instauração de incidente de insanidade mental do paciente" – STF-HC-89.238, Rel. Min. Gilmar Mendes, DJU 14-9-2007; não há "constrangimento ilegal por excesso de prazo quando a complexidade da causa, a quantidade de réus e de testemunhas justificam a razoável demora para o encerramento da ação penal – STF-HC-89.168, Relª Min. Cármen Lúcia, DJU 20-10-2006);

que um processo que dura tanto tempo constitui uma tentação para o litigante malicioso", sendo possível "vencer pelo cansaço quando não se pode vencer pelo direito".[451] O excesso de prazo, quando exclusivamente imputável ao aparelho judiciário "traduz situação anômala que compromete a efetividade do processo, pois, (...) frustra um direito básico que assiste a qualquer pessoa: o direito à resolução do litígio, sem dilações indevidas (CF, art. 5º, LXXVIII)".[452]

4.15.2.4. Princípio da segurança jurídica

O *princípio da segurança jurídica*, de acordo com o consenso doutrinário, está previsto no preâmbulo da Constituição Federal e na cabeça de seu art. 5º,[453] que trata da segurança genérica (à vida, à saúde, à dignidade humana, à liberdade, etc.),[454]

---

b) *o comportamento das partes e de seus procuradores*. Ex.: incidentes processuais, manobras procrastinatórias; c) *o comportamento dos juízes e auxiliares da justiça*. Ex.: demora injustificada na prática de atos do processo ("Estando o HC pronto para julgamento há cinco meses, sem inclusão em mesa, resta configurada a lesão à garantia à duração razoável do processo" – STF-HC-88.610, Rel. Min. Ricardo Lewandowski, DJU 22-6-2007; "A comprovação de excessiva demora na realização do julgamento de mérito do *habeas corpus* impetrado no Superior Tribunal de Justiça configura constrangimento ilegal, por descumprimento da norma constitucional da razoável duração do processo, viabilizando, excepcionalmente, a concessão de *habeas corpus*. Deferimento da ordem, para determinar à autoridade impetrada que apresente o *habeas corpus* em Mesa, na primeira sessão da Turma em que oficia, subsequente à comunicação da presente ordem" – STF-HC-91.986, Relª Min. Cármen Lúcia, DJU 31-10-2007).

451 COUTURE, Eduardo J. *Proyecto de código de procedimiento civil*. Montevideo, 1945.

452 STF-HC-87.164, 2ª T., Rel. Min. Gilmar Mendes, DJU 29-9-2006.
Há "lesão ao direito à tempestividade caso o juiz entregue a prestação jurisdicional em tempo injustificável diante das circunstâncias do processo e da estrutura do órgão jurisdicional" (MARINONI, Luiz Guilherme. *Técnica processual e tutela dos direitos*. São Paulo: RT, 2004. p. 184), sendo "perfeitamente indenizáveis os danos material e moral originados da excessiva duração do processo, desde que o diagnóstico da morosidade tenha como causa primordial o anormal funcionamento da administração da justiça" (CRUZ E TUCCI, José Rogério. *Tempo e processo*. São Paulo: Revista dos Tribunais, 1997. p. 141-2).

453 CF, preâmbulo: "Nós, representantes do povo brasileiro, reunidos em Assembleia Nacional Constituinte para instituir um Estado democrático, destinado a assegurar o exercício dos direitos sociais e individuais, a liberdade, a segurança, o bem-estar, o desenvolvimento, a igualdade e a justiça como valores supremos de uma sociedade fraterna, pluralista e sem preconceitos, fundada na harmonia social e comprometida, na ordem interna e internacional, com a solução pacífica das controvérsias, promulgamos, sob a proteção de Deus, a seguinte Constituição da República Federativa do Brasil".
CF, 5º Todos são iguais perante a lei, sem distinção de qualquer natureza, garantindo-se aos brasileiros residentes no País a inviolabilidade do direito à vida, à liberdade, à igualdade, à segurança e à propriedade, nos termos seguintes:
Para Samuel Espíndola, o princípio da segurança jurídica está previsto no art. 5º, *caput* e seu inciso XXVI, ao impor "que as relações jurídicas, as posições delas decorrentes, sejam validamente consolidadas, se fruto de coisa julgada, ato jurídico perfeito ou direito adquirido, não sejam tocadas, bulias, no sentido de revogá-las ou modificá-lhes os efeitos já. Reclamam também que sejam bem respeitados os institutos da decadência e da prescrição, especialmente no que toca ao direito ao direito de punir, de investigar, de aplicar sanções, por parte das autoridades" (ESPÍNDOLA, Samuel. Princípios constitucionais e atividade jurídico-administrativa. In: LEITE, George Salomão. *Dos princípios constitucionais* — considerações em torno das normas principiológicas da Constituição. São Paulo: Malheiros, 2003. p. 273).

454 SARLET, Ingo Wolfgang. *A eficácia do direito fundamental à segurança jurídica: dignidade da pessoa humana, direitos fundamentais e proibição de retrocesso social no direito*. Disponível em: <http://www.mundojuridico.adv.br> Acesso em: 20 nov. 2008).

e corresponde ao anseio de previsibilidade e constância na aplicação do direito (segurança jurídica estática).[455]

Segundo concepções dos cientistas políticos, a segurança jurídica estática tem de ser garantida às pessoas, que dela necessitam para planejar, conduzir e desenvolver suas vidas.

A realidade da vida revela, porém, que nas sociedades modernas (atuais), multiculturais, dinâmicas, de grandes transformações e nas quais convivem valores diversos de diversos grupos (sociais, políticos, religiosos, etc.), classes e movimentos (sociais, econômicos, etc.), além do indivíduo singularmente considerado, os conflitos são inevitáveis e a segurança jurídica estática representa uma utopia.[456] O Direito não lida com fenômenos que se ordenam independentemente da atuação do sujeito e das mutações da sociedade. E isso compromete a pretensão de torná-lo ciência pura, bem como o ideal de objetividade, previsibilidade e constância. "Os destinatários da Justiça não se iludem com a promessa de uma decisão divina",[457] certa, segura. Aliás, depois de Einstein e da teoria da relatividade, o que se pode dar como certo? Quais são as certezas da vida?[458]

A imutabilidade não é um atributo da natureza. Ao contrário. Nada está em repouso. Tudo se move. Nada é sempre a mesma coisa. Tudo muda no segundo seguinte. A humanidade evolui sem cessar.[459] Por que, então, as "pessoas" (juristas) anseiam por segurança jurídica?[460] A meu ver, por um dogma que julgam supostamente

---

455 A Constuição da França de 1793, que inspirou a ideia de segurança jurídica do direito positivo ocidental, dizia expressamente que: "a segurança jurídica consiste na proteção conferida pela sociedade a cada um de seus membros para conservação de sua pessoa, de seus direitos e de suas propriedades".

456 "Seres desiguais não podem pensar de maneira igual" (INGENIEROS, José. *O homem medíocre*. São Paulo: Quartier Latin, 2004. p. 35). "A desigualdade humana não é uma descoberta moderna. Plutarco escreveu, há séculos, que 'os animais de uma mesma espécie diferem menos entre si que uns homens de outros' (*Obras morais*, v. 3). Na opinião de Montaigne: 'Há mais distância entre tal e tal homem que entre tal homem e tal animal; ou seja: o mais excelente animal está mais próximo do homem menos inteligente do que este último de outro homem grande e excelente' (*Ensaios*, v. I, cap. XLII)" (INGENIEROS, José. *O homem medíocre*. São Paulo: Quartier Latin, 2004. p. 56-7).

457 NALINI, José Renato. *A rebelião da toga*. 2. ed. Campinas: Millennium, 2008. p. 212.

458 No "hay nada absoluto en la vida humana, y que, por consiguiente, no tendría sentido que al Derecho le pidiésemos una certeza y seguridad absolutas" (SICHES, Luis Recaséns. *Nueva filosofía de la interpretación del derecho*. 2. ed. México: Porrúa, 1973. p. 15-6).

459 A "mudança é inexaurível; todas as coisas são eternamente novas. A permanência é uma ilusão. Somente a mudança é real. É impossível pisar duas vezes no mesmo rio, dizia Heráclito. A imutabilidade no mundo é mera aparência, pois estamos inseridos num processo, num eterno *fazer e desfazer-se*" (RODRIGUES, João Gaspar. *O perfil moral e intelectual do juiz brasileiro*. Porto Alegre: Fabris, 2007. p. 68).

460 Segundo Jerome Frank, não existe certeza, ou segurança do direito, na fase de sua aplicação. Para ele, nas sociedades complexas, as decisões jurídicas apresentam um caráter plástico e mutável, com a finalidade de amoldarem-se às cambiantes circunstâncias da vida social. Pensa ser essa incerteza a responsável pelo progresso do direito (*Apud* PRADO, Lídia Reis de Almeida. *O juiz e a emoção — aspectos da lógica da decisão judicial*. 3. ed. Campinas: Millennium, 2005. p. 17).

irremovível, aliado ao desejo de algo mítico e à "tendência humana de fugir das realidades inquietantes ou desagradáveis e refugiar-se na ilusão de um mundo perfeito", como assevera Jerome Frank. Segundo ele, ainda, é interessante "que as pessoas não se surpreendam com as alterações por via legislativa, mas se assustem com a falta de previsibilidade dos juízes".[461]

Os que cultuam a segurança jurídica estática (calculabilidade das resoluções; racionalidade do direito) como valor máximo admitem até mesmo o sacrifício da justiça em seu nome.[462] Essa concepção, porém, "propende a reduzir a faculdade do juiz em relação à interpretação das leis e a negar o desenvolvimento aberto do direito".[463] A segurança jurídica é a motivação inicial do direito. Não é, porém, seu fim. Segurança a qualquer custo paralisa as iniciativas mais fecundas[464] e de nada vale se não estiver acompanhada de justiça,[465] que possui valor mais elevado na hierarquia axiológica,[466] tendo sido eleita um dos objetivos fundamentais do Estado brasileiro (CF, 3º, I), assentado que está na dignidade da pessoa humana (CF, 1º, III).

Não deve o juiz hesitar em negar vigência à lei quando estiver em descompasso com valores e garantias constitucionais, como o bem comum e a justiça (*princípio da*

---

461 Apud PRADO, Lídia Reis de Almeida. *O juiz e a emoção* — aspectos da lógica da decisão judicial. 3. ed. Campinas: Millennium, 2005. p. 17-8.

462 O medíocre "teme o digno e adora o lacaio. (...) Seu segredo é simples: é um animal doméstico. Vem ao mundo como servo e continua sendo servil até a morte, em quaisquer circunstâncias e situações: nunca tem um gesto altivo, jamais ataca de frente um obstáculo" (INGENIEROS, José. *O homem medíocre*. São Paulo: Quartier Latin, 2004. p. 158). O ontem dos medíocres "nada diz sobre seu amanhã; agem à mercê de impulsos acidentais, sempre aleatórios. Se possuem alguns elementos válidos, eles estão dispersos, incapazes de sínteses; a menor sacudidela traz à tona seus atavismos de selvagem e de primitivo" (INGENIEROS, José. *O homem medíocre*. São Paulo: Quartier Latin, 2004. p. 162).

463 LARENZ, Karl. *Metodologia da ciência do direito*. 3. ed. Lisboa: Fundação Calouste Gulbenkian, 1997. p. 521. A "segurança jurídica só se pode realizar mediante a drástica diminuição, até um mínimo possível, da latitude de apreciação do juiz, que se quer seja o aplicador da lei, um técnico tão obediente aos seus ditames quanto indiferente às contingências sociais, assim incapacitado a adequar a ordem jurídica às necessidades históricas progressivamente configuradas" (AZEVEDO, Plauto Faraco de. *Aplicação do direito e contexto social*. 2. ed. São Paulo: RT, 1998. p. 108).

464 O juiz que tem preocupação excessiva com a segurança jurídica como garantia de assegurar previsibilidade de suas decisões buscará, sempre, soluções dogmáticas, uma vez que assim nunca decepcionará os jurisdicionados. E assim o direito permanece sem mudanças. Fica estagnado. Não progride. Não revoluciona.

465 Injustiça é sempre injustiça, ainda que apresentada sob a forma da lei, ou "de sentença judicial transita em julgado" (DELGADO, José Augusto. *O princípio da segurança jurídica*. Supremacia constitucional. Disponível em: <http://bdjur.stj.gov.br/dspace/handle/2011/448> Acesso em: 22 nov. 2008).

466 Certeza y seguridad "no es el valor supremo hacia el cual se encamina el Derecho. Por el contrario, con el derecho se aspira realizar valores mucho más altos en la jerarquía axiológica, se aspira a cumplir con las exigencias de la justicia y también con las del séquito de otros valores por la justicia implicados" (SICHES, Luis Recaséns. *Nueva filosofía de la interpretación del derecho*. 2. ed. México: Porrúa, 1973. p. 14-5). "Não concebo o valor justiça subordinado aos valores ordem e segurança, na hierarquia axiológica, apesar da inegável relevância destes últimos em qualquer organização comunitária" (PEREIRA, Sérgio Gischkow. Interpretação jurídica e aplicação do direito. In: *Revista AJURIS*, Porto Alegre, ano X, v. 27, mar. 1983, p. 180).

supremacia da Constituição — supra n. 4.15.2), ou quando for moralmente inaceitável. Como ressalta João Baptista Machado, a "segurança sem justiça representaria pura situação de força".[467] Daí por que acima "da segurança está sempre, como valor supremo, a Justiça, não sendo de repetir-se a seguinte frase de Goethe: 'Prefiro uma injustiça à desordem', como tem feito vários autores, porque revela um profundo egoísmo burguês, e medo das transformações sociais e prega um conformismo inadmissível".[468]

Esse discurso todo não significa dizer que a segurança jurídica não é importante para o direito.[469] Significa dizer, apenas, que ela possui um *valor funcional* para a realização do *justo*. Por isso, cabe ao jurista não confundir o valor segurança jurídica "com a manutenção cega e indiscriminada do *statu quo*. Cumpre não identificar, outrossim, o valor da segurança jurídica com a 'ideologia' da segurança, que tem por objetivo o imobilismo social. Não se trata, também, de identificar o Estado com a ordem, e a lei com a justiça".[470] Essa concepção estática de segurança traduz uma percepção míope e não desejada. As rápidas e frequentes mudanças da vida não se comprazem com essa ideia.[471]

Daí a necessidade de se buscar a *segurança jurídica dinâmica*, adaptada, pois, às variantes da vida moderna.[472] Nas palavras de Siches, "somente o grau de certeza e segurança necessários para o cumprimento de valores superiores de justiça e de bem-estar geral, e somente até o ponto em que seja compatível para lograr estes valores mais elevados".[473]

---

467 MACHADO, João Baptista. *Introdução ao estudo do direito e ao discurso legitimador*. Coimbra: Almedina, 1989. p. 56.

468 NICOLAU JÚNIOR, Mauro. Segurança jurídica e certeza do direito. Realidade ou utopia num Estado Democrático de Direito? In: *Revista ADV*, 2004, p. 18.

469 "Sin un mínimum de certeza y seguridad jurídicas no podría reinar la justicia en la vida social. No puede haber justicia donde no haya un orden" (SICHES, Luis Recaséns. *Nueva filosofía de la interpretación del derecho*. 2. ed. México: Porrúa, 1973. p. 307).

470 OLIVEIRA, Carlos Alberto Alvaro de. *O Formalismo-valorativo no confronto com o formalismo excessivo*. Disponível em: <http://tex.pro.com.br> Acesso em: 6 maio 2009.

471 "O direito nasce da vida e à vida. (...) Portanto, o Direito, como ciência disposta a reger a vida, não pode ser engessado por imposições de ontem ou meramente formais" (RODRIGUES, João Gaspar. *O perfil moral e intelectual do juiz brasileiro*. Porto Alegre: Fabris, 2007. p. 31-2).

472 É preciso transformar a lei em norma real, em confronto às normas nominais e semânticas. Entenda-se por norma: a) *real* aquela cuja interpretação e aplicação mudam segundo o momento histórico. Vale dizer: é a norma cujo valor protegido é adaptado à evolução histórica, às mutações da realidade e às novas demandas; b) *formal* aquela cuja interpretação e aplicação é sempre igual, mesmo diante da reconfiguração de valores, da evolução histórica, das mutações da realidade e das novas demandas; c) *semântica* aquela cuja interpretação e aplicação busca satisfazer unicamente a forma e a técnica, sem nenhum proveito para vida das pessoas.

473 SICHES, Luis Recaséns. *Nueva filosofía de la interpretación del derecho*. 2. ed. México: Porrúa, 1973. p. 298-9.

A segurança jurídica que se exige, portanto, "somente pode ser uma certeza e uma segurança parciais e relativas".[474]

Assim, por não haver justiça sem efetividade e tempestividade do processo,[475] a segurança jurídica tem de ser flexibilizada em favor de tais valores.[476] Efetividade e tempestividade não são, é bem verdade, necessidades atuais. Datam de longo tempo. Contudo, apresentam-se cada vez mais agudas na vida contemporânea. A garantia absoluta de segurança jurídica, por isso, não é "um valor tão elevado que legitime um fechar de olhos aos reclamos por um processo rápido, ágil e realmente capaz de eliminar conflitos, propiciando soluções válidas e invariavelmente úteis".[477] Daí o grande desafio:[478] buscar segurança com justiça.[479]

---

474 "(...) solamente al grado de certeza y seguridad que sea necesario como condición para el cumplimiento de los valores superiores de justicia y bienestar general, y solamente hasta el punto en que resulte compatible con el logro de estos valores más altos". A segurança jurídica que se exige, portanto, "solamente puede ser una certeza y seguridad parciales y relativas"; "(...) solamente puede ser una certeza y seguridad parciales y relativas" (SICHES, Luis Recaséns. *Nueva filosofía de la interpretación del derecho*. 2. ed. México: Porrúa, 1973. p. 293).

475 "Para a plenitude do acesso à justiça importa remover os males resistentes à universalização da tutela jurisdicional e aperfeiçoar internamente o sistema, para que seja mais rápido e mais capaz de oferecer soluções justas e efetivas. É indispensável que o juiz cumpra em cada caso o dever de dar efetividade ao direito, sob pena de o processo ser somente um exercício improdutivo de lógica jurídica" (DINAMARCO, Cândido Rangel. *Instituições de direito processual civil*. São Paulo: Malheiros, 2001. v. I, p. 114).

476 Nos "dias atuais vários fatores vêm determinando uma maior prevalência do valor da efetividade sobre o da segurança. Um dos aspectos relevantes é a mudança qualitativa dos litígios trazidos ao Judiciário, numa sociedade de massas, com interesse de amplas camadas da população, a tornar imperativa uma solução mais rápida do processo e a efetividade das decisões judiciais. Outro fator significativo é a própria adoção dos princípios e sua constitucionalização, fenômeno que se iniciou após o término da Segunda Guerra Mundial. A anterior tramitação fechada e a minúcia regulamentadora das atuações processuais (excesso de formalismo) dos códigos processuais, formados em período autoritário ou informados por ideologia dessa espécie, servia ao fim de controle da jurisdição e dos agentes forenses pelo centro do poder político, diminuindo a participação democrática dos sujeitos de direito. Tudo veio a mudar com a emergência dos princípios, considerados nessa nova perspectiva como direitos fundamentais, que podem e devem ter lugar de destaque na aplicação prática do direito, sobrepondo-se às simples regras infraconstitucionais. Essa mudança de paradigma, que introduz um direito muito mais flexível, menos rígido, determina também uma alteração no que concerne à segurança jurídica, que passa de um estado estático para um estado dinâmico. Assim, a segurança jurídica de uma norma se mede pela estabilidade de sua finalidade, abrangida em caso de necessidade por seu próprio movimento. Não mais se busca o absoluto da segurança jurídica, mas a segurança jurídica afetada de um coeficiente, de uma garantia de realidade. Nessa nova perspectiva, a própria segurança jurídica induz a mudança, a movimento, na medida em que ela está a serviço de um objetivo mediato de permitir a efetividade dos direitos e garantias de um processo equânime. Em suma, a segurança já não é vista com os olhos do Estado liberal, em que tendia a prevalecer como valor, porque não serve mais aos fins sociais a que o Estado se destina. Dentro dessas coordenadas, o aplicador deve estar atento às circunstâncias do caso, pois às vezes mesmo atendido o formalismo estabelecido pelo sistema, em face das circunstâncias peculiares da espécie, o processo pode se apresentar injusto ou conduzir a um resultado injusto" (OLIVEIRA, Carlos Alberto Alvaro de. *O formalismo-valorativo no confronto com o formalismo excessivo*. Disponível em: <http://tex.pro.com.br> Acesso em: 6 maio 2009).

477 DINAMARCO, Cândido Rangel. *Nova era do processo civil*. São Paulo: Malheiros, 2003. p. 13.

478 Efetividade, tempestividade e segurança são valores essenciais ao processo. Interessante, porém, "é que ambos se encontram em permanente conflito, numa relação proporcional, pois quanto maior a

4.15.2.5. Princípio do devido processo legal

O *princípio do devido processo legal* está previsto no art. 5º, LIV da CF,[480] e deve ser lido sob as dimensões material (*substantive due process*) e processual (*procedural due process*). Sinteticamente, a cláusula *due process of law*, sob a perspectiva:

a) *material*, representa o mecamismo de controle do arbítrio legislativo na edição de normas jurídicas e da discricionariedade governamental na emissão de atos, tendo em vista o exame da *razoabilidade* e da *racionalidade*, segundo a ótica dos *direitos fundamentais*.[481] Trata-se, então, de uma limitação substantiva aos poderes de produção legislativa e emissão de atos do Poder Público em geral;[482]

b) *processual*, representa a garantia de obediência às normas processuais. Desempenha, assim, função de organização e de segurança do uso, pelas partes, de suas faculdades e poderes, bem como dos meios necessários ao exercício da atividade jurisdicional.

---

efetividade menor a segurança, e vice-versa" (OLIVEIRA, Carlos Alberto Alvaro de. *O formalismo-valorativo no confronto com o formalismo excessivo*. Disponível em: <http://tex.pro.com.br> Acesso em: 6 maio 2009).

479 Uma das grandes antinomias do direito é a necessidade de certeza e segurança e a de mudança e progresso. Como ressalta Siches, "quietud y movimiento, sin limitación ni control, son fuerzas igualmente destructoras. El Derecho, al igual que las otras funciones de la vida humana, debe encontrar una vía de compromiso entre esos dos extremos. Al fin y al cabo, ésta es una de las principales antinomias del Derecho, pero no la única. Parece que al Derecho le compete esencialmente la misión de conciliar lo que se presenta en apariencia como irreconciliable, de superar los antagonismos, de sintetizar extremos opuestos: legalidad y justicia; orden fundado en principios generales y toma en consideración de las circunstancias concretas de cada caso; esquematismo de la norma y abigarrada singularidad de las situaciones de la vida; intereses del individuo y intereses de la colectividad; Jogos e historia; estabilidad y cambio" (SICHES, Luis Recaséns. *Nueva filosofía de la interpretación del derecho*. 2. ed. México: Porrúa, 1973. p. 304). Segundo, ainda, Siches, deve haver um equilíbrio entre *cambio y conservación*. Lembrando Demogue (jurista francês), ressalta que "el objetivo de los esfuerzos jurídicos *no es una síntesis lógica, sino que es un compromiso práctico*. La seguridad perfecta, dice Demogue, representaría la absoluta inmovilidad de la sociedad. El cambio constante, sin que hubiese ningún elemento estable, haría imposible la vida social" (SICHES, Luis Recaséns. *Nueva filosofía de la interpretación del derecho*. 2. ed. México: Porrúa, 1973. p. 305).

480 CF, 5º, LIV – ninguém será privado da liberdade ou de seus bens, sem o devido processo legal.

481 O princípio do devido processo legal revela-se como "uma inesgotável fonte de criatividade constitucional, a ponto de haver se transformado, ao lado do princípio da igualdade (*egual potection of the laws*), no mais importante instrumento jurídico protetor das liberdades públicas, com destaque para a sua novel função de controle do arbítrio legislativo e da discricionariedade governamental, notadamente da 'razoabilidade' (*reasonableness*) e da 'racionalidade' (*rationality*) das normas jurídicas e dos atos em geral do Poder Público. Neste contexto, o papel desempenhado pelo instituto do devido processo legal, como autêntico paradigma de justiça e como limite perene à atuação do Estado intervencionista, em particular no que tange ao exercício do poder regulamentar e de polícia, é verdadeiramente estupendo e de inexcendível relevância para a organização democrática" (CASTRO, Carlos Roberto de Siqueira e. *O devido processo legal e a razoabilidade das leis na nova Constituição do Brasil*. Rio de Janeiro: Forense, 1989. p. 3).

482 Baseado na razoabilidade (*reasonableness*) e na racionalidade (*rationality*), o princípio do *devido processo legal substancial* promove a proteção dos direitos fundamentais contra ação não razoável e arbitrária, mediante a verificação da legitimidade do exercício do poder.

Parte considerável da doutrina e da jurisprudência brasileira faz uma leitura exagerada do conteúdo processual do princípio do devido processo legal, atribuindo a ele uma garantia absoluta à forma. Como ressalta Dinamarco, porém, a cláusula *due process of law* "deve ser vista sem alucinações e sem a tendência a apresentá-la como impositiva de um irracional culto à forma".[483]

Além disso, não se deve perder de vista que a cláusula *due process of law* foi importada do direito anglo-saxão (integrante da família jurídica da *common law*), que possui como principal fonte do direito o *star decis* (precedente judicial), e não a lei em sentido estrito. Sua tradução literal, por isso, gera deformação no exame de seu conteúdo, uma vez que o vocábulo *legal*, "na *common law*, à evidência, não se identifica com o conceito da expressão da *civil law*".[484]

A correta compreensão do princípio do devido processo legal, portanto, reclama adequação da importação da expressão *due process of law*, de modo que seu conteúdo deva compreender o respeito ao sistema constitucional, às demais fontes do direito e à cultura social[485] e represente um modelo de obediência aos princípios de justiça.[486] "Daí ser adequado designá-lo de devido processo constitucional ou devido processo da ordem jurídica do Estado Democrático de Direito".[487]

4.15.3. Direitos fundamentais

Os direitos fundamentais não dependem da edição de leis concretizadoras[488] (CF, 5º, § 1º)[489] e "constituem o elemento central de quase todas as constituições do

---

483 DINAMARCO, Cândido Rangel. *Nova era do processo civil*. São Paulo: Malheiros, 2003. p. 14.

484 PORTO, Sérgio Gilberto; USTÁRROZ, Daniel. *Manual dos recursos cíveis*. Porto Alegre: Livraria do Advogado, 2007. p. 120.

485 Daniel Mitidiero assevera que "a fórmula mínima do devido processo legal brasileiro está em garantir-se a inafastabilidade da jurisdição, o juiz natural, a paridade de armas, o contraditório, a ampla defesa, a publicidade, a motivação da sentença e a duração razoável. Fora daí, fere-se nosso perfil constitucional de processo, desprestigiando-se, pois, a dimensão objetiva dos direitos fundamentais encartados em nosso formalismo processual" (MITIDIERO, Daniel. *Elementos para uma teoria contemporânea do processo civil brasileiro*. Porto Alegre: Livraria do Advogado, 2005. p. 45).

486 "O devido processo legal, no surgimento do Estado Social Democrático de Direito, implementa-se com eficácia. Trata-se de um *processo justo*, sob pena de, apegado a fórmulas estanques e adstrito a formalidades exageradas, tornar-se inútil e, por ineficaz, injusto, o que o convolaria em inconstitucional" (FAVA, Marcos Neves. *Execução trabalhista efetiva*. São Paulo: LTr, 2009. p. 53-4).

487 PORTO, Sérgio Gilberto; USTÁRROZ, Daniel. *Manual dos recursos cíveis*. Porto Alegre: Livraria do Advogado, 2007. p. 120-1.

488 "Na Cata Magna, encontram-se os direitos mais valorizados pela sociedade e pelo próprio sistema. É a Constituição Federal que, através dos princípios, valores e direitos nela incorporados, fornece o ponto de partida para a interpretação e a argumentação jurídica. Hoje, sua força normativa permeia toda a ordem jurídica, circunstância que motiva análise de sua relação com todos os tradicionais ramos do direito, dentre os quais a ciência processual" (PORTO, Sérgio Gilberto; USTÁRROZ, Daniel. *Lições de direitos fundamentais no processo civil*. Porto Alegre: Livraria do Advogado, 2009. p. 11).

489 Apesar de ainda existir discussão na doutrina nacional e estrangeira sobre a aplicabilidade imediata dos direitos fundamentais, a redação do art. 5º, § 1º, da CF brasileira não deixa dúvidas ao estabelecer

século XX",[490] aos quais se deve adequar a interpretação da lei[491] (*princípio da supremacia da Constituição — supra n. 4.15.2*).[492] Como bem ressalta Mitidiero, a aplicabilidade plena e imediata dos direitos fundamentais, a interpretação conforme os direitos fundamentais e a vinculação do Estado e dos particulares aos direitos fundamentais "constitui aspecto que já não se pode mais ignorar no momento da aplicação do direito processual".[493] Em outras palavras: os direitos fundamentais revitalizam todas as normas que têm de ser interpretadas segundo o espírito constitucional.[494]

Efetividade e tempestividade do processo e segurança jurídica são direitos fundamentais (*supra, ns. 4.15.2.2 a 4.15.2.4*).[495] Nenhum deles, portanto, deve ser excluído

---

que 'as normas definidoras dos direitos e garantias fundamentais têm aplicação imediata'" (SPALDING, Alessandra Mendes. Direito fundamental à tutela jurisdicional tempestiva à luz do inciso LXXVIII do art. 5º da CF inserido pela EC n. 45/2004. In: WAMBIER, Teresa Arruda Alvim et al. (Coord.). *Reforma do judiciário*: primeiros ensaios críticos sobre a EC n. 45/2004. São Paulo: RT, 2005. p. 33).

490 CAPPELLETTI, Mauro. *Juízes legisladores?* Porto Alegre: Fabris, 1993. p. 62.

491 "Não são os direitos fundamentais que se movem no âmbito da lei, mas a lei que deve mover-se no âmbito dos direitos fundamentais" (MIRANDA, Jorge. *Manual de direito constitucional*. Coimbra: Coimbra, 1988. v. I, p. 282-3).
A Constituição é a lei suprema, "é o fundamento de validade de toda a ordem jurídica" (BARROSO, Luís Roberto. *Interpretação e aplicação da Constituição*. 7. ed. São Paulo: Saraiva, 2009. p. 61).
O juiz pode e deve examinar a compatibilidade da lei em face da CF no caso concreto, bem como realizar o controle da constitucionalidade: "i) declarando a sua inconstitucionalidade; ii) realizando uma interpretação conforme a Constituição — quando a lei, aplicada literalmente, conduz a um juízo de nulidade, mas oferece uma interpretação que é compatível com a Constituição; e iii) entendendo que certas interpretações são inconstitucionais e, a partir da lei constitucional, fazendo uma interpretação adequada ao caso concreto" (MARINONI, Luiz Guilherme. *Teoria geral do processo*. São Paulo: RT, 2006. p. 60).

492 A Constituição situa-se no vértice de todo o sistema legal. Goza, pois de superioridade jurídica em relação às outras leis, que não poderão ter existência legítima se com ela contrastarem (*princípio da supremacia da Constituição*). Ao entrar em vigor nova Constituição, então, toda a legislação infraconstitucional com ela incompatível restará ab-rogada, conservando eficácia, unicamente, as normas compatíveis (*princípio da continuidade da ordem jurídica*). "A continuidade da ordem jurídica se dá através de um processo ao qual a doutrina costuma referir-se como *recepção*" (BARROSO, Luís Roberto. *Interpretação e aplicação da Constituição*. 7. ed. São Paulo: Saraiva, 2009. p. 72). As normas "comuns ao velho e ao novo ordenamento pertencem apenas *materialmente* ao primeiro; *formalmente*, são todas normas do novo, no sentido de que elas são válidas não mais com base na norma fundamental do velho ordenamento, mas com base na norma fundamental do novo. Nesse sentido falamos de recepção, e não pura e simplesmente de permanência do velho no novo. A recepção é um ato jurídico com o qual o ordenamento acolhe e torna suas normas de outro ordenamento, onde tais normas permanecem materialmente iguais, mas não são mais as mesmas com respeito à forma" (BOBBIO, Norberto. *Teoria do ordenamento jurídico*. Brasília: UnB, 1989. p. 177).

493 MITIDIERO, Daniel. *Colaboração no processo civil*. São Paulo: RT, 2009. p. 44.

494 "As normas consagradoras de direitos fundamentais afirmam valores, os quais incidem sobre a totalidade do ordenamento jurídico e servem para iluminar as tarefas dos órgãos judiciários, legislativos e executivos. Nesse sentido, é possível dizer que tais normas implicam em uma valoração de ordem objetiva. A norma de direito fundamental, independentemente da possibilidade de sua subjetivação, sempre contém valoração. O valor nela contido, revelado de modo objetivo, espraia-se necessariamente sobre a compreensão e a atuação do ordenamento jurídico. Atribui-se aos direitos fundamentais, assim, uma eficácia irradiante" (MARINONI, Luiz Guilherme. *Técnica processual e tutela dos direitos*. São Paulo: RT, 2004. p. 167-8).

495 Chama-se "a atenção para os direitos fundamentais do jurisdicionado, que formam um verdadeiro modelo principiológico processual, de macrocompreensão do sistema, eis que representam primados

na busca de resultados justos. Nenhum deles, igualmente, merece culto fetichista:[496] "não à prevalência de um único valor e de um único princípio, mas à salvaguarda de todos, ao mesmo tempo".[497] Vale lembrar, então, o alerta de Paulo Bonavides: "princípios que compõem um sistema jurídico-democrático, tais como a liberdade e a igualdade, têm que ser postos conjuntamente, em relação dialética com a realidade, num debate de compromisso, em busca da solução mais adequada, evitando-se construções unilaterais ou unidimensionais, que importem o sacrifício de um princípio em proveito do outro".[498]

A aplicação dos princípios constitucionais deve ser ponderada com os valores de cada caso.[499] "Muitas vezes é preciso sacrificar a pureza de um princípio, como meio de oferecer tutela jurisdicional efetiva e suficientemente pronta, ou tempestiva; muitas vezes, também, é preciso ler uma garantia constitucional à luz de outra, ou outras, sob pena de conduzir o processo e os direitos por rumos indesejáveis".[500]

Por isso asseverei que a segurança jurídica tem de ser flexibilizada em favor da efetividade e da tempestividade do processo. Aquela, então, ficaria reduzida às garantias processuais e materiais indispensáveis (contraditório, igualdade formal e material das partes, etc.) à defesa do direito material. Afinal, "giusto è il processo che si svolge nel rispetto dei parametri fissati dalle norme costituzinele e dei valori condivisi dalla collettività".[501]

---

constitucionais incidentes em todos os ramos processuais especializados" (PORTO, Sérgio Gilberto; USTÁROZ, Daniel. *Lições de direitos fundamentais no processo civil*. Porto Alegre: Livraria do Advogado, 2009. p. 12).

496 A teoria dos direitos e garantias fundamentais é, segundo conclusões de Robert Alexy, uma teoria de princípios, como teoria de valores, os quais não podem ser rigidamente hierarquizados, uma vez que assumem configurações e importâncias que variam de acordo com as peculiaridades dos casos concretos. Pode-se estabelecer, porém, uma relação abstrata de prioridade *prima facie* entre os princípios. Tal prioridade, entretanto, não é rígida (mas flexível), pois o princípio que ostenta prioridade *prima facie* poderá ceder (ou ser deslocado) diante de princípio oposto. É que o móvel que caracteriza a relação de prioridade *prima facie* é a força argumentativa prévia que alguns princípios possuem em seu favor (como, por exemplo, os princípios da liberdade e da igualdade jurídica). Assim, para que um princípio possa se sobrepor ao que ostenta prioridade *prima facie* deverá haver uma argumentação mais robusta do que aquela que justifica a prioridade.

497 "(...) non la prevalenza di un solo valore e di un solo principio, ma la salvaguardia di tanti, contemporaneamente" (ZAGREBELSKI, Gustavo. *Diritto mitte*. Torino: Einauldi, 1992. p. 14).

498 BONAVIDES, Paulo. *Curso de direito constitucional*. 20. ed. São Paulo: Malheiros, 2007. p. 132.

499 Nas "causas mais complexas, em que ambos os litigantes possuem direitos fundamentais processuais dignos de tutela, o princípio da proporcionalidade e a exigência de motivação representam duas garantias para o cidadão. O primeiro, por representar uma técnica harmonizadora dos direitos, a ser utilizado quando eles se encontram em rota de colisão. A segunda decorre (...) da essência do Estado Democrático de Direito" (PORTO, Sérgio Gilberto; USTÁROZ, Daniel. *Lições de direitos fundamentais no processo civil*. Porto Alegre: Livraria do Advogado, 2009. p. 36).

500 DINAMARCO, Cândido Rangel. *Nova era do processo civil*. São Paulo: Malheiros, 2003. p. 13-4.

501 TROCKER, Nicolò. Il nuovo articulo 111 della costituzione e il 'giusto processo' in materia civil: profili generale. In: *Rivista Trimestrali di Diritto Processuale Civile*, Milano, ano LV, v. 2, giugno/2001, p. 386.

Capítulo 5
Processo do Trabalho Contemporâneo

5.1. Noções gerais

O curso do tempo, a reconfiguração de valores e as novas necessidades da vida, entre outros fatores, exigem *reafirmação* e *ênfase*, *adaptação* e *releitura* quanto ao sentido, alcance e conteúdo de certas regras e princípios do direito processual do trabalho, a fim de que recebam os impactos da realidade, guardando, assim, atualidade e eficiência.[502]

A adaptação do direito processual do trabalho ao presente momento histórico não impõe ampla reforma da legislação.[503] As normas existentes oferecem uma abertura tal que permitem mantê-lo atualizado aos novos tempos pela simples mudança do pensamento e das atitudes. Basta rejeitar uma das patologias crônicas existentes: a aplicação das normas legais automática e acriticamente, como se a vida e as relações entre as pessoas nunca inovassem.

Atento a isso, e com vistas à efetividade e tempestividade do processo como valores agasalhados pela Constituição Federal, passo a abordar, neste capítulo, alguns temas que julgo importantes. Como a modificação legislativa não é de todo prescindível

---

502 Segundo Mauro Cappelletti, apenas uma nova cultura que absorva novos valores será capaz de acender o pavio de uma revolução na educação jurídica: "è stato giustamente detto che tutti i piu grandi sviluppi della civilità hanno prodotto una propria forma di educazione giuridica; e che riformare l'educazione giuridica implica una riforma della cultura e dei valori" (CAPPELLETTI, Mauro. *Dimensioni della giustizia nelle società contemporanee* — studi di diritto giudiziario comparto. Bolonha: Il Mulino, 1994. p. 133).

503 A mudança de rumo nem sempre exige grandes mudanças de atitudes. Mudanças simples, às vezes, mudam completamente as coisas. João Gaspar Rodrigues menciona que a Roma antiga (ainda quando não havia o império romano) venceu Cartago nas chamadas guerras púnicas (264 a 146 a.C.) mudando o modo de agir. Roma e Cartago disputavam a hegemonia do mar mediterrâneo. Cartago, porém, era praticamente imbatível no mar, pois possuía *quinquerremes*, que eram espécies de navios com 5 ordens de remos capazes de abalroar e quebrar os remos dos outros navios. Como os romanos não possuíam navios com o mesmo poder ofensivo, nem tampouco navegadores experimentados, mudaram a tática de abordagem do inimigo: "ao invés de confiarem no abalroamento ou no despedaçar dos remos do adversário (o que exigiria maior arte de navegação do que a que possuíam), decidiram abordar o inimigo contruindo para esse fim em seus navios uma espécie de longa ponte móvel, suspensa a um mastro por uma polia e armada de ganchos e espigões de ferro na extremidade" (RODRIGUES, João Gaspar. *O perfil moral e intelectual do juiz brasileiro*. Porto Alegre: Fabris, 2007. p. 68).

contemplarei, no capítulo seguinte, a necessária atualização legal das normas que regem o processo trabalho.

5.2. Abertura do processo do trabalho

A ciência do direito processual é uma só. A divisão que se faz entre direito processual penal e civil e suas ramificações possui caráter pragmático, tendo em conta a disciplina das técnicas processuais e a especialidade da jurisdição.

Não obstante reconheça a existência de entendimentos contrários (Ramiro Podetti, Luigi de Litala, Jorge Pinheiro Castelo, Jorge Luiz Souto Maior), integro a corrente (dualista) dos que sustentam a autonomia do direito processual do trabalho (Américo Plá Rodriguez, Geraldo Salazar, Wagner Giglio), uma vez que suas regras são especiais, sua doutrina é homogênea, possui princípios (ainda que alguns sejam comuns à teoria do direito processual) e particularidades próprias (princípios da finalidade social, da normatização coletiva) e opera com um ordenamento jurídico igualador (princípio da proteção),[504] tendo em vista o conflito que constitui seu objeto.[505]

Tais fatores formam um corpo, um sistema com características próprias que, embora não o isole (uma vez que há institutos fundamentais comuns a todos os ramos do direito processual), torna-o adequado aos seus objetivos.[506] E essa autonomia, como não poderia deixar de ser, conduz "naturalmente à especialização da justiça do trabalho".[507]

Embora autônomo, o direito processual do trabalho (regido que é pela CLT e por leis esparsas: *v. g.*, Leis ns. 5.584/1970, 7.701/1988 e 8.177/1991) não constitui um reino

---

504 "Se o processo objetiva tornar efetivo o direito material, o resultado da ação processual deve corresponder exatamente àquilo que se verificaria se a ação de direito material (= o agir) pudesse ser realizada" (MARINONI, Luiz Guilherme. *Novas linhas do processo civil*. São Paulo: Malheiros, 1996. p. 115).

505 "La tutela del trabajador, junto a una vertiente material o sustantiva, tendría así una vertiente procesal, inseparable, podría decirse, de la anterior. Y si las normas laborales sustantivas se encaminan a tutelar al trabajador, las normas procesales no pueden permanecer por completo ajenas a ese objetivo. El trabajador necesita no sólo que, atendiendo a su situación de desigualdad económica y jurídica, el ordenamiento le reconozca determinados derechos; necesita igualmente, y con la misma intensidad y, si cabe mayor premura, normas procesales que le permitan actuar aquellos derechos en caso de no reconocimiento y vulneración empresarial de los mismos" (ESCARTIN, Ignacio Garcia Perrote. *La prueba en el proceso de trabajo*. Madrid: Civitas, 1994. p. 78).

506 "Un nuevo derecho procesal, extraño a todos los principios tradicionales, sin exceptuar uno solo de ellos, ha debido surgir para establecer mediante una nueva desigualdad, la igualdad perdida por la distinta condición que tienen en el orden económico de la vida, los que ponen su trabajo como sustancia del contrato, y los que se sirven de él para la satisfacción de sus intereses" (COUTURE, Eduardo. J. *Estudios de derecho procesal civil*. Buenos Aires: Depalma, 1998. t. III, p. 288).

507 RODRIGUEZ, Américo Plá. *Los conflictos del trabajo*. Necesidad de crear para ellos una justicia especializada — ponencia aprobada en la 2ª Conferencia Nacional de Abogados, Salto, setiembre de 1947. Montevideo, Revista de Derecho Laboral, t. XVII, set./1947, p. 201.

independente. Vale-se, por conta disso, subsidiariamente e de modo condicionado, das regras do direito processual comum (CLT, 769)[508] e da execução fiscal (CLT, 889).[509]

Diz-se:

a) *subsidiariamente*, porque as regras do *direito processual civil comum* e da *execução fiscal* são fontes formais secundárias do processo do trabalho;

A referência a *direito processual comum*, como fonte (subsidiária) do direito processual do trabalho, sempre foi interpretada como sinônimo de Código de Processo Civil. Tal interpretação, apesar de assegurar certa previsibilidade de normas regentes do processo do trabalho, é excessivamente redutiva.

Creio, por isso, que a literalidade da expressão *direito processual comum* se afigura mais consentânea com o momento atual. Digo isso não pelo gosto pela literalidade (rejeitada muitas vezes neste texto), mas porque é de largueza tamanha que autoriza a utilização de toda e qualquer regra processual que permita a tramitação efetiva e tempestiva do processo.

b) *de aplicação condicionada*, porque a incidência das regras do direito processual civil comum e da execução fiscal está subordinada à: (i) existência de omissão de regulamentação específica pelas normas processuais trabalhistas; (ii) existência de compatibilidade com a ordem jurídica processual trabalhista; e (iii) inexistência de afronta aos princípios do processo do trabalho.

Enquanto a *compatibilidade com a ordem jurídica processual trabalhista* e a *inexistência de afronta aos princípios do processo do trabalho* são aferidos subjetivamente, encontrando largo espaço para a atuação da doutrina e da jurisprudência, a *omissão de regulamentação específica* toma contorno objetivo, estreitando, assim, o leito de sua

---

508 CPC, 769. Nos casos omissos, o direito processual comum será fonte subsidiária do direito processual do trabalho, exceto naquilo em que for incompatível com as normas deste Título.
O art. 769 da CLT deriva do art. 39 do Decreto-lei n. 1.237, de 12-5-1939 (O direito processual comum será fonte subsidiária do direito processual do trabalho, salvo naquilo em que for incompatível com as normas deste decreto-lei), então regulamentado pelo art. 69 do Decreto n. 6.596, de 12-12-1940 (Nos casos omissos, o direito processual comum será fonte subsidiária do direito processual do Trabalho, exceto naquilo em que for incompatível com as normas deste regulamento).

509 CLT, 889. Aos trâmites e incidentes do processo da execução são aplicáveis, naquilo em que não contravierem ao presente Título, os preceitos que regem o processo dos executivos fiscais para a cobrança judicial da dívida ativa da Fazenda Pública Federal.
O art. 889 da CLT deriva do art. 71 do Decreto-lei n. 1.237, de 12-5-1939 (Nos trâmites e incidentes do processos de execução são aplicáveis naquilo em que não contravierem ao presente decreto-lei os preceitos que regem o processo dos executivos fiscais para a cobrança judicial da dívida ativa da Fazenda Pública), então regulamentado pelo art. 196 do Decreto n. 6.596, de 12-12-1940 (Aos trâmites incidentes do processo de execução são aplicáveis, naquilo que não contravierem ao presente regulamento, os preceitos que regem o processo dos executivos fiscais para a cobrança judicial da dívida ativa da Fazenda Pública Federal).
LEF, 1º. A execução judicial para cobrança da Dívida Ativa da União, dos Estados, do Distrito Federal, dos Municípios e respectivas autarquias será regida por esta Lei e, subsidiariamente, pelo Código de Processo Civil.

verificação. A abordagem sob os prismas histórico e teleológico desse requisito, porém, oferece solução adequada para esse problema.

As normas da CLT que impedem a aplicação primária do direito processual comum estão diretamente ligadas ao momento histórico da sua edição. Em 1943, quando editada a CLT, vigia o CPC de 1939. A execução fiscal, por sua vez, era regida pelo Decreto-lei n. 960/1938. Como a CLT previa regras processuais simplificadas e mais avançadas, tomou-se a precaução de impedir a aplicação primária do CPC e da LEF. Os arts. 769 e 889 da CLT, então, funcionavam como regras de contenção. Evitava-se, com isso, que as regras processuais comuns e da execução fiscal ingressassem no processo do trabalho, sobrepondo-se a este, que era reconhecidamente regido por normas menos complexas. Em outras palavras, pretendeu-se evitar que normas deficitárias, extremamente complexas e orientadas ao formalismo, interferissem no curso de um processo que se pretendia fosse simples e ágil.

Passadas várias décadas da edição da CLT, porém, muita coisa mudou. Novas leis processuais civis comuns foram editadas para vigerem à margem do CPC. O CPC de 1939 foi substituído pelo CPC de 1973, que atualmente possui uma gama muito grande de artigos inseridos e alterados ao longo do tempo, com o escopo de mantê-lo atualizado. A execução fiscal também sofreu mudanças. Primeiro, deixou de ser regida pelo Decreto-lei n. 960/1938, uma vez que o CPC de 1973 o revogou expressamente. Em 1980, porém, editou-se a Lei n. 6.830, que novamente estabeleceu regras especiais para a execução fiscal e é o texto normativo hoje vigente (com pequenas modificações).

Enquanto as regras processuais comuns foram sendo editadas e modificadas rumo à efetividade e tempestividade, as regras da CLT mantiveram-se inalteradas, ou, quando modificadas, o foram sem grande expressão (*supra, n. 1.1*). O legislador, inexplicavelmente, mostrou-se omisso diante da realidade de um sistema processual que exige modificações profundas e permanentes para reger as relações do mundo atual.

Essa lacuna na história evolutiva da legislação processual trabalhista deve, então, ser suprida com criatividade pelo aplicador da lei. É desoladora a visão daqueles que adotam comportamento passivo, limitando-se a apenas lamentar a ausência de normas.[510] As regras de contenção (CLT, 769 e 889) devem ser aplicadas com o mesmo espírito justificador de sua existência. Ou seja: deve-se impedir que as regras processuais comuns e especiais da execução fiscal ingressem no processo do trabalho, sobrepondo-se a este, *somente* quando se mostrarem deficitárias.[511]

---

510 Não "se pode supor que, diante da omissão do legislador, o juiz nada possa fazer. Isso por uma razão simples: o direito fundamental à efetividade da tutela jurisdicional não se volta apenas contra o legislador, mas também se dirige contra o Estado-Juiz. Por isso, é absurdo pensar que o juiz deixa de ter dever de tutelar de forma efetiva os direitos somente porque o legislador deixou de editar uma norma processual mais explícita" (MARINONI, Luiz Guilherme. *Técnica processual e tutela dos direitos*. São Paulo: RT, 2004. p. 224).

511 Esse é, também, o pensamento de Jorge Luiz Souto Maior. Diz ele: "se o princípio é o da melhoria contínua da prestação jurisdicional, não se pode usar o argumento de que há previsão a respeito na CLT, como forma de rechaçar algum avanço que tenha havido nesse sentido no processo comum, sob

Isso permitirá um adequado grau de flexibilização relativamente ao requisito da omissão, de modo que os avanços e melhorias da legislação processual comum sejam aproveitadas no processo do trabalho sempre que se apresentem condizentes com um processo tempestivo e de resultados úteis.[512]

Essa assertiva não é totalmente inovadora. A jurisprudência já atua no sentido de sobrepor algumas regras processuais comuns às trabalhistas sempre que aquelas se

---

pena de negar a própria intenção do legislador ao fixar critérios de aplicação subsidiária do processo civil. Notoriamente, o que se pretendeu (daí o aspecto teleológico da questão) foi impedir que a irrefletida e irrestrita aplicação das normas do processo civil evitasse a maior efetividade da prestação jurisdicional trabalhista que se buscava com a criação de um procedimento próprio na CLT (mais célere, mais simples, mais acessível). Trata-se, portanto, de uma regra de proteção que se justifica historicamente. Não se pode, por óbvio, usar a regra de proteção do sistema como óbice ao seu avanço" (SOUTO MAIOR, Jorge Luiz. Reflexos das alterações do Código de Processo Civil no processo do trabalho. In: *Revista LTr*, São Paulo, v. 70-8/920-1).

No mesmo sentido, Wolney de Macedo Cordeiro. Segundo ele, sendo "objetivo da regulação processual da CLT criar um sistema eficaz e dinâmico para o processo laboral, não é razoável impedir a aplicação das normas de direito comum que atinjam esse objetivo perseguido" (CORDEIRO, Wolney de Macedo. Da releitura do método de aplicação subsidiária das normas de direito processual comum ao processo do trabalho. In: CHAVES, Luciano Athayde (Coord.). *Direito processual do trabalho* — reforma e efetividade. São Paulo: LTr, 2007. p. 34).

Marcos Neves Fava, na mesma esteira, ensina que o art. 769 da CLT teve histórica e ideologicamente a finalidade de estabelecer uma cláusula de barreira com escopo de impedir a invasão dos complexos regramentos do processo comum. "Eis, pois, o motivo de restrição: proteger o então novel sistema processual trabalhista da contaminação formalística das regras processuais comuns. (...) Se veio, no entanto, para preservar aquilo que era melhor no sistema recém-criado, a cláusula de proteção não pode ser evocada para significar prejuízo exatamente para o mesmo modelo. Para proteger, não para prejudicar, veio a norma do art. 769 da Consolidação das Leis do Trabalho" (FAVA, Marcos Neves. *Execução trabalhista efetiva*. São Paulo: LTr, 2009. p. 58).

O Enunciado n. 66 (1ª Jornada de Direito Material e Processual do Trabalho) enuncia o seguinte: Diante do atual estágio de desenvolvimento do processo comum e da necessidade de se conferir aplicabilidade à garantia constitucional da duração razoável do processo, os arts. 769 e 889 da CLT comportam interpretação conforme a Constituição Federal, permitindo a aplicação de normas processuais mais adequadas à efetivação do direito. Aplicação dos princípios da instrumentalidade, efetividade e não retrocesso social.

512 As lacunas (ou omissões) podem ser classificadas da seguinte maneira: 1) *lacuna normativa* — não há regra para uma determinada situação específica. Essa modalidade de lacuna pode ser: a) *suprível* — nesse caso, a ausência de norma decorre de um defeito (esquecimento) do legislador (se por ele pensada, seria prevista expressamente). A lacuna normativa suprível, por sua vez, pode ser uma: (i) *lacuna patente* — nesse caso, não há regra alguma para um determinada hipótese, embora, segundo a sua própria teleologia, devesse conter. As técnicas de supressão dessa lacuna são a jurisprudência, a analogia, a interpretação extensiva, a equidade, os princípios gerais do direito, os usos e costumes, o direito comparado (ex.: aplicação do art. 72 da CLT aos digitadores); (ii) *lacuna oculta* — nesse caso, uma regra legal, contra o seu sentido literal, mas de acordo com o seu sentido teleológico, deveria conter uma restrição que não está expressa no seu texto (a regra é demasiadamente ampla). A necessidade da restrição, então, se justifica para dar tratamento desigual ao que é desigual. A técnica de supressão dessa lacuna é a integração por redução teleológica (ex.: responsabilidade pelas custas ao exequente, e não ao executado, na hipótese de acolhimento dos embargos de primeira e segunda fase, apesar da literalidade do art. 789-A, V, da CLT); b) *lacuna não suprível* (silêncio eloquente) — é a omissão é proposital. Aparece naquelas hipóteses do '*ao contrário*' (ex.: rol dos suspeitos de depor como testemunha); 2) *lacuna não normativa* — há regra para uma determinada situação específica, mas ela não deve ser aplicada. São modalidades de lacuna não normativa a: a) *lacuna ontológica* — a regra existente não corresponde mais aos fatos sociais (perdeu eficácia pelo envelhecimento); b) *lacuna ideológica (axiológica)* — a regra existente não é mais satisfatória ou justa, diante de sua comparação com o desejável.

mostrarem mais efetivas, mesmo não havendo omissão nas leis processuais trabalhistas. Veja-se, por exemplo, que, entre outras, apesar de haver regra específica acerca: (i) da exigência de prestação de compromisso pelo perito (CLT, 827),[513] utiliza-se a regra do art. 422 do CPC[514] que a dispensa; (ii) da remessa necessária (Decreto-lei n. 779/1969, 1º, V),[515] utilizam-se as disposições do art. 475 do CPC (Súmula TST n. 303);[516] (iii) dos embargos de declaração (CLT, 897-A),[517] utilizam-se as disposições do art. 535 do CPC;[518] (iv) das matérias passíveis de alegação em embargos do executado (CLT, 884, § 1º),[519] utilizam-se as disposições do art. 475-L do CPC;[520] (v) das regras e

---

513 CLT, 827. O juiz ou presidente poderá arguir os peritos compromissados ou os técnicos, e rubricará, para ser junto ao processo, o laudo que os primeiros tiverem apresentado.

514 CPC, 422. O perito cumprirá escrupulosamente o encargo que lhe foi cometido, independentemente de termo de compromisso. Os assistentes técnicos são de confiança da parte, não sujeitos a impedimento ou suspeição.

515 DL n. 779/1969, 1º Nos processos perante a Justiça do Trabalho constituem privilégio da União Federal, dos Estados, do Distrito Federal, dos Municípios e das autarquias ou fundações de direito público federais, estaduais ou municipais que não explorem atividades econômicas:
V – o recurso ordinário *ex officio* das decisões que lhe sejam total ou parcialmente contrárias;

516 Súmula TST n. 303. Fazenda Pública. Duplo grau de jurisdição.
I – Em dissídio individual, está sujeita ao duplo grau de jurisdição, mesmo na vigência da CF/1988, decisão contrária à Fazenda Pública, salvo:
a) quando a condenação não ultrapassar o valor correspondente a 60 (sessenta) salários mínimos;
b) quando a decisão estiver em consonância com decisão plenária do Supremo Tribunal Federal ou com súmula ou orientação jurisprudencial do Tribunal Superior do Trabalho.
II – Em ação rescisória, a decisão proferida pelo juízo de primeiro grau está sujeita ao duplo grau de jurisdição obrigatório quando desfavorável ao ente público, exceto nas hipóteses das alíneas *a* e *b* do inciso anterior.
III – Em mandado de segurança, somente cabe remessa *ex officio* se, na relação processual, figurar pessoa jurídica de direito público como parte prejudicada pela concessão da ordem. Tal situação não ocorre na hipótese de figurar no feito como impetrante e terceiro interessado pessoa de direito privado, ressalvada a hipótese de matéria administrativa.

517 CLT, 897-A. Caberão embargos de declaração da sentença ou acórdão, no prazo de cinco dias, devendo seu julgamento ocorrer na primeira audiência ou sessão subsequente a sua apresentação, registrado na certidão, admitido efeito modificativo da decisão nos casos de omissão e contradição no julgado e manifesto equívoco no exame dos pressupostos extrínsecos do recurso.

518 EMBARGOS DE DECLARAÇÃO. OMISSÃO. INEXISTÊNCIA. Não se evidencia no acórdão embargado omissão ou mesmo contradição quando das razões de embargos de declaração se infere a demonstração de inconformismo da parte com a decisão, o que não se confunde com os pressupostos de cabimento dos embargos de declaração inscritos nos arts. 535 do CPC e 897-A da CLT. Embargos de declaração desprovidos (TST-ED-E-RR-1422-2003-041-01-40-8, SBDI-1, Rel. Min. Luiz Philippe Vieira de Mello Filho, DJU 21-11-2008).

519 CLT, 884, § 1º A matéria de defesa será restrita às alegações de cumprimento da decisão ou do acordo, quitação ou prescrição da dívida.

520 MANDADO DE SEGURANÇA (...). A jurisprudência sedimentada desta Corte, consubstanciada na Orientação Jurisprudencial n. 92 desta c. 2ª Subseção Especializada em Dissídios Individuais, tem reiteradas vezes reputado incabível o mandado de segurança quando a impetrante dispõe de meio processual apto à impugnação do ato coator. Na hipótese, cabíveis seriam os embargos à execução, para se pleitear a desconstituição da penhora efetuada, em sede de execução definitiva, sobre créditos da executada junto a terceiro, a teor dos arts. 884 da CLT, 736, 739, § 1º, e 741 do CPC (...) (TST-ROMS-746048-2001.5, SBDI-2, Rel. Min. Renato de Lacerda Paiva, DJU 11-11-2005).

limites da execução provisória (CLT, 899),[521] utilizam-se as disposições do art. 475-O do CPC;[522] (vi) das hipóteses em que a testemunha deixará de prestar compromisso, valendo seu depoimento como simples informação (CLT, 829),[523] utilizam-se as disposições do art. 405 do CPC;[524] (vii) do momento adequado à avaliação dos bens penhorados (CLT, 886, § 2º),[525] utilizam-se as disposições do art. 13 da LEF;[526] (viii) para definir a competência na execução por carta precatória (LEF, 20),[527] utilizam-se as disposições do art. 747 do CPC;[528] (ix) dos mecanismos expropriatórios de bens (CLT, 888),[529] utilizam-se, também, dos mecanismos previstos no art. 647 do CPC.[530]

---

521 CLT, 899. Os recursos serão interpostos por simples petição e terão efeito meramente devolutivo, salvo as exceções previstas neste Título, permitida a execução provisória até a penhora.

522 AGRAVO DE INSTRUMENTO. (...). Não viola o art. 5º, inciso LIV, da Constituição da República, decisão mediante a qual se dá a aplicação, no processo do trabalho, do art. 475-O, § 2º, inciso II, do Código de Processo Civil, visto que manifesta sua compatibilidade com os dispositivos que regem a execução no processo do trabalho. Agravo de Instrumento a que se nega provimento (TST-AIRR-2161-2006-138-03-41-3, 1ª T., Rel. Min. Lelio Bentes Corrêa, DJU 17-4-2009).

523 CLT, 829. A testemunha que for parente até o terceiro grau civil, amigo íntimo ou inimigo de qualquer das partes, não prestará compromisso, e seu depoimento valerá como simples informação.

524 AGRAVO DE INSTRUMENTO (...). 2. O interesse na causa não se presume. Ao alegar tal circunstância há que se provar o real interesse no litígio, nos termos do inc. IV, do § 2º do art. 405 do CPC, o que não foi feito, no caso. Ressalte-se, ainda, que o direito de ação é constitucionalmente assegurado, não cabendo ao judiciário impor-lhe restrições. Assim, o indeferimento da contradita à testemunha não acarreta qualquer óbice à consideração dos depoimentos destas, não havendo que se falar em cerceio de defesa (TST-AIRR-98697-2003-900-04-00-3, 7ª T., Rel. Min. Guilherme Augusto Caputo Bastos, DJU 26-9-2008).

525 CLT, 886, § 2º Julgada subsistente a penhora, o juiz, ou presidente, mandará proceder logo à avaliação dos bens penhorados.

526 LEF, 13. O termo ou auto de penhora conterá, também, a avaliação dos bens penhorados, efetuada por quem o lavrar.

527 LEF, 20. Na execução por carta, os embargos do executado serão oferecidos no juízo deprecado, que os remeterá ao juízo deprecante, para instrução e julgamento.
Parágrafo único. Quando os embargos tiverem por objeto vícios ou irregularidades de atos do próprio juízo deprecado, caber-lhe-á unicamente o julgamento dessa matéria.

528 CONFLITO NEGATIVO DE COMPETÊNCIA (...). Na hipótese, trata-se de embargos à penhora em que, sob a alegação de se tratar de bens de família, discute-se a impenhorabilidade dos bens imóveis indicados pelo juízo deprecante e objeto de constrição pelo juízo deprecado. Ocorre que, em face da certidão expedida pelo Sr. Oficial de Justiça, informando a impossibilidade de efetivação da penhora, por se tratar os imóveis de residência do executado, o juízo deprecado afastou o óbice apontado, por entender não se tratar de bem de família, e determinou o prosseguimento do feito, com a penhora dos imóveis. Diante desse quadro, a competência para julgamento dos embargos é do juízo deprecado, na forma da jurisprudência desta Corte (Súmula n. 419) e do art. 747 do CPC, pois, a despeito da indicação dos bens — terrenos — a serem penhorados ter partido do juízo deprecante, os embargos versam sobre irregularidade da penhora praticada pelo juízo deprecado. Conflito de competência que se julga procedente (TST-CC-195898-2008-000-00-00-5, SBDI-2, Rel. Min. Alberto Luiz Bresciani de Fontan Pereira, DJU 03-10-2008).

529 CLT, 888 – Concluída a avaliação, dentro de dez dias, contados da data da nomeação do avaliador, seguir-se-á a arrematação, que será anunciada por edital afixado na sede do juízo ou tribunal e publicado no jornal local, se houver, com a antecedência de vinte (20) dias.

530 CPC, 647. A expropriação consiste:
I – na adjudicação em favor do exequente ou das pessoas indicadas no § 2º do art. 685-A desta Lei;
II – na alienação por iniciativa particular;
III – na alienação em hasta pública;
IV – no usufruto de bem móvel ou imóvel.

Anteriormente à modificação do art. 830 da CLT pela Lei n. 11.925/2009, que exigia que as cópias de documentos apresentadas em juízo teriam de ser autenticadas por servidor do juízo ou por notário para guardarem força probatória, utilizava-se o disposto no art. 544, § 1º, do CPC, que autorizava o advogado a autenticar as peças do processo para formação de agravo de instrumento (TST, IN n. 16/1999, item IX).

Daí por que o conteúdo jurídico do art. 769 da CLT não pertence ao pensamento lógico-matemático, mas ao pensamento da lógica do razoável, da razão vital e histórica.[531] Por isso, as perspectivas da literalidade da expressão *direito processual comum* e o escopo de *regra de contenção* atribuem elaticidade e autorizam, em busca de um processo efetivo e tempestivo, a utilização de alguns dispositivos legais como, por exemplo, do:

a) art. 2º do CPP, que regula aplicação da lei processual no tempo com adoção expressa do sistema do isolamento dos atos processuais;

Art. 2º A lei processual penal aplicar-se-á desde logo, sem prejuízo da validade dos atos realizados sob a vigência da lei anterior.

b) art. 212 do CPP, que regula o procedimento de formulação de perguntas às testemunhas;

Art. 212. As perguntas serão formuladas pelas partes diretamente à testemunha, não admitindo o juiz aquelas que puderem induzir a resposta, não tiverem relação com a causa ou importarem na repetição de outra já respondida.

Parágrafo único. Sobre os pontos não esclarecidos, o juiz poderá complementar a inquirição.

c) art. 52, VII, da Lei n. 9.099/1995, que permite ao juiz autorizar a expropriação (alienação) do bem penhorado pelo executado, exequente ou por terceira pessoa idônea;

---

531 Os conteúdos "(es decir, lo que las normas mandan, lo que prohiben y lo que permiten) no pertenecen al pensamiento regido por la lógica de tipo matemático, de lo racional, sino a otro campo de pensamiento que está regido por otro tipo de lógica, por la lógica de lo razonable, de lo humano o de la razón vital e histórica" (SICHES, Luis Recaséns. *Nueva filosofía de la interpretación del derecho*. 2. ed. México: Porrúa, 1973. p. 173). Quando se raciocina segundo a lógica tradicional (formal, matemática cartesiana) se calcula. Quando se utiliza o raciocínio do razoável (dialético) se argumenta, se delibera. Nos argumentos razoáveis, intervêm "observaciones y experiencias de realidades varias, de realidades humanas y de realidades no humanas; así como intervienen también juicios de valor, juicios estimativos derivados sobre fines, juicios estimativos sobre la bondad o no bondad de los medios, y juicios estimativos sobre la adequación, y también sobre la eficacia de los medios para conseguir la realización de los fines propuestos" (SICHES, Luis Recaséns. *Nueva filosofía de la interpretación del derecho*. 2. ed. México: Porrúa, 1973. p. 168). A razão para entender que uma determinada norma não é aplicável a determinado caso particular repousa no "hecho de que produciria sobre éste efectos divergentes de las valoraciones que inspiraron aquella norma, o de las que inspiran en general el orden jurídico positivo. (...) Todo lo expuesto en el presente capítulo lleva a la conclusión de que, en resumen, la única proposición válida que puede emitirse sobre la interpretación es la de que el Juez en todo caso debe interpretar la ley precisamente del modo que lleve a la conclusión más justa para resolver el problema que tenga planteado ante su jurisdicción. (...) El legislador se propone con sus leyes realizar de la mejor manera posible las exigencias de la justicia. Entonces, si el Juez trata de interpretar esas leyes de modo que el resultado de aplicarlas a los casos singulares aporte la realización del mayor grado de justicia, con esto no hace sino servir exactamente al mismo fin que se propuso el legislador (SICHES, Luis Recaséns. *Tratado general de filosofía del derecho*. 7. ed. México: Porrúa, 1981. p. 660).

Art. 52, VII – na alienação forçada dos bens, o Juiz poderá autorizar o devedor, o credor ou terceira pessoa idônea a tratar da alienação do bem penhorado, a qual se aperfeiçoará em juízo até a data fixada para a praça ou leilão. Sendo o preço inferior ao da avaliação, as partes serão ouvidas. Se o pagamento não for à vista, será oferecida caução idônea, nos casos de alienação de bem móvel, ou hipotecado o imóvel.

d) art. 4º da Lei n. 10.259/2001, que permite ao juiz, de ofício ou a requerimento das partes, deferir medidas cautelares no curso do processo, para evitar dano de difícil reparação;

Art. 4º. O Juiz poderá, de ofício ou a requerimento das partes, deferir medidas cautelares no curso do processo, para evitar dano de difícil reparação.

e) § 1º do art. 12 da Lei n. 10.259/2001, que estabelece que os honorários periciais devem ser antecipados mediante verba orçamentária do órgão judiciário;

§ 1º. Os honorários do técnico serão antecipados à conta de verba orçamentária do respectivo Tribunal e, quando vencida na causa a entidade pública, seu valor será incluído na ordem de pagamento a ser feita em favor do Tribunal.

f) art. 518, § 1º, do CPC, que privilegia os precedentes jurisprudenciais.

Art. 518, § 1º. O juiz não receberá o recurso de apelação quando a sentença estiver em conformidade com súmula do Superior Tribunal de Justiça ou do Supremo Tribunal Federal.

g) art. 475-J do CPC, que estabelece regras para o cumprimento voluntário da sentença.[532]

---

532 Aplica-se ao Direito Processual Trabalhista, por força da autorização prevista no art. 769 da CLT, o comando do art. 475-J do CPC, que estabelece multa no percentual de 10% caso o devedor condenado ao pagamento de quantia certa ou já fixada em liquidação, não o efetue, espontaneamente. Do exame das normas que regem o processo do trabalho depreende-se que o legislador ordinário silenciou quanto à presente matéria (...). A falta de previsão legal específica de penalidade por descumprimento espontâneo do título executivo judicial autoriza a incidência do art. 475-J do CPC nesta seara, pois não houve silêncio eloquente do legislador ordinário, de modo a concluir pela existência de regulação exaustiva da matéria pela legislação trabalhista e de inaplicabilidade desse preceito legal, nos termos do art. 769 da CLT. A legislação processual trabalhista sempre foi pioneira em mitigar as formalidades exorbitantes que outrora regiam e, em muitos casos, ainda regem o processo, simplificando procedimentos e desburocratizando o sistema processual, sempre tendo como mira a condição especial do trabalhador hipossuficiente e o caráter alimentar do direito debatido. A norma prevista no art. 475-J do CPC amolda-se, perfeitamente, ao processo do trabalho, notadamente ao impulso oficial, princípio que rege o processo do trabalho e que está presente na fase de execução, em que o art. 878 da CLT autoriza o início da execução de ofício pelo próprio juiz da causa. Mostra-se desarrazoado pensar que o legislador ordinário tenha, manifestamente, prescindido de um instrumento tão engenhoso e eficaz para o cumprimento espontâneo das decisões judiciais transitadas em julgado, como o previsto no aludido preceito legal, que contribuirá, de forma indelével, para assegurar a celeridade no cumprimento das decisões judiciais e a própria autoridade da prestação jurisdicional entregue à parte. A única conclusão razoável diante do exame do art. 883 da CLT é que houve mero esquecimento do legislador ordinário, ao deixar de prever penalidade específica para o devedor que não cumpre, espontaneamente, decisão judicial coberta pelo manto da coisa julgada. Esse, inclusive, tem sido o entendimento adotado pelo Tribunal Superior do Trabalho em hipóteses similares, como, v. g., no caso da multa por embargos de declaração protelatórios prevista no parágrafo único do art. 538 do CPC, plenamente aplicável ao processo do trabalho, não obstante a previsão legal específica no art. 897-A da CLT, que também silenciou quanto à aplicação de penalidade (TST-RR-135800-87.2006.5.13.0006, Red. Min. Luiz Philippe Vieira de Mello Filho, 04-12-2009).

Art. 475-J. Caso o devedor, condenado ao pagamento de quantia certa ou já fixada em liquidação, não o efetue no prazo de quinze dias, o montante da condenação será acrescido de multa no percentual de dez por cento e, a requerimento do credor e observado o disposto no art. 614, inciso II, desta Lei, expedir-se-á mandado de penhora e avaliação.

A preocupação em adotar esse pensamento que permite pinçar o que de mais útil há em outros sistemas, segundo os mais heterodoxos, está no fato de que essa mistura (essa mescla) torna o processo do trabalho impuro (uma colcha de retalhos), e isso lhe retira a segurança, a condição de ciência e a autonomia.[533]

Sobre a segurança jurídica, já teci as necessárias considerações (*supra*, n. 4.15.2.4). Sobre a natureza científica do direito processual do trabalho, vale dizer que a ciência que interessa ao homem do mundo real é a ciência útil, prática, que produza resultados concretos, eficazes e tempestivos na sua vida. A ciência meramente acadêmica, vazia, estéril, não interessa àqueles que têm pressa para gozar dos prazeres que a vida lhes proporciona. Os que buscam a justiça não têm interesse algum em saber se as regras de regência do direito processual têm natureza científica e se há autonomia. O processo

---

É perfeitamente aplicável no processo do trabalho a multa prevista no art. 475-J do CPC, em se tratando de execução definitiva. Isto porque, considerado o princípio da celeridade e efetividade na prestação jurisdicional (art. 5º, LXXVIII, da CF), o Direito Processual do Trabalho, atento a essa exigência constitucional, deve oferecer meios para a garantia da execução efetiva e rápida. Nessa interpretação, o art. 475-J do CPC se encaixa perfeitamente ao Processo do Trabalho, pois compatível com os princípios que regem a execução trabalhista. Também há de ser ressaltada a permissividade do art. 880 da CLT, no que diz respeito às cominações impostas na fase processual executória, e, portanto, o acréscimo pecuniário relativo à multa do art. 475-J do CPC poderá, inclusive, constar do mandado de citação, penhora e avaliação. Nesse quadro, é lógico admitir a existência de lacuna da lei em relação à mencionada multa, de forma a ser aplicável o art. 769 da CLT, no sentido de se adotar supletivamente o diploma processual civil na fase de execução trabalhista. Tal intelecção prestigia os princípios informadores do processo do trabalho, pois a coercitividade imposta ao devedor em cumprir o comando exaurido do título executivo é forma de proteção ao hipossuficiente que pretende ver adimplido crédito trabalhista, cuja natureza é eminentemente alimentar (TST-ED-RR-133641-37.2006.5.21.0011, Rel. Min. Mauricio Godinho Delgado, 4-9-2009).

533 Como acentual Estêvão Mallet, devido processo legal é, também o que permite "ao autor obter a satisfação efetiva de sua pretensão, quando seja ela pertinente". Daí por que processo "que não seja efetivo e eficiente, por mais que confira ao réu amplo direito de defesa, não se harmoniza, pois, com a garantia do art. 5º, incisos XXXV, LIV e LV, da Constituição". Assim, "assegurar a efetividade da decisão condenatória, com a adoção de procedimento mais eficaz para cumprimento do provimento que determina o pagamento de certa soma em dinheiro, caracteriza não a negação do devido processo legal, mas, pelo contrário, um de seus mais diretos e elementares desdobramentos. Disse-o, aliás, a Corte Europeia dos Direitos do Homem. Ao interpretar a garantia inscrita no art. 69, da Convenção Europeia dos Direitos do Homem, ressaltou a Corte, em importante pronunciamento, que o direito de acesso aos tribunais 'serait illusoire si l'ordre juridique interne d'un État contractant permettait qu'une décision judiciaire définitive et obligatoire reste inopérante au détriment d'une partie. En effet, on ne comprendrait pas que l'article 6 par. 1 (art. 6-1) décrive en détailles garanties de procédure — équité, publicité et célérité — accordées aux parties et qu'il ne protege pas la mise en oeuvre des décisions judiciaires; si cet article (art. 6-1) devait passer pour concerner exclusivement l'acces au juge et le déroulement de l'instance, cela risquerait de créer des situations incompatibles avec le principe de la prééminence du droit que les États contractants se sont engagés à respecter en ratifiant la Convention... L'exécution d'un jugement ou arrêt, de quelque juridiction que ce soit, doit donc être considérée comme faisant partie intégrante du 'proces' au sens de l'article 6 (art. 6)" (MALLET, Estêvão. *Direito, trabalho e processo em transformação*. São Paulo: LTr, 2005. p. 268-9).

do trabalho, devo repetir, não constitui um reino independente e está a serviço do direito material.[534]

5.3. Instrumentalidade

Muito se fala sobre a instrumentalidade do processo e pouco se age no sentido de alcançá-la, uma vez que seguir o pensamento da lógica-formal, além de ser mais sedutor, dificulta a mudança rumo ao novo. Até mesmo os cultores da instrumentalidade, às vezes, dão suas escorregadelas, tão impregnados que estamos, todos, do pensamento formal. Daí a necessidade de se reafirmar e enfatizar a instrumentalidade.[535]

O processo é constituído por uma série de atos interdependentes e sucessivos.[536] Tais atos são introduzidos no processo mediante determinada forma regulada pela

---

534 O "não cumprimento da decisão judicial ofende não apenas o direito da parte favorecida pelo provimento — o que já seria por si só grave, a reclamar o emprego de medidas enérgicas para alterar-se o quadro — como, ainda mais, agride a soberania do Poder Judiciário, o que não se pode de nenhuma forma tolerar. A autoridade que se sobrepõe a todas as outras é exatamente a das decisões do Poder Judiciário, como bem ressaltado na Constituição Portuguesa, ao enunciar princípio válido também em face do direito brasileiro. Por isso mesmo em muitos sistemas jurídicos o descumprimento das decisões dos tribunais, caracterizado como *contempt of courf*, dá margem não apenas à adoção de *medidas* de execução direta como, ainda mais, legitima a imposição de multa, por vezes bastante severa, ou até mesmo, em certos casos, a prisão dos responsáveis, como ocorreu com Martin Luther King, que se recusou a acatar decisão judicial que proibira sua participação em protesto coletivo. Assinalou a Suprema Corte dos Estados Unidos da América, ao enfrentar, em 1967, a questão: 'This Court cannot hold that the petitioners were constitutionally free to ignore all the procedures of the law and carry their battle to the *streets*. One may sympathize with the petitioners impatient commitment to their cause. But respect for judicial process is a small price to pay for the civilizing hand of law, which alone can give abiding meaning to constitutional freedom'" (MALLET, Estêvão. *Direito, trabalho e processo em transformação*. São Paulo: LTr, 2005. p. 270).
"Se a demora ou a protelação no cumprimento das decisões judiciais constitui sempre fato grave e inaceitável, torna-se ainda mais intolerável quando o que se pretende assegurar é a observância de obrigação trabalhista. O crédito devido ao empregado reveste-se de privilégio legal (CLT, art. 449, § 1º), o que não significa apenas atendimento com vantagem sobre outros créditos como, ainda, satisfação de modo mais célere, por conta de sua natureza alimentar. Se, consoante enfatiza Cappelletti, menor capacidade econômica significa também 'menor capacidad de resistencia y de espera', um processo do trabalho que não seja rápido na satisfação dos direitos do empregado torna-se logo inacessível. Força o trabalhador a conciliar-se em termos que, antes de significarem pacificação social, apenas ocultam a capitulação de quem é incapaz de aguardar durante largo tempo o cumprimento da decisão" (MALLET, Estêvão. *Direito, trabalho e processo em transformação*. São Paulo: LTr, 2005. p. 271).

535 Calmon de Passos é dos raros juristas que, elevando a níveis exagerados o significado da garantia do devido processo legal, negam a *instrumentalidade do processo*. O jurista baiano, descrente dos juízes deste planeta, crê ser a propalada instrumentalidade do processo responsável pela irresponsabilidade dos magistrados, a ponto de dizer que se trata de "arma na mão de sicários" (PASSOS, J. J. Calmon de. Instrumentalidade do processo e devido processo sobre o tema. In: CASTRO FIUZA, César Augusto de; FREIRE DE SÁ, Maria de Fátima; DIAS, Ronaldo Brêtas C. (Coords.). *Temas atuais de direito processual civil*. Belo Horizonte: Del Rey, 2001. p. 25).

536 Cada ato processual é pressuposto da situação jurídica seguinte. Vale dizer: cada ato dá origem ao ato subsequente. "Cada ato explica-se por uma situação processual que o precede. Ao ser praticado, ele faz nascer nova situação jurídica no processo, o que ensejará outro ato" (BEDAQUE, José Roberto dos Santos. *Efetividade do processo e técnica processual*. São Paulo: Malheiros, 2006. p. 37).

técnica processual.⁽⁵³⁷⁾ A importância desta, porém, está ligada ao fim visado por ato do processo,⁽⁵³⁸⁾ não tendo, por si só, valor algum.⁽⁵³⁹⁾ Não deve, por isso, ocupar o primeiro lugar das discussões que "contribui para o amesquinhamento da função jurisdicional, pois torna os juízes meros controladores das exigências formais, obscurecendo a atividade principal dessa atividade estatal — qual seja, o poder de restabelecer a ordem jurídica material, eliminar os litígios e manter a paz social".⁽⁵⁴⁰⁾

A instrumentalidade do processo corresponde:

a) à negação do processo como um valor em si.⁽⁵⁴¹⁾ O processo deve ser visto como um instrumento de força dotado de dialeticidade e ética, destinado a servir

---

537 "A técnica processual tem dois grandes objetivos: a) conferir segurança ao instrumento, no sentido de proporcionar absoluta igualdade de tratamento aos sujeitos parciais do processo, possibilitando-lhes influir substancialmente no resultado; b) garantir seja a tutela jurisdicional, na medida do possível, resposta idêntica à atuação espontânea do direito material, quer do ponto de vista da justiça da decisão, quer pelo ângulo da tempestividade" (BEDAQUE, José Roberto dos Santos. *Efetividade do processo e técnica processual*. São Paulo: Malheiros, 2006. p. 77-8).

538 A técnica processual "tem sua importância dimensionada pelos objetivos que a determinam" (BEDAQUE, José Roberto dos Santos. *Efetividade do processo e técnica processual*. São Paulo: Malheiros, 2006. p. 45). "É preciso enfatizar esse aspecto da técnica processual, para conscientizar todos os que utilizam do processo de que sua estrutura é concebida para possibilitar sejam atingidos determinados fins. Só para isso, nada mais. A existência do processo é justificada pelos escopos que ele visa alcançar, não pela forma de que se revestem seus atos. A observância da técnica, portanto, representa exigência inafastável do sistema apenas se imprescindível à consecução dos objetivos buscados. A legitimidade do processo reside na eliminação da crise de direito material com segurança e celeridade, não na forma adotada para que tal efeito se produza" (BEDAQUE, José Roberto dos Santos. *Efetividade do processo e técnica processual*. São Paulo: Malheiros, 2006. p. 61).

539 "O processo, de instrumento de realização do justo, converteu-se, à mercê de muitos fatores, em finalidade em si. Ninguém recusa o valor legitimante da forma. Em Direito, há de se saber postular. Todavia, desequilibrou-se o cotejo entre *segurança jurídica* e *fome de Justiça*. A forma foi privilegiada em detrimento da substância. Em outras palavras, não é incomum salvar-se o formalismo, ainda que se tenha certeza de que o resultado será injusto" (NALINI, José Renato. *A rebelião da toga*. 2. ed. Campinas: Millennium, 2008. p. 18).

540 BEDAQUE, José Roberto dos Santos. *Efetividade do processo e técnica processual*. São Paulo: Malheiros, 2006. p. 30.

541 A escola sistemática italiana, impregnada das bases teóricas do positivismo jurídico, tentando delinear os conceitos do direito processual civil para lhe conferir autonomia e dignidade científica, *exaltou o formalismo*. "A escola sistemática, mediante a chamada 'publicização' do processo civil, teve o mérito de esclarecer que por meio do processo se exprime a *autoridade do Estado*. Essa concepção levou ao abandono da ideia de que o processo seria um mero palco para os particulares resolverem os seus conflitos. Além disso, a ação, a partir daí, deixou de ser vista como *mero apêndice do direito material*, e passou a ser concebida como *direito autônomo de natureza pública*". Não é possível ignorar, ainda, "que a escola sistemática, em sua ânsia de redescobrir o valor do processo e de dar contornos científicos ao direito processual civil, acabou excedendo-se em sua missão. A intenção de depurar o processo civil de sua contaminação pelo direito substancial, a ele imposta pela tradição jurídica do século XIX, levou a doutrina chiovendiana a erguer as bases de um 'direito processual civil' completamente despreocupado com o direito material" (MARINONI, Luiz Guilherme. *Técnica processual e tutela dos direitos*. São Paulo: RT, 2004. p. 53-4).

à sociedade,⁽⁵⁴²⁾ e não como um mero instrumento técnico a serviço da ordem jurídica;⁽⁵⁴³⁾

b) à sua aptidão para cumprir integralmente toda a sua função soóciopolítico--jurídica,⁽⁵⁴⁴⁾ "atingindo em toda a sua plenitude todos os seus escopos institucionais".⁽⁵⁴⁵⁾

A lei processual, por isso, não pode ser interpretada e aplicada somente de acordo com os princípios de direito processual. Tem de ser interpretada e aplicada segundo uma operação de inserção de seu texto no imenso âmbito do direito (cumpre observar o direito em sua plenitude), a partir de uma visão empírica e tendo por base os preceitos fundamentais da ordem constitucional.⁽⁵⁴⁶⁾ O direito processual é o direito constitucional

---

542 "Como o Estado tem funções essenciais perante sua população, constituindo síntese de seus objetivos o *bem-comum*, e como a paz social é inerente ao bem-estar a que este deve necessariamente conduzir (tais são as premissas do *welfare State*), é hoje reconhecida a existência de uma íntima ligação entre o sistema do processo e o modo de vida da sociedade" (DINAMARCO, Cândido Rangel. *Instituições de direito processual civil*. São Paulo: Malheiros, 2001. v. I, p. 127).

543 O processo, que até a presente fase, chamada instrumentalista, "era examinado numa visão puramente introspectiva e visto costumeiramente como mero instrumento técnico predisposto à realização do direito material, passou a ser examinado em suas conotações deontológicas e teleológicas, aferindo-se os seus resultados, na vida prática, pela justiça que fosse capaz de fazer. E o processualista moderno, consciente dos níveis expressivos de desenvolvimento técnico-dogmático de sua ciência, deslocou seu ponto de vista, passando a ver o processo a partir de um ângulo externo, examinando-o em seus resultados junto aos *consumidores* da justiça" (GRINOVER, Ada Pellegrini. *O processo em evolução*. Rio de Janeiro: Forense Universitária, 1996. p. 6).

544 Sob a vertente social, o processo possui dois escopos: a) *educar*. O "exercício continuado e correto da jurisdição constitui elemento de valia, no sentido de educar as pessoas para o respeito a direitos alheios e para o exercício dos seus" (DINAMARCO, Cândido Rangel. *Instituições de direito processual civil*. São Paulo: Malheiros, 2001. v. I, p. 128-9); b) *pacificar*. Não basta simplesmente eliminar conflitos para se atingir o escopo de pacificar. Cumpre ao processo a missão de pacificar segundo critérios de justiça social, escopo esse perseguido não apenas pelo direito, mas por toda a sociedade.
A função política revela o processo como instrumento de que o Estado se serve para a consecução dos objetivos políticos ditados pela própria lei (com o que afirma o seu próprio poder e autoridade) e abre as portas para a efetiva participação dos cidadãos na administração da justiça. A estabilidade do próprio ordenamento jurídico constitui projeção positivada do poder estatal. "Generalizar o respeito à lei é propiciar a autoridade do próprio Estado, na mesma medida em que este se enfraquece quando se generalize a transgressão aos preceitos que estabeleceu ao legislar de modo genérico e abstrato" (DINAMARCO, Cândido Rangel. *Instituições de direito processual civil*. São Paulo: Malheiros, 2001. v. I, p. 130).
Sob a ótica jurídica, o processo exige a aplicação da lei. Afinal, é em busca da aplicação desta que as partes procuram o Judiciário. Contudo, deve oferecer mais do que a exclusiva aplicação da lei. Tem de garantir resultados jurídicos substanciais. Ou melhor, cumpre-lhe promover a plena realização da justiça por meio de resultados que atendam os reais objetivos eleitos pela sociedade política.

545 DINAMARCO, Cândido Rangel. *A instrumentalidade do processo*. 4. ed. São Paulo: Malheiros, 1994. p. 270.

546 O pensamento instrumentalista do processo e o repúdio à confinação teleológica do sistema processual, formulada nos moldes tradicionais que lhe reconhecem "somente algum objetivo perante a ordem jurídica, não significa que o processo não tenha responsabilidades nesse setor. Simplesmente afasta-se a exclusividade da sua visão jurídica, no reconhecimento de importantes escopos sociais e políticos do sistema. Ele é uma instituição jurídica e seria insensato excluir o seu exame no plano do direito e das demais instituições jurídicas da nação" (DINAMARCO, Cândido Rangel. *Instituições de direito processual civil*. São Paulo: Malheiros, 2001. v. I, p. 131).

aplicado, e essa perspectiva constitucional "veio a contribuir para afastar o processo do plano das construções conceituais e meramente técnicas e inseri-lo na realidade política e social".[547]

Cumpre ao aplicador da lei, então, para alcançar a instrumentalidade, dar primazia à relação jurídica material. "As questões maiores do processo são solucionadas com dados inerentes à relação da vida e ao direito substancial que a regula".[548] O valor justiça espelha a finalidade do processo. Tal valor está intimamente relacionado com a atuação concreta do direito material. E, se assim é, não se pode permitir que a lei processual estabeleça regulação que, por motivos puramente processuais, ponha em perigo, com risco até de eliminar, esse direito.[549]

Daí por que não se deve hesitar em promover as necessárias adaptações da lei formal,[550] relativizando-a se necessário.[551] O processo, como instrumento, "há de adaptar-se (a) ao sujeito que o maneja ('O cinzel do Aleijadinho, forçosamente, não se identificava como um cinzel comum'), (b) ao objeto sobre o qual atua ('Atuar sobre a madeira ou sobre a pedra exige instrumental diverso e adequado') e (c) ao fim almejado ('Trabalhar um bloco de granito para reduzi-lo a pedras de calçamento, ou para transformá-lo em obra de arte, reclama de igual modo adequada variedade de instrumentos')".[552]

Quanto mais consciência o aplicador do direito tiver "desse fenômeno, maiores serão as possibilidades de construção de mecanismos aptos a alcançar os escopos do processo".[553]

---

547 OLIVEIRA, Carlos Alberto Alvaro de. *O formalismo-valorativo no confronto com o formalismo excessivo*. Disponível em: <http://tex.pro.com.br> Acesso em: 6 maio 2009.

548 BEDAQUE, José Roberto do Santos. *Direito e processo*. 2. ed. São Paulo: Malheiros, 2001. p. 13.

549 O "processo, como técnica indiferente ao direito material, é fechado em si mesmo, e, portanto, algo inservível" (MARINONI, Luiz Guilherme. *Técnica processual e tutela dos direitos*. São Paulo: RT, 2004. p. 28).

550 É "preciso abandonar a ideia de que os atos processuais devem atender rigorosamente a determinada forma previamente estabelecida, não tendo o juiz poderes para flexibilizar os rigores da lei. O formalismo exagerado é incompatível com a visão social do processo. Não podemos olvidar que o Estado está comprometido com a correta solução das controvérsias, não com a forma do processo" (BEDAQUE, José Roberto do Santos. *Direito e processo*. 2. ed. São Paulo: Malheiros, 2001. p. 108).

551 "A partir do momento que se aceita a natureza instrumental do direito processual, torna-se imprescindível rever seus institutos fundamentais, a fim de adequá-los a essa nova visão. Isso porque toda a construção científica se deu na denominada fase autonomista, em que, devido à necessidade de afirmação da independência do direito processual, se valorizou demasiadamente a técnica. Passou-se a conceber o instrumento pelo próprio instrumento, sem a necessária preocupação com seus objetivos; que, obviamente, lhe são externos. Em nenhum momento pode o processualista esquecer de que as questões internas do processo devem ser solucionadas de modo a favorecer os resultados pretendidos, que são exteriores a ele" (BEDAQUE, José Roberto do Santos. *Direito e processo*. 2. ed. São Paulo: Malheiros, 2001. p. 13).

552 ZAVASCKI, Teori Albino. *Comentários ao Código de Processo Civil*. São Paulo: RT, 2000. v. 8, p. 371.

553 BEDAQUE, José Roberto do Santos. *Direito e processo*. 2. ed. São Paulo: Malheiros, 2001. p. 13.

5.4. Simplicidade

A simplicidade ora é utilizada como fundamento à rejeição do formalismo,[554] ora é injustificadamente abandonada para seguir-se a abstração e o rigor da técnica processual,[555] ferindo de morte a viabilidade de uma justiça eficiente e rápida.[556] Daí a necessidade de se reafirmar e enfatizar a simplicidade no processo.

O processo não se destina a atender o interesse das partes, mas o interesse "público da atuação da lei na composição dos conflitos. A aspiração de cada uma das partes é a de ter razão; a finalidade do processo é a de dar razão a quem efetivamente tem. Ora, dar razão a quem tem é, na realidade, não um interesse privado das partes, mas um interesse público de toda a sociedade".[557]

A noção de publicização do processo, aliada ao ritmo da vida moderna, não admite mais o direito intocável, endeusado, sacrilizado, reverente a ritualismos que lhe imprimem velocidade reduzida, formalismos paralisantes e asfixiantes burocracias que ostentam imensa capacidade de transformá-lo em mera ciência abstrata.[558]

Cumpre ao operador do direito, por isso, adotar postura atualizada para o seu tempo e avançar na aplicação criativa de procedimentos simplificados, ultrapassar ritualismos exagerados, desburocratizar e despersonalizar o processo,[559] com vistas à celeridade, economia e eficiência das decisões.

5.5. Cooperação

Apesar de haver expressa previsão legal (embora isso fosse desnecessário), doutrina e jurisprudência têm sido extremamente negligentes em relação ao princípio da cooperação. Daí a necessidade de reafirmá-lo e enfatizá-lo.

---

554 "RECURSO DE REVISTA (...). JULGAMENTO *EXTRA PETITA*. No Processo do Trabalho, os princípios da simplicidade e informalidade possuem especial relevo. Assim, nos termos do art. 840, § 1º, da CLT, para ajuizar a Reclamação Trabalhista, é suficiente o pedido e o resumo dos fatos que o ensejaram, requisitos preenchidos pela petição inicial, na espécie (...)" (TST-RR-1320-2006-101-17-00-2, 8ª T., Relª Min. Maria Cristina Irigoyen Peduzzi, DJU 28-11-2008).

555 Súmula TST n. 415. Exigindo o mandado de segurança prova documental pré-constituída, inaplicável se torna o art. 284 do CPC quando verificada, na petição inicial do *mandamus*, a ausência de documento indispensável ou de sua autenticação.

556 A Lei n. 9.099/1995 expressamente adota o princípio da simplicidade no art. 2º, *litteris*: "O processo orientar-se-á pelos critérios da oralidade, simplicidade, informalidade, economia processual e celeridade, buscando, sempre que possível, a conciliação ou a transação".

557 BUZAID, Alfredo. *Exposição de motivos do Código de Processo Civil de 1973*.

558 Não se pode aceitar "que formalismos, leis inadequadas ou procedimentos burocráticos levem à total falta de efetividade e resultados práticos" (HOFFMAN, Paulo. *Razoável duração do processo*. São Paulo: Quartier Latin, 2006. p. 39).

559 A jurisprudência do Superior Tribunal de Justiça mitigou o rigor técnico da norma e passou a admitir a arguição de incompetência relativa em preliminar de contestação, sob o argumento de que o defeito não passa de mera irregularidade, a ser convalidada com base no princípio da instrumentalidade (STJ-CC-86962/RO, 2ª S., Min. Humberto Gomes de Barros, DJU 3-3-2008. p. 1).

O princípio da cooperação[560] decorre de um princípio de convivência social denominado *princípio da igualdade dos cidadãos diante dos ônus da vida em sociedade*,[561] e impõe a colaboração (cooperação) dos sujeitos do processo e de terceiros, que devem agir (operar) juntamente com a Justiça do Trabalho,[562] auxiliando-a a prestar tutela

---

560 A origem do princípio da cooperação é atribuída ao direito alemão (GOUVEIA, Lucio Grassi de. O dever de cooperação dos juízes e tribunais com as partes — uma análise sob a ótica do direito comparado. In: *Revista da ESMAPE*, Recife, v. 5, n. 11, p. 248). Kooperationsprinzip (Alemanha); Príncipe de coopération (França); Principio de cooperación (Espanha); Principio di cooperazione (Itália); Cooperation Principle (EUA).

561 O equilíbrio da convivência pacífica em sociedade exige a cooperação mediante a observância de certas regras.

562 Percebida a importância e a necessidade de cooperação de todos para a realização dos escopos do processo, vários ordenamentos jurídicos passaram a discipliná-lo expressamente. Entre outros:
LEC-Espanha, 591. Deber de colaboración.
1. Todas las personas y entidades públicas y privadas están obligadas a prestar su colaboración en las actuaciones de ejecución y a entregar al tribunal cuantos documentos y datos tengan en su poder, sin más limitaciones que los que imponen el respeto a los derechos fundamentales o a los límites que, para casos determinados, expresamente impongan las leyes.
2. El tribunal, previa audiencia de los interesados, podrá, mediante providencia, imponer multas coercitivas periódicas a las personas y entidades que no presten la colaboración que el tribunal les haya requerido con arreglo al apartado anterior. En la aplicación de estos apremios, el tribunal tendrá en cuenta los criterios previstos en el apartado 3 del artículo 589.
3. Cuando, en aplicación de lo dispuesto en el apartado primero de este artículo, el tribunal recibiese datos ajenos a los fines de la ejecución, adoptará las medidas necesarias para garantizar la confidencialidad de aquéllos.
CPC-Portugal, 266º (Princípio da cooperação)
1. Na condução e intervenção no processo, devem os magistrados, os mandatários judiciais e as próprias partes cooperar entre si, concorrendo para se obter, com brevidade e eficácia, a justa composição do litígio.
2. O juiz pode, em qualquer altura do processo, ouvir as partes, seus representantes ou mandatários judiciais, convidando-os a fornecer os esclarecimentos sobre a matéria de facto ou de direito que se afigurem pertinentes e dando-se conhecimento à outra parte dos resultados da diligência.
3. As pessoas referidas no número anterior são obrigadas a comparecer sempre que para isso forem notificadas e a prestar os esclarecimentos que lhes forem pedidos, sem prejuízo do disposto no n. 3 do art. 519º.
4. Sempre que alguma das partes alegue justificadamente dificuldade séria em obter documento ou informação que condicione o eficaz exercício de faculdade ou o cumprimento de ónus ou dever processual, deve o juiz, sempre que possível, providenciar pela remoção do obstáculo.
CPC-Portugal, 266.º-A (Dever de boa-fé processual)
As partes devem agir de boa-fé e observar os deveres de cooperação resultantes do preceituado no artigo anterior.
CPC-Macau, 8º (Princípio da cooperação)
1. Na condução e intervenção no processo, devem os magistrados, os mandatários judiciais e as partes cooperar entre si, contribuindo para se obter, com brevidade e eficácia, a justa composição do litígio.
2. O juiz pode, em qualquer altura do processo, ouvir as partes, seus representantes ou mandatários judiciais, convidando-os a fornecer os esclarecimentos sobre a matéria de facto ou de direito que se afigurem pertinentes e dando conhecimento à outra parte dos resultados da diligência.
3. As pessoas referidas no número anterior são obrigadas a comparecer sempre que para isso forem notificadas e a prestar os esclarecimentos que lhes forem pedidos, sem prejuízo do disposto no n. 3 do art. 442º.
4. Sempre que alguma das partes alegue justificadamente dificuldade séria em obter documento ou informação que condicione o eficaz exercício de faculdade ou o cumprimento de ónus ou dever processual, deve o juiz, sempre que possível, providenciar pela remoção do obstáculo.

jurisdicional justa, tempestiva e eficaz, bem como a abster-se de qualquer atitude que impeça, dificulte ou embarace a sua ocorrência.[563]

Apesar de a cooperação ser característica da essência humana, o pensamento individualista a reprimiu (sendo manifestada por alguns unicamente nos momentos de grandes tragédias). Daí a razão de se tratá-la como dever processual, exigindo-se, pois, mudança de concepção psicológica. Vale reproduzir, então, as considerações lançadas na exposição de motivos que, ao introduzir o princípio da cooperação no CPC de Portugal, diz: "nesta sede se impõe a renovação de algumas mentalidades, o afastamento de alguns preconceitos, de algumas inusitadas e esotéricas manifestações de um já desajustado individualismo, para dar lugar a um espírito humilde e construtivo, sem desvirtuar, no entanto, o papel que cada agente judiciário tem no processo, idóneo a produzir o resultado que a todos interessa — cooperar com boa-fé numa sã administração da Justiça. Na verdade, sem a formação desta nova cultura judiciária, facilmente se poderá pôr em causa um dos aspectos mais significativos desta revisão, que se traduz numa visão participada do processo e não numa visão individualista, numa visão cooperante e não numa visão autoritária".

No processo do trabalho, o dever de cooperação[564] está expressamente previsto no art. 645 da CLT, que assim o estabelece: "O serviço da Justiça do Trabalho é relevante e obrigatório, ninguém dele podendo eximir-se, salvo motivo justificado".

5.5.1. Cooperação das partes

A ideia de cooperação sugere uma atuação ativa e leal das partes. Como sujeitos diretamente interessados no processo, as partes, então, devem cooperar. Essa cooperação pode ser exemplificada com os seguintes deveres:

a) cumprir com exatidão as ordens judiciais (CPC, 15, V);

b) praticar os atos que lhes forem determinados (CPC, 340, III);

c) não criar impedimentos, dificuldades ou embaraços ao cumprimento de ordens judiciais e à efetivação de provimentos judiciais (CPC, 15, V);

d) atuar com lealdade — jogo aberto, sem trapaça — e boa-fé — agir com sinceridade, sem maldade (CPC, 14);

---

563 A "ideia de cooperação além de implicar, sim, um juiz ativo, colocado no centro da controvérsia, importará (...) fortalecimento dos poderes das partes, por sua participação mais ativa e leal no processo de formação da decisão, em consonância com uma visão não autoritária do papel do juiz e mais contemporânea quanto à divisão do trabalho entre o órgão judicial e as partes. (...) Daí a necessidade de estabelecer-se o permanente concurso das atividades dos sujeitos processuais" (OLIVEIRA, Carlos Alberto Alvaro de. *Poderes do juiz e visão cooperativa do processo*. Disponível em: <http://www.mundojuridico.adv.br> Acesso em: 25 fev. 2009).

564 O princípio da cooperação surgiu pouco tempo antes (Decreto-lei n. 1.237/1939, 3º: O serviço da Justiça do Trabalho é relevante e obrigatório) de a Justiça do Trabalho ser reconhecida como órgão do Poder Judiciário (Decreto n. 6.596/1940, 3º: O Serviço da Justiça do Trabalho é relevante e obrigatório, ninguém dele podendo eximir-se salvo motivo justificado).

e) colaborar para a descoberta da verdade (CPC, 339);

f) comparecer em juízo para prestar esclarecimentos (CPC, 340, I);

g) submeter-se à inspeção judicial (CPC, 340, II);

h) relacionar detalhadamente os seus bens em atividade executiva e indicar precisamente onde se encontram, exibir a prova da propriedade e mencionar a existência de gravame (CPC, 600, IV; 652, § 3º; 656, § 1º).

O descumprimento do dever de cooperação das partes caracteriza a litigância de má-fé (CPC, 17). Sendo caso, ainda, de resistência injustificada no cumprimento de determinação judicial, poderá restar caracterizada, também, a prática de ato atentatório à dignidade da justiça (CPC, 600)[565] e ao exercício da jurisdição (CPC, 14, parágrafo único).[566] As sanções, uma vez tipificadas as mencionadas figuras processuais, são multa (CPC, 18; 14, parágrafo único e 601) e restrição de direitos,[567] independentemente de cobrança de eventual *astreinte* que haja sido fixada (CPC, 461, § 5º).

5.5.2. Cooperação de terceiros

Se a ninguém é dado se eximir de prestar serviço à Justiça do Trabalho (que é obrigatório), cumpre também aos terceiros cooperar. Essa cooperação pode ser exemplificada com as autorizações concedidas na legislação para que o juiz:

a) determine o cumprimento de provimentos mandamentais e a abstenção de embaraços à efetivação de provimentos judiciais (CPC, 15, V);

b) requisite às autoridades competentes a realização de atos e diligências necessárias ao esclarecimento dos litígios sob sua apreciação (CLT, 653, *a* e 680, *f*);

c) requisite documentos de pessoas naturais ou de direito privado (CPC, 362) e de pessoas de direito público (CPC, 399 e 434);

---

565 A ausência injustificada de indicação de bens pelo executado somente se caracteriza como ato atentatório à dignidade da justiça se forem localizados bens pelo exequente ou por quaisquer outros meios, como, v. g., pelas requisições de informações a órgãos públicos (CLT, 645 e 653, *a*; CPC, 399, 339 e 341) e particulares (CLT, 645; CPC, 339 e 341).

566 Conforme opina Dinamarco, atenta contra a dignidade da justiça e contra o exercício da jurisdição o devedor que oculta bens para que não sejam penhorados ou que simplesmente deixa de indicar onde se encontram (atitude de resistência passiva), legitimando, com tal comportamento, imposição cumulativa de multas, em favor do exequente (CPC, art. 601) e de outra, a ser recolhida aos cofres públicos (CPC, art. 14, parágrafo único) (DINAMARCO, Cândido Rangel. *A nova era do processo civil*. São Paulo: Malheiros, 2003. p. 294).

567 A ausência injustificada de indicação de bens pelo executado acarreta a declaração de indisponibilidade genérica de bens (presentes e futuros), com a imediata comunicação dessa declaração (ordem de bloqueio) ao ofício de registro público de imóveis, ao Banco Central do Brasil, à Comissão de Valores Mobiliários, ao DETRAN e às demais repartições que processem registros de transferência de bens (Lei n. 8.397/1992, 4º — aplicação analógica).

c) determine que pessoas compareçam em juízo para prestar esclarecimentos (CLT, 825, parágrafo único; CPC, 412, § 2º; 418, I) ou o façam por meio de ofício (CPC, 655-A);

d) requisite força policial (CPC, 445, III; 579 e 662).

O descumprimento do dever de cooperação pelos terceiros pode caracterizar infração administrativa (se praticada por servidor público ou militar) e crime de desobediência (CP, 330), além de tipificar ato atentatório ao exercício da jurisdição, este sancionado com multa (CPC, 14, parágrafo único), independentemente de cobrança de eventual *astreinte* que haja sido fixada (CPC, 461, § 5º).

5.5.3. Cooperação do juízo

O juiz não se exime de cooperar, uma vez que o serviço à Justiça do Trabalho também é obrigatório para ele. A noção publicista do processo[568] exige um juiz dinâmico, interessado, atuante, participativo, comprometido e inconformado com as inércias, omissões e resistências das partes e de terceiros, cabendo-lhe intervir diretamente na prática de atos necessários à efetivação do direito material.[569]

A atuação concreta do juiz não o transforma em sujeito parcial do processo. Juiz imparcial não significa juiz indiferente, insensível, inerte, mas juiz que dirige o processo sem interesse pessoal, juiz comprometido com os ideais de justiça, juiz que procede movido pela consciência de sua responsabilidade, juiz que dá ao caso o desfecho que corresponde ao que é justo (*supra, n. 4.9*).

Tendo o juiz de cooperar, deve, exemplificativamente:

a) permitir e instigar a atuação participativa das partes na busca da solução adequada ao litígio;

b) garantir uma igualdade substancial entre os litigantes (CPC, 125, I).[570] Atento ao acesso (substancial) à justiça, o juiz tem de atuar ativamente para assegurar a igualdade e equilibrar as forças dos litigantes. Nesse contexto, o juiz "seria parcial se assistisse inerte, como um espectador a um duelo, ao massacre de uma das partes, ou seja, se deixasse de interferir para tornar iguais partes que são desiguais";[571]

---

568 "Os estudos mais recentes estão voltados para a 'publicização' do processo civil, ainda que os interesses discutidos sejam privados" (BEDAQUE, José Roberto dos Santos. *Poderes instrutórios do juiz*. 3. ed. São Paulo: RT, 2001. p. 130).

569 O "processo deve ser estruturado de acordo com as necessidades do direito material, além de ter que ser compreendido, pelo juiz, *como instrumento capaz de dar proteção às situações carentes de tutela*. Nesse sentido, o juiz não pode se conformar com uma interpretação que aponte para a incapacidade de o processo atender ao direito material, pois isso seria o mesmo que negar valor ao direito fundamental à tutela jurisdicional efetiva, que espelha o dever de o Estado prestar a devida tutela jurisdicional" (MARINONI, Luiz Guilherme. *Técnica processual e tutela dos direitos*. São Paulo: RT, 2004. p. 28).

570 De acordo com o art. 8º da CF do Uruguai, "todas las personas son iguales ante la ley, no reconociendose outra distinción entre ellas sino la de los talentos o las virtudes".

571 WAMBIER, Teresa Arruda Alvim. *Anotações sobre o ônus da prova*. Disponível em: <http://www.abdcp.org.br> Acesso em: 25 fev. 2009.

c) observar a técnica unicamente dentro do necessário à garantia de defesa dos direitos das partes (*supra*, n. 5.3). Isso importa, também, em não criar situações "que impliquem verdadeira armadilha procedimental, fazendo o processo sucumbir a exigências meramente formais, distantes da verdadeira finalidade da lei e estabelecidas por meio de raciocínios elaborados para dar à norma sentido completamente diverso";[572]

d) declarar nulidades somente diante de prejuízo concreto ao direito de defesa da parte e, ainda assim, se não for possível saná-la (*supra*, n. 5.7);[573]

e) remover ou reduzir todos os obstáculos à prestação da tutela jurisdicional;

f) determinar a prática de atos (ou sua abstenção) e o comparecimento de pessoas e requisitar documentos necessários à realização do direito material;

g) manter permanente diálogo com as partes (dialeticidade) para esclarecer-se sobre os fatos e aplicar o direito, evitando, com isso, surpreendê-las com decisões inesperadas e que tenham por fundamento questões (de fato e de direito — ainda que de ordem pública)[574] não debatidas no processo.[575] "La justicia se

---

572 OLIVEIRA, Carlos Alberto Alvaro de. *O formalismo-valorativo no confronto com o formalismo excessivo.* Disponível em: <http://tex.pro.com.br> Acesso em: 6 maio 2009.

573 Não "há razão para decretar-se qualquer invalidade processual sem a demonstração do não preenchimento da finalidade do ato processual e sem a demonstração de prejuízo atendível aos interesses das partes" (MITIDIERO, Daniel. *Colaboração no processo civil.* São Paulo: RT, 2009. p. 151).

574 No direito italiano, o juiz tem o dever de indicar às partes as questões que pode conhecer de ofício, submetendo-as ao debate. Tal regra, segundo a doutrina, é extraída do art. 183, 3, do CPC:
CPC-Itália, 183. (Prima udienza di trattazione)
3. Il giudice richiede alle parti, sulla base dei fatti allegati, i chiarimenti necessari e indica le questioni rilevabili d'ufficio delle quali ritiene opportuna la trattazione.
Nesse sentido orientam-se, ainda, o:
CPC-França, 16:
Le juge doit, en toutes circonstances, faire observer et observer lui-même le principe de la contradiction.
Il ne peut retenir, dans sa décision, les moyens, les explications et les documents invoqués ou produits par les parties que si celles-ci ont été à même d'en débattre contradictoirement.
Il ne peut fonder sa décision sur les moyens de droit qu'il a relevés d'office sans avoir au préalable invité les parties à présenter leurs observations.
ZPO-Alemanha, § 139 (Materielle Prozessleitung):
(1) Das Gericht hat das Sach — und Streitverhältnis, soweit erforderlich, mit den Parteien nach der tatsächlichen und rechtlichen Seite zu erörtern und Fragen zu stellen. Es hat dahin zu wirken, dass die Parteien sich rechtzeitig und vollständig über alle erheblichen Tatsachen erklären, insbesondere ungenügende Angaben zu den geltend gemachten Tatsachen ergänzen, die Beweismittel bezeichnen und die sachdienlichen Anträge stellen.

575 As "partes têm o direito de se pronunciar também sobre a valoração jurídica da causa, tendo o juiz o dever de submeter ao diálogo a sua visão jurídica das questões postas em juízo, mesmo sobre aquelas questões que deve conhecer de ofício" (MITIDIERO, Daniel. *Colaboração no processo civil.* São Paulo: RT, 2009. p. 93). A ideia de cooperação exige o fortalecimento dos poderes das partes no processo de formação da decisão e de busca da satisfação do direito. "Daí a necessidade de estabelecer-se o permanente concurso das atividades dos sujeitos processuais, com ampla colaboração tanto na pesquisa dos fatos quanto na valorização jurídica da causa. Colaboração essa, acentue-se, vivificada por permanente diálogo, com a comunicação das ideias subministradas por cada um deles: juízos históricos e valorizações jurí-

sirve de la dialéctica, porque el principio de contradicción es el que permite, por confrontación de los opuestos, llegar a la verdad. El fluir eterno, decía Hegel, obedece a la dialéctica; se pone, se opone y se compone en un ciclo que presupone un comienzo y que sólo alcanza al fin. El todo y sus partes — dice el filósofo — se integran recíprocamente en el inmenso torbellino; fuera de él todo pierde impulso y vida. Nada es estable. Permanente es sólo el torbellino. Pero el debate por sí mismo no tiene sentido. El proceso, si, tiene una estructura dialéctica, es porque a merced de ella se procura la obtención de un fin. Toda idea de proceso es esencialmente teleológica, encuanto apunta hacia un fin. Procuremos, pues, complementar la idea meramente formal del debate forense y de su principio contradictorio, con la idea de finalidad. Una vez dada la respuesta que nos dice lo que es el proceso, debe enfrentarse la pregunta que consiste en saber cuál es su fin: para qué sirve". E o "proceso sirve para resolver un conflicto de intereses";[576]

h) manter postura ativa e aberta, a fim de esclarecer, advertir e alertar as partes sobre as situações, ônus e deveres no processo (ex.: esclarecer acerca do ônus da prova; advertir sobre as consequências de determinados atos e condutas; alertar para fatos ainda não elucidados ou não elucidados suficientemente);

i) tomar a iniciativa da prova (CLT, 765; CPC, 130),[577] sendo esse poder "exercitável até mesmo contra a vontade das partes".[578] O juiz deve "agir concomitantemente e em condições de igualdade em relação às partes: ordenar que se faça uma perícia, ouvir as partes, ouvir e reouvir testemunhas. Na atividade do juiz, tem-se a garantia de que estar-se-á buscando a verdade";[579]

j) inverter a distribuição estática do ônus da prova (diante das circunstâncias do caso concreto e após prévio contraditório) se assim lhe parecer adequado em juízo de ponderação (*infra, n. 5.12*). "A interferência do juiz na fase probatória, vista sob este ângulo, não o torna parcial. Ao contrário, pois tem a função de impedir que uma das partes venha a vencer o processo, não porque tenha o direito, que assevera ter, mas porque, por exemplo, é economicamente mais favorecida que a outra. A circunstância de uma das partes ser hipossuficiente pode levar a que não consiga demonstrar e provar o direito que efetivamente tem. E o processo foi concebido para declarar, *lato sensu*, o direito que uma das partes tenha, e não para retirar direitos de quem os tem ou dá-los a quem não os tem";[580]

---

dicas capazes de ser empregados convenientemente na decisão" (OLIVEIRA, Carlos Alberto Alvaro de. *O tormalismo-valorativo no confronto com o formalismo excessivo*. Disponível em: <http://tex.pro.com.br> Acesso em: 6 maio 2009).

576 COUTURE, Eduardo J. *Introducción al estudio del proceso civil*. 2. ed. Buenos Aires: Depalma, 1988. p. 54-5.

577 A "postura ativa do magistrado na produção da prova visa a um resultado justo" e "não deve ser alterar, mesmo diante de uma regra de inversão do ônus da prova" (BEDAQUE, José Roberto dos Santos. *Poderes instrutórios do juiz*. 3. ed. São Paulo: RT, 2001. p. 123 — em nota de rodapé).

578 RIGHI, Ivan Ordine. Os poderes do juiz. In: *Jurisprudência brasileira*. Curitiba: Juruá, 1993. v. 169, p. 44-5.

579 WAMBIER, Teresa Arruda Alvim. *Anotações sobre o ônus da prova*. Disponível em: <http://www.abdcp.org.br> Acesso em 25 fev. 2009.

580 Idem.

k) auxiliar o exequente na busca do patrimônio do executado,⁽⁵⁸¹⁾ inclusive mediante a expedição de ofícios a órgãos públicos e particulares, se necessário, com a quebra dos sigilos bancário e fiscal, uma vez que essa atuação ocorre no interesse da justiça (CTN, 198, parágrafo único).

---

581 LEC-Espanha, 589 (Manifestación de bienes del ejecutado).
1. Salvo que el ejecutante señale bienes cuyo embargo estime suficiente para el fin de la ejecución, el tribunal requerirá, mediante providencia, de oficio al ejecutado para que manifieste relacionadamente bienes y derechos suficientes para cubrir la cuantía de la ejecución, con expresión, en su caso, de cargas y gravámenes, así como, en el caso de inmuebles, si están ocupados, por qué personas y con qué título.
2. El requerimiento al ejecutado para la manifestación de sus bienes se hará con apercibimiento de las sanciones que pueden imponérsele, cuando menos por desobediencia grave, en caso de que no presente la relación de sus bienes, incluya en ella bienes que no sean suyos, excluya bienes propios susceptibles de embargo o no desvele las cargas y gravámenes que sobre ellos pesaren.
3. El tribunal podrá también, mediante providencia, imponer multas coercitivas periódicas al ejecutado que no respondiere debidamente al requerimiento a que se refiere el apartado anterior.
Para fijar la cuantía de las multas, se tendrá en cuenta la cantidad por la que se haya despachado ejecución, la resistencia a la presentación de la relación de bienes y la capacidad económica del requerido, pudiendo modificarse o dejarse sin efecto el apremio económico en atención a la ulterior conducta del requerido y a las alegaciones que pudiere efectuar para justificarse.
LEC-Espanha, 590 (Investigación judicial del patrimonio del ejecutado).
A instancias del ejecutante que no pudiere designar bienes del ejecutado suficientes para el fin de la ejecución, el tribunal acordará, por providencia, dirigirse a las entidades financieras, organismos y registros públicos y personas físicas y jurídicas que el ejecutante indique, para que faciliten la relación de bienes o derechos del ejecutado de los que tengan constancia. Al formular estas indicaciones, el ejecutante deberá expresar sucintamente las razones por las que estime que la entidad, organismo, registro o persona de que se trate dispone de información sobre el patrimonio del ejecutado.
El tribunal no reclamará datos de organismos y registros cuando el ejecutante pudiera obtenerlos por sí mismo, o a través de su procurador, debidamente facultado al efecto por su poderdante.
CPT-Macau, 83º (Nomeação de bens à penhora)
2. Sempre que o credor alegue, justificadamente, séria dificuldade na identificação ou localização de bens suficientes para pagar a dívida e as custas, mas esteja convencido de que existem, pode, dentro do prazo fixado no número anterior, requerer ao tribunal que proceda às diligências adequadas.
4. O tribunal procede oficiosamente às diligências a que se refere o n. 2 sempre que, tratando-se de direitos irrenunciáveis, o credor não fizer a nomeação de bens à penhora no prazo fixado; não sendo encontrados bens, determina-se o arquivamento do processo, sem prejuízo da renovação da instância logo que eles sejam conhecidos, se não tiver entretanto decorrido o prazo de prescrição do direito.
CPT-Portugal, 90º (Nomeação de bens à penhora)
1 – O autor tem o prazo de 10 dias, prorrogável pelo juiz, para apresentar a lista dos bens que nomeia à penhora.
2 – Sempre que o exequente justificadamente alegue séria dificuldade na identificação ou localização de bens suficientes para pagamento do crédito e das custas, mas esteja convencido da sua existência, pode, dentro do prazo fixado no número anterior, requerer ao tribunal que proceda à realização das diligências adequadas.
3 – O juiz ordena imediatamente a penhora dos bens nomeados, sem aguardar o resultado das diligências referidas no número anterior.
4 – Tratando-se de direitos irrenunciáveis, se o autor não fizer a nomeação de bens no prazo fixado, o tribunal, oficiosamente, observará o disposto no n. 2; se não forem encontrados bens, o processo é arquivado, sem prejuízo de se renovar a instância logo que sejam conhecidos, no caso de ainda não ter decorrido o prazo de prescrição.
5 – Tratando-se de direitos renunciáveis, se o autor não nomear bens à penhora ou não fizer uso da faculdade prevista no n. 2, o processo é arquivado e a instância só se renovará a requerimento do exequente se este nomear bens à penhora.
6 – Se a condenação se referir a direitos renunciáveis e a direitos irrenunciáveis, observa-se, quanto a uns e a outros, o disposto no n. 4.

O descumprimento do dever de cooperação pelo juiz revela apatia, indiferença e falta de compromisso com o resultado do processo, fruto de sua pobreza intelectual, que lhe subtrai completamente a noção da atividade jurisdicional e do que representa a jurisdição. "Não mais satisfaz a ideia do juiz inerte e neutro, alheio ao *dramma della competizione*. Essa neutralidade passiva, supostamente garantidora da imparcialidade, não corresponde aos anseios por uma justiça efetiva, que propicie exercício efetivo à ordem jurídica justa."[582]

5.6. Relativização dos pressupostos processuais e das condições da ação

Quem deduz uma pretensão em juízo deseja vê-la apreciada. Daí a razão de se dizer que a finalidade programada do processo é a prestação da tutela jurisdicional com satisfação do mérito (CPC, 269, I).[583]

Para alcançar essa finalidade, porém, devem-se cumprir certos requisitos (*pressupostos de admissibilidade do provimento jurisdicional*: *pressupostos processuais* e *condições da ação*). A ausência de quaisquer deles impede a emissão ou a prática de atos tendentes à solução da relação jurídico-material (CPC, 267).

Se o impedimento for considerado:

a) *definitivo*, abre-se uma crise vital do processo, que terá de ser extinto sem satisfação do mérito.[584] A jurisdição prestada, no caso, será incompleta (meramente formal) e implicará a frustração do objetivo do processo;[585]

b) *temporário*, a crise que emerge será menor, gerando a suspensão do processo por certo lapso temporal, a fim de ser sanada falha e, em certos casos, o encerramento do curso procedimental ou do processo.

A doutrina e a jurisprudência têm sido extremamente inflexíveis e rigorosas ao sustentarem a extinção do processo sem resolução do mérito (como regra absoluta),

---

582 BEDAQUE, José Roberto dos Santos. Os elementos objetivos da demanda examinados à luz do contraditório. In: CRUZ E TUCCI, José Rogério; BEDAQUE, José Roberto dos Santos (Coords.). *Causa de pedir e pedido no processo civil*. São Paulo: RT, 2002. p. 21.

583 Ter direito à tutela jurisdicional é mais do que simplesmente ter direito de ação. "Ter ação não é mais que ter em tese direito ao processo, à sua realização e à emissão de um provimento sobre a pretensão deduzida. E, como o direito de ação resta satisfeito ainda quando o julgamento da pretensão seja desfavorável ao demandante (...) ação como direito abstrato, sua satisfação não implica *sempre* a satisfação da pretensão trazida ao juiz nem produz necessariamente o amparo e melhoria inerentes à tutela jurisdicional. A sentença que julga improcedente a demanda atende ao direito *de ação* do autor, mas não lhe concede tutela alguma (e sim ao réu)" (DINAMARCO, Cândido Rangel. *Instituições de direito processual civil*. São Paulo: Malheiros, 2001. v. II, p. 614-5).

584 "Enquanto a extinção com julgamento de mérito é uma realização, a extinção sem julgá-lo é um fracasso — e daí a *crise*" (DINAMARCO, Cândido Rangel. *Instituições de direito processual civil*. São Paulo: Malheiros, 2001. v. III, p. 181).

585 A sentença, no caso, é unicamente "*sobre o processo* e não sobre a pretensão trazida do mundo exterior em busca de satisfação" (DINAMARCO, Cândido Rangel. *Instituições de direito processual civil*. São Paulo: Malheiros, 2001. v. III, p. 184).

sempre que se verificar a ausência de pressupostos processuais ou condições da ação.[586] Daí a necessidade de se tratar desse tema.

Pressupostos processuais são requisitos determinados pelo direito processual que, sem qualquer referência ao direito substancial, determinam a existência e validade do processo como relação jurídica (autônoma) de direito público.[587] Condições da ação, por sua vez, são requisitos que condicionam a atuação da jurisdição sobre uma pretensão de direito material, ao mesmo tempo em que fixam limites às demandas inviáveis, em atenção a razões éticas e econômicas.[588]

Pelas razões que justificam a existência de pressupostos processuais (determinar a existência e validade do processo) e das condições da ação (condicionar a atuação da jurisdição em atenção a razões éticas e econômicas), devem aqueles ser examinados no

---

586 Súmula TST n. 383, II. Inadmissível na fase recursal a regularização da representação processual, na forma do art. 13 do CPC, cuja aplicação se restringe ao Juízo de 1º grau.
TST-OJ-SBDI-2 n. 151. A procuração outorgada com poderes específicos para ajuizamento de reclamação trabalhista não autoriza a propositura de ação rescisória e mandado de segurança, bem como não se admite sua regularização quando verificado o defeito de representação processual na fase recursal, nos termos da Súmula n. 383, item II, do TST.
AUSÊNCIA DE PRESSUPOSTO (...). Não tendo a recorrida atendido o pressuposto processual de válida constituição e desenvolvimento regular do processo, consubstanciado na passagem pela Comissão de Conciliação Prévia, nem ter invocado o motivo — este indiscernível na alegada inconstitucionalidade da norma — pelo qual deixara de atender a determinação contida na norma consolidada, insuscetível de ser tangenciada pelo malogro da tentativa de conciliação, promovida pelo Juízo da Vara do Trabalho, pois do contrário a exigência legal se tornaria letra morta, impõe-se a extinção do processo sem resolução do mérito, na forma do art. 267, inciso IV do CPC. VI – Recurso provido (TST-RR-1025-2006-207-01-00-0, 4ª T., Rel. Min. Antônio José de Barros Levenhagen, DJU 28-11-2008).

587 Disse: a) *requisitos determinados pelo direito processual*, porque o "processo é uma relação jurídica autônoma, regulada por regras próprias, e o exame da concorrência desses pressupostos é feito exclusivamente à luz dessas regras e dos princípios processuais a que se subordinam" (GRECO, Leonardo. *O processo de execução*. Rio de Janeiro: Renovar, 2001. v. 2, p. 65); b) *sem qualquer referência ao direito substancial*, porque os pressupostos processuais são aferidos exclusivamente diante de fenômenos processuais, sendo-lhe estranha qualquer consideração a respeito do direito material; c) *determinam a existência e validade do processo*, porque essa é a finalidade dos pressupostos processuais: determinar a existência e validade da relação jurídica processual, a fim de permitir o exame do mérito; d) *como relação jurídica autônoma de direito público*, porque a essência do processo é de direito público.

588 Disse: a) *requisitos que condicionam a atuação da jurisdição*, porque sem preencher as condições da ação o interessado não assegura o direito ao exercício da função jurisdicional; b) *sobre uma pretensão de direito material*, porque as condições da ação não se referem ao processo ou ao mérito, mas à viabilidade de emissão de um juízo de mérito; c) *ao mesmo tempo em que fixam limites às demandas inviáveis*, porque é mediante o estabelecimento desse freio que se estabelece "o necessário equilíbrio entre o direito de amplo acesso à justiça e a garantia da eficácia concreta dos direitos dos cidadãos" (GRECO, Leonardo. *A teoria da ação no processo civil*. São Paulo: Dialética, 2003. p. 15); d) *em atenção a razões éticas e econômicas*, porque "não seria *eticamente legítimo* sujeitar o adversário aos vínculos de um processo e ao desconforto que ele causa, quando se antevê que a tutela jurisdicional pedida pelo autor não lhe será útil ou que, por afrontar certos preceitos superiores, jamais poderá ser concedida. Nem seria *economicamente legítimo* impor ao adversário despesas para se defender e ao Estado o desperdício de atividades, nessa situação. Tais são as fundamentais razões de fundo ético-econômico que autorizam os condicionamentos impostos pela lei ao direito de ação" (DINAMARCO, Cândido Rangel. *Instituições de direito processual civil*. São Paulo: Malheiros, 2001. v. II, p. 296).

início e no curso da demanda.[589] Após o processo percorrer todas as fases, encontrando-se apto à sentença, e desde que o contraditório tenha se desenvolvido normalmente, deve o juiz desconsiderar a ausência de pressupostos processuais (salvo os de existência e de validade negativos e a competência absoluta), bem como das condições da ação (salvo o interesse de agir sob a vertente adequação, desde que não haja possibilidade de aplicar a fungibilidade),[590] e julgar o mérito[591] (da causa ou do recurso).[592]

Como ressalta José Roberto dos Santos Bedaque, "não podem os requisitos de admissibilidade do exame do mérito impedir, de forma absoluta, seja atingido o escopo maior da atividade jurisdicional do Estado. A falta desses requisitos (pressupostos processuais e condições da ação) somente será óbice ao julgamento do mérito se inútil esse resultado ou se violado algum princípio maior que esteja à base da exigência formal".[593] Assim, "se para alcançar o resultado pretendido, sem renúncia à segurança, for necessário abrir mão dela, não se deve hesitar em fazê-lo".[594]

5.7. Relativização das nulidades processuais

Do sistema da legalidade das formas (CPC, 2º, *in fine*) decorre o *princípio da regularidade do procedimento* e a *teoria das nulidades*, que exigem a realização dos atos processuais na forma, tempo, lugar e prazos prescritos em lei, sob cominação de invalidade.

---

589 Toda extinção processual sem resolução do mérito deve ser precedida de debate. Embora a legislação infraconstitucional obrigue a bilateralidade da audiência unicamente nos casos em que o réu pede a extinção do processo (CPC, 327), deve ela ser estabelecida, igualmente, quando for imposta *ex officio*. Como ressalta Dinamarco, "o princípio do *contraditório*, em sua feição moderna, inclui exigência de um *diálogo* do juiz com as partes nessa situação", sendo que é no trinômio *dirigir-provar-dialogar* que "reside a fórmula sintética do *ativismo judicial* inerente ao perfil moderno do juiz responsável" (DINAMARCO, Cândido Rangel. *Instituições de direito processual civil*. São Paulo: Malheiros, 2001. v. III, p. 183).

590 A extinção do processo sem resolução do mérito "constitui frustração dos objetivos da atividade jurisdicional. Nessa medida, os requisitos impostos pela técnica processual devem ser analisados em conformidade com os objetivos maiores do sistema. A exigência de pressupostos processuais e condições da ação tem sua razão de ser ligada à técnica processual, motivo pelo qual não deve ser considerada mais relevante que os próprios escopos do processo" (BEDAQUE, José Roberto dos Santos. *Efetividade do processo e técnica processual*. São Paulo: Malheiros, 2006. p. 162-3, nota 150).

591 A extinção sem resolução do mérito é solução excepcionalíssima e "só pode ser adotada se não houver alternativa, pois contraria o próprio fim do instrumento. Esta é a premissa fundamental do processualista consciente do papel desempenhado pelo objeto de seu estudo" (BEDAQUE, José Roberto dos Santos. *Efetividade do processo e técnica processual*. São Paulo: Malheiros, 2006. p. 57).

592 "*Utilidade da tutela jurisdicional* e *instrumentalidade das formas* são os parâmetros em função dos quais deve ser examinada a ausência de requisitos técnicos impostos pelo sistema como prévios ao exame do mérito" (BEDAQUE, José Roberto dos Santos. *Efetividade do processo e técnica processual*. São Paulo: Malheiros, 2006. p. 162). Assim, "se a invalidade do ato for constatada apenas ao final, o juiz pode renunciar à técnica processual, para julgar o mérito" (BRASIL JÚNIOR, Samuel Meira. *Justiça, direito e processo*. São Paulo: Atlas, 2007. p. 30).

593 BEDAQUE, José Roberto dos Santos. *Efetividade do processo e técnica processual*. São Paulo: Malheiros, 2006. p. 162.

594 *Ibidem*, p. 165.

O rigor na aplicação desse sistema, porém, é minimizado. Tanto as regras da CLT quanto as do CPC revelam uma preocupação objetiva de evitar a declaração de nulidade, com previsão de regras moderadoras destas.[595] Apesar disso, é grande, ainda, o número de decisões judiciais anuladas pelo maior apego à forma que à substância. Daí a necessidade de se reafirmar e enfatizar as regras moderadoras das nulidades processuais.

O processo deve traduzir uma atividade jurisdicional concreta, substancial, útil. O caminhar adiante do processo não deve ser obstado, nem se deve permitir o regresso com a declaração de nulidade, sempre que for possível enquadrar a situação fática em pelo menos uma das seguintes regras:

a) *sempre que a lei prescrever determinada forma, sem cominação de nulidade, o juiz considerará válido o ato se, realizado de outro modo, lhe alcançar a finalidade* (princípio da instrumentalidade das formas processuais, também denominado de princípio da finalidade — CPC, 244).[596] A forma não possui valor intrínseco. Ela existe como instrumento para que se atinja a finalidade de cada ato. Atingida a finalidade, ainda que se tenha afastado do modelo legal, não haverá nulidade;

Apesar de ainda restar algumas vozes sustentando que o princípio da instrumentalidade das formas não é aplicável aos casos de nulidade absoluta (diante da presunção absoluta de que o ato não alcançará a sua finalidade se realizado em desconformidade com o modelo legal), o encaminhamento da melhor jurisprudência segue em sentido oposto, uma vez que sempre é possível investigar se foi alcançada a finalidade do ato.[597]

b) *só haverá nulidade diante de manifesto e concreto prejuízo às partes* (princípio da transcendência, também denominado de princípio do prejuízo, ou princípio da ausência de prejuízo — CLT, 794).[598] Somente o manifesto e concreto (não sendo

---

595 O CPC "disciplinou as invalidades processuais a fim de evitá-las, traduzindo bem o seu propósito político de salvar os processos e os atos que o compõem" (MITIDIERO, Daniel. *Colaboração no processo civil*. São Paulo: RT, 2009. p. 119).

596 CPC, 244. Quando a lei prescrever determinada forma, sem cominação de nulidade, o juiz considerará válido o ato se, realizado de outro modo, lhe alcançar a finalidade.

597 AGRAVO DE INSTRUMENTO (...). O art. 134, III, do CPC veda ao juiz que proferiu a sentença que exerça suas funções em segundo grau de jurisdição. No caso, a participação do magistrado na primeira instância apenas definiu o foro competente para julgar o feito, não dando assim razão para entender comprometida a sua isenção no julgamento do mérito da reclamação trabalhista. Assim, embora o juiz não devesse participar do julgamento em grau de recurso, releva-se a pretensa nulidade, por falta de prejuízo manifesto à parte recorrente. Malgrado o art. 134, III, refira-se a situação, em regra, de nulidade absoluta, a jurisprudência tem estendido a aplicação do princípio da instrumentalidade das formas a certas nulidades absolutas, quando inexistente o prejuízo à parte (arts. 154 e 244 do CPC). II – Nega-se provimento ao agravo, tendo em vista que os fundamentos do despacho denegatório do recurso de revista não foram desconstituídos (TST-AIRR-1369-2004-036-23-40-0, 4ª T., Rel. Min. Antônio José de Barros Levenhagen, DJU 14-9-2007).

598 CLT, 794. Nos processos sujeitos à apreciação da Justiça do Trabalho só haverá nulidade quando resultar dos atos inquinados manifesto prejuízo às partes litigantes.
Lei n. 9.099/1995, 13, § 1º. Não se pronunciará qualquer nulidade sem que tenha havido prejuízo.

suficiente mera potencialidade) prejuízo que revele entrave ao adequado exercício das faculdades processuais das partes justifica a declaração de nulidade (absoluta ou relativa). A "antiga máxima *pass de nullité sans grief* recorda que as nulidades não têm por finalidade satisfazer pruridos formais, senão emendar prejuízos efetivos que podem surgir do desvio dos métodos de debate cada vez que este desvio supõe restrição das garantias a que têm direito os litigantes";[599]

c) *as nulidades não serão declaradas senão mediante provocação das partes, as quais deverão argui-las à primeira vez em que tiverem de falar em audiência ou nos autos* (princípio da convalidação — CLT, 795).[600] Os atos processuais viciados são suscetíveis de convalidação se houver consentimento expresso ou tácito da parte. O consentimento expresso se dá pela expressa manifestação do interessado; o tácito, pela preclusão temporal. Dessa forma, verificada a nulidade, cabe à parte argui-la na primeira oportunidade que tiver para falar. Caso silencie, a nulidade ficará sanada pela preclusão;

d) *a nulidade não será pronunciada quando for arguida por quem lhe tiver dado causa* (princípio da proteção — CLT, 796, b).[601] Para a declaração da nulidade, é imprescindível que o denunciante não haja coadjuvado, com a sua conduta, para a tipificação do ato defeituoso. A nulidade não pode beneficiar quem concorreu para a invalidade do ato;

e) *a nulidade do ato não prejudicará senão os posteriores que dele dependam ou sejam consequência* (princípio do aproveitamento dos atos processuais — CLT, 798).[602] Os atos processuais devem ser considerados isoladamente. Daí por que o juiz tem de se preocupar "em salvar da anulação a maior parte possível da atividade desempenhada, esforçando-se por isolar os elementos do procedimento afetados pelo vício e desse modo conter a expansão deste, como se faz com os focos de uma epidemia".[603] Assim, a declaração de nulidade autoriza o máximo aproveitamento dos atos interdependentes indiretos ou não consequentes do ato nulo;

---

599 "La antigua máxima *'pas de nullité sans grief'* recuerda que las nulidades no tienen por finalidad satisfacer pruritos formales, sino enmendar los perjuicios efectivos que pudieran surgir de la desviación de los métodos de debate cada vez que esta desviación suponga restricción de las garantías a que tienen derecho los litigantes" (COUTURE, Eduardo Juan. *Fundamentos del derecho procesal civil*. 3. ed. Buenos Aires: Depalma, 1993. p. 390).

600 CLT, 795. As nulidades não serão declaradas senão mediante provocação das partes, as quais deverão argui-las à primeira vez em que tiverem de falar em audiência ou nos autos.

601 CLT, 796. A nulidade não será pronunciada:
b) quando arguida por quem lhe tiver dado causa.

602 CLT, 798. A nulidade do ato não prejudicará senão os posteriores que dele dependam ou sejam consequência.

603 LIEBMAN, Enrico Tullio. *Manual de direito processual civil*. 3. ed. São Paulo: Malheiros, 2005. v. I, p. 333; LIEBMAN, Enrico Tullio. *Manuale di diritto processuale civile*. 6. ed. Milano: Giuffrè, 2002. v. I, p. 235.

A falta de compreensão dessa regra e a inobservância da fragmentação substancial da sentença em capítulos[604] são causas de graves patologias no âmbito dos tribunais que, diante de recurso parcial (CPC, 505):[605]

(i) ao declararem a nulidade de certo ato, indevidamente expraiam essa nulidade para a integralidade da sentença (anulam a sentença). Com isso, na maioria das vezes, anulam capítulo que não possui nulidade (e em alguns casos até se encontra sob o manto da coisa julgada), tampouco é atingido pela nulidade de outro capítulo, uma vez que guarda autonomia e independência em relação a este. O capítulo não nulo é anulado, então, unicamente pela circunstância de ter sido reunido com o capítulo nulo na mesma sentença.[606] A declaração de nulidade, porém, deve atingir somente o capítulo nulo e os demais dele dependentes (nulidade parcial), e não a sentença integralmente. Note-se que o sistema legal não é avesso à declaração de nulidade parcial. Ao contrário, admite-a (CLT, 798; CPC, 248 e 475-O, § 1º);

(ii) declaram a nulidade integral da sentença que contém capítulos autônomos e independentes quando se constata que um deles (um dos pedidos) não foi julgado (sentença *citra petita*).[607] Não se deve, porém, anular "capítulos perfeitos, só pela *falta* de um outro capítulo autônomo".[608]

---

604 Quando se diz que a sentença é única (*princípio da unicidade da sentença*), faz-se referência à sua forma. Formalmente, ou seja, como ato jurídico integrante do procedimento, a sentença é incindível. Substancialmente, porém, a sentença comporta divisão, desde que possua mais de uma unidade (mais de um preceito imperativo). Há na sentença, então, "tantas decisões distintas, quantos forem os capítulos ali formalmente unidos e aglutinados num só ato processual" (MARQUES, José Frederico. *Manual de direito processual civil*. Campinas: Bookseller, 1997. v. III, p. 66). "Toda decisão contida em sentença é composta de partes entrelaçadas mas distintas entre si, chamadas *capítulos de sentença*. Conceituam-se estes como *as partes em que ideologicamente se decompõe o decisório de uma sentença ou acórdão, cada uma delas contendo o julgamento de uma pretensão distinta*" (DINAMARCO, Cândido Rangel. *Instituições de direito processual civil*. São Paulo: Malheiros, 2001. v. III, p. 663).

605 A sentença pode ser impugnada no todo ou em parte (CPC, 505). Diz-se que o recurso é: a) *integral* quando a impugnação é total; b) *parcial* quando a impugnação não é total.

606 Imagine-se, por exemplo, que o autor pediu o pagamento de adicional de insalubridade e de horas extras. Na sentença, ambos os pedidos foram indeferidos. O autor, então, interpôs recurso ordinário impugnando: a) os dois capítulos (CPC, 515, *caput*). Pediu a nulidade da sentença porque fora indeferida a prova pericial que constataria a insalubridade, bem como a reforma do capítulo relativo às horas extras. Se o órgão recursal declarar a nulidade, somente o capítulo que decidiu sobre o pedido de pagamento do adicional de insalubridade será fulminado pela anulação. O capítulo das horas extras, que dele não é dependente, resta a salvo e deve ser julgado; b) apenas o capítulo que julgou o pedido de adicional de insalubridade (CPC, 515, *caput*), mediante arguição de nulidade pelo indeferimento da prova pericial. Desse modo, o capítulo relativo às horas extras ficou acobertado pela coisa julgada formal e material (CPC, 467). Caso o tribunal declare a nulidade, esse julgamento não produzirá nenhum efeito sobre o capítulo das horas extras, sob pena de violação constitucional. Afinal, a decisão recursal não possui efeito rescisório.

607 Imagine-se, por exemplo, que o autor pediu o pagamento de horas extras e de indenização por danos morais. A sentença versou unicamente sobre o pedido de pagamento de horas extras. A denegação de justiça em razão do vício *citra petita*, no caso, não implica nulidade de toda sentença. Não há motivo algum para anular o capítulo relativo às horas extras.

608 DINAMARCO, Cândido Rangel. *Capítulos de sentença*. São Paulo: Malheiros, 2002. p. 90.

f) *a nulidade não será pronunciada quando for possível suprir-se a falta ou repetir-se o ato* (princípio da sanabilidade — CLT, 796, *a*).[609] Constatada a nulidade, absoluta ou relativa, e sendo possível saná-la com a realização ou renovação do ato, caberá ao órgão judiciário (ainda que de segundo grau — CPC, 515, § 4º) tomar as providências necessárias para isso, evitando, pois, declarar a invalidade.[610] Trata-se de um desdobramento dos princípios anteriores, em especial do princípio do aproveitamento dos atos processuais.

5.8. Primazia do mérito — jurisdição útil

A técnica que regula a prática de atos processuais tem por escopo ordenar e preparar o processo para que, por meio do provimento final (tutela jurisdicional), seja prestada a tutela jurisdicional do direito.[611] Assim como o processo, a técnica tem natureza instrumental. Está a serviço do direito material. Não obstante isso, são muitos os pronunciamentos judiciais que ignoram a primazia do mérito sobre a técnica. Daí a necessidade de se tratar desse tema.

Seria extremamente pobre, estéril e inoperante a garantia constitucional do direito de ação se não fosse interpretada como garantia de exame da pretensão de direito material. A técnica dotada de capacidade obstativa desse exame, portanto, deve ser examinada sem exagero, uma vez que a prestação jurisdicional tem de estar voltada à ocorrência de resultados exteriores, de resultados mais substantivos que procedimentais.[612]

Não se pode perder de vista que a técnica é instrumental e "todo instrumento, como tal, é meio; e todo meio só é tal e se legitima, em função dos fins a que se destina".[613] A técnica não passa de instrumento prático, elaborada e construída para permitir que se produzam certos efeitos na vida das pessoas (e não apenas do processo).[614] Por

---

609 CLT, 796. A nulidade não será pronunciada:
   a) quando for possível suprir-se a falta ou repetir-se o ato;

610 CPC da Provincia de Santiago del Estero – Argentina, art. 46º. El Tribunal, para evitar nulidades del procedimiento, deberá disponer de oficio las diligencias que estime necesarias. (...).

611 A sentença sempre presta a tutela jurisdicional (resposta da jurisdição ao direito de participação em juízo das partes), mas nem sempre presta a tutela do direito. Esta somente ocorre quando o pedido for julgado procedente. "A sentença que julga improcedente o pedido não presta tutela de direito material ao réu. Isso apenas poderia acontecer se o réu formulasse pedido de tutela do direito. Como ele apenas se defende, pleiteando a não concessão da tutela requerida pelo autor, não há como pensar que a sentença de improcedência lhe presta tutela ao direito material" (MARINONI, Luiz Guilherme. *Teoria geral do processo*. São Paulo: RT, 2006. p. 261).

612 Uma "justiça mais substantiva do que procedimental. Justiça preocupada mais com o presente e o futuro das relações sociais do que da crônica do passado. Juiz suficientemente apto a procurar a verdade do conflito e os elementos de uma solução justa no conjunto dos fatos significativos, e flexibilizar a rigidez das regras explícitas, toda vez que elas o impedirem dessa concretização" (NALINI, José Renato. *A rebelião da toga*. 2. ed. Campinas: Millennium, 2008. p. 339).

613 DINAMARCO, Cândido Rangel. *A instrumentalidade do processo*. 2. ed. São Paulo: RT. p. 206.

614 A garantia constitucional da ampla defesa e do contraditório, a instrumentalidade do processo e o acesso à Justiça, em detrimento do apego exagerado ao formalismo, autorizam a aplicação da melhor

isso, deixar de prover sobre o mérito por razões puramente técnicas (que não impedem o retorno da mesma pretensão em autos distintos) é operar no vazio, com injustificável desperdício de atividade jurisdicional.

Garantido o contraditório e não havendo prejuízo ao direito de defesa, cumpre ao juiz, então, desconsiderar as regras puramente técnicas, evitar as decisões epidérmicas (meramente processuais) e dar primazia ao mérito (analisar a substância), praticando, desse modo, jurisdição útil.[615]

5.9. Delegação de atos processuais

O princípio da indelegabilidade da jurisdição resulta de construção doutrinária (a partir de princípios de aceitação geral), decorrendo diretamente do princípio constitucional segundo o qual é vedado aos Poderes da República delegar atribuições. Assim, como a Constituição Federal estabelece o conteúdo das atribuições do Poder Judiciário, não pode a lei ou qualquer membro deste Poder "alterar a distribuição feita naquele nível jurídico-positivo superior. Além disso, no âmbito do Poder Judiciário não pode juiz algum, segundo seu próprio critério e talvez atendendo à sua própria conveniência, delegar funções a outro órgão. É que cada magistrado, exercendo a função jurisdicional, não o faz em nome próprio e muito menos por um direito próprio: ele é, aí, um agente do Estado (age em nome deste)".[616]

Elevado à condição de dogma, o princípio da indelegabilidade da jurisdição chega ao extremo, ignorando completamente valores como a efetividade e a tempestividade na prestação da tutela jurisdicional. Daí a necessidade de se reconfigurar o sentido, o alcance e o conteúdo desse princípio.

A velocidade dos acontecimentos da vida e a dinâmica das relações entre as pessoas não permitem mais o desenvolvimento do processo judicial despreendido de uma

---

interpretação possível dos comandos processuais, para se permitir o equilíbrio na análise do direito material em litígio (STJ-AgRg no Ag-735423, 5ª T., Min. Arnaldo Esteves Lima, DJU 26-6-2006. p. 192). Em atenção ao princípio da instrumentalidade do processo que privilegia a finalidade em detrimento da forma, evita-se o sacrifício de eventual direito material da parte, valendo-se da correta prestação jurisdicional como meio de certeza e segurança para a sociedade (STJ-REsp-437594/RS, 5ª T., Min. Jorge Scartezzini, DJU 16-6-2003. p. 378).

615 "Se o processo pode ser visto como instrumento, é absurdo pensar em neutralidade do processo em relação ao direito material e à realidade social. O processo não pode ser indiferente a tudo isso" (MARINONI, Luiz Guilherme. *Técnica processual e tutela dos direitos*. São Paulo: RT, 2004. p. 191).

616 CINTRA, Antônio Carlos de Araújo; GRINOVER, Ada Pellegrini; DINAMARCO, Cândido Rangel. *Teoria geral do processo*. 12. ed. São Paulo: RT, 1996. p. 136-7.
A regra da indelegabilidade da jurisdição comporta algumas exceções expressamente previstas na lei: delegação de jurisdição a ser procedida pelo Supremo Tribunal Federal, para a execução de sentença nas causas de sua competência originária, (CF, 102, I, m); delegação de jurisdição de cartas de ordem (CPC, 201 e 492), para a execução de certos atos, inclusive colheita de prova em ação rescisória (CPC, 492); delegação do presidente de TRT nos casos de ações coletivas, quando o litígio se verificar fora da sede do Tribunal (CLT, 866).

acentuação do princípio da economia,⁽⁶¹⁷⁾ sob as vertentes da *economia de tempo* (desfecho célere), *de atos* (menor número de atos possíveis, somente os necessários, no menor espaço de tempo possível) e da *eficiência da administração da justiça* (desenvolvimento célere e efetivo com o menor grau de risco possível). Daí a necessidade de refletirmos sobre algumas praxes viciadas e sobre a necessidade de adoção (criação judicial) de novas técnicas que conduzam à simplificação e à racionalização dos serviços forenses.

É preciso abandonar praxes viciadas (que decorrem da ignorância ou insegurança) que revelam unicamente desperdício de atividade jurisdicional, como é o caso da assinatura, pelo juiz, de editais, mandados, cartas de arrematação, adjudicação etc. A assinatura do juiz não é condição de existência, validade ou eficácia desses instrumentos. Uma vez determinada a expedição de quaisquer deles, a ordem é suficiente para a sua confecção e cumprimento.

É preciso, também, adotar novas técnicas que permitam reduzir o curso do procedimento. Além de encurtar caminhos com a maior quantidade de ordens possíveis em despachos e decisões, o que evita o trânsito frequente do processo entre a secretaria e o seu gabinete, o juiz deverá dar a devida atenção ao disposto no art. 162, § 4º, do CPC. De acordo com o referido dispositivo legal, os atos meramente ordinatórios independem de despacho, devendo ser praticados de ofício pelo servidor e revistos pelo juiz quando necessário.

A consideração exacerbada (absoluta) do princípio da indelegabilidade da jurisdição levou à ideia de que atos meramente ordinatórios são, unicamente, aqueles que se revelam desprovidos de conteúdo decisório (CF, 93, XIV).⁽⁶¹⁸⁾ Contudo, se o objetivo do art. 162, § 4º, do CPC é desburocratizar e racionalizar os serviços judiciários, não se pode, então, empreender interpretação restritiva. Deve-se, contrariamente, alargar a compreensão do permissivo legal, de modo que o juiz possa delegar atos com conteúdo decisório.⁽⁶¹⁹⁾

Desse modo, pode o juiz delegar, mediante a devida orientação e fiscalização, atos como: o deferimento da juntada de documentos, ofícios, certidões, laudos periciais,

---

617 Esse princípio foi enunciado por P. S. Mancini, G. Pisaneli e A. Scialoia (*Comentário del Codice di Procedura Civile*, Torino: Editrice, 1855. v. 2, p. 10) como "*richiede che le liti non siano materia di gravose imposte, né per la loro lunghezza e la spesa si rendano accessibili soltanto ad alcuni cittadini privilegiati per richezza*" (os processos não devem ser objeto de gravosas taxações, nem pela duração, nem pelas despesas a torná-los utilizáveis somente por alguns cidadãos privilegiados pela riqueza).

618 CF, 93, XIV – os servidores receberão delegação para a prática de atos de administração e atos de mero expediente sem caráter decisório.
DINAMARCO, Candido Rangel. *A reforma do Código de Processo Civil*. 3. ed. São Paulo: Malheiros, 1996. p. 82-3; NERY JÚNIOR, Nelson. *Atualidades sobre o processo civil*. São Paulo: RT, 1995. p. 35; PASSOS, J. J. Calmon de. *Inovações no Código de Processo Civil*. 2. ed. Rio de Janeiro: Forense, 1995. p. 100; SANTOS, Nelton. In: MARCATO, Antonio Carlos. *Código de Processo Civil interpretado*. São Paulo: Atlas, 2004. p. 430.

619 Na Alemanha, cada juiz possui um *assessor* (administrador judiciário), cuja atribuição é a de despachar e proferir decisões interlocutórias. Àquele cabe, então, proferir sentenças e reformar os atos praticados pelo seu assessor. Na Inglaterra, o processo é impulsionado pelo *escrivão* e por um *instrutor* (juiz pouco graduado), somente chegando ao juiz para a realização da audiência e prolatação da sentença. Nos Estados Unidos, os juízes também contam com *assessores*.

cálculos e determinação de intimação das partes para deles tomar conhecimento; determinação de intimação do autor para emendar a petição inicial; determinação de intimação para regularização da representação processual; recebimento de recurso e determinação de intimação para contrarrazões; determinação para o executado relacionar seus bens; dar cumprimento às solicitações feitas por meio de carta precatória (intimar testemunhas, expedir mandados, etc.).

Importante frisar que a maioria desses atos já é realizada por servidores que auxiliam diretamente os juízes (assessores ou assistentes de juiz). Estes, diante do volume de processos a gerenciar, normalmente se limitam a assinar tais atos. Nada mais racionalizador da atividade jurídica, portanto, que autorizar a assinatura desses atos ao servidor que os pratica sob orientação e fiscalização do juiz.

5.10. Repressão à improbidade processual

Entre as muitas crises da sociedade atual, está a *crise ética*, cuja base de sustentação é a degeneração dos costumes aliada ao trinômio "corrupção, inadimplência e impunidade".[620] Vivemos a era da espertezа. Obter a maior vantagem com o menor esforço e com garantia de impunidade tornou-se um objetivo que justifica a malícia, a conduta desleal e a mentira. A inteligência do homem foi posta a serviço do mal.[621]

O processo é um dos campos mais férteis da invasão do abuso e da malícia, com franca violação do dever de probidade que "se concretiza na atividade dolosamente preordenada destinada a obter uma injusta posição de vantagem".[622] O que normalmente deseja "cada uma das partes é sair vitoriosa, tenha ou não razão: pouco importa, em regra, que se mostre justo o resultado, desde que lhe seja favorável; e, quando não tem razão, importa-lhe de ordinário retardar o desfecho do pleito".[623]

Perverteu-se, então, "a atividade dos advogados, de quem se passou a cobrar soluções inteligentes, capazes de eximir as portas do comando da lei. Tanto mais respeitado é o advogado, quanto maior sua capacidade de criar mecanismos fraudatórios da norma jurídica, na mais revoltante das inversões dos valores éticos".[624] Daí a necessidade de se

---

620 DALLEGRAVE NETO, José Affonso. A execução dos bens dos sócios em face da *disregard doctrine*. In: DALLEGRAVE NETO, José Affonso; FREITAS, Ney José de (Coords.). *Execução trabalhista*. São Paulo: LTr, 2002. p. 172.

621 "Estranhamente, é nas sociedades mais evoluídas que a fraude se revela com mais frequência e maior intensidade. Parece que o progresso da humanidade se faz, no campo da delinquência, por meio de uma substituição dos hábitos violentos pelas praxes astuciosas" (THEODORO JÚNIOR, Humberto. *Fraude contra credores. A natureza da sentença pauliana*. 2. ed. Belo Horizonte: Del Rey, 2001. p. 60-1).

622 "si concreta nell'attività dolosamente preordinata al fine di ottenere una ingiusta posizione di vantaggio" (SATTA, Salvatore; PUNZI, Carmine. *Diritto processuale civile*. 13. ed. Padova: Cedam, 2000. p. 117).

623 BARBOSA MOREIRA, José Carlos. O neoprivatismo no processo civil. In: DIDIER JR., Fredie. *Leituras complementares de processo civil*. 6. ed. Salvador: Juspodivm, 2008. p. 31.

624 SOUZA, Sylvio Capanema de. *A lei do inquilinato*. Apud DIAS, Ronaldo Bretas C. *Fraude no processo civil*. 2. ed. Belo Horizonte: Del Rey, 2000. p. 13.

reafirmar e enfatizar a repressão à improbidade processual, buscando, com isso, uma postura pedagógica[625] no combate ao *abuso do direito* (ou *abuso do exercício do direito*).[626]

Se o direito só ganha sentido se tiver conteúdo humano, exigindo do julgador uma postura humana (*supra, n. 4.11*),[627] evidente que o processo (igualmente) tem de assumir feições humanas (menos técnicas), no sentido de valorizar o homem em sua essência.

Por isso, toda manifestação de má-fé ou temeridade, praticada em juízo, conspurca o objetivo do processo moderno "no seu compromisso institucional de buscar e realizar resultados coerentes com os valores de '*equidade substancial* e de *justiça procedimental*, consagrados pelas normas constitucionais".[628] Lealdade processual e boa-fé, portanto, é o que se espera e se exige dos sujeitos do processo.[629]

---

625 Segundo John Sanford, o "homem moderno prefere acreditar que os males do nosso tempo não existem na alma humana ou na esfera espiritual; ao contrário, ele pensa que tais males têm causas políticas e econômicas, podendo ser eliminados com a mudança de sistema político, com mais educação, condicionamento psicológico correto ou mais uma guerra para acabar com o inimigo. Ele só não quer admitir que o inimigo deve ser buscado (...) dentro dele próprio" (SANFORD, John A. *Mal – o lado sombrio da realidade*. 4. ed. São Paulo: Paulus, 2007. p. 26).

626 Segundo Planiol, a expressão uso abusivo dos direitos "é uma logomaquia, porque se eu uso de meu direito, o meu ato é lícito e quando ele é ilícito, é que eu ultrapasso o meu direito e ajo sem direito (...). É preciso não ser logrado pelas palavras: o direito cessa onde o abuso começa, e não pode haver 'uso abusivo' de um direito, qualquer que seja, pela razão irrefutável de que um só e único ato não pode ser ao mesmo tempo conforme o direito e contrário ao direito" (PLANIOL. *Traité élémentaire de droit civil*. Paris: LGDI, t. 2. p. 298).

627 A Constituição, ao implantar o Estado Democrático de Direito, traz consigo a noção de que "a lei não deve ser apenas o fruto de uma vontade captada no órgão de representação popular, mas deve tender à realização da *justiça*. Em outras palavras, a lei passa a ser identificada não apenas pelo seu processo formal de elaboração, mas também pelo seu conteúdo" (BASTOS, Celso Ribeiro. *Comentários à Constituição do Brasil*. São Paulo: Saraiva, 1992. v. III, t. III, p. 11).
Nesse sentido, ainda, Eduardo Oteiza: "as cláusulas constitucionais que em cada um dos países consagram o devido processo legal vinculam as normas dos ordenamentos processuais com a ideia de justiça" (OTEIZA, Eduardo. Abuso de los derechos procesales en América Latina. In. BARBOSA MOREIRA, José Carlos (Coord.). *Abuso dos direitos processuais*. Rio de Janeiro: Forense, 2000. p. 18).

628 THEODORO JÚNIOR, Humberto. Abuso de direito processual no ordenamento jurídico brasileiro. In: BARBOSA MOREIRA, José Carlos (Coord.). *Abuso dos direitos processuais*. Rio de Janeiro: Forense, 2000. p. 109.

629 CPC-Portugal, 266º-A (Dever de boa-fé processual)
As partes devem agir de boa-fé e observar os deveres de cooperação resultantes do preceituado no artigo anterior.
CPC-Portugal, 266º-B (Dever de recíproca correcção)
1. Todos os intervenientes no processo devem agir em conformidade com um dever de recíproca correcção, pautando-se as relações entre advogados e magistrados por um especial dever de urbanidade.
2. Nenhuma das partes deve usar, nos seus escritos ou alegações orais, expressões desnecessárias ou injustificadamente ofensivas da honra ou do bom nome da outra, ou do respeito devido às instituições.
3. Se ocorrerem justificados obstáculos ao início pontual das diligências, deve o juiz comunicá-los aos advogados e a secretaria às partes e demais intervenientes processuais, dentro dos trinta minutos subsequentes à hora designada para o seu início.
4. A falta da comunicação referida no número anterior implica a dispensa automática dos intervenientes processuais comprovadamente presentes, constando obrigatoriamente da acta tal ocorrência.

O comportamento aético ofende o sentimento predominante de justiça,[630] e a falta de consideração com a justiça "é uma consequência cultural que evidencia a baixa estima por esse valor".[631] Não pode o juiz, então, ser mero espectador, tolerar ou ser indulgente com atitudes comportamentais desonestas.[632] "Nenhuma forma de má-fé é admissível, por parte dos sujeitos do processo, se o modelo ideológico constitucional foi plasmado e endereçado a conferir o grau máximo de *acatamento moral* das formas de tutela judiciária e das estruturas publicísticas, por meio das quais a *justiça* é administrada."[633]

CPC-Macau, 9º (Princípio da boa-fé)
1. As partes devem agir de acordo com os ditames da boa-fé.
2. As partes não devem, designadamente, formular pedidos ilegais, articular factos contrários à verdade, requerer diligências meramente dilatórias e omitir a cooperação preceituada no artigo anterior.
CPC-Macau, 10º (Dever de recíproca correcção)
1. Todos os intervenientes no processo têm o dever de recíproca correcção, pautando-se as relações entre advogados e magistrados por um especial dever de urbanidade.
2. As partes não devem usar, nos seus escritos ou alegações orais, expressões desnecessária ou injustificadamente ofensivas da honra ou do bom nome da outra, ou do respeito devido às instituições.
CPT-Venezuela, 48. El Juez del Trabajo deberá tomar, de oficio o a petición de parte, todas las medidas necesarias establecidas en la ley, tendentes a prevenir o sancionar la falta de lealtad y probidad en el proceso, las contrarias a la ética profesional, la colusión y el fraude procesal o cualquier otro acto contrario a la majestad de la Justicia y al respeto que se deben los litigantes. A tal efecto, el Juez podrá extraer elementos de convicción de la conducta procesal de las partes, de sus apoderados o de los terceros y deberá oficiar lo conducente a los organismos jurisdiccionales competentes, a fin de que se establezcan las responsabilidades legales a que haya lugar.
Párrafo Primero: Las partes, sus apoderados o los terceros, que actúen en el proceso con temeridad o mala fe, son responsables por los daños y perjuicios que causaren.

630 O *abuso de direito no processo* "constitui uma sobrecapa do sistema ético processual, sendo ilícitas as condutas consistentes em usar de modo abusivo dos meios de defesa oferecidos pela lei" (...). É ilegítimo, por isso, "o cúmulo despudorado de alegações de fato conflitantes entre si, os requerimentos de provas problemáticas e absurdas com fim protelatório, a interposição de recursos manifestamente inadmissíveis *etc*. Embora todos esses sejam direitos que a lei franquia às partes, ela não os franquia para que deles as partes usem além dos limites do razoável, ou seja, *abusivamente*. As garantias constitucionais do contraditório e da ampla defesa, do direito à prova, do devido processo legal *etc*., que são instituídas para a defesa de direitos em juízo, não podem ser invocadas como pretexto à má-fé e à deslealdade. É dever do juiz, inerente ao seu poder de comando do processo, repelir os atos abusivos das partes ou de seus procuradores" (DINAMARCO, Cândido Rangel. *Instituições de direito processual civil*. São Paulo: Malheiros, 2001. v. II, p. 260-6).

631 OTEIZA, Eduardo. Abuso de los derechos procesales en América Latina. In: BARBOSA MOREIRA, José Carlos (Coord.). *Abuso dos direitos processuais*. Rio de Janeiro: Forense, 2000. p. 23.

632 É reprovável que as partes se sirvam do processo "faltando ao dever da verdade, agindo com deslealdade e empregando artifícios fraudulentos; porque tal conduta não compadece com a dignidade de um instrumento que o Estado põe à disposição dos contendores para atuação do direito e realização da Justiça" (BUZAID, Alfredo. *Exposição de motivos do Código de Processo Civil de 1973*).
O abuso do direito processual ocorre com a prática de atos de má-fé "por quem tenha uma faculdade de agir no curso do processo, mas que dela se utiliza não para seus fins normais, mas para protelar a solução do litígio ou para desviá-la da correta apreciação judicial, embaraçando, assim, o resultado justo da prestação jurisdicional" (THEODORO JÚNIOR, Humberto. Abuso de direito processual no ordenamento jurídico brasileiro. In: BARBOSA MOREIRA, José Carlos (Coord.). *Abuso dos direitos processuais*. Rio de Janeiro: Forense, 2000. p. 113).

633 THEODORO JÚNIOR, Humberto. Abuso de direito processual no ordenamento jurídico brasileiro. In: BARBOSA MOREIRA, José Carlos (Coord.). *Abuso dos direitos processuais*. Rio de Janeiro: Forense, 2000. p. 109.

O estímulo provoca comportamento e o comportamento provoca estímulo que, por sua vez, provoca novo comportamento. Os comportamentos não adequados provocam aversão, sendo necessário impor penalidade ao infrator, com função de retirar-se dele o estímulo. "Para ter eficácia, a punição deve: a) ser exemplar, ocasionando efeito tal sobre o indivíduo que lhe possibilite compreender sua possível *intensidade* e memorize-a; b) servir de advertência, para que a pessoa saiba da sua *existência* e se disponha a evitá-la; c) acontecer próxima do fato gerador (*imediatidade*), para que o indivíduo e outros que tiveram conhecimento do fato possam *associá-la* a ele; d) permitir a quem a recebe *compreender* os motivos que conduziram a ela; e) possibilitar ao punido *discriminar* as ações merecedoras de punição".[634]

Cabe ao juiz, portanto, ser enérgico e intransigível para, sem subterfúgio ou compaixão, aplicar a repreenda corretiva sempre que evidenciar o uso indevido de direito legítimo.[635] Isso não significa agir sem medida ou raivosamente. O juiz tem de manter equilíbrio e serenidade para sopesar corretamente os fatos e sancionar adequadamente a desonestidade (CPC, 14, parágrafo único, 16, 18 e 601),[636] a fim de tornar o processo um meio preciso e seguro de realização da justiça.[637]

5.11. Valorização da antecipação da tutela e da cautelar inominada

A necessidade de garantir com maior amplitude possível o exercício da ampla defesa e do contraditório produziu a ideia de que a tutela definitiva somente pode ser

---

634 FIORELLI, José Osmir; MANGINI, Rosana Cathya Ragazzoni. *Psicologia jurídica*. São Paulo: Atlas, 2009. p. 71-2.

635 Cabe ao juiz "reprimir a litigância de má-fé, pois, prevalecendo no processo o interesse público na realização da justiça, é dever do juiz evitar que procedimentos escusos tentem alterar o seu destino ou protelar o seu fim. (...) O juiz que não penaliza aquele que mal procede está, na realidade, penalizando aquele que bem procede, o que não só faz desmoronar a ideia de que o processo é um instrumento ético como, também, coloca em risco o princípio da isonomia no tratamento das partes" (MARINONI, Luiz Guilherme. *Teoria geral do processo*. São Paulo: RT, 2006. p. 415).
Há "uma timidez inexplicável por parte dos juízes na imposição de penas e na repressão das condutas 'inadequadas', permitindo que as ações, já tão longas, desenvolvam-se ao bel-prazer das partes, que, temerosas de provimentos contra si por parte do julgador, também não procuram inibir esse tipo de atuação" (OLIVEIRA, Ana Lúcia Iucker Meireles de. *Litigância de má-fé*. São Paulo: RT, 2000. p. 12).

636 PL-4731/2004, CLT, 880. (...)
§ 4º Se o executado nomear bens insuficientes para a garantia da execução e, no curso do processo, for constatada a existência de outros bens, incidirá em multa de dez a vinte por cento do valor atualizado do débito em execução, sem prejuízo de outras sanções de natureza processual ou material, multa essa que reverterá em proveito do credor, exigível na própria execução.

637 O EXERCÍCIO ABUSIVO DO DIREITO DE RECORRER E A LITIGÂNCIA DE MÁ-FÉ. O ordenamento jurídico brasileiro repele práticas incompatíveis com o postulado ético-jurídico da lealdade processual. O processo não pode ser manipulado para viabilizar o abuso de direito, pois essa é uma ideia que se revela frontalmente contrária ao dever de probidade que se impõe à observância das partes. O litigante de má-fé — trate-se de parte pública ou de parte privada — deve ter a sua conduta sumariamente repelida pela atuação jurisdicional dos juízes e dos tribunais, que não podem tolerar o abuso processual como prática descaracterizadora da essência ética do processo (STF-AI-AgR-ED-EDv-ED 567171/SE, TP, Rel. Min. Celso de Mello, DJe 5-2-2009, public. 6-2-2009).

concedida mediante cognição[638] plena e exauriente dos fatos relativos ao direito afirmado.[639] Levada ao extremo essa exigência, porém, compromete-se a efetividade e a tempestividade do processo, que são valores de extrema importância para a sociedade contemporânea.

Daí a necessidade de se enfatizar as técnicas de cognição sumária (sem contraditório pleno) e provisória (espécie de tutelas diferenciadas), as quais possuem aptidão para garantir aceleração (duração não patológica) e utilidade na prestação da tutela jurisdicional.[640] Exemplo delas são as tutelas concedidas por meio do poder geral de cautela (Lei n. 10.259/2001, 4º e CPC, 798) e da antecipação dos efeitos da tutela jurisdicional

---

638 Cognição, no dizer de Kazuo Watanabe, "é prevalentemente um ato de inteligência consistente em considerar, analisar e valorar as alegações e as provas produzidas pelas partes, vale dizer, as questões de fato e as de direito que são deduzidas no processo e cujo resultado é o alicerce, o fundamento do *judicium*, do julgamento do objeto litigioso do processo" (WATANABE, Kazuo. *Da cognição no processo civil*. 2. ed. São Paulo: Central de Publicações Jurídicas: Centro Brasileiro de Estudos e Pesquisas Judiciais, 1999. p. 58-9).
Dinamarco, por sua vez, conceitua cognição como "a atividade intelectiva do juiz, consistente em *captar, analisar e valorar as alegações e as provas produzidas pelas partes, com o objetivo de se aparelhar para decidir*" (DINAMARCO, Cândido Rangel. *Instituições de direito processual civil*. São Paulo: Malheiros, 2001. v. III, p. 34).
Numa sistematização que toma em conta a relação entre o sujeito cognoscente e o objeto cognoscível, a cognição pode ser analisada sob os planos: a) *horizontal*. Nesse, a cognição diz respeito à extensão, ou seja, à amplitude de conhecimento do juiz, e pode ser classificada em: (i) *plena (ilimitada)*, se ao juiz for permitido conhecer toda a extensão fática do conflito de interesses, ou seja, se lhe for permitido conhecer todos os possíveis fundamentos de interesse das partes; (ii) *parcial (limitada)*, se ao juiz não for permitido atingir toda a extensão fática do conflito de interesses, ou seja, não se lhe permite conhecer toda a área de possíveis razões de fato ou de direito que, em tese, poderiam influenciar na decisão; e b) *vertical*. Nesse, analisa-se a cognição segundo o grau de profundidade acerca da afirmação dos fatos. Sob esse plano, a cognição pode ser classificada em: (ii) *exauriente (completa)*, se ao juiz for permitida a ampla investigação da situação fática, de modo a possibilitar-lhe um juízo de certeza; (ii) *sumária (incompleta)*, se o conhecimento do juiz sofrer limitações, não lhe sendo permitido o aprofundamento na investigação da situação fática. Essa modalidade de cognição é própria dos litígios marcados pela urgência, os quais autorizam decisões com fundamento na probabilidade; (iii) *superficial*, se o conhecimento do juiz sofre grandes limitações, obrigando-o a se contentar com um juízo de possibilidade (probabilidade mínima).

639 Na fase do direito liberal, sequer se imaginava a possibilidade de adoção de "qualquer providência material efetiva, antes do esgotamento da fase cognitiva, do que decorreu o princípio do *nulla executio sine titulo*. Um processo de cognição, pois, extenso, minudente e amparado por recursos intermináveis, até que, pelo menos no plano formal, a 'verdade' houvesse sido encontrada" (FAVA, Marcos Neves. *Execução trabalhista efetiva*. São Paulo: LTr, 2009. p. 49).

640 A estrutura do processo brasileiro, de acordo com o modelo do CPC de 1973, seguiu a lição de Chiovenda (caracterizada por razões históricas e políticas do início do século XX, marcada pela influência liberal individualista), segundo a qual a invasão da esfera jurídica do réu somente seria franqueada após exaustiva discussão no processo de conhecimento. A *cognição exauriente*, portanto, representava a garantia de *certeza jurídica*, uma vez que quem se dirige ao judiciário apenas afirma a existência de um direito (que tem de ser verificado). Havia, portanto, necessária precedência da cognição em relação à execução (*nulla executio sine titulo*).
Com a transformação do Estado de Direito em Estado Constitucional de Direito, a tutela jurisdicional tempestiva e efetiva passou a ganhar espaço na hierarquia de valores. Modificaram-se, então, algumas premissas, de modo que a certeza cedeu espaço à probabilidade, autorizando, assim, a invasão da esfera jurídica do réu mediante provimento fundado em cognição sumária (CPC, 273, 461 e 461-A).

(CPC, 273) que, embora de pacífica aplicação no processo do trabalho, não têm merecido a devida atenção.[641]

Na verdade, o que pretendo enfatizar é a necessidade de o juiz tomar a iniciativa (agir *ex officio*) de conceder (incidentalmente) medidas cautelares e de antecipar o julgamento do mérito sempre que verificar a presença dos requisitos dessas figuras processuais.

Embora não haja divergência (relevante) quanto à possibilidade de atuação oficial do juiz em sede cautelar,[642] é extremamente raro se verificar a concessão de medidas dessa natureza sem requerimento da parte. Há, aqui, uma inexplicável omissão dos juízes.

A ausência de atuação oficial do juiz em sede de antecipação do julgamento do mérito, por sua vez, decorre da interpretação gramatical da cabeça do art. 273 do CPC, adotada pela doutrina e pela jurisprudência.[643]

A publicização do processo e a sua maior aproximação da Constituição transforma o Estado no primeiro e maior interessado na realização da justiça.[644] Cumpre ao juiz, por isso, romper com ritualismos que apenas burocratizam o processo.[645]

---

641 Embora a doutrina venha sugerindo o enquadramento dessas medidas no conceito de *tutelas de urgência*, estas pressupõe risco de dano irreparável, nem sempre verificável. A antecipação dos efeitos da tutela jurisdicional nas hipóteses de abuso do direito de defesa pelo réu (CPC, 273, II) e de incontrovérsia (CPC, 273, § 6º), por exemplo, prescinde do *periculum in mora*.

642 THEODORO JÚNIOR, Humberto. *Processo cautelar*. 13. ed. São Paulo: Leud, 1992. p. 102.

643 MALLET, Estêvão. *Antecipação da tutela no processo do trabalho*. 2. ed. São Paulo: LTr, 1999. p. 72.

644 Sob a ótica da publicização do processo, não é mais "possível manter o juiz como mero espectador da batalha judicial. Afirmada a autonomia do direito processual e enquadrado como ramo do direito público, e verificada sua finalidade preponderante sociopolítica, a função jurisdicional evidencia-se como um poder dever do Estado, em torno do qual se reúnem os interesses dos particulares e os do próprio Estado. Assim, a partir do último quartel do Século XIX, os poderes do juiz foram paulatinamente aumentados: passando de espectador inerte à posição ativa, coube-lhe não só impulsionar o andamento da causa, mas também determinar provas, conhecer *ex officio* de circunstâncias que até então dependiam de alegação das partes, dialogar com elas, reprimir-lhes eventuais condutas irregulares etc." (CINTRA, Carlos Araújo; GRINOVER, Ada Pellegrini; DINAMARCO, Cândido Rangel. *Teoria geral do processo*. 12. ed. São Paulo: Malheiros, 1996. p. 64).

645 PREVIDENCIÁRIO. PENSÃO POR MORTE. (...) XI – Em matéria de Direito Previdenciário, presentes os requisitos legais à concessão do benefício, meros formalismos da legislação processual vigente não podem obstar a concessão da tutela antecipada *ex officio*, para determinar ao INSS a imediata implantação do benefício, que é de caráter alimentar, sob pena de se sobrepor a norma do art. 273 do CPC aos fundamentos da República Federativa do Brasil, como a "dignidade da pessoa humana" (CF, art. 1º, III), impedindo que o Poder Judiciário contribua no sentido da concretização dos objetivos da mesma República, que são "construir uma sociedade livre, justa e solidária", bem como "erradicar a pobreza e a marginalização e reduzir as desigualdades sociais e regionais" (CF, art. 3º, I e III) (TRF 3ª R., AC-2000.03.99.047374-9 - (616773), 7ª T., Rel. Des. Fed. Walter do Amaral, DJ 10-9-2008, p. 761).
CPL-Provincia de Santiago del Estero – Argentina, 54º. En cualquier estado del proceso y aún antes de interponer la demanda principal, el Presidente, a petición de parte y según el mérito que arrojen los actuados, podrá decretar embargo preventivo o cualquier otra medida cautelar prevista por la Ley, sobre los bienes del demandado y también disponer que este facilite gratuitamente la asistencia médica y farmacéutica requerida por la víctima en las condiciones de la Ley Nacional de Accidentes de Trabajo.

Rumo à prestação jurisdicional tempestiva e de resultados justos, cabe ao juiz, então, mediante aferição sumária (atividade cognitiva incompleta no plano vertical) da existência do direito afirmado (*fumus boni iuris*), com consequente postergação do contraditório pleno e da cognição exauriente,[646] emitir pronunciamentos temporários (dá-se interinamente a solução mais adequada à realidade substancial) protetivos da tutela[647] ou concessivos do bem da vida[648] (ainda que precariamente).[649]

5.12. Carga dinâmica da prova

Por decorrência lógica e natural de uma das vertentes do *princípio dispositivo* (delimitação do material de cognição judicial pelas partes),[650] todos aqueles que intervêm no processo como sujeitos interessados têm o ônus de *afirmar fatos*.[651] O autor tem o ônus de afirmar os fatos que autorizam o seu pedido (*fatos constitutivos*), e o réu, o ônus de afirmar fatos que atestam, direta ou indiretamente, a inexistência dos fatos alegados pelo autor ou a existência de fatos que elidem a eficácia daqueles (*fatos extintivos, impeditivos e modificativos*).[652]

CPL-Provincia de Santiago del Estero – Argentina, 55º. En todos aquellos casos en que no resulten eficaces las medidas cautelares de carácter específico previstas en las leyes, el Tribunal podrá decretar las que estime que aseguren mejor, de acuerdo a las circunstancias, los efectos de la decisión sobre el fondo del asunto. El mismo apreciará la idoneidad de la medida.

646 A cognição sumária importa sacrificar temporariamente o contraditório pleno, optando-se, por questões de política legislativa, privilegiar a efetividade em detrimento da segurança.

647 Nas cautelares, se busca neutralizar o risco de dano à tutela substancial (atuação do direito material) causado pelo tempo do processo (decorrente da técnica da cognição exauriente ou dos mecanismos executivos).

648 Na antecipação dos efeitos da tutela jurisdicional, se busca provisoriamente alcançar antecipadamente o mesmo resultado prático final da tutela definitiva (precipita no tempo o possível resultado final), com eliminação (ainda que temporária), da situação de insatisfação. "Se os fatos constitutivos estão evidenciados, não há razão para o autor ter que arcar com o tempo que o réu utilizará para tentar demonstrar os fatos alegados na defesa. Ou seja, ao autor não pode ser imposto o peso do tempo que serve unicamente ao réu" (MARINONI, Luiz Guilherme. *Técnica processual e tutela dos direitos*. São Paulo: RT, 2004. p. 206).

649 Relembre-se, nessa seara, que o legislador da Lei n. 10.444/2002 adotou a fungibilidade de meios entre a tutela antecipada e as medidas cautelares.

650 O princípio dispositivo, moderna e sinteticamente, pode ser resumido como sendo aquele que dita: a) que é das partes a iniciativa das alegações e dos pedidos. Vale dizer: as partes limitam a atuação investigativa do juiz aos fatos por elas levados aos autos; b) a iniciativa das provas não é privativa das partes, tendo o juiz ampla liberdade para determinar qualquer diligência necessária ao integral esclarecimento dos fatos.

651 "En un procedimiento basado en la máxima dispositiva, las partes no sólo tienen que probar los hechos necesarios para la decisión sino que también deben introducirlos en el proceso mediante su afirmación, convirtiendolos de este modo en fundamentos de la sentencia. En esto estriba el concepto de la *carga de la afirmación* (también llamada *carga de la alegación*)" (ROSEMBERG, Leo. *La carga de la prueba*. 2. ed. Buenos Aires: B de F Ltda., 2002. p. 61).

652 Antes "do problema de técnica legislativa e de interpretação que consiste em saber a quem ocorre o ônus de provar, vem o de se assentar a quem cabe o ônus de afirmar e o que lhe toca afirmar. Cada parte tem de afirmar os fatos que sejam necessários e suficientes para que se conheça o caso da

A partir disso, foram elaboradas várias teorias acerca do ônus[653] da prova,[654] prevalecendo (em grande parte dos sistemas codificados inclusive no brasileiro) a teoria estática[655] (elaborada por Betti e desenvolvida por Chiovenda).[656] De acordo com esta, surge, como corolário do ônus de afirmar, o *ônus de provar*.[657] Vale dizer:

> demanda judicial e se possa verificar se está compreendido no caso da lei invocada. (...) Chama-se *tema probatório* a afirmação de fato, ou fatos" (MIRANDA, Pontes de. *Comentários ao Código de Processo Civil*. 3. ed. Rio de Janeiro: Forense, 1996. t. IV, p. 249).
>
> 653 A diferença entre dever e ônus está em que "(a) o dever é em relação a alguém, ainda que seja a sociedade; há relação jurídica entre os dois sujeitos, um dos quais é o que deve: a satisfação é do interesse do sujeito ativo; ao passo que (b) o ônus é em relação a si mesmo; não há relação entre sujeitos: satisfazer é do interesse do próprio onerado. Não há sujeição do onerado; ele escolhe entre satisfazer, ou não ter a tutela do próprio interesse" (MIRANDA, Pontes de. *Comentários ao Código de Processo Civil*. Rio de Janeiro: Forense, 1979. t. IV, p. 322).
> "La distinción entre carga y obligación se funda en ella en la diversa sanción conminada a quien no realiza un acto: existe sólo obligación cuando la inercia da lugar a la sanción jurídica (ejecución o pena); en cambio, si la abstención del acto hace perder sólo los efectos útiles del acto mismo, tenemos la figura de la carga". À parte "no es puesta en la alternativa entre el no ejercicio de la acción y, por ejemplo, una pena, sino que tiene siempre una elección a hacer: o provocar el proceso, o adaptarse a perder la tutela de su interese. Esta apreciación económica que precede siempre al ejercicio de la acción, constituye el secreto de su dinamismo. En virtud de esta apreciación económica, el poder de la parte se convierte en una carga" (CARNELUTTI, Francesco. *La prueba civil*. 2. ed. Buenos Aires: Depalma, 1982. p. 217-8).
>
> 654 Muitos são os conceitos de prova. Apenas para exemplificar: prova, ou prova judiciária, "consiste naqueles meios definidos pelo direito ou contidos por compreensão num sistema jurídico (v. arts. 332 e 366), como idôneos a convencer (prova como 'resultado') o juiz da ocorrência de determinados fatos, isto é, da verdade de determinados fatos, os quais vieram ao processo em decorrência de atividade principalmente, dos litigantes (*prova como 'atividade'*)" (ALVIM, Arruda. *Manual de direito processual civil*. 5. ed. São Paulo: RT, 1996. v. 2, p. 399); prova judiciária "é a verdade resultante das manifestações dos elementos probatórios, decorrente do exame, da estimação e ponderação desses elementos; é a verdade que nasce da avaliação, pelo juiz, dos elementos probatórios" (SANTOS, Moacyr Amaral. *Comentários ao Código de Processo Civil*. 6. ed. Rio de Janeiro: Forense, 1994. v. IV, p. 11); em "su acepción común, la prueba es la acción y el efecto de probar; y probar es demostrar de algún modo la certeza de un hecho o la verdad de una afirmación" (COUTURE, Eduardo Juan. *Fundamentos del derecho procesal civil*. 3. ed. Buenos Aires: Depalma, 1993. p. 215). A meu ver, porém, prova judiciária é expressão que deve ser analisada sob as perspectivas: a) *subjetiva*. O sentido da expressão, nesse caso, é de: (i) *atividade* — significa a ação que as partes realizam para demonstrar a veracidade das afirmações (ex.: a parte produziu a prova — realizou atividade); (ii) *resultado* — significa a convicção do juiz (ex.: a parte realizou a prova — demonstrou); e b) *objetiva*. O sentido da expressão, nesse caso, é de: (i) *forma de provar* — significa o instrumento posto à disposição dos litigantes para que demonstrem a existência dos fatos alegados (ex.: prova documental, testemunhal, pericial, etc.); (ii) *meios de prova* — significa a emanação das pessoas ou coisas (ex.: o conteúdo ideal dos documentos, os depoimentos das testemunhas).
>
> 655 "La parte cuja petición procesal no puede tener êxito sin que se aplique un determinado precepto jurídico, soporta la carga de la afirmación y de la prueba" (ROSEMBERG, Leo. *La carga de la prueba*. 2. ed. Buenos Aires: B de F Ltda., 2002. p. 123).
>
> 656 BETTI, Emilio. *Diritto processuale civile italiano*. Roma: Editrice, 1936. p. 337; CHIOVENDA, Giuseppe. *Instituições de direito processual civil*. São Paulo: Saraiva, 1943. p. 512.
>
> 657 "Las afirmaciónes preceden, lógica e temporalmente, a las ofertas de prueba y la recepción de prueba. Por consiguiente, es correcto que en un procedimiento basado sobre la máxima dispositiva se pregunte primero: ¿qué debe afirmarse? Y que sólo en segundo término se plantee la cuestión relativa a la carga de la prueba" (ROSEMBERG, Leo. *La carga de la prueba*. 2. ed. Buenos Aires: B de F Ltda., 2002. p. 68).

cada uma das partes assume o ônus de demonstrar (provar) a veracidade das suas afirmações (*ônus da ação* para o autor; *ônus da exceção* para o réu).[658]

O art. 333 do CPC adota a teoria estática da distribuição do ônus da prova,[659] na medida em que rigidamente o distribui prévia e abstratamente. Segundo o dispositivo legal mencionado, "o ônus da prova incumbe: ao autor, quanto ao fato constitutivo do seu direito; ao réu, quanto à existência de fato impeditivo, modificativo ou extintivo do direito do autor".

O art. 818 da CLT, de modo mais aberto, estabelece apenas que "a prova das alegações incumbe à parte que as fizer". A falta de habilidade, o medo de lidar com um conceito indeterminado (indefinido, subjetivo), a formação rígida do pensamento, a maior facilidade oferecida pela noção estática do ônus da prova e a desatenção ao fato de que a norma processual comum parte da ideia de igualdade formal das partes[660] levaram a maioria dos juristas (entre os quais me incluo) a sustentar que a regra do art. 818 da CLT, apesar de possuir redação diversa, diz exatamente o mesmo que o art. 333 do CPC.[661]

Tendo em vista, porém, que o maior cliente da Justiça do Trabalho é, em geral, hipossuficiente (deve-se-lhe tratamento desigual),[662] que o direito processual do trabalho

---

658 O enunciado da teoria estática deriva de um princípio que fora expressamente consignado no art. 334 da Consolidação Ribas:
Art. 334. A obrigação da prova incumbe àquele que em juízo afirma o fato, de que pretende deduzir o seu direito, quer seja autor, quer seja réu.

659 Essa teoria também fora adotada no CPC de 1939, que no art. 209 assim dispunha:
Art. 209. O fato alegado por uma das partes, quando a outra o não contestar, será admitido como verídico, si o contrário não resultar do conjunto das provas.
§ 1º Si o réu, na contestação, negar o fato alegado pelo autor, a este incumbirá o ônus da prova.
§ 2º Si o réu, reconhecendo o fato constitutivo, alegar a sua extinção, ou a ocorrência de outro que lhe obste aos efeitos, a ele cumprirá provar a alegação.

660 SANTOS, Moacyr Amaral. *Prova judiciária no cível e comercial*. 3. ed. São Paulo: Max Limonad, 1968. v. 1, p. 105.

661 Entre outros: RODRIGUES PINTO, José Augusto. *Processo trabalhista de conhecimento*. 2. ed. São Paulo: LTr, 1993. p. 308; SAAD, Eduardo Gabriel. *Direito processual do trabalho*. São Paulo: LTr, 1994. p. 348; CARRION, Valentin. *Comentários à Consolidação das Leis do Trabalho*. 26. ed. São Paulo: Saraiva, 2001. p. 601; GIGLIO, Wagner D. *Direito processual do trabalho*. 13. ed. São Paulo: Saraiva, 2003. p. 205; COSTA, Coqueijo. *Direito processual do trabalho*. 4. ed. Rio de Janeiro: Forense, 1995. p. 328-9; OLIVEIRA, Francisco Antonio de. *O processo na Justiça do Trabalho*. 5. ed. São Paulo: LTr, 2008. p. 481; LEITE, Carlos Henrique Bezerra. *Curso de direito processual do trabalho*. 3. ed. São Paulo: LTr, 2005. p. 421; ALMEIDA, Cleber Lúcio de. *Direito processual do trabalho*. Belo Horizonte: Del Rey, 2006. p. 571; SCHIAVI, Mauro. *Manual de direito processual do trabalho*. São Paulo: LTr, 2008. p. 461; MACHADO JÚNIOR, César Pereira Silva. *O ônus da prova no processo do trabalho*. São Paulo: LTr, 1993. p. 75.
Súmula TST n. 6, VIII. É do empregador o ônus da prova do fato impeditivo, modificativo ou extintivo da equiparação salarial.
Súmula TST n. 301. Definido pelo reclamante o período no qual não houve depósito do FGTS, ou houve em valor inferior, alegada pela reclamada a inexistência de diferença nos recolhimentos de FGTS, atrai para si o ônus da prova, incumbindo-lhe, portanto, apresentar as guias respectivas, a fim de demonstrar o fato extintivo do direito do autor (art. 818 da CLT c/c art. 333, II, do CPC).

662 A desigualdade de que se fala é, na verdade, isonomia material, que outra coisa não significa do que a máxima de Aristóteles, segundo o qual a isonomia somente se alcança tratando igualmente os iguais e desigualmente os desiguais, na medida de suas desigualdades.

sofre ideologicamente influência do direito material (que tem a incumbência de realizar)[663] e que a distribuição estática do ônus da prova não deve ser mitificada,[664] cumpre efetuar uma releitura do sentido, alcance e conteúdo do art. 818 da CLT.

A redefinição do tratamento do ônus da prova no processo do trabalho decorre da necessidade de se prestar tutela jurisdicional mais adequada, tendo-se em vista as funções que desempenha no processo, e que são de:

a) *orientar as partes* quanto às atividades probatórias que devem desenvolver para manter esperança de acolhimento de suas pretensões (função explicativa — *ônus subjetivo*);

b) *funcionar como regra de julgamento* nas hipóteses de inexistência ou insuficiência da prova (*ônus objetivo*).[665] Como ao juiz não é lícito deixar de julgar (*non liquet*), mesmo em caso de dúvida invencível (ausência ou insuficiência de provas),[666] ele utilizar-se-á do ônus da prova para dizer quem haverá de sofrer as consequências disso.[667]

---

663 "O direito processual do trabalho, quando se trata da realização coativa do direito material do trabalho, afirma-se como meio indispensável a esse objetivo. Se o direito material do trabalho tem peculiaridades, obrigatoriamente haverá a adequação a essas singularidades por parte do direito processual do trabalho. (...) A circunstância de se adequar ao direito material do trabalho não importa em perda de autonomia por parte do direito processual. O elemento caracterizador da autonomia de uma disciplina jurídica, como bem salientado por Alfredo Rocco, é possuir um domínio suficientemente vasto; possuir doutrinas homogêneas presididas por conceitos gerais comuns distintos dos outros ramos do direito; possuir método próprio" (PAULA, Carlos Alberto Reis de. *A especificidade do ônus da prova no processo do trabalho*. São Paulo: LTr, 2001. p. 121-2).

664 "Um mal arraigado e que clama por extirpação é a *mistificação do ônus da prova e da regra de julgamento*, segundo a qual 'fato não comprovado equivale a fato inexistente'. O processo não é feito somente de certezas (haverá *certezas* no espírito do juiz?), mas sobretudo de *probabilidades e riscos* a serem racionalmente assumidos. A busca obsessiva da verdade e da certeza sem resíduos de dúvidas é fator de injustiças e fruto do medo, levando a julgar mal em muitos casos para não correr o risco de errar em poucos. Na interpretação da lei, manifesta-se aquele espírito aberto aos valores abraçados pela nação, repudiada a estática de exegese que empobrece" (DINAMARCO, Cândido Rangel. Escopos políticos do processo. In: GRINOVER, Ada Pellegrini; DINAMARCO, Cândido Rangel; WATANABE, Kazuo (Orgs.). *Participação e processo*. São Paulo: RT, 1988. p. 118).

665 "Se o juiz encontra nos autos elementos para convencer-se de que um fato existe, ou não existe, a sua convicção se forma independentemente de qualquer influência dos princípios que regem a distribuição do ônus da prova. A estes princípios o juiz só recorre subsidiariamente quando os autos não lhe oferecerem elementos de convicção. Então o juiz resolve a dúvida, julgando, em consequência da falta de prova, contra a parte a quem incumbia o respectivo ônus" (MARTINS, Pedro Batista. *Comentários ao Código de Processo Civil*. Rio de Janeiro: Revista Forense, 1941. v. II, p. 440).

666 O *princípio da indeclinabilidade da jurisdição* veda ao juiz declinar do seu dever (poder-atividade) de julgar (*non liquet*), ainda que alegue lacuna da lei ou obscuridade dos fatos. Daí não ser lícito ao juiz deixar de julgar, ainda que as partes não tenham produzido provas; ainda que as provas produzidas nada tenham esclarecido; ainda que não se consiga saber quem tem razão. Na verdade, como alerta Francesco Carnelutti, mesmo que nada saiba, deve o juiz decidir como se soubesse ("Il giudice decide non perché sa ma como sapesse". CARNELUTTI, Francesco. *Diritto e processo*. Napoli: Morano, 1958. p. 256).

667 "Las normas relativas a la carga de la prueba no sólo ponen al juez en condiciones de evitar el *non liquet* en la cuestión de derecho siendo dudosa la cuestión de hecho, sino que también le prescriben,

A percepção da condição de certos litigantes, a modalidade da questão fática e a especificidade de certos litígios levaram a jurisprudência, em casos particulares e com suporte nos princípios da isonomia material (CF, 5º) e do devido processo legal substancial (CF, 5º, LIV), a abandonar a teoria estática e adotar a teoria dinâmica do ônus da prova (teoria da distribuição dinâmica do ônus da prova; teoria das cargas dinâmicas da prova).[668]

De acordo com essa teoria, o ônus da prova será estabelecido diante do caso concreto (casuisticamente),[669] ficando a cargo da parte com condições (reais) de suportá-lo com menor inconveniente e despesa e com maior rapidez e eficácia.[670] Nenhuma relação se estabelece, portanto, entre o ônus da prova e a posição da parte na relação processual ou com a natureza do fato afirmado (constitutivo, impeditivo, modificativo, extintivo).[671]

A vagueza da redação do art. 818 da CLT permite (com facilidade e sem modificação de sua literalidade) cambiar o modo de interpretá-lo, a fim de aderir ao pensamento dinâmico da prova[672] (ampliando o seu conceito),[673] da seguinte forma:

---

en tal caso, en forma clara y categórica, el contenido de su decisión al imputar a una parte la incertidumbre de una circunstancia de hecho y al hacer que esta incertidumbre redunde en provecho de la otra. En esto reside el gran *valor* — que no puede apreciarse demasiado — de *las normas relativas a la carga de la prueba tanto para las partes como para el juez*" (ROSEMBERG, Leo. *La carga de la prueba*. 2. ed. Buenos Aires: B de F Ltda, 2002. p. 84).

668 MORELLO, Augusto M. *La prueba*. Tendencias Modernas. Buenos Aires: Abeledo-Perrot, 1991.
O legislador adotou em parte a teoria dinâmica do ônus da prova no Código de Defesa do Consumidor (art. 6º. São direitos básicos do consumidor: VIII – a facilitação da defesa de seus direitos, inclusive com a inversão do ônus da prova, a seu favor, no processo civil, quando, a critério do juiz, for verossímil a alegação ou quando for ele hipossuficiente, segundo as regras ordinárias de experiências) e estuda sua adoção também no Código de Processo Coletivo, prevendo-a expressamente (art. 10, § 1º. Sem prejuízo do disposto no art. 333 do Código de Processo Civil, o ônus da prova incumbe à parte que detiver conhecimentos técnicos ou informações específicas sobre os fatos, ou maior facilidade em sua demonstração.

669 Não há motivo algum *"para supor que a inversão do ônus da prova somente é viável quando prevista em lei"*, pois "decorre do bom-senso ou do interesse na aplicação da norma de direito material (...). Da mesma forma que a regra do ônus da prova decorre do direito material, algumas situações específicas exigem o seu tratamento diferenciado. Isso pela simples razão de que as situações de direito material não são obviamente uniformes" (MARINONI, Luiz Guilherme; ARENHART, Sérgio Cruz. *Prova*. São Paulo: RT, 2010. p. 187).

670 "¿Entre las dos partes contrarias, a cuál se debe imponer la obligación de proporcionar la prueba? Esta cuestión presenta infinitas dificultades en el sistema procesal técnico. En un régimen de justicia franca y simple, en un procedimiento natural, es muy fácil contestar. La carga de la prueba debe ser impuesta, en cada caso concreto, a aquella de las partes que la pueda aportar con menos inconvenientes, es decir, con menos dilaciones, vejámenes y gastos" (BENTHAM. *Tratado de las pruebas judiciales*. Granada: Comares, 2001. p. 445).

671 DALL'AGNOL JUNIOR, Antônio Janyr. Distribuição dinâmica dos ônus probatórios. In: *Revista dos Tribunais*, São Paulo, 788:92-107, jun./2001).

672 Carlos Alberto Reis de Paula, ao que parece de modo mais acentuado, entende que o art. 818 da CLT permite a inversão do ônus da prova, atribuindo-a sempre ao empregador. Segundo ele, a "inversão do ônus da prova resulta da especificidade do processo do trabalho, como consequência de sua adequação ao direito do trabalho, como assevera Trueba Urbina para quem aplicar as regras usuais do ônus da

a) as partes orientarão suas atuações no processo, inicialmente, no sentido de provar tudo aquilo que interessa ao seu direito. Vale dizer: atuarão segundo a regra estática do art. 333 do CPC (*ônus subjetivo*);

b) atento ao dever de reduzir ao máximo a desigualdade entre as partes,[674] o juiz poderá, diante das circunstâncias do caso concreto e após prévio contraditório,[675] em juízo de ponderação e por meio de decisão motivada, imputar o ônus da prova à parte:[676]

---

prova, sem tratar de invertê-las, é 'desconocer que la elaboración del Derecho Procesal del Trabajo se debe a la necesidad de evitar que el litigante mas poderoso, económicamente hablando, pueda desviar y obstaculizar los fines de la justicia social'. É a mesma conclusão a que chegou Porras Lopez quando diz que 'la teoría de la inversión de la prueba está inspirada en altíssimos principios de interés social'. Ilustra-se a hipótese com a prova de fatos em relação aos quais o empregador tenha acesso a um conjunto de dados e informações, aos quais dificilmente pode ter acesso o trabalhador, com a consequente redução de sua capacidade probatória, devendo ser levado em conta essa dificuldade na fixação do ônus da prova" (PAULA, Carlos Alberto Reis de. *A especificidade do ônus da prova no processo do trabalho*. São Paulo: LTr, 2001. p. 121-2).

673 Como bem observa Carnelutti, "sembra facile rispondere che questa serà la parte, la quale interesse a dare la prova. Sa risposta, peraltro non sarebbe soddisfacente, perchè mentre l'interesse alla affermazione è unilaterale, nel senso che chiascuna parte ha interesse ad a afermare solo i fatti costituenti la base della sua pretesa e della sua eccesione, l'interesse alla prova (alla dimostrasione) è bilaterale, nel senso che, una volta affermato un fatto, ciascuna parte ha interesse a fornire rispetto ad esso la prova: una ha interesse a provare la sua esistensa, l'altra a provare la sua inesistensa" (CARNELUTTI, Francesco. *Lezioni di diritto processuale civile*. Padova: Cedam, 1929. v. II, p. 340).

674 Essa técnica serve "de mecanismo para promover o princípio da igualdade, visto que há relações de direito processual em que as partes não estão em posição isonômica. Obrigar uma dessas partes a provar determinados fatos, para que possa obter a proteção dos seus direitos substanciais, significaria negar-lhe acesso à tutela jurisdicional, porque a demonstração dessas alegações seria extremamente difícil ou, mesmo, praticamente impossível. Logo, inverte-se o ônus da prova para evitar a injustiça de se proporcionar a vitória da parte mais forte, pela extrema dificuldade ou impossibilidade de a mais fraca demonstrar fatos que correspondem ao normal andamento das coisas ou quando isso pode ser, mais facilmente, comprovado pela parte contrária" (CAMBI, Eduardo. *A prova civil — admissibilidade e relevância*. São Paulo: RT, 2006. p. 410).

675 Destaca-se a indispensabilidade da dialética (decorrente da cooperação) nesse procedimento, uma vez que o juiz tem o dever de manter permanente diálogo com as partes, a fim de esclarecê-las, adverti-las e alertá-las sobre as suas situações, ônus e deveres no processo (*supra*, n. 4.9).

676 Anteprojeto de Código Brasileiro de Processos Coletivos elaborado pelo IBDP:
Art. 11. Provas. São admissíveis em juízo todos os meios de prova, desde que obtidos por meios lícitos, incluindo a prova estatística ou por amostragem.
§ 1º Sem prejuízo do disposto no art. 333 do Código de Processo Civil, o ônus da prova incumbe à parte que detiver conhecimentos técnicos ou informações específicas sobre os fatos, ou maior facilidade em sua demonstração.
§ 2º O ônus da prova poderá ser invertido quando, a critério do juiz, for verossímil a alegação, segundo as regras ordinárias de experiência, ou quando a parte for hipossuficiente.
§ 3º Durante a fase instrutória, surgindo modificação de fato ou de direito relevante para o julgamento da causa (parágrafo único do art. 5º deste Código), o juiz poderá rever, em decisão motivada, a distribuição do ônus da prova, concedendo à parte a quem for atribuída a incumbência prazo razoável para sua produção, observado o contraditório em relação à parte contrária (art. 25, § 5º, inciso IV).
Projeto-TST (Carlos Alberto Barata Silva e José Luiz Vasconcelos), 99. O juiz não admitirá produção de prova sobre fatos incontroversos ou confessados pela parte.

Parágrafo único. Não admitirá o juiz que o reclamado produza prova oral com relação a tema relativo ao qual a lei estabeleça a exigência de documentação ou registro específico que não tenha vindo aos autos. PL-3427/2008, CLT, 818-A. Constitui ônus da empresa demonstrar que propicia a seus trabalhadores meio ambiente sadio e seguro ou que adotou, oportuna e adequadamente, as medidas preventivas de modo a eliminar ou neutralizar os agentes insalubres, penosos ou perigosos, bem como as causas de acidentes ou doenças ocupacionais.

§ 1º. O reclamado deverá apresentar, com a defesa, documentação relativa aos programas e instrumentos preventivos de segurança e saúde no trabalho a que está obrigado a cumprir.

§ 2º. Se o reclamado não cumprir o disposto no § 1º, o juiz poderá determinar a realização de prova pericial às suas expensas.

§ 3º. Será dispensável a realização da perícia sempre que o juiz entender que as provas dos autos são suficientes para respaldar tecnicamente sua decisão.

§ 4º. Determinada a realização da prova técnica, o juiz nomeará perito, facultando às partes, no prazo de cinco dias, a formulação de quesitos pertinentes e a indicação de assistentes técnicos, os quais apresentarão seus pareceres no prazo fixado para o perito.

§ 5º. As partes que não indicarem assistentes técnicos poderão apresentar impugnação fundamentada aos laudos, no prazo comum de cinco dias, contado a partir da entrega do laudo oficial.

§ 6º. O perito do juízo e os assistentes técnicos deverão estar habilitados na forma do art. 195.

LEC-Espanha, 217.6. Para la aplicación de lo dispuesto en los apartados anteriores de este artículo el tribunal deberá tener presente la disponibilidad y facilidad probatoria que corresponde a cada una de las partes del litigio.

CGP-Uruguai, 139.1. Corresponde probar, a quien pretende algo, los hechos constitutivos de su pretensión; quien contradiga la pretensión de su adversario tendrá la carga de probar los hechos modificativos, impeditivos o extintivos de aquella pretensión.

139.2. La distribución de la carga de la prueba no obstará a la iniciativa probatoria del tribunal ni a su apreciación, conforme con las reglas de la sana crítica, de las omisiones o deficiencias de la prueba.

LFT-México, 784. La Junta eximirá de la carga de la prueba al trabajador, cuando por otros medios esté en posibilidad de llegar al conocimiento de los hechos, y para tal efecto requerirá al patrón para que exhiba los documentos que, de acuerdo con las leyes, tiene la obligación legal de conservar en la empresa, bajo el apercibimiento de que de no presentarlos, se presumirán ciertos los hechos alegados por el trabajador. En todo caso, corresponderá al patrón probar su dicho cuando exista controversia sobre:

I. Fecha de ingreso del trabajador;
II. Antiguedad del trabajador;
III. Faltas de asistencia del trabajador;
IV. Causa de rescisión de la relación de trabajo;
V. Terminación de la relación o contrato de trabajo para obra o tiempo determinado, en los términos del artículo 37 fracción I y 53 fracción III de esta Ley;
VI. Constancia de haber dado aviso por escrito al trabajador de la fecha y causa de su despido;
VII. El contrato de trabajo;
VIII. Duración de la jornada de trabajo;
IX. Pagos de días de descanso y obligatorios;
X. Disfrute y pago de las vacaciones;
XI. Pago de las primas dominical, vacacional y de antiguedad;
XII. Monto y pago del salario;
XIII. Pago de la participación de los trabajadores en las utilidades de las empresas; y
XIV. Incorporación y aportación al Fondo Nacional de la Vivienda.

CPC da Província de Santiago del Estero – Argentina, art. 78º. Incumbirá al empleador la prueba contraria a las afirmaciones de la parte trabajadora:

a. Cuando ésta reclame el cumplimiento de las prestaciones impuestas por las leyes laborales;
b. Cuando exista obligación de llevarse libros, registro o planillas especiales según las disposiciones legales pertinentes, y no se los exhiba en juicios o resulte que no reúnen las condiciones requeridas, mediante comprobación directa por el Tribunal, o según informe de la Autoridad Administrativa competente.
c. Cuando se cuestione monto de remuneración;
d. Cuando la demanda se fundamente en hechos que hayan dado lugar a resolución condenatoria de la Autoridad Administrativa en uso de sus facultades.

(i) com conhecimentos técnicos e/ou informações específicas sobre os fatos afirmados no processo; ou

(ii) que possuir maior facilidade em demonstrar as suas afirmações; ou

(iii) que tiver condições de suportá-lo com menor inconveniente e despesa[677] e com maior rapidez e eficácia.[678]

Redefine-se, desse modo, a medida de participação de cada uma das partes,[679] proporcionando-se, com isso, comportamentos ativos (colaboração) destas,[680] a fim de permitir uma prestação razoável, adequada, aceitável e equitativa da tutela jurisdicional.[681]

5.13. Penhora de salários, vencimentos, honorários, etc.

Nenhum dispositivo da legislação processual do trabalho estabelece a impenhorabilidade de salários (CF, 7º, X), vencimentos, honorários, etc. para pagamento de

---

677 A dinâmica da prova, segundo exemplo de Dall'Agnol Jr., permite ao juiz impor ao réu o ônus de antecipar as despesas necessárias para a produção de perícia (técnica ou médica) destinada a provar a afirmação sobre fato constitutivo alegado pelo autor (DALL'AGNOL JR., Antônio Janyr. Distribuição dinâmica dos ônus probatórios. In: *Revista dos Tribunais*, São Paulo, 788:92-107, jun./2001).

678 Nesse sentido, a conclusão n. 6 do IV Congresso Ibero-Americano de Direito do Trabalho e da Seguridade Social: Incumbe-se ao empregador a prova do cumprimento das obrigações normais impostas pelo contrato de trabalho. Conclusão de n. 8: Para efeito de provar fatos vinculados com a relação de trabalho, considera-se essencial que os mesmos sejam registrados pelo empregador em documentos de controle legalmente estabelecidos. Em tal caso, o não cumprimento desta obrigação, criara a presunção *juris tantum* de verossimilhança em favor do alegado pelo trabalhador. Os elementos de controle deverão ser submetidos à fiscalização dos ogãos públicos competentes.

679 "Com isso, atribui-se *valor probatório provisório* ao fato alegado, sem a necessidade de produção de prova, dando-se oportunidade para que a parte contrária forneça a prova, que, caso não convença o juiz, gera a consequência negativa de fazer com que o valor provisoriamente atribuído se torne, quando do proferimento da sentença de mérito, definitivo" (CAMBI, Eduardo. *A prova civil — admissibilidade e relevância*. São Paulo: RT, 2006. p. 411).

680 O entendimento consubstanciado na Súmula TST n. 338 representa uma tentativa de definição prévia de quem possui melhores condições de produzir a prova, mediante presunção.
Súmula TST n. 338. I – É ônus do empregador que conta com mais de 10 (dez) empregados o registro da jornada de trabalho na forma do art. 74, § 2º, da CLT. A não apresentação injustificada dos controles de frequência gera presunção relativa de veracidade da jornada de trabalho, a qual pode ser elidida por prova em contrário. III – Os cartões de ponto que demonstram horários de entrada e saída uniformes são inválidos como meio de prova, invertendo-se o ônus da prova, relativo às horas extras, que passa a ser do empregador, prevalecendo a jornada da inicial se dele não se desincumbir.

681 Tendo em conta o "scopo del processo è chiaro che il criterio deve essere scelto non già solo con riguardo alla sua idoneità per distinguere le parti rispetto al fatto, ma acora con riguardo alla convenienza di stimolare alla prova quella parte, che sia più probabilmente in grado di darla, e così in base a una regola di esperienza, la quale stabilisca qualle delle due parti sia in condizione migliore per fornire la prova di un fatto. Soltanto così l'onere della prova costituisce uno strumento per raggiungere lo scopo del processo, che è non la semplice composicione, bensì la giusta composicione della lite: perchè reagisce su quella parte, che può portare piu utile contributo alla convinzione del giudice e perchè, ove questa convinsione debba formarsi nel difetto della prova, cioè ove il giudice debba disattendere una afermazione solo perchè la parte non la ha provata, offre la probabilità massima della coincidenza di questa convinsione con la verità" (CARNELLUTTI, Francesco. *Lezioni di diritto processuale civile*. Padova: Cedam, 1929. v. II, p. 341).

dívida trabalhista. Por conta dessa omissão, aplica-se a regra do art. 649, IV, do CPC.[682] Essa aplicação, porém, é feita de modo irrefletido, automático, irracional. Não se leva em conta o campo de incidência e tampouco os valores em jogo.[683] Daí a necessidade de se fixar o alcance da aplicação do art. 649, IV, do CPC no processo do trabalho.

Uma das projeções dos direitos da personalidade[684] é o direito de viver com dignidade. Por julgar que esse é um valor que se sobrepõe à satisfação do crédito executado judicialmente, a legislação o protege, fixando objetivamente limites e exclusões (*políticos e sociais*) à penhora de bens.[685] Busca-se, com isso, humanizar a execução e assegurar o desenvolvimento da solidariedade social, na medida em que se garante um mínimo patrimonial indispensável à existência decente do executado e de sua família.[686]

---

682 CPC, 649. São absolutamente impenhoráveis:
IV – os vencimentos, subsídios, soldos, salários, remunerações, proventos de aposentadoria, pensões, pecúlios e montepios; as quantias recebidas por liberalidade de terceiro e destinadas ao sustento do devedor e sua família, os ganhos de trabalhador autônomo e os honorários de profissional liberal, observado o disposto no § 3º deste artigo.

683 TST-OJ-SBDI-1 n. 153. Ofende direito líquido e certo decisão que determina o bloqueio de numerário existente em conta salário, para satisfação de crédito trabalhista, ainda que seja limitado a determinado percentual dos valores recebidos ou a valor revertido para fundo de aplicação ou poupança, visto que o art. 649, IV, do CPC contém norma imperativa que não admite interpretação ampliativa, sendo a exceção prevista no art. 649, § 2º, do CPC espécie e não gênero de crédito de natureza alimentícia, não englobando o crédito trabalhista.

684 Os direitos da personalidade constituem "atributos tão intimamente ligados ao próprio modo de ser da pessoa, que sem eles a vida ficaria degradada a uma condição subumana, incompatível com sua natureza e com a dignidade espiritual de que é dotada. Como a execução é em si uma limitação à liberdade, o zelo pelos atributos da personalidade constitui, assim, um limite ao limite que o Estado pode pôr à autonomia individual" (DINAMARCO, Cândido Rangel. *Execução civil*. 8. ed. São Paulo: Malheiros, 2002. p. 311).

685 O princípio da responsabilidade patronal (CPC, 591) sofre as limitações impostas pela inalienabilidade e impenhorabilidade de bens (CPC, 648), optando a legislação por preservar o bem sob a posse do devedor (não obstante a inadimplência), por razões de ordem política e social. "Embora a impenhorabilidade seja fato de natureza processual, pode a causa situar-se tanto no direito material como no processual. A impenhorabilidade *substancial*, isto é, a que decorre do direito material, pode ser *absoluta*, quando os bens se apresentam absolutamente intransmissíveis, e *relativa* quando apenas não são sujeitos à transmissão forçada, como, por exemplo, se dá nas cláusulas de testamento e doação que imponham apenas a impenhorabilidade dos bens, sem declará-los inalienáveis. No que toca à impenhorabilidade *processual*, também ocorre a distinção entre bens *absolutamente impenhoráveis* e *relativamente impenhoráveis*, embora o sentido seja diverso daquele de direito substancial: para o processo aqueles são os que nunca podem ser penhorados (art. 649) e estes os que só se sujeitam à penhora na falta de outros bens do devedor (art. 650)" (THEODORO JÚNIOR, Humberto. *Comentários ao Código de Processo Civil*. 2. ed. Rio de Janeiro: Forense, 2003. v. IV, p. 391-2).

686 A impenhorabilidade de bens tem suas raízes no benefício de competência (*beneficium competentiae*) do período clássico (ou período *per formulas* – formulário) do direito romano (século II a. C. até o século III d. C.). Por considerações especiais, certas pessoas, quando devedoras, pagavam apenas quanto podiam (*quantum facere potest*), sendo lícito conservar quantidade de bens suficientes para manter a si e sua família. Surgia, com isso, a noção de que a satisfação do credor não poderia avançar sobre o mínimo patrimonial necessário à subsistência do devedor e de sua família. Nesse sentido, a lição de Araken de Assis: "O art. 649 contempla o *beneficium competentiae* (benefício de competência), ou seja, a impenhorabilidade do estritamente necessário à sobrevivência do executado e de sua família.

A impenhorabilidade dos salários, vencimentos, honorários etc. é a que, com maior nitidez, representa a escolha legal de privilegiar a garantia de sobrevivência do executado. Presume-se que a apreensão do salário, cuja natureza é alimentar, coloca em risco a sobrevivência do trabalhador e de sua família. Assim, o credor, salvo o de prestação alimentícia, não pode satisfazer o seu crédito mediante penhora (ainda que em parte) do salário do executado.

A preservação da sobrevivência digna do executado e de sua família, porém, não deve abrir espaço para exageros.[687] Não deve, pois, caracterizar privilégio que desconsidera completamente os direitos do credor, sobretudo quando o crédito for de natureza alimentar, ainda que em sentido amplo (como o crédito trabalhista).[688] São imprescindíveis (para que se torne legítima) o equilíbrio[689] e a proporcionalidade.[690]

Esta restrição à regra da responsabilidade patrimonial (art. 591) se impôs à consciência humana no período romano das *extraordinariae cognitiones* quando, então, o devedor sem culpa da insolvência tinha direito à execução patrimonial da *cessio bonorum* que, na prática, isentava-o da constrição pessoal e da infâmia, além de conceder o *beneficium competentiae*. Desenvolveu-se o instituto, no direito comum, até tomar a dimensão atual, recepcionado pela maioria dos códigos" (ASSIS, Araken de. *Comentários ao Código de Processo civil*. São Paulo: RT, 2000. v. 9, p. 74).

687 Esse exagero foi apontado por José Alberto dos Reis em referência ao CPC de 1939. Disse o jurista lusitano: "O sistema brasileiro parece-nos inaceitável. Não se compreende que fiquem inteiramente isentos os vencimentos e soldos, por mais elevados que sejam. Há aqui um desequilíbrio manifesto entre o interesse do credor e o do devedor; permite-se a este que continue a manter o seu teor de vida, que não sofra restrições algumas no seu conforto e nas suas comodidades, apesar de não pagar aos credores as dívidas que contraiu" (REIS, José Alberto dos. *Processo de execução*. 3. ed. Coimbra: Coimbra, 1985. v. 1, p. 384).

688 É preciso, então, estar atento para "não exagerar impenhorabilidades, de modo a não as converter em escudos capazes de privilegiar o mau pagador. A impenhorabilidade da casa residencial, estabelecida pela *Lei do Bem de Família* (Lei n. 8.009, de 29.3.1990), não deve deixar a salvo uma grande e suntuosa mansão em que resida o devedor, o qual pode muito bem alojar-se em uma residência de menor valor; a impenhorabilidade dos *instrumentos necessários ao exercício da profissão* (CPC, art. 649, inc. VI) não deve impedir o credor de obter a penhora de uma aeronave de alto valor ou de equipamentos sofisticados do devedor, o qual pode exercer dignamente sua profissão com menor emprego de capital ou mesmo como empregado. O zelo pela vida das empresas, que justifica uma série de cautelas na penhora de bens de propriedade destas, não é motivo para impedir de modo absoluto a penhora de equipamentos ou de rendimentos, sob pena de romper o equilíbrio do sistema executivo, a dano do credor e em desprestígio das decisões judiciárias" (DINAMARCO, Cândido Rangel. *A nova era do processo civil*. São Paulo: Malheiros, 2003. p. 298).

689 Segundo Leonardo Greco, como os limites e exclusões à penhora de bens derrogam a regra geral de sujeição de todos os bens do devedor ao cumprimento das suas obrigações (CPC, 591), cumpre interpretá-los restritivamente (GRECO, Leonardo. *O processo de execução*. Rio de Janeiro: Renovar, 2001. v. 2, p. 9).

690 São inaceitáveis as exclusões e os limites que conduzem "ao comprometimento da efetividade da tutela executiva em nome de um suposto direito do devedor a resistir incontroladamente ao exercício da jurisdição. (...). O direito brasileiro vive um momento de muito empenho em prestigiar o título executivo e promover meios hábeis a proporcionar a efetiva e tempestiva satisfação dos direitos por obra dos juízes" (DINAMARCO, Cândido Rangel. *A nova era do processo civil*. São Paulo: Malheiros, 2003. p. 292).

Países atentos a isso, como França (Código do Trabalho, 145),[691] Espanha (LEC, 607)[692] e Portugal (CPC, 824º),[693] apenas para citar alguns, permitem a penhora de parte dos salários.

Como o juiz tem de interpretar a lei "de modo que o resultado da aplicação aos casos singulares produza a realização do maior grau de justiça"[694] possível, não se

---

[691] CT-França, L145-2 Sous réserve des dispositions relatives aux créances d'aliments, les sommes dues à titre de rémunération ne sont saisissables ou cessibles que dans des proportions et selon des seuils de rémunération affectés d'un correctif pour toute personne à charge, fixés par décret en Conseil d'État. Ce décret précise les conditions dans lesquelles ces seuils et correctifs sont révisés en fonction de l'évolution des circonstances économiques.
Pour la détermination de la fraction insaisissable, il est tenu compte du montant de la rémunération, de ses accessoires ainsi que, le cas échéant, de la valeur des avantages en nature, après déduction des cotisations et contributions sociales obligatoires. Il est en outre tenu compte d'une fraction insaisissable, égale au montant de ressources dont disposerait le salarié s'il ne percevait que le revenu minimum d'insertion. Sont exceptées les indemnités insaisissables, les sommes allouées à titre de remboursement de frais exposés par le travailleur et les allocations ou indemnités pour charges de famille.
CT-França, L145-3 Lorsqu'un débiteur perçoit de plusieurs payeurs des sommes saisissables ou cessibles dans les conditions prévues par le présent chapitre, la fraction saisissable est calculée sur l'ensemble de ces sommes. Les retenues sont opérées selon les modalités déterminées par le juge.

[692] LEC-Espanha, 607. Embargo de sueldos y pensiones.
1. Es inembargable el salario, sueldo, pensión, retribución o su equivalente, que no exceda de la cuantía señalada para el salario mínimo interprofesional.
2. Los salarios, sueldos, jornales, retribuciones o pensiones que sean superiores al salario mínimo interprofesional se embargarán conforme a esta escala:
Para la primera cuantía adicional hasta la que suponga el importe del doble del salario mínimo interprofesional, el 30%.
Para la cuantía adicional hasta el importe equivalente a un tercer salario mínimo interprofesional, el 50%.
Para la cuantía adicional hasta el importe equivalente a un cuarto salario mínimo interprofesional, el 60%.
Para la cuantía adicional hasta el importe equivalente a un quinto salario mínimo interprofesional, el 75%.
Para cualquier cantidad que exceda de la anterior cuantía, el 90%.
3. Si el ejecutado es beneficiario de más de una percepción, se acumularán todas ellas para deducir una sola vez la parte inembargable. Igualmente serán acumulables los salarios, sueldos y pensiones, retribuciones o equivalentes de los cónyuges cuando el régimen económico que les rija no sea el de separación de bienes y rentas de toda clase, circunstancia que habrán de acreditar al tribunal.
4. En atención a las cargas familiares del ejecutado, el tribunal podrá aplicar una rebaja de entre un 10 a un 15 % en los porcentajes establecidos en los números 1, 2, 3 y 4 del apartado 2 del presente artículo.
5. Si los salarios, sueldos, pensiones o retribuciones estuvieron gravados con descuentos permanentes o transitorios de carácter público, en razón de la legislación fiscal, tributaria o de Seguridad Social, la cantidad líquida que percibiera el ejecutado, deducidos éstos, será la que sirva de tipo para regular el embargo.
6. Los anteriores apartados de este artículo serán de aplicación a los ingresos procedentes de actividades profesionales y mercantiles autónomas.

[693] CPC-Portugal, 824º (Bens parcialmente penhoráveis)
1 – São impenhoráveis:
a) Dois terços dos vencimentos, salários ou prestações de natureza semelhante, auferidos pelo executado;
b) Dois terços das prestações periódicas pagas a título de aposentação ou de outra qualquer regalia social, seguro, indemnização por acidente ou renda vitalícia, ou de quaisquer outras pensões de natureza semelhante.

[694] DINAMARCO, Cândido Rangel. *A nova era do processo civil*. São Paulo: Malheiros, 2003. p. 301.

pode vetar de modo absoluto a penhora de salários no direito brasileiro, mesmo diante da ausência de expressa permissão excepcional de sua ocorrência.[695]

Assegurada margem ideal de segurança alimentar e a sobrevivência decente (digna) do executado e de sua família (escopo da impenhorabilidade), não há razão para dele não subtrair parte de seu salário a fim de (também) garantir a dignidade (CF, 1º, III) do trabalhador que lhe entregou a força de trabalho (CF, 193) e ficou por longo tempo sem receber a contraprestação devida.[696] Trata-se de humanizar a regra de exclusão da penhora e assegurar o desenvolvimento da solidariedade social (em favor do credor).

5.14. Primazia do exequente e menor onerosidade ao executado

Muitas são as manifestações doutrinárias e jurisprudenciais que elevam a níveis exagerados o *princípio da menor onerosidade ao executado* (CPC, 620), em desprestígio à finalidade da execução e com inaceitável inversão da proposição lógica da *primazia do exequente* (CPC, 612). Daí a necessidade de abordar esse tema.

A finalidade da execução é a de satisfazer a obrigação mediante atividades práticas que propiciem ao exequente o mesmo resultado que alcançaria por meio do adimplemento voluntário.[697] Por isso, a execução se realiza no interesse do exequente (toda a atividade

---

695 Nesse sentido, a lição de Manoel Antonio Teixeira Filho: na "hipótese de o devedor auferir altos salários e o valor da execução ser de pequena monta, não nos parece sensato vetar, com rigor absoluto, a possibilidade de penhora de parte do salário, pois esse ato executivo poderia não provocar maiores transtornos e dificuldades ao devedor, além de ser necessário para satisfazer o direito do credor. Não nos move aqui — desejamos esclarecer — o escopo de fazer tábula rasa da norma processual, que diz da impenhorabilidade dos salários, vencimentos, soldos etc., e sim o de estabelecer uma regra de ponderação, segundo a qual, em situações especiais, será possível o apresamento de salários (para cogitarmos apenas deste), sem que isso implique afronta ao princípio inscrito no art. 649 do CPC. Desde que o devedor possa suportar, sem prejuízo do sustento pessoal e familiar, a penhora de parte do seu salário, e sendo esta suficiente para solver a dívida oriunda do título executivo, até mesmo razões éticas sugerem a prática desse ato de constrição" (TEIXEIRA FILHO, Manoel Antonio. *Execução no processo do trabalho.* 7. ed. São Paulo: LTr, 2001. p. 442).

696 Não é o caso, porém, de estabelecer critério objetivo, como querem certos juristas e tribunais (que fixam o percentual de 30%). "Aqui, como em tudo, deve prevalecer a *lógica do razoável*, que também é arredia a fórmulas estereotipadas e conta com o bom-senso e a acuidade do juiz, ou sua capacidade de encontrar caminhos para fazer justiça" (DINAMARCO, Cândido Rangel. *A nova era do processo civil.* São Paulo: Malheiros, 2003. p. 301).

697 "A produção de resultados no mundo exterior ao processo é, sempre, o objetivo específico da execução civil — quer quando esta se faz por coerção, quer por sub-rogação" (DINAMARCO, Cândido Rangel. *Instituições de direito processual civil.* São Paulo: Malheiros, 2004. v. IV, p. 54).
Como ressalta José Carlos Barbosa Moreira esclarece, o "postulado da 'maior coincidência possível' deve atuar no sentido de imprimir à execução" da sentença ou de título extrajudicial "a aptidão para produzir resultado tendente a igualar aquele que se obteria mediante a realização espontânea do direito" (BARBOSA MOREIRA, José Carlos. Tendências na execução de sentenças e ordens judiciais. In: *Temas de direito processual — quarta série.* São Paulo: Saraiva, 1989. p. 215).
"A primeira finalidade da execução é dar ao credor tudo aquilo que ele receberia se o devedor tivesse cumprido espontaneamente a prestação constante do título" (GRECO, Leonardo. *O processo de execução.* Rio de Janeiro: Renovar, 2001. v. 2, p. 3).

executória está organizada e se dirige a efetivar a obrigação), que ostenta ontológica posição de superioridade (CPC, 612 — *princípio da primazia ou da preeminência do exequente*).[698]

Se o exequente, então, ostenta posição de *preeminência*, o executado, necessariamente, ostenta ontológico estado de *sujeição* (essa é a afirmação da exposição de motivos do CPC). Cumpre a ele suportar "os atos que o juiz determinar, considerando-se atentador à dignidade da Justiça e praticando crime de resistência (CP, art. 329) em caso de opor-se injustificadamente à execução. Isso constitui projeção da regra política da inevitabilidade do exercício do poder".[699]

A regra da menor onerosidade ao executado (CPC, 620), portanto:

a) não é autônoma, uma vez que se subordina ao estado de superioridade do exequente (CPC, 612). Não elide, por isso, "a finalidade precípua da execução, que visa satisfazer o credor";[700]

b) não constitui uma limitação política impeditiva da execução. Trata-se, apenas, de limitação de excessos. A regra do art. 620 do CPC não pode, por isso, "ser manipulada como um escudo a serviço dos maus pagadores nem como um modo de renunciar o Estado-juiz a cumprir seu dever de oferecer tutela jurisdicional a quem tem razão";[701]

O fim da execução consiste "em obter para o exequente precisamente aquele benefício que lhe traria o cumprimento da obrigação por parte do devedor ou, se isto não é possível, ao menos um benefício equivalente" (REIS, José Alberto. *Processo de execução*. 3. ed. Coimbra: Coimbra, 1985. v. 1, p. 23).

698 Desfruta o exequente de uma posição indiscutivelmente mais vantajosa em relação ao executado, "que decorre do pressuposto da certeza da existência do seu crédito previamente constituído através do título executivo e que impõe àquele o ônus de submeter-se a atos coativos e a intervenções forçadas na sua esfera de liberdade, em benefício da satisfação do interesse do primeiro" (GRECO, Leonardo. *O processo de execução*. Rio de Janeiro: Renovar, 1999. v. 1, p. 170).

699 DINAMARCO, Cândido Rangel. *Execução civil*. 8. ed. São Paulo: Malheiros, 2002. p. 249.

700 ASSIS, Araken de. Teoria geral do processo de execução. In: WAMBIER, Tereza Arruda Alvim (Coord.). *Processo de execução e assuntos afins*. São Paulo: RT, 1998. p. 43.
A menor onerosidade não deve "privilegiar *sempre* o devedor, sem atenção aos direitos do credor. Amenizar, sim, privilegiar não. Esse é o espírito do art. 620 do Código de Processo Civil" (DINAMARCO, Cândido Rangel. *A nova era do processo civil*. São Paulo: Malheiros, 2003. p. 300).
"Conquanto disponha a parte executada de precedência para fazer a nomeação de bens à penhora, essa prerrogativa não fica ao seu exclusivo alvedrio, na medida em que este procedimento deve obedecer, de regra, à ordem do art. 655 do CPC (art. 882/CLT). A garantia do devedor no sentido do processamento da execução menos onerosa, consoante art. 620/CPC, não possui força de subverter, por si só, todo um procedimento contemplado em lei, uma vez que não se sujeita aos interesses das partes, mas decorre da necessidade de se dar cumprimento aos princípios da celeridade e economia processual. Além disso, da mesma forma que existe o referido preceito legal amparando o devedor, há também o que ressalva os interesses do credor, o art. 612 do CPC, o qual determina que a realização/efetivação da execução seja processada no interesse do credor" (TRT-22ªR-AP-00500-2004-001-22-00-0, 1ª T., Rel. Des. Arnaldo Boson Paes, DJe 18-12-2009).

701 DINAMARCO, Cândido Rangel. *Instituições de direito processual civil*. São Paulo: Malheiros, 2004. v. IV, p. 58. Para que a execução atinja a sua finalidade e o processo produza os resultados desejados, "é preciso que agora os juízes se disponham a empregar as ferramentas que a lei lhes oferece — porque, como é

c) não pode eliminar ou comprometer a necessária efetividade da tutela executiva. Não se pode aplicar a regra do art. 620 do CPC com exageros, pois seria inaceitável que pudesse "conduzir ao comprometimento da efetividade da tutela executiva em nome de um suposto direito do devedor a resistir incontroladamente ao exercício da jurisdição";[702]

d) não pode eliminar ou comprometer a necessária tempestividade processual. A execução não representa uma "oportunidade para punir, mas para exigir o cumprimento da obrigação". Não obstante isso, o princípio do menor detrimento possível para o executado "não significa salvo-conduto para procrastinações".[703]

5.15. Execução provisória

O sistema legal deixa à disposição do exequente a possibilidade de executar a obrigação por quantia certa de título judicial antecipadamente (CLT, 899; CPC, 475-I, § 1º). Os ônus e limitações fixados nos arts. 899 da CLT e 475-O do CPC, entretanto, interpretados à luz de preconceitos e dogmas e alimentados por raciocínios burocráticos e insensíveis às realidades da vida e às angústias dos litigantes, desestimulam a utilização da execução *imediata* e *completa* da sentença e encorajam a interposição de recursos com intuito meramente protelatório,[704] aprisionando, assim, a efetividade e a tempestividade processuais.[705] Daí a necessidade de abordar esse tema.

Se a execução *imediata* e *completa* da sentença, porém, é fator indispensável à obtenção de um processo de resultados, há que se implantar uma nova postura em relação a ela.[706] Não é razoável exigir que o autor suporte o tempo do processamento

---

verdade surrada, de nada vale uma boa lei processual se os juízes a ignorarem ou tiverem medo de impô-la com o objetivo de tornar efetivas suas próprias decisões" (DINAMARCO, Cândido Rangel. *A nova era do processo civil*. São Paulo: Malheiros, 2003. p. 294-5).

702 DINAMARCO, Cândido Rangel. *A nova era do processo civil*. São Paulo: Malheiros, 2003. p. 292-3.

703 OLIVEIRA, Francisco Antonio de. *Manual de penhora — enfoques trabalhistas e jurisprudência*. São Paulo: RT, 2001. p. 37.

704 Nesse sentido: GRECO, Leonardo. *O processo de execução*. Rio de Janeiro: Renovar, 1999. v. 1, p. 202.

705 Em nome de certas garantias e princípios, concebidos para dar consistência metodológica à ciência do processo, estimularam-se certos exageros e formalismos que transmudaram a conceituação inicial, com autorização para a prática de atos tendentes ao retardamento do cumprimento da obrigação. A regra de ouro, porém, como ressalta Cândido Rangel Dinamarco, é a lembrança de que as normas jurídicas e os princípios não constituem "um objetivo em si mesmo e todos eles, em seu conjunto, devem valer como meios de melhor proporcionar um sistema processual justo, capaz de efetivar a promessa constitucional de *acesso à justiça*" (DINAMARCO, Cândido Rangel. *Instituições de direito processual civil*. 2. ed. São Paulo: Malheiros, 2002. v. I, p. 248-9).

706 Há muito tempo, "admite-se a execução na pendência do recurso. Esse tipo de execução é chamado de provisória, e muitos retiram dela a ideia de que a execução fica limitada, não levando à completa satisfação do direito. Trata-se de equívoco, pois a 'completude' da execução feita na pendência do recurso é uma questão de política legislativa, não constituindo uma decorrência necessária da existência de recurso, a menos que se continue entendendo que a execução, antes do julgamento do recurso, constitui um julgado que ainda não 'descobriu a verdade' e, portanto, fere a 'ampla defesa'" (MARINONI, Luiz Guilherme. *Técnica Processual e Tutela dos Direitos*. São Paulo: RT, 2004. p. 48).

do recurso se a sentença impugnada afirma a existência do direito.[707] A distribuição do ônus do tempo do processo é "absolutamente necessária para a manutenção da isonomia entre os litigantes".[708]

Enquanto não for modificada ou anulada, a sentença é um ato legítimo e justo. Não há motivo para que seja "considerada apenas um projeto da decisão de segundo grau", devendo ostentar capacidade para realizar direitos e "interferir na vida das pessoas". O recurso que impugna a sentença serve, unicamente, "para o réu tentar demonstrar o desacerto da tarefa do juiz. Assim, por lógica, é o réu, e não o autor, aquele que deve suportar o tempo do recurso interposto contra a sentença de procedência. Se o recurso interessa apenas ao réu, não é possível que o autor — que já teve o seu direito declarado — continue sofrendo os males da lentidão da Justiça".[709]

A execução completa, portanto, ainda que fundada em título provisório, deve ser a regra. Considerando-se, porém, que é humanamente impossível pensar no exercício jurisdicional imune a erros, deve-se estabelecer um sistema que opere harmonicamente certezas, probabilidades e riscos. Daí a necessidade de se manter aberta a possibilidade de retorno das partes (não das coisas) ao estado anterior,[710] permitindo-se ao juiz que, mediante a ponderação dos riscos de reforma ou anulação de sentença, arbitre caução a ser prestada nos próprios autos pelo exequente, como condição para a prática de atos de expropriação e de entrega do dinheiro, desde que o requeira o executado.[711]

---

707 "Um sistema que não admite a execução da sentença na pendência do recurso causa dano ao autor, ao passo que o sistema que a admite pode causar prejuízo ao réu. Note-se, porém, que não admitir a execução imediata da sentença é o mesmo que dizer que o autor pode ser prejudicado e que o réu sequer pode ser exposto a riscos. Se o autor é prejudicado pelo tempo do primeiro grau, não há motivo plausível para o sistema prejudicá-lo ainda mais, desconsiderando a necessidade de execução imediata da sentença para deixar o réu completamente livre de riscos. Parece não haver dúvida de que o processo tradicional foi concebido, ainda que inconscientemente, na medida dos interesses do réu" (MARINONI, Luiz Guilherme. A execução imediata da sentença. In: MARINONI, Luiz Guilherme; DIDIER JR., Fredie (Coords.). *A segunda etapa da reforma processual civil*. São Paulo: Malheiros, 2002. p. 13).

708 Idem.

709 Ibidem, p. 14.

710 As "pessoas e não as coisas hão de ser repostas no estado anterior à execução provisória, se o título executivo for anulado ou reformado", de modo que "a provisoriedade se passa entre as partes do processo e não atinge terceiros que legitimamente tenham adquirido a propriedade dos bens excutidos. Se o credor foi quem se assenhoreou dos bens do devedor, por força da execução provisória, é claro que caindo esta terá ele de restituí-los *in natura*, sem prejuízo da indenização dos demais prejuízos decorrentes do processo executivo frustrado. Se, contudo, foram eles transferidos por arrematação a terceiro, o exequente não terá como restituí-los ao executado. Arcará, então, com a responsabilidade de reembolsá-lo de todos os prejuízos ocasionados" (THEODORO JÚNIOR, Humberto. *Comentários ao Código de Processo Civil*. 2. ed. Rio de Janeiro: Forense, 2003. v. IV, p. 214).

711 LEC-Espanha, 524. Ejecución provisional: demanda y contenido.
2. La ejecución provisional de sentencias de condena, que no sean firmes, se despachará y llevará a cabo, del mismo modo que la ejecución ordinaria, por el tribunal competente para la primera instancia. LEC-Espanha, 526. Ejecución provisional de las sentencias de condena en primera instancia. Legitimación. Salvo en los casos a que se refiere el artículo anterior, quien haya obtenido un pronunciamiento a su favor en sentencia de condena dictada en primera instancia podrá, sin simultánea prestación de caución, pedir y obtener su ejecución provisional conforme a lo previsto en los artículos siguientes.

5.16. Expropriação antecipada de bens

O sistema legal permite a expropriação antecipada de bens penhorados (CPC, 670 e 1.113).[712] Entendimentos tímidos, preconceituosos e burocráticos, porém, desestimulam a utilização desse mecanismo e o relegam ao desconhecimento, aprisionando, assim, a efetividade e a tempestividade processuais. Daí a necessidade de abordar esse tema.

A expropriação antecipada de bens tem lugar na execução provisória ou definitiva, bem como diante de execução suspensa (para processamento de impugnação, de embargos do executado, de terceiros ou por qualquer outro motivo), uma vez que se trata de ato urgente,[713] com escopo cautelar, destinado a assegurar o valor econômico dos bens depositados judicialmente.

Segundo a disciplina legal, o juiz determinará a alienação antecipada de bens de ofício, a requerimento do depositário ou de qualquer uma das partes (CPC, 1.113), sempre que:

a) houver manifesta vantagem (CPC, 670, II); ou

b) os bens estiverem sujeitos à deterioração (CPC, 670, I e 1.113) ou à depreciação (CPC, 670, I), ou estiverem avariados (CPC, 1.113), ou exigirem grandes despesas para a sua guarda (CPC, 1.113), ou forem semoventes (CPC, 1.113, § 1º).

Nas hipóteses de penhora de semovente ou de bem de guarda dispendiosa, entretanto, não será autorizada a alienação antecipada, desde que alguma das partes se obrigue a satisfazer ou garantir as despesas de conservação (CPC, 1.113, § 1º).

Resume-se o mecanismo da expropriação antecipada de bens, em quaisquer de suas hipóteses (CPC, 670 e 1.113), à verificação de *manifesta vantagem*. É nisso que reside e se apoia o instituto. Considerando-se o valor e a situação atual do bem penhorado, conclui-se, mediante cognição sumária, que a sua transformação em dinheiro alcançará preço mais elevado que aquele que possivelmente alcançaria ao final. Há nisso, então, maior proveito para o processo e para as partes.[714]

CPC-Itália, 282 (Esecuzione provvisoria)
La sentenza di primo grado è provvisoriamente esecutiva tra le parti.
CPC-Itália, 283 (Provvedimenti sull'esecuzione provvisoria in appello)
Il giudice d'appello su istanza di parte, proposta con l'impugnazione principale o con quella incidentale, quando ricorrono gravi motivi, sospende in tutto o in parte l'efficacia esecutiva o l'esecuzione della sentenza impugnata.

712 "Comumente, a expropriação judicial dos bens penhorados é efetuada após o trânsito em julgado da sentença resolutiva dos embargos opostos à execução (ou, simplesmente, da sentença homologatória da liquidação, nos casos em que o devedor não oferecer embargos), em praça ou leilão (CLT, art. 888, *caput*, §§ 1º e 3º), precedida de edital afixado na sede do juízo e publicado em jornal local (nas Capitais, a publicação vem sendo feita no Diário Oficial do Estado), com a antecedência de, no mínimo, vinte dias" (TEIXEIRA FILHO, Manoel Antonio. *Execução no processo do trabalho.* 7. ed. São Paulo: LTr, 2001. p. 129).

713 GRECO, Leonardo. *O processo de execução.* Rio de Janeiro: Renovar, 2001. v. 2, p. 348-9.

714 Quando houver manifesta vantagem, o juiz permitirá a alienação antecipada dos bens, até porque "o princípio legal recomenda que a execução seja realizada de modo menos gravoso ao devedor (CPC,

Não há como definir objetivamente *manifesta vantagem*, uma vez que se trata de expressão de conceito indeterminado (indefinido, subjetivo, aberto), destinada, por isso, a permitir maior trânsito do magistrado na análise de cada situação concreta. Caracteriza-se, porém, a manifesta vantagem, entre outros:

a) *pela conveniência e oportunidade.* Basta que o magistrado, após ouvir as partes (CPC, 670, parágrafo único e 1.113 § 2º), entenda desaconselhável aguardar o momento processual ordinariamente destinado à expropriação, sendo mais vantajosa a expropriação antecipada. Dispensa-se, no caso, a verificação de probabilidade da existência de um direito (*fumus boni juris*);

b) *por "razões de natureza econômica".*[715] Há manifesta vantagem, por exemplo, na expropriação antecipada de bens relacionados com a moda ou com o desenvolvimento tecnológico (automóveis, computadores, televisores etc.), uma vez que a velocidade de evolução do mercado de bens (especialmente os de consumo) os torna rapidamente ultrapassados (obsoletos);

c) *pela aferição mediante cognição sumária da existência do benefício.* Daí por que não se exigem "complexas análises sobre matéria técnica ou especializada".[716] Há manifesta vantagem, por exemplo, na expropriação antecipada de bens com prazo de validade e sujeitos à deterioração, uma vez que o simples decurso do tempo os torna imprestáveis.

Como a expropriação antecipada não tem natureza satisfativa, mas cautelar (evitar a perda ou desvalorização de bens), será operacionalizada unicamente pelo leilão (CPC, 1.113), pela alienação por iniciativa particular (CPC, 647) e pelo usufruto oneroso (CPC, 647, IV). Expropriado o bem, depositar-se-á em juízo o preço obtido, ficando nele sub-rogados os ônus ou responsabilidades a que estiverem sujeitos os bens (CPC, 1.116).

5.17. Protesto extrajudicial de título executivo judicial

O crédito trabalhista é superprivilegiado, uma vez que prefere a quaisquer outros (CTN, 186). Não obstante isso, o aparato para proteção de créditos de outras

---

art. 620). Não autorizar, na situação em exame, a expropriação antecipada dos bens judicialmente apreendidos seria constranger o devedor a ver o seu patrimônio ser, no todo ou em parte, destruído ou depreciado, fato que não haveria de ser do interesse do próprio credor, na medida em que acabaria por ver baldada a expectativa de receber o que a sentença lhe diz ser devido" (TEIXEIRA FILHO, Manoel Antonio. Execução no processo do trabalho. 7. ed. São Paulo: LTr, 2001. p. 130).

715 GRECO, Leonardo. O processo de execução. Rio de Janeiro: Renovar, 2001. v. 2, p. 347.
716 Ibidem, p. 347.

naturezas (CADIN, SPC, SERASA etc.) possui eficácia tal que provoca a inversão dessa ordem.

Aquele que possui dívida trabalhista e bancária (ou comercial), por exemplo, e seus recursos somente permitem quitar uma delas, fará opção pelo pagamento da dívida bancária (ou comercial), uma vez que o inadimplemento desta gerará a comunicação aos órgãos de proteção ao crédito, restringindo-se, assim, a liberdade de contrair novas dívidas, além de outras consequências (como, *v. g.*, impossibilidade de participação em licitações públicas). Daí a importância em tratar desse tema.

Para que o crédito trabalhista conserve o superprivilégio, faz-se necessário utilizar certos mecanismos de apoio. Um deles é o protesto extrajudicial (das sentenças) regulado pela Lei n. 9.492/1997.[717]

Inicialmente atrelado às relações cambiais, o protesto passou a ser admitido para todas as situações relativas a documentos que representem dívida em dinheiro (Lei n. 9.492/1997, 1º), compreendendo, assim, o título judicial (líquido ou liquidado) transitado em julgado.[718]

Embora o protesto extrajudicial não produza o efeito de provar a inadimplência e o descumprimento da obrigação (que já estão presentes na demanda judicial), funciona como sistema de apoio à técnica processual executiva.

Desse modo, transitado em julgado o título, e sendo ele líquido ou liquidado, sem que haja quitação voluntária do débito pelo réu, o juiz, de ofício[719] ou a requerimento do exequente, determinará a extração de *certidão de débito para fins de protesto*[720] e

---

717 Lei n. 9.492/1997, 1º Protesto é o ato formal e solene pelo qual se prova a inadimplência e o descumprimento de obrigação originada em títulos e outros documentos de dívida.

718 Nesse sentido: TARGA, Maria Inês Corrêa de C. César. O protesto extrajudicial de sentença trabalhista, determinado pelo magistrado *ex officio* — um contrassenso? In: *Revista LTr*, v. 73-4/404-8.

"A determinação de extração de certidão de objeto e pé e sua respectiva remessa ao Tabelionato de Protestos, após o trânsito em julgado de decisão líquida e não quitação da dívida no prazo determinado, constitui um instrumento à disposição do magistrado para prestigiar a efetividade da tutela jurisdicional e o respeito a coisa julgada, ainda mais após as recentes decisões do Supremo Tribunal Federal a respeito da impossibilidade da prisão civil por dívida do depositário infiel. Tal medida encontra guarida no ordenamento jurídico pátrio, notadamente no art. 5º, LXXVIII, da CF/88, o qual garante a todos, no âmbito judicial e administrativo, a razoável duração do processo e os meios que garantam a celeridade de sua tramitação" (TRT – 15ª R. – RO-0052900-31.2009.5.15.0024, Relª Desª Elency Pereira Neves, DJ 19-11-2009).

719 Ainda que se trate de protesto voluntário, a atuação oficial do juiz se justifica na medida em que se trata de um sistema de apoio à efetividade e tempestividade processuais.

720 A certidão de débito para fins de protesto conterá os dados: a) *do exequente e do executado*: nome, registro de identificação, CNPJ ou CPF e endereço; b) *da demanda trabalhista*: número dos autos, data do acordo, sentença ou acórdão, data do trânsito em julgado, valor original e atualizado do débito, praça de pagamento.

seu encaminhamento para o tabelionato de Protestos, para as providências da Lei n. 9.492/1997.[721]

---

721 Sinteticamente: a) apresentado o título no serviço notarial, dentro de 3 dias úteis, registrar-se-á o protesto (Lei n. 9.492/1997, 12) e expedir-se-á intimação ao devedor, que será considerada cumprida pela comprovação de sua entrega no endereço informado pelo apresentante (Lei n. 9.492/1997, 14); b) ainda dentro dos 3 dias úteis, cumprirá ao devedor comparecer diretamente ao tabelionato para efetuar o pagamento do título ou do documento de dívida apresentado para protesto, respondendo, ainda, pelos emolumentos e demais despesas (Lei n. 9.492/1997, 19). Caso compareça em juízo para quitar o débito, a ele deverão ser acrescidos os emolumentos e as demais despesas do tabelionato de protestos, uma vez que a retirada do documento pelo apresentante acarreta a responsabilidade pelo pagamento destes (Lei n. 9.492/1997, 16). O pagamento assegurará o sigilo do apontamento; c) findo o prazo de 3 dias úteis sem que tenha ocorrido o pagamento o tabelião lavrará e registrará o protesto, sendo o respectivo instrumento entregue ao apresentante (Lei n. 9.492/1997, 20). Ressalta-se não ser possível juridicamente sustar ou anular o protesto de título judicial, que somente admite subtração de efeitos por meio de ação rescisória (CLT, 836; CPC, 485); d) o documento entregue ao apresentante com o registro do protesto terá de ser exibido no serviço notarial pelo interessado em requerer o cancelamento do protesto (Lei n. 9.492/1997, 26); e) protestado o título, o tabelionato informará os órgãos de proteção ao crédito (Lei n. 9.492/1997, 29) e o nome do devedor passará a figurar no cadastro destes.

Capítulo 6
Processo do Trabalho Necessário

6.1. Atualização da legislação

A par da necessária estruturação da Justiça do Trabalho, inclusive com redistribuição das unidades judiciárias já existentes,[722] à racionalização (otimização) do exercício da jurisdição trabalhista é imprescindível a atualização das normas que regem o processo do trabalho, sendo essa uma das vertentes que norteia o presente trabalho. Não há dissenso sobre a necessidade desta. A questão que desafia resposta, porém, é: *que tipo de atualização normativa reclama o processo do trabalho?*[723]

Muitas são as vozes que se levantam sugerindo a criação de um código de processo do trabalho. Não sou, porém, simpático a essa ideia. Não por já haver tal projeto fracassado por duas vezes (primeiro com o Projeto Russomano, elaborado por Mozart Victor Russomano em 1963, e depois com o Projeto TST, elaborado por Carlos Alberto Barata Silva e José Luiz Vasconcelos em 1992), mas por entender que a existência de um código de processo do trabalho é desnecessária, inconveniente e inoportuna, além de representar uma neurótica regulação e um pensamento ultrapassado dos quais devemos nos livrar.[724]

---

722 CF, 113. A lei disporá sobre a constituição, investidura, jurisdição, competência, garantias e condições de exercício dos órgãos da Justiça do Trabalho.
Lei n. 10.770/2003, 28. Cabe a cada Tribunal Regional do Trabalho, no âmbito de sua Região, mediante ato próprio, alterar e estabelecer a jurisdição das Varas do Trabalho, bem como transferir-lhes a sede de um Município para outro, de acordo com a necessidade de agilização da prestação jurisdicional trabalhista.
Resolução CSJT n. 53, 5º. As Varas do Trabalho que recebam até 250 (duzentos e cinquenta) processos anuais serão remanejadas para localidades de maior movimentação processual, na forma do art. 28 da Lei n. 10.770/2003, com criação, na localidade, de Postos Avançados da Justiça do Trabalho (PAJT), vinculados a Varas do Trabalho definidas pelo Tribunal, com lotação de 4 (quatro) servidores e designação de Juiz do Trabalho Substituto para a realização de audiências.
§ 1º. A disposição contida no *caput* deste artigo não se aplica às Varas localizadas em regiões de difícil acesso ou consideradas estratégicas, definidas em ato do Tribunal.
§ 2º. As Funções Comissionadas destinadas aos servidores lotados nos Postos Avançados da Justiça do Trabalho e a periodicidade de audiências serão definidas pelo Tribunal correspondente.

723 Há quem sugira reformas da estrutura do Poder Judiciário, como reduzir o número de instâncias, criar novas unidades judiciárias, instituir a justiça una, criar mais cargos de juiz. Reformas estruturais, porém, além de traumáticas são de acontecimento tão distante que se mostram quase impossíveis.

724 "Em 1804 entrou em vigor o Código de Napoleão. Trata-se de um acontecimento fundamental, que teve uma ampla repercussão e produziu uma profunda influência no desenvolvimento do pensamento jurídico moderno e contemporâneo. Hoje estamos acostumados a pensar no direito em termos de

A sociedade e as relações jurídicas modernas (atuais) vivem em processo de acelerada, profunda e permanente transformação. E isso provoca um inevitável e veloz distanciamento entre realidade e direito positivado (e o envelhecimento das normas deforma, inverte e camufla a realidade), exigindo que este permaneça em constante construção para acompanhar a mudança das diferentes situações referenciais.

Os códigos, porém, caracterizam-se pela rigidez estrutural (perpetuação, cristalização), numa tentativa de imutabilizar o mutável. E isso dificulta a alteração das normas, que acabam se tornando anacrônicas e insuficientes. Daí a lembrança da advertência feita por Eugen Ehrlich: "querer encerrar todo o direito de um tempo ou de um povo nos parágrafos de um Código é tão razoável quanto querer prender uma correnteza em uma lagoa. O que vai para ela não é mais uma correnteza viva, mas águas mortas, e muita água não entra nela de jeito algum".[725]

A codificação, portanto, representa um retrocesso diante do quadro normativo aberto que se apresenta atualmente. É exatamente a abertura e a generaliade das normas que permitem maior trânsito ao juiz na condução processual, facilitando, assim, que este imprima mais agilidade e efetividade ao processo do trabalho.

O tipo de atualização normativa reclamada pelo processo do trabalho, portanto, diz respeito ao aperfeiçoamento tópico que lhe atribua um efoque funcionalista.[726]

À luz dessa premissa, farei, a seguir, algumas sugestões que me parecem contribuir para a efetividade e a celeridade do processo. Ratificando a ideia de que em muitos pontos bastaria a mudança do pensamento jurídico, mas sem desconhecer que ainda prepondera o conservadorismo, fruto, entre outros, da indiferença, do comodismo e da apatia, contemplo, também, os temas abordados no capítulo precedente sem maiores explicações, uma vez que nele já se encontram as devidas razões a que me reporto (*supra, cap. 5*).

6.2. Parte geral

As sugestões para a atualização normativa no âmbito da parte geral são as que seguem nos tópicos a seguir.

---

codificação, como se ele devesse necessariamente estar encerrado num código. Isto é uma atitude mental particularmente enraizada no homem comum e da qual os jovens que iniciam os estudos jurídicos devem procurar se livrar. Com efeito, a ideia da codificação surgiu, por obra do pensamento iluminista, na segunda metade do século XVIII e atuou no século passado: portanto, há apenas dois séculos o direito se tornou direito codificado" (BOBBIO, Norberto. *O positivismo jurídico — lições de filosofia do direito*. São Paulo: Ícone, 2006. p. 63).

725 EHRLICH, Eugen. O estudo do direito vivo. In: SOUTO, Cláudio. FALCÃO, Joaquim (Coord.). *Sociologia e direito*: textos básicos para a disciplina sociologia jurídica. São Paulo: Pioneira, 1980. p. 110.

726 Ressalte-se, porém, outra vez, que de nada vale aperfeiçoar a lei diante de juízes conservadores, guardiões e executores de meras fórmulas legais e que não conseguem alcançar a consciência do necessário desprendimento, inquietação e coragem que devem ter para dar sua contribuição à sociedade, erguendo-se à altura de seu tempo.

6.2.1. Capacidade postulatória

Embora o texto constitucional diga que o advogado é indispensável à administração da justiça (CF, 133), o STF, ao dar interpretação conforme ao inc. I, do art. 1º, da Lei n. 8.904/1994 (ADI n. 1.127-8 — julgada em 17.5.2006), firmou entendimento de que na Justiça do Trabalho a postulação não é privativa da advocacia. Desse modo, as partes podem demandar pessoalmente e acompanhar as suas demandas até o final (CLT, 791).

A postulação pessoal (sem necessidade de advogado) é uma ideia perfeita na linha do acesso à justiça. Contudo, impressiona apenas o jurista de gabinete, uma vez que o acesso à justiça não se resume apenas ao ingresso em juízo — acesso formal ao órgão judiciário (que, aliás, não é garantido para as demandas de rito especial).[727] Compreende muito mais que isso. Compreende o acesso material — defesa eficaz, solução justa (*supra*, n. 4.15.2.1).

Apesar de mais simples, as formas e a técnica do processo do trabalho não são de conhecimento comum. Nem mesmo grande parte dos bacharéis recém-graduados em direito têm condições de apresentar uma petição inicial com correspondência de pedidos adequados ao direito ou oferecer uma peça adequada e estruturada de defesa.[728]

A parte que comparece no juízo trabalhista sem procurador "recai de uma inferioridade processual assombrosa. Muitas vezes, o juiz sente que a parte está com o direito a seu favor. A própria alegação do interessado, entretanto, põe por terra sua pretensão, porque mal fundada, mal articulada, mal explicada e, sobretudo, mal defendida. Na condução da prova, o problema se acentua e agrava. E todos sabemos que a decisão depende do que os autos revelarem o que está provado".[729] Daí por que "o auxílio de um advogado é essencial, senão indispensável para decifrar leis cada vez mais complexas e procedimentos misteriosos".[730]

A postulação pessoal unicamente sob a vertente do acesso ao Judiciário, portanto, além de não realizar integralmente a garantia constitucional do acesso à justiça, revela-se

---

727 RECURSO ORDINÁRIO EM MANDADO DE SEGURANÇA (...). Não sendo o caso de advogado atuando em causa própria, nem se verificando nenhuma das exceções previstas na parte final do art. 36 do CPC, não pode a faculdade do *jus postulandi* prevista no art. 791 da CLT e na Lei 5.584/70 ser estendida aos processos com procedimentos especiais como o Mandado de Segurança, ainda que impetrado perante a Justiça do Trabalho (TST-ROAG-0989-2008-000-15-00-5, SBDI-2, Rel. Min. José Simpliciano Fontes de F. Fernandes, DJ 13-3-2009).

728 "Qualquer pessoa que atue na área jurídica sabe que um leigo sem advogado torna-se um personagem sem voz no processo, visto que a construção da verdade processual exige muito mais do que a posse da verdade real: exige habilidade para prová-la e construí-la aos olhos do Juiz, usando como únicas armas um bem articulado discurso jurídico, uma retórica bem elaborada e a competente compreensão das leis" (BREVIDELLI, Scheilla Regina. *A falácia do jus postulandi: garantia de acesso à injustiça*. Disponível em: <www.jus.com.br> Acesso em: 12 nov. 2008).

729 RUSSOMANO, Mozart Victor. *Comentários à Consolidação das Leis do Trabalho*. Rio de Janeiro: Forense, 1983. p. 853.

730 CAPPELLETTI, Mauro; GARTH, Bryant. *Acesso à justiça*. Porto Alegre: Fabris, 1988. p. 32.

como verdadeira armadilha, uma vez que se franqueia o direito à luta, mas não se asseguram as *armas* necessárias.

Com o escopo de garantir a promessa constitucional de acesso formal e material à justiça, revela-se indispensável a intervenção de advogado no processo do trabalho. E isso há de ser feito mediante reformulação do art. 791 da CLT, que poderá ter a seguinte redação:

> Art. 791. A parte será representada em juízo por advogado legalmente habilitado.
>
> § 1º As Defensorias Públicas da União e dos Estados prestarão assistência jurídica integral e gratuita aos que dela necessitarem.
>
> § 2º Poderá a parte postular em causa própria nas ações de alçada, quando tiver habilitação legal, na falta de Defensoria Pública ou de advogado no lugar ou recusa ou impedimento dos que houver.
>
> § 3º O juiz nomeará procurador à parte que estiver atuando em causa própria sempre que esta não possuir condições de razoavelmente defender sua pretensão em juízo. O procurador nomeado somente poderá se eximir do encargo por motivo justificado.

6.2.2. Honorários advocatícios

A prescindibilidade de advogado, aliada à assistência jurídica sindical aos trabalhadores da categoria (Lei n. 5.584/1970, 14 e 18), conduziram ao entendimento de que, no processo do trabalho, a condenação ao pagamento de honorários advocatícios não decorre apenas da sucumbência, devendo a parte encontrar-se em situação econômica que não lhe permita demandar sem prejuízo do próprio sustento ou da respectiva família, e estar assistida por sindicato da categoria profissional (Súmulas TST ns. 219, I e 329), em favor de quem reverterá essa verba (Lei n. 5.584/1970, 16).

Levando-se em conta, porém, que o advogado é indispensável, inclusive na Justiça do Trabalho, e que é do Estado a obrigação de prestar assistência jurídica integral (CF, 5º, LXXIV), não se há de negar a condenação do sucumbente ao pagamento de honorários advocatícios. Considerando, entretanto, as particularidades do processo do trabalho (especialmente as cumulações objetiva e subjetiva) e com orientação dada pela efetividade e pela tempestividade processuais, parece-me adequada a fixação progressiva do percentual de honorários advocatícios de sucumbência. E isso poderia ser feito mediante a inserção à CLT do art. 791-A com a seguinte redação:

> Art. 791-A. Atendidos o grau de zelo e o trabalho realizado pelo profissional, a sentença e o acórdão condenarão o vencido ao pagamento de honorários de advogado, que serão fixados entre o mínimo de 10% (dez por cento) e o máximo de 15% (quinze por cento) sobre o valor da condenação ou sobre o valor arbitrado pelo juiz, nas hipóteses de pretensões:
>
> I – inestimáveis monetariamente.
>
> II – indeferidas, sendo ilíquido o pedido.
>
> § 1º Os honorários de advogado serão acrescidos em 5% (cinco por cento) para cada recurso não provido, salvo os embargos de declaração.

§ 2º Iniciada a execução forçada, serão incluídos na conta mais 10% (dez por cento) de honorários advocatícios. Esse percentual será reduzido pela metade na hipótese de não haver impugnação à execução ou aos atos desta pelo executado.

6.2.3. Aplicação subsidiária do direito processual comum

Considerando tudo quanto foi explanado em item precedente acerca da aplicação subsidiária do direito processual comum, a que me reporto (*supra, n. 5.2*), como adverti anteriormente (*supra, n. 6.1*), penso ser adequado inserir o parágrafo único no art. 769 da CLT, com a seguinte redação:

> Art. 769. (...)
>
> Parágrafo único. Ainda que exista norma processual trabalhista expressa em sentido contrário, o direito processual comum será utilizado sempre que permitir maior efetividade e tempestividade ao processo.[731]

6.2.4. Adaptação do procedimento

Entre as várias acepções de *processo*,[732] tomo a que o vê como a soma dos atos processuais[733] (praticados com a finalidade de preparar o provimento final), a fim de

---

731 PL-1503/2006, CLT, 769. (...).
Parágrafo único: O direito processual comum também poderá ser utilizado no processo do trabalho, inclusive na fase recursal ou de execução, naquilo em que permitir maior celeridade ou efetividade de jurisdição, ainda que existente norma previamente estabelecida em sentido contrário.

732 "Em duas acepções pode ser tomado o vocábulo processo: *na acepção lata*, e se define *o conjunto de atos solenes pelos quais certas pessoas, legitimamente autorizadas, observando certas formas preestabelecidas, aplicam a lei aos casos ocorrentes; na acepção stricta*, e se define *a forma estabelecida pelas leis para se tratarem as causas em juízo ou o modo prático do exercício do direito de ação*" (MONTEIRO, João. *Teoria do processo civil*. 6. ed. Rio de Janeiro: Borsoi, 1956. t. I, p. 109).

733 Na "linguagem jurídica chamamos processo por antonomásia à série de atos que se realizam para a composição do litígio" (CARNELUTTI, Francesco. *Sistema de direito processual civil*. São Paulo: Classic Book, 2000. t. 1, p. 98).
"O processo civil é o completo dos atos coordenados ao objetivo da atuação da vontade da lei (com respeito a um bem que se pretende garantido per ela), por parte dos órgãos da jurisdição ordinária" (CHIOVENDA, Giuseppe. *Instituições de direito processual civil*. 3. ed. São Paulo: Saraiva, 1969. v. I, p. 36). Processo é o "conjunto de atos praticados em juízo com a finalidade de satisfazer a pretensão processual do autor. A palavra *processo* emprega-se também num sentido concreto, quase confundindo-se com a palavra *autos* (a documentação do processo)" (COSTA, Alfredo Araújo Lopes da. *Direito processual civil brasileiro*. 2. ed. Rio de Janeiro: Forense, 1959. v. I, p. 191).
"'Processo', no sentido vulgar, é soma de atos que se sucedem, objetivando determinado fim. Neste sentido, na realidade fenomênica da vida, encontra-se uma gama imensa de processos. Fala-se de 'processo digestivo', 'processo respiratório', 'processo da fotossíntese', 'processo administrativo', 'processo escolar' etc. Pelos fins específicos da 'jurisdição', 'processo', no sentido jurídico, se caracteriza e se define em razão de suas finalidades. Assim, se a jurisdição é o poder-dever de compor litígios, dar efetivação ao direito ou acautelar processos em andamento ou a se instaurarem e se ela atua através do processo, podemos, então, defini-lo como a soma dos atos que objetivam a composição do litígio, ou a efetivação do direito já acertado, ou o acautelamento de um processo principal" (SANTOS, Ernane Fidélis dos. *Manual de direito processual civil*. 12. ed. São Paulo: Saraiva, 2007. v. 1, p. 24).

designar *procedimento* à ordem de sucessão destes.[734] Daí dizer-se que procedimento é forma e processo é método.[735]

O procedimento é a espinha dorsal do processo. É ele que organiza coordenadamente a ordem de sucessão dos atos processuais. Por isso, as normas que dispõem sobre procedimento são, em regra, cogentes (*princípio da regularidade do procedimento*).[736] Vale dizer: impõem-se de maneira irrefragável, não permitindo nenhuma escolha de vontade do juiz ou das partes. E a razão disso deve-se ao fato de que as normas que dispõem sobre procedimento tutelam primordialmente o interesse público de administração da justiça.

"En un sentido literal y lógico, no jurídico, por proceso se entiende cualquier conjunto de actos coordinados para producir un fin (...). Proceso procesal es el conjunto de actos coordinados que se ejecutan por o ante los funcionarios competentes del órgano judicial del Estado, para obtener, mediante la actuación de la ley en un caso concreto, la declaración, la defensa o la realización coactiva de los derechos que pretendan tener las personas privadas o públicas, en vista de su incertidumbre o de su desconocimiento o insatisfacción (en lo civil, laboral o contencioso-administrativo) o para la investigación, prevención y represión de los delitos y las contravenciones (en materia penal), y para la tutela del orden jurídico y de la libertad individual y la dignidad de las personas, en todos los casos (civiles, penales, etc.)" (ECHANDIA, Hernando Devís. *Teoría general del proceso*. 2. ed. Buenos Aires: Editorial Universidad, 1997. p. 155).

"Processo e termine della vita comune che indica il divenire di un fatto. Il processo per antonomasia, nel quale si concreta la volontà della legge (*processus iudicii*), è il modo necessario col quale questo concretamento diviene: e poiché il suo divenire è e non può essere che opera di alcuni soggetti, *il processo si presenta esternamente come una serie di atti posti in essere da quei soggetti e legati l'uno all'altro da un nesso di coordinazione ad un fine. In realtà, il processo e piuttosto una serie di modijicazioni, di passaggi; di situazioni, che trovano in quegli atti la loro causa o la loro condizione*" (SATTA, Salvatore; PUNZI, Carmine. *Diritto processuale civile*. 13. ed. Milani: Cedam, 2000. p. 196).

734 "Procedimento é a forma específica de manifestação, de organização, de estrutura do próprio processo, dos diversos atos e fatos relevantes para o processo (e, por isto, atos e fatos processuais) ao longo do tempo" (BUENO, Cassio Scarpinella. *Curso sistematizado de direito processual civil*. São Paulo: Saraiva, 2007. v. 1, p. 446).

Procedimento "é o modo pelo qual o processo anda. O processo pode ser considerado um veículo; o procedimento, o tipo de veículo; a ação em sentido material, a carga. Assim, de acordo com o tipo de carga — ação —, o procedimento poderá ser um ou outro" (HOMMERDING, Adalberto Narciso. *Vinte e uma lições de teoria geral do processo civil*. Porto Alegre: Fabris, 2003. p. 306).

"O procedimento se apresenta, pois, como uma sequência de 'atos', os quais são previstos e valorados pela norma" (FAZZALARI, Elio. *Instituições de direito processual*. Campinas: Bookseller, 2006. p. 134).

735 Para diferençar processo de procedimento, deve-se "atentar para o sistema decimal: o procedimento é a dezena; o processo é o número concreto; que pode não chegar à dezena, ou pode compreender mais de uma. A noção de processo é eminentemente teleológica, finalística, voltada para o resultado a obter. A noção de procedimento, ao invés, é eminentemente formal. O procedimento é o processo visto em sua exterioridade, na sua dinâmica ou, para usar distinção já percebida por João Mendes de Almeida Jr., o processo é o movimento em sua forma intrínseca, enquanto o procedimento é esse mesmo movimento em sua forma extrínseca" (ORIONE NETO, Luiz. Teoria geral dos procedimentos especiais. In: FARIAS, Cristiano Chaves de; DIDIER JR., Fredie. *Procedimentos especiais cíveis*. São Paulo: Saraiva, 2004. p. 15-6).

736 O "procedimento não deve ser apenas um pobre esqueleto sem alma, tornando-o imprescindível ao conceito a regulação da atividade das partes e do órgão judicial, conexa ao contraditório paritário e ainda ao fator temporal, a fatalmente entremear esta atividade" (OLIVEIRA, Carlos Alberto Álvaro de. *Do formalismo no processo civil*. São Paulo: Saraiva, 1997. p. 112).

Como o processo é instrumento[737] para a realização do direito substancial, as regras procedimentais devem ser adequadas para alcançar essa finalidade.[738] Assim, deve-se ter em conta os sujeitos (adequação subjetiva),[739] o objeto (adequação objetiva)[740] e os fins jurídicos (adequação teleológica).[741]

---

[737] "Preliminare a qualsiasi analisi è il porre in evidenza la differenza che esiste tra diritto processuale e e diritto sostanziale (...). Mentre il *diritto sostanziale* è un sistema di norme dirette a risolvere conflitti di interessi contrapposti, determinando gli interessi prevalenti attraverso la previsione di poteri, doveri e facoltà, il diritto processuale e costituito, invece, da un sistema di norme che disciplinano più o meno complessi meccanismi (processi) diretti a garantire che la norma sostanziale sia attuata anche nell'ipotesi di mancata cooperazione spontanea della parte di chi vi e tenuto. La prima caratteristica da evidenziare è, quindi, la natura strumentale del diritto processuale e (in quanto diretto ad intervenire solo quando la norma sostanziale non sia stata spontaneamente attuata) — il che in parte e lo stesso — la indispensabilità del diritto sostanziale per il diritto processuale (nel senso che quest'ultimo non avrebbe senso o possibilità di esistenza se mancasse un diritto sostanziale — comunque individuabile che ponesse norme da rispettare). Se cio e vero, non sarebbe, pero, affatto corretto ritenere che il diritto processuale sia secondario rispetto al diritto sostanziale e che il diritto sostanziale, stante il suo carattere primario (e non strumentale), sia in sé perfetto e quindi possa anche fare a meno del diritto processuale" (PISANI, Andrea Proto. *Lezioni di diritto processuale civil*. 3. ed. Napoli: Jovene, 1999. p. 4).

[738] "Se o direito material é dependente, em nível de efetividade, do direito processual, é evidente que uma sociedade plural e democrática não pode conviver com o mito da uniformidade procedimental e com um processo civil que contemple apenas algumas posições sociais" (MARINONI, Luiz Guilherme. *Técnica processual e tutela dos direitos*. São Paulo: RT, 2004. p. 92-3).

[739] "Em primeiro lugar, cumpre que o instrumento se adapte ao sujeito que o maneja: o cinzel do Aleijadinho, forçosamente, não se identificava com um cinzel comum. (...) Como exemplos de adaptação subjetiva, considere-se como variam as normas relacionadas com a legitimação processual das partes, conforme se tratar de capaz ou incapaz, pessoa física ou jurídica, privada ou pública, ou de sujeito sem personalidade. O processo se torna mais complexo, com a presença das figuras do representante ou do assistente e a existência de atos correspondentes, eventualmente, até de autorização judicial específica. Maior complexidade haverá, também nas hipóteses de litisconsórcio, de intervenção de terceiros, ou do Ministério Público" (LACERDA, Galeno Vellinho. O Código como sistema legal de adequação do processo. In: *Revista do Instituto dos Advogados do Rio Grande do Sul*, Porto ALegre – Comemorativa do Cinquentenário 1926-1976, 1976. p. 164).

[740] "Em segundo, impõe-se que a adaptação se faça ao objeto: atuar sobre madeira ou sobre pedra exige instrumental diverso e adequado. (...) Interessante é observar como a diferença de grau entre a disponibilidade e a indisponibilidade do objeto, isto é, do bem jurídico material, influi necessariamente nas regras de processo. As repercussões dessa gradação nos vários tipos de processos explicam as soluções várias e específicas para problemas como o impulso processual, a extensão dos poderes do juiz e dos direitos e deveres processuais das partes, os efeitos da aquiescência, a natureza da preclusão e da coisa julgada, a distinção quanto aos vícios do ato processual, a disponibilidade das provas, a substituição e a sucessão no processo, e tantos outros" (LACERDA, Galeno Vellinho. O Código como sistema legal de adequação do processo. In: *Revista do Instituto dos Advogados do Rio Grande do Sul*, Porto Alegre – Comemorativa do Cinquentenário 1926-1976, 1976. p. 165).

[741] "Em terceiro, urge que se considere o fim: trabalhar em bloco de granito para reduzi-lo a pedras de calçamento, ou para transformá-lo em obra de arte, reclama de igual modo adequada variedade de instrumentos. (...) A adequação do processo jurisdicional à finalidade há de adaptar-se necessariamente às diversas funções da jurisdição. Claro está que o processo de conhecimento, porque visa à definição do direito, requer atos e rito distintos daqueles exigidos para a execução, onde se cuida da realização coativa do direito declarado, ou para o processo cautelar, que busca a segurança do interesse em lide. Cabe registrar, ademais, que as variações que se verificam no rito dos processos relativos a cada uma dessas funções resultam também de imperativos de adequação, seja a finalidade distinta de tutela, seja a realidades jurídicas diversas" (LACERDA, Galeno Vellinho. O código como sistema legal de adequação do processo.

Em uma sociedade multifária e em mutação frenética, em que o processo tempestivo e de resultados justos é valor fundamental, essa tríplice adequação não pode ficar reservada ao legislador. Se o processo é um fenômeno cultural,[742] nele se reflete "toda uma cultura, considerada como o conjunto de vivências de ordem espiritual e material, que singularizam determinada época de uma sociedade".[743] Daí não ser legítimo alijar o juiz da possibilidade de adaptar o procedimento quanto à forma, a fim de atender à realidade e às situações concretas que se lhe apresentam.[744]

Há que se flexibilizar, então, o *princípio da regularidade do procedimento* para se permitir ao juiz realizar as adaptações formais que julgar adequadas.[745] Assim, para melhor administrar a justiça e eliminar conflitos com rapidez e eficiência,[746] poderá o magistrado, diante das circunstâncias do caso concreto e após facultar o contraditório, em juízo de ponderação e por meio de decisão motivada, amoldar o procedimento às especificidades da causa.[747]

In: *Revista do Instituto dos Advogados do Rio Grande do Sul*, Porto Alegre – Comemorativa do Cinquentenário 1926-1976, 1976. p. 166).

742 Segundo Castanheira Neves, "o direito compete à autonomia cultural do homem, que, tanto no seu sentido como no conteúdo da sua normatividade, é uma resposta culturalmente humana (...) ao problema também humano da convivência no mesmo mundo e num certo espaço histórico-social, e assim sem a necessidade ou a indisponibilidade ontológica, mas antes com a historicidade e condicionabilidade de toda a cultura – não é 'descoberto' em termos da objetividade essencial pela 'razão teórica' e no domínio da filosofia especulativa ou teorética, é constituído por exigências humano-sociais particulares explicitadas pela 'razão prática' e imputado à responsabilidade poiética da filosofia prática" (NEVES, Antônio Castanheira. *Metodologia jurídica — problemas fundamentais*. Coimbra: Coimbra, 1993. p. 47).

743 LACERDA, Galeno. Processo e cultura. In: *Revista de Direito Processual Civil*, São Paulo, Saraiva, 1961, v. III. p. 74.

744 O "juiz tem o dever de interpretar a legislação à luz do direito fundamental à tutela jurisdicional, estando obrigado a extrair da regra processual, sempre com a finalidade de efetivamente tutelar os direitos, a sua máxima potencialidade, desde — e isso nem precisaria ser dito — que não seja violado o direito de defesa" (MARINONI, Luiz Guilherme. *Técnica processual e tutela dos direitos*. São Paulo: RT, 2004. p. 189).

745 CPC-Portugal, 265º-A (Princípio da adequação formal)
Quando a tramitação processual prevista na lei não se adequar às especificidades da causa, deve o juiz oficiosamente, ouvidas as partes, determinar a prática dos actos que melhor se ajustem ao fim do processo, bem como as necessárias adaptações.
LPT-Peru, I. El proceso se realiza procurando que su desarrollo ocurra en el menor número de actos procesales. El Juez podrá reducir su número sin afectar la obligatoriedad de los actos que aseguren el debido proceso. El Juez dirige e impulsa el proceso para lograr una pronta y eficaz solución de las controversias que conoce.
Carta Internacional Americana de Garantías Sociales (Declaración de los Derechos Sociales del Trabajador — Proclamada na IX Conferencia Internacional Americana do Rio de Janeiro, 1947), 36. En cada Estado debe existir una jurisdicción especial de trabajo y un procedimiento adecuado para la rápida solución de los conflictos.

746 O "processo só tem sentido quando atinge a sua principal finalidade em tempo relativamente proporcional às dificuldades da causa" (TROLLER, Alois. L'influence de la Constituicion Fédérale de la Confédération Suisse sur les droits des parties devant les tribunaux cantonauz en matière de procédure civile. In: CAPPELLETTI, Mauro; TALLON, Denis. *Fundamental guarantees of the parties in civil litigation*. Milano: Guiffrè. New York: Oceana, 1973. p. 458).

747 Calamandrei já sugeria essa possibilidade de adaptação judicial na reforma processual civil italiana no século passado (CALAMANDREI, Piero. *Direito processual civil*. Campinas: Bookseller, 1999. v. I, p. 299).

A adaptação judicial do procedimento às particularidades existentes[748] atende ao dever de reduzir ao máximo a desigualdade entre as partes, bem como ao interesse estatal de se obter maior operacionalidade, efetividade, rendimento e celeridade no exercício da função jurisdicional.[749] Ao juiz, portanto, deve caber extraordinário papel na direção do processo. E isso poderá ser feito mediante a inserção do seguinte dispositivo à CLT:

> Art. 765. (...)
>
> § 1º Para melhor administrar a justiça e eliminar conflitos com rapidez e eficiência, deverá o juiz, observado o contraditório, amoldar formalmente o procedimento às especificidades do caso concreto por meio de decisão motivada.

6.2.5. Poderes cautelar e antecipatório

Considerando tudo quanto foi explanado em item precedente acerca do poder cautelar e antecipatório do juiz, a que me reporto (*supra, n. 5.11*), como adverti anteriormente (*supra, n. 6.1*), penso ser adequado inserir os seguintes dispositivos à CLT:

> Art. 765. (...)
>
> § 2º De ofício ou a requerimento das partes, o juiz deferirá:
>
> I – as medidas cautelares que julgar adequadas, sempre que houver risco ao resultado útil do processo.
>
> II – a antecipação dos efeitos da tutela jurisdicional, sempre que houver elementos de convicção suficientes da existência do direito afirmado.
>
> § 3º Para efetivação da medida cautelar ou antecipatória, o juiz determinará as medidas que julgar adequadas, tais como imposição de multa por tempo de atraso, expedição de ordem inibitória, remoção de pessoas e coisas.

6.2.6. Poder de mandar intervir terceiro

A fim de garantir celeridade e segurança aos litigantes, o sistema processual civil impede a substituição das partes, salvo nos casos expressamente previstos na lei (*princípio da estabilidade subjetiva da demanda*). Corolário dessa regra é o veto ao ingresso forçado ou voluntário de terceiros no processo, ressalvadas as hipóteses legais de intervenção.

---

748 Para Carlos Alberto Alvaro de Oliveira, a situação seria a da adoção do *princípio da adequação formal*, que permitiria "ao juiz, obtido o acordo das partes, e sempre que a tramitação processual prevista na lei não se adapte perfeitamente às exigências da demanda aforada, a possibilidade de amoldar o procedimento à especificidade da causa, por meio da prática de atos que melhor se prestem à apuração da verdade e acerto da decisão, prescindindo dos que se revelem inidôneos para o fim do processo" (OLIVEIRA, Carlos Alberto Alvaro de. Efetividade e processo de conhecimento. In: *Revista de Processo*, São Paulo, v. 24, n. 96, out./dez. 1999. p. 66).

749 Ao lado do interesse privado (das partes) há o interesse público. No dizer de Couture, "el proceso tiene una finalidad que interesa a la comunidad. Esa finalidad de carácter público consiste en asegurar la efectividad del derecho en su integridad. El proceso es un instrumento de producción jurídica y una incesante forma de realización del derecho. Éste se realiza positivamente en las sentencias judiciales; y a éstas sólo se llega mediante el proceso. Éste, se ha dicho, asegura la *lex continuitatis* del derecho" (COUTURE, Eduardo J. *Introducción al estudio del proceso civil*. 2. ed. Buenos Aires: Depalma, 1988. p. 56).

Situações há, porém, em que no curso do processo se revela existir um responsável solidário ou subsidiário da obrigação. A inclusão desse terceiro no processo, então, passa a constituir medida necessária para viabilizar o êxito da prestação jurisdicional, atendendo, assim, ao interesse público da atuação da lei.

Daí a necessidade de se conceder ao juiz poder para mandar que terceiro intervenha no processo.[750] E isso poderia ser feito mediante a inserção do seguinte dispositivo à CLT:

> Art. 765. (...)
> § 4º Até o encerramento da instrução processual, poderá o juiz mandar que terceiro intervenha no processo, mandando citá-lo para, querendo, apresentar resposta em secretaria no prazo de 5 (cinco) dias, facultada a produção de provas.

6.2.7. Nulidades

Considerando tudo quanto foi explanado em item precedente acerca das nulidades, a que me reporto (*supra, n. 5.7*), como adverti anteriormente (*supra, n. 6.1*), penso ser adequado dar a seguinte redação ao art. 794 da CLT:

> Art. 794. Não será declarada nulidade absoluta ou relativa sem que tenha causado prejuízo concreto à parte.

6.2.8. Delegação de atos

Considerando tudo quanto foi explanado em item precedente acerca da delegação de atos processuais, a que me reporto (*supra, n. 5.9*), como adverti anteriormente (*supra, n. 6.1*), penso ser adequado inserir o parágrafo único ao art. 659 da CLT, com a seguinte redação:

---

750 CPT-Macau, 66º (...)
1. Estando em causa a determinação da entidade responsável, o juiz pode, até ao encerramento da audiência de discussão e julgamento, mandar intervir na acção qualquer entidade que julgue ser eventual responsável, a qual é citada, sendo-lhe remetida cópia dos articulados já oferecidos.
2. Os actos processuais praticados por qualquer um dos réus aproveita aos restantes, salvo na parte em que reconheçam ou deem origem a quaisquer obrigações, caso em que respeitam apenas à entidade que os praticou.
(...)
5. As sentenças e despachos proferidos no processo constituem caso julgado contra todos os réus, mesmo os que não tenham intervindo.
CPT-Portugal, 127º (Pluralidade de entidades responsáveis)
1 – Quando estiver em discussão a determinação da entidade responsável, o juiz pode, até ao encerramento da audiência, mandar intervir na acção qualquer entidade que julgue ser eventual responsável, para o que é citada, sendo-lhe entregue cópia dos articulados já oferecidos.
LFT-México, 690. Las personas que puedan ser afectadas por la resolución que se pronuncie en un conflicto, podrán intervenir en él, comprobando su interés jurídico en el mismo, o ser llamadas a juicio por la Junta.
CPT-Russomano, 384. (...)
Parágrafo único. Quando o réu se limitar a arguir a ilegitimidade de parte, sem chamar à autoria o terceiro responsável, será lícito ao juiz, *ex officio* ou a requerimento da parte contrária, tomar providências a fim de que o mesmo seja citado para integrar a lide.

Art. 659. (...)

Parágrafo único. Sob sua orientação e supervisão poderá o juiz delegar a servidor a prática de atos processuais com conteúdo decisório mínimo.

6.2.9. Honorários periciais

Sempre houve dificuldade para a realização de perícias técnicas e médicas, quer pela impossibilidade de se determinar a antecipação do pagamento dos honorários periciais (TST, OJ SBDI-2 n. 98), quer pela impossibilidade dos autores, em regra hipossuficientes, de custeá-los antecipadamente.[751]

Tal situação se agravou de modo insustentável com a proliferação das ações indenizatórias decorrentes de acidente do trabalho, que passaram a ser julgadas pela Justiça do Trabalho após firmar-se a sua competência por meio da EC n. 45/2004 e da decisão proferida pelo Tribunal Pleno do STF no Conflito de Competência n. 7.204/MG.

Se uma das metas do mundo contemporâneo é a solução dos litígios judiciais em prazo razoável, há que se buscar solução para essa situação, que é causa de retardamento da prestação jurisdicional.

Uma das soluções que parece adequada é o custeio antecipado dos honorários periciais pelo Estado, que será ressarcido ao final pelo vencido, caso não seja ele beneficiário da justiça gratuita. E isso poderá ser feito mediante a inclusão do parágrafo único ao art. 790-B da CLT, com a seguinte redação:

Art. 790-B. (...)

Parágrafo único. Os honorários periciais serão antecipados à conta de verba orçamentária do respectivo Tribunal.

6.3. Fase postulatória

As sugestões para atualização normativa no âmbito da fase postulatória são as que seguem nos tópicos abaixo.

6.3.1. Petição inicial

Considerando o que fora explanado em itens precedentes acerca da imprescindibilidade de advogado (*supra, n. 6.2.1*) e da necessidade de reforma deste (*supra, n. 2.4*),

---

751 PL-2956/2008, CLT, 790-B. (...).
§ 1º. Ao ser determinada inspeção pericial para determinação de insalubridade, periculosidade e ou equiparação salarial o perito nomeado deverá ser notificado para apresentar o valor de seus honorários para realização da inspeção pericial.
§ 2º. As partes serão notificadas da solicitação de honorários do perito, se aceita, a parte sucumbente arcará com os mesmos.
§ 3º. O pagamento dos honorários periciais, caso a parte sucumbente seja beneficiária de justiça gratuita, correrá por conta dos recursos arrecadados nas ações de que trata o inciso VII do Art. 114 da Constituição Federal.

aos quais me reporto, penso ser adequado dar nova redação à cabeça e parágrafos do art. 840 da CLT:

> Art. 840. A petição inicial deverá ser escrita.
>
> § 1º Em linguagem simples, acessível e concisa, a petição inicial conterá:
>
> I – o juízo a que é dirigida;
>
> II – a qualificação do autor e do réu e os respectivos endereços, além de dados registrais, como cadastro de pessoas físicas e jurídicas (CPF e CNPJ);
>
> III – a exposição dos fatos e dos fundamentos jurídicos;
>
> IV – o pedido com a indicação do valor líquido ou estimado. É lícito formular pedido genérico quando não for possível determinar, desde logo, a extensão da obrigação;
>
> V – o valor da causa.
>
> § 2º A petição inicial será capitulada quando houver cumulação de pedidos.
>
> § 3º Não atendida a simplicidade, concisão e capitulação, o juiz determinará ao autor que faça a devida adequação, fixando prazo.

6.3.2. Estabilidade da demanda

Com o escopo de preservar o contraditório e a ampla defesa e garantir celeridade e segurança aos litigantes, o sistema processual civil optou pela adoção do *princípio da estabilidade da demanda*. Assim, citado o réu, não é mais possível:

a) *modificar a causa de pedir e o pedido*, salvo consentindo o réu (CPC, 264, primeira parte)[752] — princípio da estabilidade objetiva da demanda ou princípio da imodificabilidade unilateral objetiva;

b) *acrescentar pedido* (CPC, 294)[753] — princípio da estabilidade objetiva da demanda ou princípio da imodificabilidade unilateral objetiva;

c) *substituir as partes*, salvo nos casos expressamente previstos na lei (CPC, 41, e 264, segunda parte)[754] — princípio da estabilidade subjetiva da demanda ou princípio da *perpetuatio legitimationis*.

Embora a CLT não contenha regras iguais às do CPC, adota-se princípio da estabilidade da demanda no processo do trabalho (CLT, 769). A estabilidade objetiva, porém, é abrandada de modo a autorizar o autor a modificar o pedido ou a causa de pedir, mesmo após a citação do réu e sem o seu consentimento, desde que o faça em prazo

---

752 CPC, 264. Feita a citação, é defeso ao autor modificar o pedido ou a causa de pedir, sem o consentimento do réu, mantendo-se as mesmas partes, salvo as substituições permitidas por lei.
Parágrafo único. A alteração do pedido ou da causa de pedir em nenhuma hipótese será permitida após o saneamento do processo.

753 CPC, 294. Antes da citação, o autor poderá aditar o pedido, correndo à sua conta as custas acrescidas em razão dessa iniciativa.

754 CPC, 41. Só é permitida, no curso do processo, a substituição voluntária das partes nos casos expressos em lei.

que possibilite a citação complementar com cinco dias de antecedência à realização da audiência (CLT, 841).[755]

Esse princípio é de um rigor formal que decorre de uma visão excessivamente liberal-individualista do processo. Tendo-se em conta, porém, a publicização deste, traduzida pela noção de prevalência do interesse público da atuação da lei (dar razão a quem a tem), há que se modificar o tratamento legal da estabilização da demanda, com o escopo de se obter maior efetividade.[756] E isso poderia ser feito mediante a inserção, na CLT, da seguinte regra:

> Art. 842-A. Até o encerramento da instrução processual poderá o autor modificar a causa de pedir e o pedido, bem como formular novos pedidos e requerer a substituição ou inclusão de réu, desde que seja realizada de boa-fé e não represente prejuízo concreto e injustificado para a parte contrária.[757]

---

755 RECURSO DE REVISTA (...). ADITAMENTO À INICIAL. VIOLAÇÃO AOS ARTS. 264 DO CPC E 5º, II, DA CF/88. DIVERGÊNCIA JURISPRUDENCIAL. A decisão Regional deu interpretação ao art. 264 do CPC, em consonância com os princípios inerentes ao processo do trabalho, ou seja, admitindo-se o aditamento à inicial, mediante nova citação dirigida ao reclamado e em tempo hábil à apresentação de defesa em audiência. Não há violação direta e literal dos arts. 264 da CLT e 5º, II, da CF/88 (TST-RR-588289, 3ª T., Relª Juíza Conv. Dora Maria da Costa, DJU 06-8-2004).
LIMITES DA LIDE. FIXAÇÃO. Os limites da lide são fixados pela petição inicial e pela defesa. Após estes momentos, é vedado às partes inovar os seus motivos (arts. 264 e 303, ambos do CPC). Alegações posteriores serão desconsideradas pelo juízo, que decidirá a lide respeitando os limites em que foi proposta (arts. 128 e 460 do CPC) (TRT-DF-RO-00660-2006-015-10-00-9, 1ª T., Rel. Juiz André R. P. V. Damasceno, J. 17-12-2007).

756 CPT-Macau, 16º (Cumulação sucessiva de pedidos)
1. Se até à audiência de discussão e julgamento ocorrerem factos que permitam ao autor deduzir contra o réu novos pedidos, pode ser aditada a petição inicial, desde que a todos os pedidos corresponda a mesma espécie de processo.
CPT, Portugal, art. 28º, (Cumulação sucessiva de pedidos e de causas de pedir)
1 – É permitido ao autor aditar novos pedidos e causas de pedir, nos termos dos números seguintes.
2 – Se até à audiência de discussão e julgamento ocorrerem factos que permitam ao autor deduzir contra o réu novos pedidos, pode ser aditada a petição inicial, desde que a todos os pedidos corresponda a mesma espécie de processo.
3 – O autor pode ainda deduzir contra o réu novos pedidos, nos termos do número anterior, embora esses pedidos se reportem a factos ocorridos antes da propositura da acção, desde que justifique a sua não inclusão na petição inicial.
4 – Nos casos previstos nos números anteriores, o réu é notificado para contestar tanto a matéria do aditamento como a sua admissibilidade.
Anteprojeto de Código Brasileiro de Processos Coletivos elaborado pelo IBDP:
Art. 5º Pedido e causa de pedir. Nas ações coletivas, a causa de pedir e o pedido serão interpretados extensivamente, em conformidade com o bem jurídico a ser protegido.
Parágrafo único. A requerimento da parte interessada, até a prolação da sentença, o juiz permitirá a alteração do pedido ou da causa de pedir, desde que seja realizada de boa-fé, não represente prejuízo injustificado para a parte contrária e o contraditório seja preservado, mediante possibilidade de nova manifestação de quem figure no polo passivo da demanda, no prazo de 10 (dez) dias, com possibilidade de prova complementar, observado o § 3º do art. 10.

757 Anteprojeto de Código Brasileiro de Processos Coletivos elaborado pelo IBDP:
Art. 5º, Parágrafo único. A requerimento da parte interessada, até a prolação da sentença, o juiz permitirá a alteração do pedido ou da causa de pedir, desde que seja realizada de boa-fé, não represente prejuízo injustificado para a parte contrária e o contraditório seja preservado, mediante possibilidade de nova

§ 1º Modificada objetivamente a demanda, o réu será intimado para, querendo, apresentar resposta em secretaria no prazo de 5 (cinco) dias, facultada a produção de provas.

§ 2º Modificada subjetivamente a demanda, o novo réu será citado para, querendo, apresentar resposta em secretaria no prazo de 5 (cinco) dias, facultada a produção de provas.

6.3.4. Ultra e extrapetição

Com o escopo de impor limites aos poderes do julgador e assegurar maior liberdade aos litigantes, o sistema processual civil, além de fixar a interpretação restritiva (CPC, 293), adotou o *princípio da vinculação do juiz ao pedido* (também chamado de *princípio da adstrição do juiz ao pedido* ou *princípio da congruência* — CPC, 460).[758] Desse modo, o provimento jurisdicional está adstrito ao pedido:

a) *imediato*. Vale dizer: deve corresponder à natureza da pretensão deduzida (CPC, 460, primeira parte).[759] Assim, se a pretensão é de provimento condenatório, não poderá ser proferido pronunciamento declaratório ou constitutivo (veto à decisão *extra petita*);

b) *mediato*. Vale dizer: deve se ater aos limites qualitativo e quantitativo da pretensão deduzida pelo autor (CPC, 460, segunda parte). A limitação: (i) *quantitativa* diz respeito à proibição de pronunciamento concessivo de quantidade superior à postulada (veto à decisão *ultra petita*); (ii) *qualitativa* diz respeito à proibição de pronunciamento concessivo de objeto diverso do que fora pedido (veto à decisão *extra petita*).[760]

Esse princípio, de visão liberal-individualista que veta atuação mais intensa dos juízes tem sua origem na época pré-iluminista, em que estes possuíam íntimas e estreitas ligações com a Coroa.[761] No atual estágio de desenvolvimento do Estado, não há mais nenhuma razão para se encarar o juiz como inimigo. Ao contrário, presentes a legitimidade deste (*supra*, n. 4.13) e a noção de publicização do processo, sente-se necessidade de conferir maiores poderes ao juiz. Uma maior "intervenção do Estado,

---

manifestação de quem figure no polo passivo da demanda, no prazo de 10 (dez) dias, com possibilidade de prova complementar, observado o § 3º do art. 10.

758 O princípio da vinculação do juiz ao pedido representa o "limite à ingerência do Estado na órbita privada das partes. Com ele, fora as exceções, as partes estão garantidas contra excessos discricionários do juiz na sentença" (PORTANOVA, Rui. *Princípios do Processo Civil*. Porto Alegre: Livraria do Advogado, 1995. p. 236).

759 CPC, 460. É defeso ao juiz proferir sentença, a favor do autor, de natureza diversa da pedida, bem como condenar o réu em quantidade superior ou em objeto diverso do que lhe foi demandado.

760 Ley de Enjuiciamiento Civil — Espanha, Artículo 218. Exhaustividad y congruencia de las sentencias. Motivación.
1. Las sentencias deben ser claras, precisas y congruentes con las demandas y con las demás pretensiones de las partes, deducidas oportunamente en el pleito. Harán las declaraciones que aquéllas exijan, condenando o absolviendo al demandado y decidiendo todos los puntos litigiosos que hayan sido objeto del debate.

761 A visão liberal individualista necessitava manter os juízes do *Ancien Régime* sem poder de *imperium*, diante da desconfiança que sobre eles reacia, seja pelas ligações que possuíam com a Coroa, seja pela venalidade e hereditariedade de seus cargos.

ao contrário do que possa parecer não é incompatível com a preservação das liberdades, sendo na verdade indispensável para garantir o livre desenvolvimento da pessoa".(762)

A busca por maior efetividade (e consequente redução da desnecessária proliferação de demandas)(763) exige uma maior (re)aproximação entre processo e direito material. Quanto mais próximo do direito material, mais o processo cresce em informalidade. E quando o direito material possui cunho social, como é o caso do direito do trabalho, "se necesitan", como ressalta Eduardo Couture, "jueces más ágiles, más sensibles y más dispuestos a abandonar las formas normales de garantía, para buscar un modo especial de justicia".(764)

Deve-se, pois, renunciar à adstrição do juiz ao pedido, liberando-o para conceder coisa diferente e/ou superior ao que fora pleiteado, diante da análise dos fatos e das provas presentes nos autos do processo.(765) Isso que estou sugerindo não é totalmente inovador.(766) A superação da ideia de absoluta congruência entre o pedido e a sentença pode ser encontrada: a) no art. 496 da CLT, que permite ao juiz conceder indenização pecuniária substitutiva à reintegração, caso entenda que esta seja desaconselhável; b) nos arts. 461 e 461-A do CPC, que autorizam o juiz a adotar as medidas mais adequadas à

---

762 BARBOSA MOREIRA, José Carlos. O processo, as partes e a sociedade. In: *Revista de Processo*, São Paulo, v. 30, n. 125, jul. 2005, p. 279.

763 Como o empregado não detém a posse e guarda dos documentos relativos à relação de emprego, muitas vezes só descobre que tem determinado direito com a manifestação do empregador ou com os documentos por este exibidos nos autos do processo.

764 COUTURE, Eduardo J. Algunas nociones fundamentales del derecho procesal del trabajo. In: TISSEMBAUM, Mariano (Coord.). *Tribunales del trabajo. Derecho procesal del trabajo*. Instituto de Derecho del Trabajo de la Facultad de Ciencias Jurídicas y Sociales de la Universidad Nacional del Litoral, Santa Fe, Argentina, 1941. p. 115-6.

765 CPT-Portugal, Art. 74º (Condenação *extra vel ultra petitum*)
O juiz deve condenar em quantidade superior ao pedido ou em objeto diverso dele quando isso resulte da aplicação à matéria provada, ou aos factos de que possa servir-se, nos termos do art. 514º do Código de Processo Civil, de preceitos inderrogáveis de leis ou instrumentos de regulamentação colectiva de trabalho.
CPT-Macau, art. 42º (Sentença)
3. O tribunal deve condenar em quantidade superior ao pedido ou em objeto diferente do dele, sempre que isso resulte da aplicação à matéria de facto de preceitos inderrogáveis das leis ou regulamentos.

766 É firme o entendimento no STJ, segundo o qual o princípio da adstrição do juiz ao pedido deve ser mitigado em questões previdenciárias, a fim de que o juiz possa aplicar a lei ao caso concreto e conceder benefício diverso daquele pleiteado.
PROCESSO CIVIL (...). 1. O juiz, de acordo com os dados de que dispõe, pode enquadrar os requisitos do segurado a benefício diverso do pleiteado, com fundamento nos princípios da *Mihi factum dabo tibi ius* e *jura novit curia*. 2. Depreendida a pretensão da parte diante das informações contidas na inicial, não há falar em decisão *extra petita*. 3. O julgador não está vinculado aos fundamentos apresentados pela parte. Cabe-lhe aplicar o direito com a moldura jurídica adequada (STJ-AgRg no Ag-1065602/MG, 5ª T., Rel. Min. Jorge Mussi, DJe 19-12-2008).
RECURSO ESPECIAL. PREVIDENCIÁRIO (...) 2. Em tema de benefício decorrente de acidente de trabalho, inocorre julgamento *extra petita* quando o Tribunal *a quo* concede ao segurado benefício diverso do pleiteado na inicial, sendo lícito ao juiz, de ofício, enquadrar a hipótese fática nos dispositivos legais autorizadores da concessão dos benefícios previdenciários. Precedentes (STJ-REsp-385.607/MG, 6ª T., Rel. Min. Hamilton Carvalhido, DJ 19-12-2002, p. 474).

efetivação da sentença;[767] c) no art. 920 do CPC, que permite a fungibilidade entre ações possessórias; d) no art. 804 do CPC, que permite a substituição da tutela cautelar por outra garantia.[768] Minha sugestão, na verdade, representa a adoção genérica dos princípios da *ultra* e da *extrapetição*, o que poderia ser feito mediante a inserção, na CLT, da seguinte regra:

> Art. 831-A. Analisados os fatos e provas presentes nos autos e observado o contraditório prévio, o juiz poderá proferir sentença de natureza diversa da pedida pelo autor, bem como condenar o réu em quantidade superior e em objeto diverso do que lhe foi demandado.

6.3.5. Resposta do réu

Considerando o que foi explanado em itens precedentes acerca da imprescindibilidade de advogado (*supra*, n. 6.2.1) e da necessidade de reforma deste (*supra*, n. 2.4), a que me reporto, penso ser adequado dar nova redação ao art. 847 da CLT:

> Art. 847. Não havendo acordo, o réu apresentará sua resposta por escrito ou oralmente em vinte minutos.
>
> § 1º Em linguagem simples, acessível, concisa e capitulada por ordem de prejudicialidade, a resposta conterá:
>
> I – a qualificação do réu, seu endereço e dados registrais, como cadastro de pessoa física e jurídica (CPF e CNPJ);
>
> II – a precisa manifestação sobre os fatos narrados na petição inicial.
>
> § 1º É lícito ao réu formular pedido em seu favor, mediante breve exposição dos fatos e dos fundamentos jurídicos. O pedido deverá conter a indicação do valor líquido ou estimado, podendo ser genérico quando não for possível determinar, desde logo, a extensão da obrigação.
>
> § 2º Não atendida a simplicidade, concisão e capitulação, sem desentranhar a resposta dos autos, o juiz determinará ao réu que faça a devida adequação, fixando prazo.

6.4. Fase probatória

As sugestões para a atualização normativa no âmbito da fase probatória são as que seguem nos tópicos abaixo.

6.4.1. Carga dinâmica da prova

Considerando tudo quanto foi explanado em item precedente acerca do ônus da prova, a que me reporto (*supra*, n. 5.12), como adverti anteriormente (*supra*, n. 6.1),

---

767 "Tendo em conta a necessidade de organizar-se um processo justo (art. 5º, LIV, CRFB), que necessariamente outorga tutela jurisdicional adequada e efetiva aos litigantes (art. 5º, XXXV, CRFB), os arts. 461, § 5º e 461-A, § 3º, CPC, mitigaram a regra da conformidade entre pedido e sentença" (MARINONI, Luiz Guilherme; MITIDIERO, Daniel. *Código de Processo Civil*. São Paulo: RT, 2008. p. 423).

768 Admite-se a ultrapetição quando a parte pede unicamente a reintegração e o juiz, ao concedê-la, condena, também, ao pagamento dos salários (Súmula TST n. 396, II). Em sentido de mão-dupla, pode o juiz determinar a reintegração, ainda que a parte postule em juízo unicamente a indenização substitutiva. Da mesma forma, quando a parte pede reintegração e, à época da sentença já decorreu o período da estabilidade, pode o juiz determinar unicamente o pagamento de salários (Súmula TST n. 396, I).

penso ser adequado inserir o parágrafo único ao art. 818 da CLT, com a redação abaixo. Esclareço, porém, que não se trata de técnica legislativa de inversão do ônus da prova. A lei apenas irá prever a possibilidade e os critérios para modificação judicial do ônus da prova.[769]

> Art. 818. (...)
>
> Parágrafo único. Atendendo às circunstâncias da modalidade fática e sendo verossímil a alegação e hipossuficiente a parte, por meio de decisão motivada, o juiz poderá imputar o ônus da prova, facultando a sua produção, àquele que possuir:
>
> I – conhecimentos técnicos ou informações específicas sobre os fatos;
>
> II – maior facilidade em demonstrar as suas afirmações;
>
> III – condições de suportá-lo com menor despesa e com maior rapidez e eficácia.

6.4.2. Depoimento pessoal

O direito processual civil prevê duas modalidades para inquirição das partes: o depoimento pessoal (CPC, 343) e o interrogatório (CPC, 342). A diferença fundamental entre elas é que:

a) o depoimento pessoal, quando requerido pela parte adversária, tem por escopo extrair a confissão. Daí por que: (i) não pode o juiz indeferi-lo, sob pena de cercear o direito de defesa, salvo nas hipóteses de dispensa de prova; (ii) se a parte, devidamente intimada, não comparecer ou, comparecendo, recusar-se a depor, presumir-se-ão verdadeiros os fatos contra ela alegados (CPC, 343, § 2º);

b) o interrogatório tem por escopo esclarecer os fatos ao juiz, não se destinando a obter confissão. Daí por que: (i) trata-se de uma faculdade do magistrado. Desse modo, o indeferimento do pedido da parte adversária para a realização do interrogatório não acarreta cerceamento do direito de defesa; (ii) se a parte, devidamente intimada, não comparecer ou, comparecendo, recusar-se a depor, será unicamente sancionada com a litigância de má-fé (CPC, 340, I).

A redação do art. 848 da CLT parece ter adotado o interrogatório como modalidade única, uma vez que: (i) estabeleceu que o juiz poderá, de ofício, interrogar os litigantes; (ii) não deixou margem para requerimento das partes; (iii) não estabeleceu cominação para a hipótese de não comparecimento ou recusa da parte em prestar o interrogatório.

A jurisprudência ainda não definiu se a oitiva da parte no processo do trabalho é faculdade do juiz ou direito da parte adversária.[770]

---

769 Segundo Michele Taruffo, a distribuição dinâmica do ônus da prova "non produce la prova del fatto, ma una modificazione dell'onere della prova sul fatto. L'aspetto rilevante di ciò é che non si tratta di una modificazione dell'onere della prova; si tratta piuttosto di una modificazione *giudiziale* dell'onere della prova perchè é il giudice, nel momento in cui considera sufficiente che una parte invocchi uno schema indiziario tipico senza produrre una vera prova dei fatto, a rovesciare sull'altra parte l'onere di provare il contrario" (TARUFFO, Michele. *Presunzioni, inversioni, prova del fatto*. RTDPC, 1992. p. 738)

770 "Se há controvérsia acerca de fato relevante e controvertido da lide, configura cerceamento de defesa o indeferimento da tomada do depoimento pessoal da parte (CPC, art. 400, inc. I)" (TST-E-RR-418634-1998, SBDI-1, Rel. Min. João Oreste Dalazen, DJ 10-12-2004).

A instabilidade e a confusão acerca do instituto adotado no art. 848 da CLT geram conflitos em audiência e declarações de nulidades nos processos. Por isso, entendo necessário atribuir-se nova redação ao referido dispositivo legal para claramente adotar o depoimento pessoal.[771]

Não raro, com a oitiva das partes se obtém, além de confissão, esclarecimentos suficientes para a solução dos litígios, não sendo legítimo, portanto, deixar de garantir à parte adversa esse direito.

A opção pelo depoimento pessoal não exclui a possibilidade de o juiz se valer do interrogatório a qualquer momento (uma vez que detém o amplo poder de instrução — CLT, 765), o que poderá ser feita com o deslocamento do tema do art. 848 (que tratará da forma de inquirição das partes e testemunhas — *infra, n. 6.4.3*) para o art. 820 (que restará superado), com a seguinte redação:

> Art. 820. Compete à parte requerer o depoimento de seu adversário se o juiz não o determinar de ofício.
>
> § 1º. A parte será intimada pessoalmente ou por meio de seu procurador para comparecer em juízo a fim de depor.
>
> § 2º. Presume-se a veracidade dos fatos alegados contra a parte que, intimada, não comparecer ou, comparecendo, se recuse a depor.

6.4.3. Forma de inquirição das partes e testemunhas

A forma de inquirição das partes e testemunhas (disciplinada nos arts. 828 e 848 da CLT) necessita de modificação para alcançar a modernidade e permitir, com isso, a realização mais célere das audiências e o registro mais fidedigno dos fatos nela ocorridos, garantindo-se, assim, efetividade e tempestividade no processo.

Isso poderá ser feito mediante ab-rogação do art. 828 da CLT (que restará superado) e modificação da redação da cabeça e do § 2º e inclusão dos §§ 3º ao 6º ao art. 848 da CLT, nos seguintes termos:

> Art. 848. Apresentada a resposta pelo réu, o juiz, de ofício ou a requerimento dos litigantes, tomará o depoimento das partes, testemunhas e perito.
>
> (...)
>
> § 2º. As perguntas serão formuladas pelo juiz e pelas partes diretamente ao adversário, testemunhas e peritos. O juiz não admitirá perguntas que puderem induzir a resposta, forem irrelevantes ou impertinentes.

"O Juiz tem ampla liberdade na condução do processo, conforme disposto no art. 765 da CLT. A opção pela dispensa do depoimento pessoal das partes tem respaldo nesse dispositivo, sendo certo, ainda, que as normas insertas nos arts. 820 e 848 da CLT, encerram faculdade do Juízo" (TST-E-RR-45726-2002, SBDI-1, Rel. Min. Lélio Bentes Corrêa, DJ 24-11-2006).

771 Assim orientaram-se, também, o Projeto Russomano, que vedava o indeferimento do requerimento da parte para oitiva do seu adversário (art. 276), e o Projeto TST: art. 100. Cientificada pessoalmente da realização da audiência a parte far-se-á presente para prestar depoimento pessoal, sob cominação de confessa.

§ 3º. Os depoimentos serão registrados preferencialmente por meio de gravação em áudio ou áudio e vídeo, e armazenados em arquivo eletrônico inviolável, ou por qualquer método idôneo.

§ 4º. Ao final da audiência, será disponibilizada cópia das gravações às partes, por meio da rede mundial de computadores (*internet*).

§ 5º. Serão resumidos pelo juiz os depoimentos quando o registro for feito por meio de digitação ou datilografia.

§ 6º. Havendo insurgência sobre a valoração do juízo acerca das declarações das partes e testemunhas, a degravação dos depoimentos ficará a cargo da parte que interpuser recurso, responsabilizando-se civil e criminalmente pela sua fidedignidade.

6.4.4. Intimação de testemunha

No processo do trabalho, como regra, as testemunhas não são intimadas para a audiência. Cabe à parte comparecer a esta acompanhada daquelas (CLT, 825, 845 e 852-H, § 2º). Somente se a testemunha convidada pela parte não comparecer à audiência será, então, intimada. Para que isso ocorra, porém, será necessário que a parte: (i) no procedimento ordinário, *alegue* ter convidado a testemunha (CLT, 825, parágrafo único); (ii) no procedimento sumaríssimo, *alegue e comprove* (por qualquer forma de prova) ter convidado a testemunha (CLT, 852-H, § 3º).

Nesses casos, então, o juiz (*ex officio* ou a requerimento da parte) designará nova data para realização da audiência e determinará a intimação da testemunha que, se deixar de comparecer sem motivo justificado, será conduzida coercitivamente (CLT, 825 e 852-H, § 3º).

Sempre que a audiência tiver de ser adiada pela falta de testemunha convidada pela parte ocorrerá irrecuperável desperdício de tempo e de atividade jurisdicional. E isso desatende à efetividade e à tempestividade do processo, além de causar irremediável prejuízo à eficiência da administração da justiça. Daí a necessidade de modificação da sistemática atual, a fim de se eliminar ou minimizar tais perdas, com a atribuição de nova redação à cabeça e parágrafo único do art. 825, e aos §§ 2º e 3º do 852-H da CLT:

> Art. 825. Cabe às partes convidar suas testemunhas para comparecerem à audiência. Não haverá intimação prévia à testemunha, salvo motivo justificado a critério do juiz.
>
> Parágrafo único. Intimada, ou comprovado o convite da parte à testemunha ausente, o juiz determinará a sua condução coercitiva.
>
> Art. 852-H.
>
> (...)
>
> § 2º. As testemunhas, até o máximo de duas para cada parte, comparecerão à audiência de instrução e julgamento independentemente de intimação. Não haverá intimação prévia à testemunha, salvo motivo justificado a critério do juiz.
>
> § 3º. Intimada, ou comprovado o convite da parte à testemunha ausente, o juiz determinará a sua condução coercitiva.

6.4.5. Impedimento e suspeição de testemunha

Testemunha é toda pessoa que, pelos sentidos, tomou conhecimento de algum fato. O art. 829 da CLT, porém, restringe o testemunho e a valoração das declarações da testemunha que for parente até o terceiro grau civil, amigo íntimo ou inimigo de qualquer das partes. Por força de interpretação jurisprudencial (pacífica), tais restrições são indevidamente ampliadas pela aplicação subsidiária do art. 405 do CPC.

Não bastasse isso, a jurisprudência, desavisadamente, interpreta extensivamente as limitações legais,[772] esquecendo-se de que, por excepcionarem à regra geral (de que todas as pessoas podem ser testemunhas), devem ser interpretadas restritivamente.

Isso produz situações delicadíssimas para as partes que, muitas vezes, se veem privadas de produzir consistente prova testemunhal ou de obter valoração adequada das declarações prestadas por pessoas que a lei, previamente, incapacita, impede ou coloca sob suspeita.

É descabida toda e qualquer restrição à prova testemunhal. A valoração das informações prestadas em juízo, bem como da capacidade de isenção daquele que testemunha, deve caber exclusivamente ao juiz, e não à lei.

O contato direto e pessoal com as partes e testemunhas (*princípio da imediatidade* — CPC, 446, II) transforma o juiz em investigador e o capacita a exercer o controle da veracidade das declarações destas. Tão ou mais importante que os fatos narrados é o modo como são narrados, sendo este o aspecto psicológico do procedimento oral. A presença do juiz na colheita das provas lhe dá a oportunidade de verificar a reação das partes e testemunhas, as quais nem sempre permitem sua redução à documentação. Com seu olhar voltado para quem presta declarações em juízo, o magistrado sente o pulso de quem relata e percebe e avalia a segurança, o nervosismo, a hesitação, a tergiversação, o emprego de evasivas e outras reações.

Em busca, então, de um processo de resultados justos, faz-se necessária a modificação das regras atuais, atribuindo-se exclusivamente ao juiz a valoração da capacidade de isenção daquele que testemunha, mediante nova redação ao art. 829 da CLT:

> Art. 829. Sem qualquer restrição de ordem pessoal, todas as pessoas podem depor como testemunha, cabendo ao juiz atribuir às suas declarações o valor que merecerem.

6.5. Fase decisória

As sugestões para atualização normativa no âmbito da fase decisória são as que seguem nos tópicos a seguir.

---

772 AGRAVO DE INSTRUMENTO (...). Não se configura o alegado cerceamento do direito de defesa quando a Corte Regional, mantendo a sentença, reconhece a suspeição de testemunha, em face de restar evidente a troca de favores. Ileso, portanto, o art. 5º, LV, da Constituição da República, ante a incidência da norma processual que regula a hipótese de suspeição de testemunha, qual seja o art. 405, § 3º, IV, do CPC. Agravo de instrumento a que se nega provimento (TST-AIRR-1274-2003-012-04-40-0, 1ª T., Rel. Min. Walmir Oliveira da Costa, DJ 29-5-2009).

6.5.1. Identidade física do juiz

A *identidade física do juiz* (CPC, 132) não foi adotada no processo do trabalho (Súmulas STF n. 222 e TST n. 136), uma vez que todos os órgãos da Justiça do Trabalho (inclusive as Juntas de Conciliação e Julgamento) eram colegiados.

A EC n. 24/1999, entretanto, deu cabo à representação classista na Justiça do Trabalho, passando os órgãos de primeiro grau a constituírem juízos singulares (CF, 116).[773]

Não obstante a perda do fundamento que justificava o entendimento jurisprudencial, o TST, por meio de nova redação dada à Súmula n. 136, continuou afirmando que "Não se aplica às Varas do Trabalho o princípio da identidade física do juiz".

O princípio da identidade física do juiz, todavia, assegura uma melhor qualidade de justiça. Melhor julgador será, indubitavelmente, o de melhor conhecimento do caso concreto para a solução do litígio.[774] E melhor conhece o caso concreto o juiz que esteve em contato pessoal e direto com as partes e testemunhas (princípio da imediatidade).

Tão ou mais importante que a narrativa dos fatos pelas partes e testemunhas é o modo como esta é feita. As sensações[775] e as percepções,[776] por isso, são fundamentais para a formação do convencimento do juiz. A presença do juiz que irá julgar na colheita da prova lhe dá a oportunidade de verificar, *vis-à-vis*, as reações psíquicas, as quais nem sempre permitem sua redução à documentação. Aliás, não há dissenso na psicologia de que sempre que ocorrer "conflito entre a visão e os demais sentidos, predomina a percepção provocada pelo estímulo visual".[777]

Em busca, então, de um processo de resultados justos, faz-se necessário instituir a identidade física do juiz, dando-se nova redação à cabeça do art. 831 da CLT:

> Art. 831. Rejeitada a proposta de conciliação, o julgamento será proferido pelo juiz que tiver colhido a prova oral, salvo se a colheita desta se deu integralmente por carta precatória. O juiz em exercício no órgão proferirá o julgamento se aquele que colheu a prova oral estiver convocado, licenciado ou afastado por período superior a 30 (trinta) dias, tiver permutado, for removido, promovido, exonerado ou aposentado.

---

773 CF, 116. Nas Varas do Trabalho, a jurisdição será exercida por um juiz singular.

774 A razão do princípio da identidade física do juiz "é a de que se obtém melhor avaliação, porque melhor percebida pelo juiz que julgue, a prova que ele mesmo colheu; diz, pois, com uma melhor qualidade de Justiça" (ALVIM, Arruda. *Manual de direito processual civil*. 4. ed. São Paulo: RT, 1994. v. I, p. 26).

775 Sensação é "a operação por meio da qual as informações relativas a *fenômenos do mundo exterior* ou ao *estado do organismo* chegam ao *cérebro*. Essas informações permitem ao cérebro compor uma imagem mental correspondente a elas" (FIORELLI, José Osmir; MANGINI, Rosana Cathya Ragazzoni. *Psicologia jurídica*. São Paulo: Atlas, 2009. p. 10).

776 A percepção é a realização da "*interpretação da imagem mental resultante da sensação*", é o "*processo mental pelo qual os estímulos sensoriais são trazidos à consciência*" (FIORELLI, José Osmir; MANGINI, Rosana Cathya Ragazzoni. *Psicologia jurídica*. São Paulo: Atlas, 2009. p. 11).

777 Ibidem, p. 14.

6.5.2. Relativização dos pressupostos processuais e das condições da ação

Considerando tudo quanto foi explanado em item precedente acerca da necessidade de relativização dos pressupostos processuais e das condições da ação, a que me reporto (*supra, n. 5.6*), como adverti anteriormente (*supra, n. 6.1*), penso ser adequado inserir o § 1º e renumerar o parágrafo único para § 2º do art. 831 da CLT, da seguinte forma:

> Art. 831. (...)
>
> § 1º Observado o contraditório e sendo possível prover sobre o mérito, o juiz deverá desconsiderar a ausência de pressupostos processuais e de condições da ação.
>
> (...)

6.5.3. Simplicidade da sentença

A sentença é um ato de inteligência e de vontade.[778] Nela, o juiz apreciará os fundamentos jurídicos do pedido e da defesa e dará as razões da sua convicção[779] (CF, 93, IX),[780] a fim de convencer as partes e a opinião pública da justiça da decisão.

A importância da sentença e do acórdão como atos de resolução judicial, porém, não restará reduzida se forem simplificados os mecanismos de seus proferimentos, com o escopo de se atingir maior eficiência e celeridade processuais. Deve-se, por exemplo:

a) eliminar a exigência de relatório (CLT, 458, I),[781] ainda que sintético (CLT, 832). Essa dispensa já é regra para as ações de procedimento sumaríssimo (CLT, 852-I) e deve ser adotada de modo genérico, uma vez que é na fundamentação, mediante análise dos fatos e da prova, que o juiz revela o conhecimento da controvérsia;

---

778 Sentença é vocábulo que "provém de *sentire* (sentimento e/ou razão). Logo, o sistema quer que o juiz coloque o seu sentimento na decisão (não fora isso, um computador decidiria melhor). Obrigado a revelar o seu sentimento, o juiz tem que se comprometer com ele e revelá-lo na decisão" (PORTANOVA, Rui. *Princípios do processo civil*. Porto Alegre: Livraria do Advogado, 1995. p. 78).

779 A fundamentação deve ser clara, lógica e precisa. Impõe-se a simplicidade para que todos possam entender o raciocínio, evitando-se ao máximo o exibicionismo. "Os temas levados à apreciação do juiz merecem uma decisão calcada em bom-senso. Não necessariamente uma peça literária com utilização de termos ininteligíveis para as partes envolvidas. As partes não precisam da erudição elaborada até às raias da prolixidade. Decisão existe para resolver problemas, não para encontrar espaço nos repertórios jurisprudenciais" (NALINI, José Renato. *A rebelião da toga*. 2. ed. Campinas: Millennium, 2008. p. 212). Como se "não bastassem as dificuldades do linguajar jurídico, há juízes que elegem o ato sentencial palco para seus brilharescos vernaculares. A sentença acaba sendo o local onde despejam suas palavras colecionadas, de pouco uso corrente e por isso, pouco compreensíveis" (PORTANOVA, Rui. *Princípios do processo civil*. Porto Alegre: Livraria do Advogado, 1995. p. 249).

780 A fundamentação das decisões é, sem dúvida, "uma grande garantia de justiça, quando consegue reproduzir exatamente, como num levantamento topográfico, o itinerário lógico que o juiz percorreu para chegar à sua conclusão, pois se esta é errada, pode facilmente encontrar-se, através dos fundamentos, em que altura do caminho o magistrado se desorientou" (CALAMANDREI, Piero. *Eles, os juízes, vistos por nós, os advogados*. 7. ed. Lisboa: Livraria Clássica, 1993. p. 143).

781 A exemplo do que já ocorre nos processos dos Juizados Especiais (Lei n. 9.099/1995, 38).

b) autorizar o juiz a simplesmente se reportar à petição inicial, com fundamentação suscinta, no caso de revelia, desde que tome como verdadeiros os fatos afirmados pelo autor[782] (e também de reconhecimento do pedido),[783] uma vez que a valoração judicial, no caso, limitar-se-á a reproduzir as afirmações feitas na petição inicial.

Tais sugestões poderiam ser inseridas na CLT mediante modificação da cabeça do art. 832 e inclusão dos seguintes parágrafos:

Art. 832. A sentença conterá:

I – os fundamentos que justificam a decisão judicial;

II – o dispositivo que enuncia a decisão judicial.

(...)

§ 2º-A. Ocorrendo revelia ou havendo reconhecimento do pedido e sendo verossímeis os fatos, a sentença poderá ser proferida com fundamentação concisa, reportando-se o juiz à petição inicial.

---

782 Produzindo a revelia o seu efeito principal, desnecessária será a produção de provas. O principal efeito da revelia é a presunção *juris tantum* de veracidade das alegações do autor. Isso significa, então, que a revelia não impõe a inevitável vitória deste. Além disso, a revelia *não gera a presunção programada* se: a) havendo pluralidade de réus, algum deles contestar a ação; o litígio versar sobre direitos indisponíveis; a petição inicial não estiver acompanhada do instrumento público, que a lei considere indispensável à prova do ato (CPC, 320); b) forem alegados "fatos incríveis, ou seja, fatos inverossímeis (v. g., que afrontem leis científicas, como a lei da gravidade)" (ALVIM, Arruda. *Manual de direito processual Civil*. 5. ed. São Paulo: RT, 1996. v. 2, p. 307-8); c) o fato alegado estiver em contradição com *fato notório*, uma vez que a notoriedade é que dispensa a produção de prova (CPC, 334, I), não se invertendo essa presunção por conta da revelia; d) os fatos alegados forem *incríveis* (*inverossímeis*).

783 CPT-Macau, 32º (Efeitos da falta de contestação)
2. Quando a causa se revestir de manifesta simplicidade, a sentença pode limitar-se à parte decisória, precedida da identificação das partes e da fundamentação sumária do julgado, a qual, se os factos reconhecidos conduzirem à procedência da acção, pode ser feita mediante simples adesão ao alegado pelo autor.
CPT-Macau, 42º (Sentença)
2. Quando a simplicidade das questões de direito o justificar, a sentença é imediatamente lavrada por escrito ou ditada para a acta e pode limitar-se à parte decisória, precedida da identificação das partes e da sucinta fundamentação de facto e de direito do julgado.
CPT-Portugal, 57º. Efeitos da revelia
1 – Se o réu não contestar, tendo sido ou devendo considerar-se regularmente citado na sua própria pessoa, ou tendo juntado procuração a mandatário judicial no prazo da contestação, consideram-se confessados os factos articulados pelo autor e é logo proferida sentença a julgar a causa conforme for de direito.
2 – Se a causa se revestir de manifesta simplicidade, a sentença pode limitar-se à parte decisória, precedida da identificação das partes e da fundamentação sumária do julgado; se os factos confessados conduzirem à procedência da acção, a fundamentação pode ser feita mediante simples adesão ao alegado pelo autor.
CPT-Portugal, 73º. Sentença
1 – A sentença é proferida no prazo de 20 dias.
2 – Se a simplicidade das questões de direito o justificar, a sentença pode ser imediatamente lavrada por escrito ou ditada para a acta.
3 – No caso do número anterior, a sentença pode limitar-se à parte decisória, precedida da identificação das partes e da sucinta fundamentação de facto e de direito do julgado.

6.6. Fase recursal

As sugestões para atualização normativa no âmbito da fase recursal são as que seguem nos tópicos abaixo.

6.6.1. Considerações preliminares

O princípio do *duplo grau de jurisdição*, como garantia constitucional absoluta (CF, 5º, LIV)[784] de plena cognição da pretensão por dois órgãos jurisdicionais (sucessivamente), é um dogma.[785] Referido princípio não é absoluto ou intocável.[786]

---

784 Garantia constitucional absoluta ao duplo grau de jurisdição existiu apenas na época do Império (CF de 1824, 158). A Carta da República vigente, porém, apenas deixou implícita "a previsão para a existência de recurso" (NERY JÚNIOR, Nelson. *Princípios do processo civil na Constituição Federal*. 2. ed. São Paulo: RT, 1995. p. 152).
O vocábulo *recursos*, utilizado no dispositivo constitucional mencionado, não possui sentido técnico. Não significa, portanto, instrumento de impugnação de decisões judiciais, mas *conjunto de medidas e meios indispensáveis* para assegurar a ampla defesa e o contraditório. Além disso, a utilização do vocábulo *recurso* e da expressão *meios recursais* junto à garantia da ampla defesa e do contraditório não constitui inovação da CF vigente. Assim era, também, nas Constituições anteriores (CF-1891, 76, § 16; CF-1934, 113, § 24; CF-1946, 141, § 25; CF-1967, 150, § 15; EC-1-1969, 153, § 15). A CF de 1988, portanto, apenas seguiu uma tradição histórica. Não introduziu o vocábulo recursos no art. 5º, LV, com o escopo elevar o duplo grau de jurisdição a princípio constitucional. O Decreto n. 678/1992, que promulgou a Convenção Americana sobre Direitos Humanos (Pacto de São José da Costa Rica), entretanto, parece ser o diploma que autoriza a inserção do duplo grau de jurisdição entre os princípios de natureza constitucional. Referido decreto, que tem *status* de emenda constitucional (CF, 5º, § 3º), no art. 8º, 2, *h*, assegura a toda pessoa o direito de recorrer da sentença para juiz ou tribunal superior. Entender que o duplo grau de jurisdição é princípio de natureza constitucional, porém, não significa afirmar que há garantia absoluta ao recurso. Os direitos fundamentais não são imunes a restrições, ainda que não se encontrem sob reserva legal (simples ou qualificada). Além disso, o duplo grau não é inerente à ampla defesa e ao contraditório. A previsão de recursos, portanto, não deve ignorar as garantias, também constitucionais, da efetividade (CF, 5º, XXXV) e da razoável duração do processo (CF, 5º, LXXVIII), sendo viável a sua restrição.

785 "O duplo grau de jurisdição, embora possa ser concebido com maior ou menor amplitude, variando, portanto, de um ordenamento jurídico para o outro, normalmente não assegura pelo menos dois juízos sobre todas as questões discutidas no processo. Garante simplesmente a possibilidade de a controvérsia, compreendida em sua integralidade, passar por duplo exame" (MALLET, Estêvão. *Direito, trabalho e processo em transformação*. São Paulo: LTr, 2005. p. 191).

786 O STF, por suas turmas, vinha reiteradamente decidindo não haver garantia constitucional ao duplo grau de jurisdição (STF-AgRg em AI-Cr, AGCRA-248761/RJ, 1ª T., Rel. Min. Ilmar Galvão, DJU 23-6-2000; STF-RHC-80919/SP, 2ª T., Rel. Min. Nelson Jobim, DJU 14-9-2001; STF-AI-AgR-513044/SP, 2ª T., Rel. Min. Carlos Velloso, DJU 08-4-2005. p. 31). Tais entendimentos tinham por base decisão proferida pelo Tribunal Pleno: "I. Duplo grau de jurisdição no Direito brasileiro, à luz da Constituição e da Convenção Americana de Direitos Humanos. 1. Para corresponder à eficácia instrumental que lhe costuma ser atribuída, o duplo grau de jurisdição há de ser concebido, à moda clássica, com seus dois caracteres específicos: a possibilidade de um reexame integral da sentença de primeiro grau e que esse reexame seja confiado a órgão diverso do que a proferiu e de hierarquia superior na ordem judiciária. 2. Com esse sentido próprio — sem concessões que o desnaturem — não é possível, sob as sucessivas Constituições da República, erigir o duplo grau em princípio e garantia constitucional, tantas são as previsões, na própria Lei Fundamental, do julgamento de única instância ordinária, já na área cível, já, particularmente, na área penal. 3. A situação não se alterou, com a incorporação ao Direito brasileiro da Convenção Americana de Direitos Humanos (Pacto de São José), na qual, efetivamente, o art. 8º, 2, *h*, consagrou, como

Ao institucionalizar tribunais, a Constituição Federal apenas revela a intenção de oferecer os serviços jurisdicionais em mais de uma instância. Contudo, em momento algum erige essa intenção em garantia absoluta.[787]

---

garantia, ao menos na esfera processual penal, o duplo grau de jurisdição, em sua acepção mais própria: o direito de 'toda pessoa acusada de delito', durante o processo, 'de recorrer da sentença para juiz ou tribunal superior'. 4. Prevalência da Constituição, no Direito brasileiro, sobre quaisquer convenções internacionais, incluídas as de proteção aos direitos humanos, que impede, no caso, a pretendida aplicação da norma do Pacto de São José: motivação. II. A Constituição do Brasil e as convenções internacionais de proteção aos direitos humanos: prevalência da Constituição que afasta a aplicabilidade das cláusulas convencionais antinômicas. 1. Quando a questão — no estágio ainda primitivo de centralização e efetividade da ordem jurídica internacional — é de ser resolvida sob a perspectiva do juiz nacional — que, órgão do Estado, deriva da Constituição sua própria autoridade jurisdicional — não pode ele buscar, senão nessa Constituição mesma, o critério da solução de eventuais antinomias entre normas internas e normas internacionais; o que é bastante a firmar a supremacia sobre as últimas da Constituição, ainda quando esta eventualmente atribua aos tratados a prevalência no conflito: mesmo nessa hipótese, a primazia derivará da Constituição e não de uma apriorística força intrínseca da convenção internacional. 2. Assim como não o afirma em relação às leis, a Constituição não precisou dizer-se sobreposta aos tratados: a hierarquia está ínsita em preceitos inequívocos seus, como os que submetem a aprovação e a promulgação das convenções ao processo legislativo ditado pela Constituição e menos exigente que o das emendas a ela e aquele que, em consequência, explicitamente admite o controle da constitucionalidade dos tratados (CF, art. 102, III, b). 3. Alinhar-se ao consenso em torno da estatura infraconstitucional, na ordem positiva brasileira, dos tratados a ela incorporados, não implica assumir compromisso de logo com o entendimento — majoritário em recente decisão do STF (ADInMC 1.480) — que, mesmo em relação às convenções internacionais de proteção de direitos fundamentais, preserva a jurisprudência que a todos equipara hierarquicamente às leis ordinárias. 4. Em relação ao ordenamento pátrio, de qualquer sorte, para dar a eficácia pretendida à cláusula do Pacto de São José, de garantia do duplo grau de jurisdição, não bastaria sequer lhe conceder o poder de aditar a Constituição, acrescentando-lhe limitação oponível à lei como é a tendência do relator: mais que isso, seria necessário emprestar à norma convencional força ab-rogante da Constituição mesma, quando não dinamitadoras do seu sistema, o que não é de admitir. III. Competência originária dos Tribunais e duplo grau de jurisdição. 1. Toda vez que a Constituição prescreveu para determinada causa a competência originária de um Tribunal, de duas uma: ou também previu recurso ordinário de sua decisão (CF, arts. 102, II, a; 105, II, a e b; 121, § 4º, III, IV e V) ou, não o tendo estabelecido, é que o proibiu. 2. Em tais hipóteses, o recurso ordinário contra decisões de Tribunal, que ela mesma não criou, a Constituição não admite que o institua o direito infraconstitucional, seja lei ordinária seja convenção internacional: é que, afora os casos da Justiça do Trabalho — que não estão em causa — e da Justiça Militar — na qual o STM não se superpõe a outros Tribunais —, assim como as do Supremo Tribunal, com relação a todos os demais Tribunais e Juízos do País, também as competências recursais dos outros Tribunais Superiores — o STJ e o TSE — estão enumeradas taxativamente na Constituição, e só a emenda constitucional poderia ampliar. 3 .À falta de órgãos jurisdicionais *ad qua*, no sistema constitucional, indispensáveis a viabilizar a aplicação do princípio do duplo grau de jurisdição aos processos de competência originária dos Tribunais, segue-se a incompatibilidade com a Constituição da aplicação no caso da norma internacional de outorga da garantia invocada" (STF-RHC-79785/RJ, TP, Rel. Min. Sepúlveda Pertence, DJU 22-11-2002. p. 57).
Em decisão recente, porém, a 1ª T. do STF assim decidiu: "A garantia do devido processo legal engloba o direito ao duplo grau de jurisdição, sobrepondo-se à exigência prevista no art. 594 do CPP. IV – O acesso à instância recursal superior consubstancia direito que se encontra incorporado ao sistema pátrio de direitos e garantias fundamentais. V – Ainda que não se empreste dignidade constitucional ao duplo grau de jurisdição, trata-se de garantia prevista na Convenção Interamericana de Direitos Humanos, cuja ratificação pelo Brasil deu-se em 1992, data posterior à promulgação Código de Processo Penal. VI – A incorporação posterior ao ordenamento brasileiro de regra prevista em tratado internacional tem o condão de modificar a legislação ordinária que lhe é anterior" (STF-HC-88420/PR, 1ª T., Rel. Min. Ricardo Lewandowski, DJU 08-6-2007. p. 37).

787 O duplo grau de jurisdição "não é garantido constitucionalmente de modo expresso, entre nós, desde a República; mas a própria Constituição incumbe-se de atribuir a competência recursal a vários órgãos

Nada impede, por isso, que a norma infraconstitucional modifique o sistema recursal para restringir[788] ou suprimir recursos[789] ou para transformar seu processamento.[790] Trata-se, então, de questão de política legislativa[791] a exigir o manejo do duplo grau de jurisdição segundo as necessidades de um processo tempestivo (CF, 5º, LXXVIII) e de resultados justos (CF, 5º, XXXV).[792]

6.6.2. Salto de grau de jurisdição ordinário amplo

Os §§ 3º e 4º do art. 515 do CPC (introduzidos respectivamente pelas Leis ns. 10.352/2001 e 11.276/2006)[793] romperam com o dogma do direito à obtenção de dois pronunciamentos judiciais completos sobre o mérito (emitidos por dois juízos

---

da jurisdição (art. 102, inc. II; art. 105, inc. II; art. 108, inc. II), prevendo expressamente, sob a denominação de *tribunais*, órgãos judiciários de segundo grau (v. g., art. 93, inc. III). Ademais, o Código de Processo Penal, o Código de Processo Civil, a Consolidação das Leis do Trabalho, leis extravagantes e as leis de organização judiciária preveem e disciplinam o duplo grau de jurisdição" (CINTRA, Antônio Carlos de Araújo; GRINOVER, Ada Pellegrini; DINAMARCO, Cândido Rangel. *Teoria geral do processo*. 12. ed. São Paulo: RT, 1996. p. 75).

788 PL-4732/2004, CLT, 896. (...).
b) derem ao mesmo dispositivo de lei estadual, de observância obrigatória em área territorial que exceda a jurisdição do Tribunal prolator da decisão recorrida, interpretação divergente na forma da alínea *a*;
§ 7º. Configurada divergência entre tribunais regionais do trabalho na interpretação de regulamento de empresa, de sentença normativa ou de convenção ou acordo coletivo, a parte interessada poderá suscitar perante a Seção de Dissídios Individuais, incidente de uniformização de jurisprudência, facultada a reclamação para preservar a autoridade da decisão proferida.

789 A restrição e a supressão "ao uso do recurso tem justificativa na desnecessidade de se dar oportunidade de dupla revisão a determinada situação de direito substancial. Se a eliminação do recurso é justificada pela *situação de direito substancial*, não há que se pensar em violação ao direito de defesa, uma vez que a norma constitucional diz claramente que são assegurados os meios e recursos 'inerentes' ao contraditório — isto é, à ação e à defesa. (...) Ora, se são assegurados o contraditório, a ampla defesa e os recursos *a ela inerentes*, é porque os recursos *nem sempre são inerentes* ao contraditório e à ampla defesa" (MARINONI, Luiz Guilherme. *Teoria geral do processo*. São Paulo: RT, 2006. p. 314-5).

790 Para a Corte de Cassação Italiana o princípio do duplo grau de jurisdição "*oltre a non trovare inderogabile garanzia costituzionale nel nostro ordinamento*, né specificamente nel sistema processuale, postula soltanto che una domanda o una questione venga successivamente *proposta* a due giudici di grado diverso e non pure che essa venga effettivamente *decisa* da entrambi" (Sentença n. 5.976/1987).

791 A questão do duplo grau de jurisdição deve ser tratada como "um problema de *política legislativa processual*, não como um fator de legitimação da Constituição, já que a efetiva tutela jurisdicional não estaria, necessariamente, ameaçada se houvesse uma única instância para apreciar e julgar os conflitos de interesses" (CAMBI, Eduardo. Efeito devolutivo da apelação e duplo grau de jurisdição. In: MARINONI, Luiz Guilherme; DIDIER JR., Fredie (Coords). *A segunda etapa da reforma processual civil*. São Paulo: Malheiros, 2001. p. 250).

792 Não "há porque levar tão longe um princípio, como tradicionalmente se leva o duplo grau nos termos em que ele sempre foi entendido, quando esse verdadeiro culto não for indispensável para preservar as balizas do processo justo e équo, fiel às exigências do devido processo legal" (DINAMARCO, Cândido Rangel. *A reforma da reforma*. São Paulo: Malheiros, 2002. p. 152).

793 CPC, 515. (...)
§ 3º. Nos casos de extinção do processo sem julgamento do mérito (art. 267), o tribunal pode julgar desde logo a lide, se a causa versar questão exclusivamente de direito e estiver em condições de imediato julgamento.

hierarquicamente diferentes) ao permitirem o salto de grau de jurisdição ordinário.[794] Referidos dispositivos legais em ação transformam o órgão recursal em autêntico juízo pleno. Vale dizer: o órgão recursal fica investido da mesma cognição e dos mesmos poderes do juiz da instância originária, nele sendo reproduzido o objeto do processo.

A permissão para o salto de grau de jurisdição ordinário:

a) foi limitada no § 3º do art. 515 do CPC, à existência dos seguintes pressupostos: (i) a matéria debatida deve ser questão exclusivamente de direito; (ii) o processo deve ter sido extinto sem resolução do mérito; (iii) o processo deve estar em condições de imediato julgamento;

À falta de justificação lógica,[795] não são aceitáveis as duas primeiras restrições.[796] A única limitação justificável é a circunstância de o processo estar em condições de

---

§ 4º. Constatando a ocorrência de nulidade sanável, o tribunal poderá determinar a realização ou renovação do ato processual, intimadas as partes; cumprida a diligência, sempre que possível prosseguirá o julgamento da apelação.

794 A possibilidade de julgamento imediato do mérito era previsão existente nas Ordenações Filipinas (Livro III, Título LXVIII) e Manuelinas (Livro III, Título LII) e no CPC da Bahia (art. 1.290).

795 Nenhuma questão "é exclusivamente de direito porque — como lembra *Lopes da Costa* — a discussão sobre a norma a aplicar 'não pode ser de modo absoluto separada da questão de fato. É do fato que nasce o direito (...). Realmente, pretender separar, de modo rígido, fato e direito não se compreende. A própria análise dos fatos não é simplesmente atividade voltada à consideração da realidade. A discriminação dos fatos a serem considerados supõe já certo enquadramento jurídico da situação, porque os fatos são sempre constatados tendo em vista 'um determinado sentido jurídico'" (MALLET, Estêvão. *Direito, trabalho e processo em transformação*. São Paulo: LTr, 2005. p. 201).

796 Daí por que alguns juristas compreendem como questão de direito não apenas a matéria pura e simplesmente de direito, mas a matéria de direito e de fato, desde que estes estejam sejam incontroversos, notórios ou estejam comprovados por prova documental (WAMBIER, Luiz Rodrigues; WAMBIER, Teresa Arruda Alvim; MEDINA, José Miguel Garcia. *Breves comentários à nova sistemática processual civil*. 3. ed. São Paulo: RT, 2005. p. 269-70).
ADMINISTRATIVO, CIVIL E PROCESSO CIVIL (...) 4. O art. 515, § 3º, do CPC deve ser lido à luz do disposto no art. 330, I, do mesmo diploma, que trata do julgamento imediato do mérito. Poderá o Tribunal (assim como o juiz de primeiro grau poderia) pronunciar-se desde logo sobre o mérito se as questões de mérito forem exclusivamente de direito ou, sendo de fato e de direito, não houver necessidade de produção de novas provas. Entendimento doutrinário e jurisprudencial (STJ-REsp-797989/SC, 2ª T., Rel. Min. Humberto Martins, DJU 15-5-2008).
PROCESSUAL CIVIL. (...) APLICAÇÃO DO § 3º DO ART. 515 DO CPC. JULGAMENTO DO MÉRITO. POSSIBILIDADE. I – "A jurisprudência do STJ tem admitido, excepcionalmente, a utilização do referido dispositivo processual também em casos de cassação da sentença que extinguiu o processo com julgamento do mérito, haja vista que toda a instrução processual já havia se encerrado. (...) Na verdade, o que esta Corte tem acertadamente repelido é o julgamento originário do mérito em sede de apelação do qual decorra *reformatio in pejus*, (...) hipótese, que não se identifica com o panorama destes autos" (REsp n. 796.296/MA, Rel. Min. José Delgado, DJ de 29-5-2006). II – O caso em tela muito se assemelha ao do precedente antes destacado, não havendo, assim, por que entender pela violação ao § 3º do art. 515 do CPC: o Tribunal de origem, após anular a sentença proferida por considerá-la *extra petita*, prosseguiu no julgamento do mérito do *mandamus*, como lhe fora pleiteado na apelação, por considerar a causa madura e estritamente de direito. Ressalte-se, ainda, que houve por parte daquele Colegiado a observância ao Princípio do *ne reformatio in peius*. III – Recurso especial improvido (STJ-REsp-835318/MG, 1ª T., Rel. Min. Francisco Falcão, DJU 16-10-2006. p. 315).

imediato julgamento (processo suficientemente instruído).⁽⁷⁹⁷⁾ É que, nesse caso, sendo reformada a sentença e determinado o retorno dos autos ao juízo originário, outra coisa não lhe restará senão proferir nova sentença. Daí por que o órgão recursal deverá⁽⁷⁹⁸⁾ atalhar caminho e julgar o mérito sempre que, em tese, seria essa a providência restante no juízo originário.⁽⁷⁹⁹⁾ Essa deve ser a pedra de toque para o salto de grau de jurisdição autorizado pelo § 3º do art. 515 do CPC.⁽⁸⁰⁰⁾

b) autorizado pelo § 4º do art. 515 do CPC, consolidou a ideia de que o órgão recursal possui os mesmos poderes do juízo originário. Assim, sendo possível sanar a nulidade (ainda que decorra do cerceamento do direito à produção da prova), tanto o relator (monocraticamente) quanto o órgão colegiado deverão fazê-lo, prosseguindo, em seguida, no julgamento do recurso.

Esse modo amplo de permitir o salto de grau de jurisdição não é aceito plenamente no âmbito do processo civil e, por incrível que pareça, encontra muita resistência nos tribunais trabalhistas. Estes, seguindo automaticamente a jurisprudência tradicional (sem reflexão, portanto), apegam-se excessivamente à ideia de supressão de instância como algo inadmissível.⁽⁸⁰¹⁾

---

797 E o processo estará em condições de imediato julgamento sempre que já não haja necessidade de outras provas a serem produzidas (BARBOSA MOREIRA, José Carlos. *Comentários ao Código de Processo Civil*. 12. ed. Rio de Janeiro: Forense, 2005. v. V, p. 433).
Superada "a pretendida separação rígida entre questão de fato e questão de direito, a inadequada fórmula do § 3º, do art. 515, do CPC, passa a dirigir-se às situações em que já há nos autos elementos suficientes para resolução da controvérsia sobre os fatos relevantes no processo, tornando desnecessárias novas diligências" (MALLET, Estêvão. *Direito, trabalho e processo em transformação*. São Paulo: LTr, 2005. p. 203).

798 PORTO, Sérgio Gilberto; USTÁRROZ, Daniel. *Manual dos recursos cíveis*. Porto Alegre: Livraria do Advogado, 2007. p. 99.

799 *Ibidem*, p. 97.

800 O salto de um grau de jurisdição "depende estritamente de estar o processo já pronto para o julgamento de mérito (...). Razoavelmente e com plena fidelidade ao sistema do Código de Processo Civil e às garantias constitucionais do processo, entenda-se que a locução *se a causa versar exclusivamente questão de direito* foi posta no novo parágrafo com o objetivo único de impedir o salto de grau jurisdicional quando, havendo questões de fato, ainda não hajam sido produzidas todas as provas admissíveis no caso. Ela deve, portanto, ser lida pelo avesso, assim: *se não houver questões de fato ainda dependentes de prova*" (DINAMARCO, Cândido Rangel. *A reforma da reforma*. São Paulo: Malheiros, 2002. p. 155-6).

801 JULGAMENTO *EXTRA PETITA*. (...) Configurado o julgamento *extra petita*, acolhe-se a arguição de nulidade da sentença, determinando-se o retorno dos autos à origem a fim de que sejam apreciados os pedidos formulados pelo autor, como se entender de direito (TRT-MG-RO-01061-2007/114-03-00-3, 7ª T., Relª Juíza Conv. Wilmeia da Costa Benevi, DJ 31-01-2008).
CERCEAMENTO DE DEFESA. O indeferimento do retorno dos autos ao *expert* pelo Juízo *a quo*, indubitavelmente caracterizou o sustentado cerceamento de defesa. Neste contexto, torna-se essencial sejam dirimidas as controvérsias registradas nos laudos apresentados (TRT-RS-RO-00071-2007-383-04-00-7, Relª Juíza Conv. Rejane Souza Pedra, J. 05-6-2008).
NULIDADE DA INSTRUÇÃO PROCESSUAL. CERCEAMENTO DE DEFESA. RETORNO À ORIGEM. O indeferimento da oitiva de testemunha contraditada, como informante, evidencia flagrante cerceio de defesa, ante a possibilidade de inafastável prejuízo, nos termos do art. 794, da CLT. Impõe-se o retorno dos autos à origem para prosseguimento da instrução processual para a oitiva do informante indicado pela ré. Nulidade que se acolhe (TRT-PR-ACO-21613-2005-006-09-00-2, Rel. Sergio Murilo Rodrigues Lemos, J. 16-5-2008).

A duplicidade de cognição permite, embora não represente garantia absoluta, o desenvolvimento de um processo efetivo. Assim, a ideia inicial é autorizar a sua ocorrência. A falta ou vício de cognição ocorrida no juízo originário, entretanto, obriga o sistema legal a administrar esse problema oferecendo às partes alternativa que privilegie efetividade, tempestividade e economia. E isso se faz mediante a supressão de um grau de jurisdição que não representa prejuízo, uma vez que o julgamento que o tribunal fizer "será o mesmo que faria se houvesse mandado o processo de volta ao primeiro grau, lá ele recebesse sentença, o autor apelasse contra esta e ele, tribunal, afinal voltasse a julgar o mérito".[802]

O mecanismo amplo para permitir o salto de grau de jurisdição poderá, então, ser feito mediante a inserção dos seguintes dispositivos à CLT:

> Art. 893-A. O órgão recursal deverá prover sobre o mérito da causa sempre que o processo estiver em condições de imediato julgamento.
>
> Parágrafo único. Constatada nulidade sanável, deverá o órgão recursal corrigi-la e prover sobre o mérito. Sendo necessária a realização de diligência, como a produção de prova indeferida na origem, caberá ao relator conduzir o ato.

6.6.3. Recursos em procedimento sumaríssimo

A Lei n. 9.957/2000 instituiu o procedimento sumaríssimo no processo do trabalho com o escopo de simplificar e acelerar as causas de valor entre 2 (dois) e 40 (quarenta) salários mínimos. O texto aprovado no Congresso Nacional restringia o recurso:

a) *ordinário* às alegações de violação literal à lei, contrariedade à súmula de jurisprudência uniforme do TST e violação direta da Constituição Federal (CLT, 895, § 1º, I);

(ii) *de revista* às alegações de contrariedade à súmula de jurisprudência uniforme do TST e violação direta da Constituição Federal (CLT, 896, § 6º).

Ao sancionar a lei, entretanto, o Presidente da República vetou a regra do inc. I do § 1º do art. 895 da CLT que restringia as matérias passíveis de alegação em recurso ordinário, sob o fundamento de que "não seria conveniente manter (...) severa limitação do acesso da parte ao duplo grau de jurisdição, máxime quando já se está restringindo o acesso ao Tribunal Superior do Trabalho". Com isso, possibilitou-se a devolutividade ampla.

Embora em um primeiro momento tenha parecido adequado o veto, uma vez que em qualquer julgamento há a possibilidade de erro ou injustiça, a verdade é que ele desmantelou a estrutura do novo procedimento que, mesmo com as simplificações no seu processamento, não atingiu a celeridade desejada.

Por essa razão, cumpre remontar o procedimento sumaríssimo para devolver-lhe a característica de causa de instância única em matéria fática. Sob a perspectiva da efetividade e da razoável duração do processo, e na esteira da valorização dos precedentes

---

802 DINAMARCO, Cândido Rangel. *A reforma da reforma*. São Paulo: Malheiros, 2002. p. 161.

jurisprudenciais,[803] isso poderia ser feito com o restabelecimento em parte do inc. I do § 1º do art. 895 da CLT e com ab-rogação do § 6º do art. 896 da CLT:[804]

> Art. 895. (...)
> § 1º (...)
> I – somente será cabível por violação literal e direta da Constituição Federal, violação literal à lei, contrariedade à súmula ou orientação jurisprudencial do Tribunal Superior do Trabalho.

6.6.4. Recurso em mandado de segurança substitutivo de recurso

Algumas regras contribuem decisivamente para a tempestividade no processo do trabalho. Uma delas é a irrecorribilidade em separado das decisões interlocutórias (CLT, 893, § 1º; Súmula TST n. 214).[805] Outra decorre de construção jurisprudencial de não admitir recurso de agravo de petição de toda e qualquer decisão proferida na execução, apesar da letra do art. 897, *a*, da CLT.[806]

É firme, porém, o entendimento doutrinário e jurisprudencial de que a decisão interlocutória que causa prejuízo irreparável ou de difícil reparação a direito tido por incontestável, sem possibilidade de coibição eficaz e pronta pelos recursos comuns, poderá ser impugnada por meio de mandado de segurança (CF, 5º, LXIX).[807]

---

803 De modo silencioso (sem alarde), o sistema legal vem positivando a característica da família da *common law* de valorização dos precedentes jurisprudenciais, uma vez que representam o direito em ação (experimentado) e destacam a função criadora do juiz. O maior prestígio aos precedentes pode ser constatado com a fixação de efeitos *erga omnes* às decisões definitivas de mérito (proferidas pelo STF) nas ações diretas de inconstitucionalidade e nas ações declaratórias de constitucionalidade (ex.: CF, 102, § 2º; CDC, 103), com a instituição da súmula vinculante (CF, 103-A), com a implantação do cerceio ao processamento do recurso ou julgamento de plano sempre que a decisão proferida estiver em conformidade ou em contrariedade com súmula ou jurisprudência de tribunal (CPC, 518, § 1º e 557, § 1º-A; CLT, 896, § 5º), com a possibilidade de julgamento improcedente de plano sempre que a matéria controvertida for unicamente de direito e no juízo já houver sido proferida sentença de total improcedência em outros casos idênticos (CPC, 285-A).

804 PL-4732/2004, CLT, 896. (...).
§ 6º. Não cabe recurso de revista das decisões proferidas nas causas de valor inferior a sessenta salários mínimos.

805 Para Jorge Luiz Souto Maior, somente se justifica a irrecorribilidade em separado das decisões interlocutórias diante da concentração dos atos processuais. Quando disso não se trata, a impossibilidade de recurso imediato é causa de retardamento da demanda (SOUTO MAIOR, Jorge Luiz. *Direito processual do trabalho*. São Paulo: LTr, 1998. p. 103-4).

806 Constitui "procedimento que se coaduna com a própria finalidade da execução trabalhista não se conferir uma interpretação ampliativa do art. 897, *a*, da CLT, sob pena de se render ensejo a que qualquer ato decisório do juiz seja impugnado por agravo de petição, fazendo, com isso, que a execução se prolongue por tempo muito superior ao legalmente previsto e ao idealmente desejável" (TEIXEIRA FILHO, Manoel Antonio. *Curso de direito processual do trabalho*. São Paulo: LTr, 2009. v. II, p. 1665).

807 Os tribunais, por isso, "têm decidido, reiteradamente, que é cabível mandado de segurança contra ato judicial de qualquer natureza e instância, desde que ilegal e violador de direito líquido e certo do impetrante e não haja possibilidade de coibição eficaz e pronta pelos recursos comuns". É "importante ressaltar que a só existência de recurso processual cabível não afasta o mandado de segurança se tal recurso é insuficiente para coibir a ilegalidade do Judiciário e impedir a lesão ao direito evidente do impetrante.

Essa flexibilização (excepcional)[808] à regra de exclusão de uso do mandado de segurança para impugnar decisão judicial passível de recurso (Lei n. 12.016/2009, 5º, II),[809] ainda que diferido[810] (Súmula STF n. 267; TST, OJ SBDI-2 n. 92),[811] transforma essa figura jurídica em sucedâneo de recurso. Vale dizer: o mandado de segurança substitui o recurso cabível. Faz as vezes deste. O conteúdo do mandado de segurança é o mesmo do recurso que ele substitui. A diferença reside, unicamente, no fato de que, diante da iminência de ocorrer prejuízo irreparável ou de difícil reparação, o mandado de segurança antecipa procedimentalmente a impugnação.

Se o mandado de segurança substitui o recurso, antecipando no tempo a impugnação, deve, a partir de seu julgamento, receber idêntico tratamento ao do recurso que substituiu, sob pena de subversão do sistema, como se tem verificado. Exemplifico: imagine-se que em execução provisória foi penhorado dinheiro. Contra esse ato o executado:

a) *segue a disciplina legal*: apresenta embargos (CLT, 884). Decididos estes, interpõe recurso de agravo de petição a ser julgado pelo TRT (CLT, 896, *a*). Da decisão proferida em agravo de petição poderá o executado interpor recurso de revista ao TST, com a limitação de conhecimento imposta pelo art. 896, § 2º, da CLT;

Os recursos processuais não constituem fins em si mesmos; são meios de defesa do direito das partes, aos quais a Constituição aditou o *mandado de segurança*, para suprir-lhes as deficiências e proteger o indivíduo contra os abusos da autoridade, inclusive da judiciária. Se os recursos comuns revelam-se ineficazes na sua missão protetora do direito individual ou coletivo, líquido e certo, pode seu titular usar, excepcional e concomitantemente, o *mandamus*" (MEIRELLES, Hely Lopes. *Mandado de segurança*. 25. ed. São Paulo: Malheiros, 2003. p. 44-5).

Uma das evoluções na interpretação da Lei n. 1.533/51, como bem ressalta Carlos Alberto Menezes de Direito, "tem sido admitir-se a segurança quando haja possibilidade de dano irreparável, sem outro meio capaz de evitar tal dano" (MENEZES DE DIREITO, Carlos Alberto. *Manual do mandado de segurança*. 3. ed. Rio de Janeiro: Renovar, 1999. p. 49).

Jorge Luiz Souto Maior entende que o mandado de segurança não é cabível, o sendo, porém, o "agravo de instrumento, por aplicação subsidiária do Código de Processo Civil" (SOUTO MAIOR, Jorge Luiz. *Direito processual do trabalho*. São Paulo: LTr, 1998. p. 103).

808 Cumpre frisar, entretanto, o cunho excepcional da interpretação flexível do art. 5o, II, da Lei n. 1.533/1951. Como bem ressalta Kazuo Watanabe, o mandado de segurança contra atos judiciais não pode apresentar-se como um "remédio alternativo à livre opção do interessado, e sim como instrumento que completa o sistema de remédios organizados pelo legislador processual, cobrindo as falhas neste existentes no que diz com a tutela de direitos líquidos e certos" (WATANABE, Kazuo. *Controle jurisdicional (princípio da inafastabilidade do controle jurisdicional no sistema jurídico brasileiro) e mandado de segurança contra atos judiciais*. São Paulo: RT, 1980. p. 106). Daí por que não estará aberta a via do mandado de segurança para subverter o sistema legal.

809 LMS, 5º. Não se concederá mandado de segurança quando se tratar:
II – de decisão judicial da qual caiba recurso com efeito suspensivo;

810 Segundo Égas Dirceu Moniz de Aragão, a ação de segurança "é admissível em tese contra ato ou decisão judicial mesmo que caiba recurso ou reclamação (ou correição parcial), sempre que, por ausência de efeito suspensivo (ou sua inocuidade no caso concreto, como se verá) ou inexistência de eficaz antecipação liminar, seja necessário para impedir ou corrigir ilegalidade ou abuso de poder, ou para afastar dano tido como irreparável, que, por outro meio, não seria possível evitar ou remediar prontamente" (MONIZ DE ARAGÃO, Égas Dirceu. Mandado de segurança contra ato judicial. In: *Revista dos Tribunais*, v. 81, n. 682, ago. 1992, p. 12).

811 Súmula STF n. 267. Não cabe mandado de segurança contra ato judicial passível de recurso ou correição. TST-OJ-SBDI-2 n. 92. Não cabe mandado de segurança contra decisão judicial passível de reforma mediante recurso próprio, ainda que com efeito diferido.

b) *impetra mandado de segurança*: com isso, atalha caminho, pois leva a discussão, imediatamente, ao TRT. O mandado de segurança, no caso, substitui o agravo de petição. Da decisão proferida no mandado de segurança, porém, poderá o executado interpor recurso ordinário ao TST, com cognição ampla (CLT, 895, b).

Esse tratamento diferenciado infringe a isonomia que se deve dar aos litigantes em geral (CF, 5º, *caput*). Não é admissível que aquele que lança mão do mandado de segurança tenha acesso amplo ao TST, enquanto que aquele que se valeu do agravo de petição tenha esse acesso restrito.

Vale asseverar, ainda, que o sistema legal foi construído sobre a base de restringir a atuação do TST na execução (CLT, 896, § 2º). Permitir, então, que incursione livremente nesta subverte a ordem.

A correção da subversão do sistema legal, então, pode ser feita pela modificação da alínea *b* do art. 895 e da cabeça e do § 2º do art. 896 da CLT, da seguinte forma:

Art. 895. (...)

b) dos acórdãos dos Tribunais Regionais do Trabalho em processos de sua competência originária, no prazo de 8 (oito) dias, quer nos dissídios individuais, quer nos dissídios coletivos, salvo quanto ao mandado de segurança contra ato jurisdicional.

Art. 896. Cabe Recurso de Revista para Turma do Tribunal Superior do Trabalho das decisões proferidas em mandado de segurança contra ato jurisdicional e em recurso ordinário, em dissídio individual, pelos Tribunais Regionais do Trabalho, quando:

(...)

§ 2º Dos acórdãos dos Tribunais Regionais do Trabalho em execução e em processos a ela incidentes, como os embargos de terceiro e o mandado de segurança contra ato jurisdicional, caberá somente Recurso de Revista por ofensa direta e literal de norma da Constituição Federal.

6.6.5. Ausência de efeito suspensivo

O art. 899 da CLT esclarece que os recursos terão efeito meramente devolutivo, abrindo exceção apenas para as hipóteses expressamente ressalvadas no seu texto. Como os recursos, inevitavelmente, possuem vários efeitos que lhes são intrínsecos (ex.: translativo, substitutivo, expansivo, etc.), o verdadeiro escopo dessa norma legal é destacar, unicamente, a não suspensividade. Vale dizer: a inexistência de veto à execução imediata da sentença.

Originariamente possuíam efeito suspensivo os recursos *ordinário* e de *embargos* (CLT, 899), e facultava-se a concessão de efeito suspensivo aos recursos de *agravo de petição*[812] e de *instrumento*[813] (CLT, 897, § 1º) e ao *recurso de revista* (CLT, 896, § 2º).[814]

---

812 Originariamente, a CLT previa, unicamente, o recurso de *agravo* (CLT, 897, § 1º). Tal recurso, com o Decreto-lei n. 8.737/1946, passou a ser denominado de *agravo de petição*.

813 O recurso de *agravo de instrumento* (CLT, 897, § 1º) foi instituído pelo Decreto-lei n. 8.737/1946.

814 O recurso de revista foi inicialmente denominado de recurso *extraordinário* e somente veio a ser designado de recurso de *revista* por meio da Lei n. 861/1949.

A Lei n. 8.737/1946, porém, deu nova redação ao *caput* do art. 899 da CLT e suprimiu o efeito suspensivo dos recursos ordinário e de embargos. As Leis ns. 8.432/1992 e 9.756/1998, por sua vez, deram nova redação, respectivamente, ao § 1º do art. 897 da CLT e ao § 3º do art. 896, e suprimiram a possibilidade de concessão de efeito suspensivo aos recursos de revista e de agravo de instrumento e de petição.[815]

Não obstante pareça claro que o desejo normativo seja suprimir o efeito suspensivo, há quem diga que o recurso de agravo de petição também possui efeito suspensivo, uma vez que o § 1º do art. 897 da CLT dispõe que esse recurso somente será recebido se forem delimitadas justificadamente as matérias e os valores impugnados, "permitida a execução imediata da parte remanescente até o final, nos próprios autos ou por carta de sentença".[816]

Dar essa interpretação ao § 1º do art. 897 da CLT, no entanto, significa andar na contramão.[817] Nem mesmo a redação anterior concedia efeito suspensivo automático. Dizia ela expressamente que o recurso não possuía efeito suspensivo, podendo o juiz, entretanto, sobrestar o andamento do processo. Era esse o texto: "O agravo será interposto no prazo de cinco dias e não terá efeito suspensivo, sendo facultado, porém ao juiz, ou presidente, sobrestar, quando julgar conveniente, o andamento do feito, até julgamento do recurso".

Creio ser muito claro o escopo objetivo da Lei n. 8.432/1992 de eliminar a possibilidade de concessão de efeito suspensivo aos agravos (de instrumento e de petição). Não é lógico pensar que ao buscar celeridade tenha-se atribuído o efeito suspensivo automático que até então o agravo de petição não possuía.

Assim, para evitar o dissenso doutrinário e jurisprudencial acerca do efeito suspensivo em agravo de petição, sempre sob a perspectiva de um processo tempestivo e de resultados justos, cumpre modificar a cabeça do art. 899 da CLT nos seguintes termos:

Art. 899. Os recursos não terão efeito suspensivo.[818]

---

815 Efeito suspensivo há, unicamente, embora com limitação de tempo (120 dias prorrogáveis por igual período), no recurso ordinário em dissídio coletivo (Lei n. 7.701/1988, 7º, § 6º). A justificação dessa exceção reside no fato de que em dissídio coletivo são criados direitos e haveria, por isso, necessidade da confirmação do julgamento originário pelo órgão recursal, a fim de garantir segurança. Como na prática não se consegue julgar os recursos no prazo limite da suspensão, penso não haver razão prática para mantê-lo.

816 MENEZES, Cláudio Armando Couce de. Questões sobre embargos à execução na justiça do trabalho. In: *Jornal Síntese*, Porto Alegre, n. 36, fev. 2000, p. 25.

817 PL-1939/2007, CLT, 897. (...).
§ 1º O agravo de petição será recebido apenas no efeito devolutivo, devendo o agravante, quando for o caso, delimitar, justificadamente, as matérias e os valores impugnados.
§ 8º Interposto o agravo de petição, o juiz da execução determinará a extração de cópias das peças necessárias, que serão autuadas em apartados, conforme dispõe o § 3º, parte final, e remetidas à instância superior para apreciação, após contraminuta.

818 PL-1084/2007, CLT, 899. Os recursos serão interpostos por simples petição versando sobre as questões de fato e de direito, sendo recebidos somente se forem delimitados, pelo recorrente, os valores devidos

6.6.6. Depósito recursal

O depósito do valor da condenação em pecúnia (exigido apenas do empregador) como condição de admissibilidade dos recursos (ordinário em ações individuais, de agravo de petição, de revista, de embargos ao recurso de revista e extraordinário) tem por escopo assegurar, ainda que em parte, o sucesso da futura execução (CLT, 899, § 1º; Lei n. 8.177/1991, 40; IN TST n. 3, I) e, embora de forma indireta, constitui importante ferramenta para a tempestividade processual, uma vez que inibe impugnações protelatórias.[819]

Não obstante isso, referido instituto deve ser aprimorado, a fim de ser aplicado de modo mais justo, garantindo-se, assim, tanto a tempestividade quanto a efetividade processuais.

O aprimoramento que sugiro é o seguinte: o depósito recursal deverá ser integral até o montante de R$ 6.000,00 (seis mil reais), acrescido de 50% da importância que exceder essa quantia, e deverá ser integralizado para interposição de novo recurso. Desse modo, quem deve mais deposita mais, e a execução estará integralmente segura caso o processo se prolongue para mais de dois graus de jurisdição.

Para isso, bastará ab-rogar o art. 40 da Lei n. 8.177/1991, bem como os §§ 1º a 6º do art. 899 da CLT, e inserir o seguinte dispositivo nesse diploma legal:

> Art. 899-A. Os recursos somente serão admitidos mediante prévio depósito em dinheiro do valor atribuído ou arbitrado à condenação de pagar.
>
> § 1º. O depósito deverá ser integral até o montante de R$ 6.000,00 (seis mil reais), acrescido de 50% (cinquenta por cento) da importância que exceder essa quantia, e deverá ser integralizado para interposição de novo recurso. A quantia fixada nesse artigo será atualizada pela variação acumulada do INPC (Índice Nacional de Preços ao Consumidor) do IBGE (Instituto Brasileiro de Geografia e Estatística) no período de janeiro a dezembro de cada ano, e será divulgado por ato do Presidente do Tribunal Superior do Trabalho.

---

de cada parcela, inclusive os valores controversos. Terão efeito meramente devolutivo e se processarão em autos apartados, cumprindo ao recorrente instruir o pedido com cópias das peças processuais pertinentes, permitida a execução provisória até o julgamento de impugnações.
PL-0136/2004, CPC, 520. A apelação terá somente efeito devolutivo, podendo o Juiz dar-lhe efeito suspensivo para evitar dano irreparável à parte.
Sugestão do Executivo: CPC, 520. A apelação será recebida no efeito devolutivo. Será, no entanto, recebida também no efeito suspensivo quando disposição expressa de lei assim o determinar, ou quando interposta de sentença:
I – proferida em ação relativa ao estado ou capacidade da pessoa;
II – diretamente conducente à alteração em registro público;
III – cujo cumprimento necessariamente produza consequências práticas irreversíveis;
IV – que substitua declaração de vontade;
V – sujeita a reexame necessário.

819 CPT-Anteprojeto de Ley – Uruguai, 17 (Apelación y segunda instancia). (...)
Si la sentencia fuera de condena, el apelante deberá depositar el cincuenta por ciento del monto a la orden del Juzgado y bajo el rubro de autos. En caso de no cumplirse con este requisito, la apelación será rechazada sin más trámite y se tendrá por desistido al apelante.

§ 2º O depósito não constitui condição à admissibilidade dos recursos:

I – em dissídio coletivo;

II – de revisão, de embargos de declaração, de agravo interno e de agravo de instrumento;

III – de agravo de petição, desde que a avaliação dos bens penhorados, consignada no auto de penhora, seja superior, no mínimo, em 50% (cinquenta por cento) do valor total da execução. Não o sendo, deverá o executado efetuar o depósito do valor faltante para integralizar, somado aos bens penhorados, 150% (cento e cinquenta por cento) do valor total da execução;

IV – interpostos pelas pessoas jurídicas de direito público externo, União, Estados, Distrito Federal, Municípios, autarquias e fundações de direito público que não explorem atividades econômicas, massa falida e pelo beneficiário da justiça gratuita, ainda que pessoa jurídica.

§ 3º O depósito será efetuado na conta vinculada do FGTS (Fundo de Garantia por Tempo de Serviço) ou em conta judicial remunerada à disposição do juízo.

§ 4º O depósito será comprovado no momento da interposição do recurso.[820]

6.6.7. Obstrução ao recurso

Fiel à ideia de valorizar os precedentes jurisprudenciais, por meio da Lei n. 11.276/2006, foi inserido o § 1º ao art. 518 do CPC, determinando o não recebimento da apelação quando a sentença estiver em conformidade com súmula do STJ ou do STF.

Com uma visão equivocada e apego excessivo à interpretação literal, vem se formando corrente jurisprudencial majoritária nos TRT's e no TST, que nega aplicação do mencionado dispositivo legal ao processo do trabalho.[821]

---

820 PL-1084/2007, CLT, 899. Os recursos serão interpostos por simples petição versando sobre as questões de fato e de direito, sendo recebidos somente se forem delimitados, pelo recorrente, os valores devidos de cada parcela, inclusive os valores controversos. Terão efeito meramente devolutivo e se processarão em autos apartados, cumprindo ao recorrente instruir o pedido com cópias das peças processuais pertinentes, permitida a execução provisória até o julgamento de impugnações.
§ 1º. O recurso ordinário só será admitido com a garantia de 30% (trinta por cento) do valor do crédito em dinheiro, exigindo-se o depósito integral no caso de condenação cujo valor seja de até vinte salários mínimos regionais, elevando-se esta exigência para quarenta salários mínimos regionais, para a interposição de recurso extraordinário.
§ 2º. O juiz determinará de imediato a liberação dos valores incontroversos ao reclamante.
PL-0136/2004, Sugestão do Executivo:
CPC, 514-A. No caso de sentença condenatória ao pagamento de quantia líquida, o apelante comprovará, no ato de apresentação do recurso ou nos três dias úteis subsequentes, sob pena de deserção, o depósito em juízo do valor da condenação, até um limite de sessenta salários mínimos.
§ 1º. Tratando-se de indenização por danos pessoais decorrentes de ato ilícito, o depósito terá por limite máximo cem salários mínimos.
§ 2º. Provando o apelante justo impedimento, o juiz relevará a pena de deserção, fixando-lhe prazo para efetuar o depósito.
PL-0136/2004, Sugestão do IBDP:
CPC, 514-A. No caso de sentença condenatória ao pagamento de quantia líquida, o apelante comprovará, no ato de apresentação do recurso ou nos três dias úteis subsequentes, sob pena de deserção, o depósito em juízo do valor da condenação, até um limite de sessenta salários mínimos.

821 RECURSO DE REVISTA. (...) ART. 518, § 1º, DO CPC. PROCESSO DO TRABALHO. INAPLICABILIDADE. É descabida a aplicação subsidiária (art. 769 da CLT), no processo do trabalho, do § 1º do art. 518 do CPC, com o fim de não conhecer do recurso ordinário, por se encontrar a sentença de acordo com súmula

Desse modo, sob a perspectiva da efetividade e da razoável duração do processo, e preservando a ideologia atual de valorização dos precedentes jurisprudenciais, deve-se inserir à CLT regra semelhante à do CPC, nos seguintes termos:

> Art. 893 (...)
> (...)
> § 3º. Não será recebido recurso quando a decisão estiver em conformidade com orientação jurisprudencial ou súmula do Tribunal Superior do Trabalho ou do Supremo Tribunal Federal.

6.6.8. Remessa necessária

A obrigatoriedade do reexame de certas decisões foi criada pelo direito português em 1355, para controlar a atividade do magistrado. Posteriormente, foi incorporada às Ordenações Afonsinas, Manuelinas e Filipinas. No direito brasileiro, foi implantada por Lei de 4.10.1831, integrou os códigos estaduais do Distrito Federal, de Minas Gerais, de Pernambuco e de Santa Catarina, sendo transportada para o CPC de 1939, para a Lei n. 1.533/1951, para o Decreto-Lei n. 779/1969 e, finalmente, para o CPC de 1973 (art. 475).[822]

Embora sua natureza jurídica não seja recursal, a remessa necessária faz as vezes deste e, por isso, será tratada nesse tópico.

Justifica-se a existência da remessa necessária (como condição de eficácia da sentença — CPC, 475) pelo fato de a Administração Pública defender (administrar) os interesses da coletividade. Daí por que deve haver segurança da correção da sentença que lhe é contrária.[823]

Esse argumento, que já teve importância na história para justificar a existência da remessa necessária (diante da deficiência administrativa do Estado brasileiro), hoje parece ser mais um dogma (uma ideia de cátedra) que tem de ser abandonado. Fosse verdadeira a necessidade de se assegurar uma correta sentença contrária à Administração

---

do Tribunal Superior do Trabalho. Isto porque o dispositivo legal em comento é expresso ao destacar a apelação como recurso previsto, e, além disso, trata de hipótese específica de consonância com súmula do STJ ou STF, sendo incabível, nesse contexto, a interpretação extensiva para se incluir as súmulas do TST. Recurso de revista conhecido e provido (TST-RR-2785-2005-022-23-00-0, 1ª T., Rel. Min. Walmir Oliveira da Costa, DJU 15-8-2008).

822 Ada Pellegrini Grinover (GRINOVER, Ada Pellegrini. *O processo em sua unidade*. São Paulo: Saraiva, 1978. p. 185) e José Rogério Cruz e Tucci (TUCCI, José Rogério Cruz e. *Lineamentos da nova reforma do CPC*. São Paulo: RT, 2002. p. 47), entre outros, entendem que a remessa necessária é inconstitucional, por infração ao princípio da igualdade.

823 A remessa necessária "decorre do fato de se conferir, através de um novo exame, a maior segurança possível para a Fazenda Pública, no sentido de que a sentença tenha sido corretamente proferida. Sustenta-se que há um reconhecimento do próprio legislador de que existe uma insuficiência no aparelhamento estatal para defender o interesse coletivo, para defender o interesse da Fazenda Pública" (DIDIER JR., Fredie. Os recursos em geral — Lei n. 10.352, de 26 de dezembro de 2001. In: JORGE, Flávio Cheim; DIDIER JR., Fredie; RODRIGUES, Marcelo Abelha. *A nova reforma processual*. São Paulo: Saraiva, 2002. p. 57-8).

Pública por defender interesses coletivos, por que razão não se faz isso: a) nas causas em que a condenação ou o direito controvertido for de valor certo não excedente a 60 salários mínimos (CPC, 475, § 2º)? b) no caso de procedência dos embargos do devedor na execução de dívida ativa de valor certo não excedente a 60 salários mínimos (CPC, 475, § 2º)? c) nas execuções trabalhistas (Decreto-lei n. 779/1969, 1º, V)?

Já passou da hora, portanto, de se eliminar do direito processual essa velha figura da remessa necessária, que longe está de se compatibilizar com um processo tempestivo e de resultados justos. E isso poderá ser feito por meio da simples ab-rogação do art. 1º, V, do Decreto-lei n. 779/1969.

6.7. Fase executiva

A execução[824] das obrigações de fazer e de dar coisa diversa de dinheiro possui regulamentação eficaz e suficiente nos arts. 461 e 461-A do CPC. A execução por quantia certa, porém, exige remodelação, uma vez que é o ponto de estrangulamento mais grave do processo do trabalho. Além disso, diante da efetividade e da tempestividade do processo, o sistema executivo tem de ser adaptado ao modelo do sincretismo. E isso poderá ser feito mediante a criação de fase prévia à execução destinada ao cumprimento voluntário da sentença e readequação da fase executiva, destinada à satisfação forçada dos títulos executivos.

6.7.1. Cumprimento voluntário da sentença

Ao dar nova redação ao § 1º do art. 162 e à cabeça dos arts. 267, 269 e 463 do CPC, a Lei n. 11.212/2005 modificou o conceito de sentença e reestruturou a execução.

Como a sentença não mais põe termo ao processo, o modelo existente nos processos civil e do trabalho passou a ser o *processo sincrético*. Vale dizer: processo com predominante função executiva. Como, porém, o processo do trabalho não estava preparado para essa mudança, cumpre adaptá-lo com regras próprias, especialmente diante da intensa divergência (doutrinária e jurisprudencial) quanto à aplicação da disciplina do processo civil.

Desse modo, cria-se a fase destinada ao cumprimento voluntário da sentença no art. 878-A da CLT, cujo atual *caput* passará a constituir o § 4º, tendo como particularidades: a) a fixação do prazo de 8 (oito) dias para o cumprimento voluntário. Toma-se como referência, então, o prazo dos recursos em geral, a exemplo do que se fez no processo civil; b) o estabelecimento do início da contagem do prazo, que será da intimação da sentença líquida ou da sentença de liquidação, evitando-se, assim, a divergência existente no processo civil que não o estabelece com clareza; c) a intimação

---

824 A execução deve fazer atuar o postulado da *maior coincidência possível*. Vale dizer: deve "dar ao credor tudo aquilo que ele receberia se o devedor tivesse cumprido espontaneamente a prestação constante do título" (GRECO, Leonardo. *O processo de execução*. Rio de Janeiro: Renovar, 2001. v. 2, p. 3).

da sentença ao procurador e a criação de mecanismo para evitar que tente se desvencilhar desse encargo; d) a fixação de multa como técnica executiva de coerção[825] a ser fixada pelo juiz, permitindo, assim, que sejam levadas em conta as particularidades de cada caso.[826] Impõe-se desde já reconhecer que o uso de multa "só seria possível para incrementar a própria expropriação forçada, isto é, como medida de apoio destinada a tornar mais efetivo tal meio, e não como alternativa a ele":[827]

> Art. 878-A. Proferida sentença de obrigação de pagar quantia certa, o devedor deverá cumpri-la no prazo de 8 (oito) dias contados da intimação da sentença líquida. Não sendo líquida a sentença, contar-se-á o prazo da intimação da sentença de liquidação.
>
> § 1º. A intimação da sentença líquida e da sentença de liquidação será feita ao procurador, independentemente de outorga de poderes especiais, ou à parte, se não tiver procurador constituído nos autos ou se estiver representada por defensor público.
>
> § 2º. A revogação do mandato do advogado sem a constituição de novo procurador, o término do prazo e a renúncia ao mandato sem motivo justificado, a critério do juiz, após o encerramento da instrução processual, somente produzirão efeitos 10 (dez) dias após a intimação da sentença.
>
> § 3º. Na sentença líquida ou na sentença de liquidação, o juiz, de ofício, *fixará* multa por tempo de atraso no cumprimento da obrigação. Poderá o juiz, de ofício, modificar o valor ou a periodicidade da multa, caso verifique que se tornou insuficiente ou excessiva.[828]

---

825 Não há razão alguma para subtrair do juiz o poder de atuar sobre a vontade do indivíduo, com a imposição da medida coercitiva da multa, independentemente da modalidade da obrigação. "A imposição de multa para dar efetividade à cobrança de quantia em dinheiro objetiva dissuadir o inadimplemento da sentença que determina o pagamento de soma, *tornando desnecessária a* 'execução por expropriação'. Não há razão para que a tutela do crédito pecuniário deva ser prestada unicamente por meio da execução por expropriação, uma vez que o custo e a lentidão dessa forma de execução, como é sabido por todos, desestimulam o acesso à justiça e trazem intolerável acúmulo de trabalho aos juízos. Tal forma de dar efetividade à cobrança de quantia em dinheiro é aceita pela melhor doutrina francesa" (MARINONI, Luiz Guilherme. *Técnica processual e tutela dos direitos*. São Paulo: RT, 2004. p. 621).

A melhor execução "è quella che non è necessaria", como adverte Michele Taruffo. Segundo esse jurista, a "possibilità di conseguire l'adempimento, evitando al contempo le complicazioni, i costi e i rischi di inefficacia insiti nella esecuzione per espropriazione, e anzi la ragione di fondo *che dovrebbe indurre a percorrere decisamente la strada dell'introduzione di adeguate misure coercitive, anche a garanzia dell'effettività delle condanne a contenuto pecuniario*" (TARUFFO, Michele. Note sul diritto alla condanna e all'esecuzione. In: *Rivista Critica del Diritto Privato*, 1986, p. 668).

826 "É pouco mais do que absurdo afirmar que o uso da multa tem relação com outras realidades, que não a brasileira. O uso da multa cresce em importância na medida das necessidades do credor e, portanto, a sua imprescindibilidade é tanto maior quanto mais pobre é a população" (MARINONI, Luiz Guilherme. *Técnica processual e tutela dos direitos*. São Paulo: RT, 2004. p. 623). Convém deixar claro, porém, "que a multa não poderá ser usada — nem poderia — contra a pessoa que não possui patrimônio. O seu objetivo não é castigar o inadimplente. É dissuadir — aquele que possui patrimônio — a não pagar" (MARINONI, Luiz Guilherme. *Técnica processual e tutela dos direitos*. São Paulo: RT, 2004. p. 623).

827 GUERRA, Marcelo Lima. *Direitos fundamentais e a proteção do credor na execução civil*. São Paulo: RT, 2003. p. 153.

828 "Não resta dúvida de que, na análise do uso de medidas coercitivas na tutela das obrigações de pagar quantia, a multa diária merece ser tratada em primeiro lugar. Isso porque se trata de medida coercitiva difundida, com as devidas peculiaridades, nos principais ordenamentos jurídicos contemporâneos" (GUERRA, Marcelo Lima. *Direitos fundamentais e a proteção do credor na execução civil*. São Paulo: RT, 2003. p. 153).

§ 4º Não sendo fixado na sentença o valor da contribuição previdenciária incidente sobre as parcelas deferidas, o devedor poderá efetuar o pagamento da importância que entender devida, sem prejuízo da cobrança de eventuais diferenças.[829]

6.7.2. Pagamento parcelado da obrigação

Embora não seja simpática a ideia de se permitir o parcelamento do débito trabalhista pelo executado, a realidade demonstra que essa é uma medida prática que incentiva o cumprimento da obrigação. Além disso, revela-se útil na medida em que elimina discussões na execução e permite a quitação integral da dívida em espaço de tempo insuficiente à conclusão de todos os atos executivos. Vale lembrar, ainda, que mesmo diante de ato expropriatório o exequente não tem a garantia de imediatamente levantar a importância de seu crédito, uma vez que a alienação poderá ser deferida parceladamente, como permite o art. 690, § 1º, do CPC e provimentos, portarias e instruções normativas de Varas do Trabalho e de TRT's.

Desse modo, autorizar-se-á o pagamento parcelado do débito (trabalhista e previdenciário) em execução, mediante a inserção do art. 878-B à CLT, contendo regras

---

829 PL-1939/2007, CLT, 881. O devedor condenado ao pagamento de quantia certa ou fixada em liquidação será intimado, pessoalmente ou na pessoa do seu advogado, a satisfazer a obrigação, no prazo de quinze dias, a contar da intimação.
§ 1º. Nos casos dos incisos III e IV do art. 876, o mandado inicial incluirá a citação do devedor e a intimação para apresentar o cálculo de liquidação ou satisfazer a obrigação, conforme o caso.
§ 2º. O pagamento será feito perante o escrivão ou secretário, lavrando-se termo de quitação, em duas vias, assinadas pelo exequente, pelo executado e pelo mesmo escrivão ou secretário, entregando-se a segunda via ao executado e juntando-se a outra ao processo.
§ 3º. Não estando presente o exequente, será depositada a importância, mediante guia, em estabelecimento oficial de crédito ou, na falta deste, em estabelecimento bancário idôneo.
PL-1939/2007, CLT, 883. Não efetuado o pagamento no prazo determinado no art. 881, o montante da condenação será acrescido de multa no percentual de vinte por cento, e expedir-se-á mandado de penhora e avaliação.
§ 1º. Do auto de penhora e avaliação será intimado o executado, na pessoa de seu advogado, ou, na falta deste, pessoalmente ou por seu representante legal, por mandado ou pelo correio, podendo oferecer impugnação, querendo, no prazo de cinco dias.
§ 2º. Caso o oficial de justiça não possa proceder à avaliação, por depender de conhecimentos especializados, o juiz, de imediato, nomeará avaliador, assinando-lhe breve prazo para a entrega do laudo.
§ 3º. O exequente poderá, em seu requerimento, indicar desde logo os bens a serem penhorados.
§ 4º. Efetuado o pagamento parcial no prazo previsto no caput, a multa de vinte por cento incidirá sobre o restante.
PL-1084/2007, CLT, 884-A. É definitiva a execução da sentença transitada em julgado e provisória quando se tratar de sentença impugnada mediante recurso.
§ 1º. Caso o devedor, condenado ao pagamento de quantia certa ou já fixada em liquidação, em decisão transitada em julgado, não o efetue no prazo de quinze dias, a contar da intimação para fazê-lo, o montante da condenação será acrescido de multa no percentual de 10% (dez por cento).
§ 2º. Efetuado o pagamento parcial no prazo previsto no § 1º, a multa de 10% (dez por cento) incidirá sobre o restante.
§ 3º. A requerimento do credor ou de ofício será expedido mandado de penhora e avaliação, do qual será intimado de imediato o executado ou, na falta deste, seu representante legal, por mandado ou pelo correio, com aviso de recebimento — AR.
§ 4º. O exequente poderá, em seu requerimento, indicar os bens a serem penhorados, respeitada a ordem do art. 882.

próprias para o processo do trabalho com as seguintes particularidades: a) possibilidade de parcelamento do débito em execuções de títulos judicial e extrajudicial; b) o executado deverá formular seu pedido no prazo destinado ao cumprimento voluntário, declarar que aceita a decisão e os valores das obrigações nela retratados, ou reconhecer as obrigações e os valores retratados em título executivo extrajudicial e oferecer caução idônea; c) multa a ser fixada pelo juiz para a hipótese de não pagamento das prestações.

> Art. 878-B. Nos prazos do *caput* dos arts. 878-A e 880 da CLT, o réu e o executado poderão requerer o pagamento da dívida trabalhista em até 6 (seis) parcelas mensais, acrescidas de correção monetária e juros de 1% (um por cento) ao mês, bem como da dívida previdenciária, acrescida de correção monetária e juros estabelecidos na legislação previdenciária, com sugestão da quantidade de parcelas, desde que no mesmo ato:
>
> I – declarem aceitar a decisão e os valores das obrigações nela retratados ou reconheçam as obrigações e os valores retratados em título executivo extrajudicial;
>
> II – depositem, em dinheiro, a primeira parcela da dívida trabalhista, em quantia não inferior a 30% (trinta por cento) do valor da obrigação;
>
> III – ofereçam caução idônea.
>
> § 1º. Deferidos os pedidos de pagamentos parcelados:
>
> I – o réu ficará eximido da multa do § 3º do art. 878-A da CLT;
>
> II – o autor ou o exequente levantará mensalmente a quantia depositada.
>
> § 2º. Indeferidos os pedidos de pagamento parcelado, seguir-se-ão os atos executivos, mantido o depósito.
>
> § 3º. O pagamento parcelado da dívida previdenciária iniciar-se-á após o integral pagamento da dívida trabalhista.
>
> § 4º. O não pagamento de quaisquer das prestações implicará o imediato vencimento das subsequentes, além de multa a ser fixada pelo juiz entre o mínimo de 20% (vinte por cento) e o máximo de 50% (cinquenta por cento) das prestações não pagas, seguindo-se com a prática de atos executivos.

6.7.3. Atualização monetária e juros e liquidação por cálculos

Três são as questões de interesse que podem ser solucionadas mediante modificação do art. 879 da CLT e ab-rogação do art. 39 da Lei n. 8.177/1991:

a) *atualização monetária*. Enquanto os créditos fiscais e quirografários são atualizados monetariamente pela taxa SELIC — taxa do Sistema Especial de Liquidação e Custódia —, o crédito trabalhista é atualizado pelos índices da TR — Taxa Referencial (Lei n. 8.177/1991, 39, *caput*)[830] —, que são inferiores aos daquela. Daí a necessidade de se corrigir essa disparidade, assegurando-se aos créditos trabalhistas atualização segundo os índices da taxa SELIC acumulada no período compreendido entre a data de vencimento da obrigação e o seu efetivo pagamento;

---

830 O art. 39 da Lei n. 8.177/1991 estabelece como incide de correção a TRD (Taxa Rederencial Diária). Referido índice, entretanto, foi substituído pela TR (Taxa Referencial) por meio da Lei n. 8.660/1993.

b) *juros de mora*. No crédito trabalhista atualizado (Súmula TST n. 200), incidem juros de mora simples de 1% (um por cento) ao mês (Lei n. 8.177/1991, 39, § 1º), contados do ajuizamento da demanda (CLT, 883). Esse percentual de juros é demasiadamente baixo e não funciona como inibidor do retardamento no cumprimento da obrigação trabalhista.[831] Para competir com os créditos de natureza bancária, comercial e civil, que além de possuírem encargos mais elevados acarretam a inscrição do devedor em cadastros de inadimplentes, torna-se imprescindível modificar o sistema de cobrança de juros do crédito trabalhista, mediante composição e acréscimo de seu percentual progressivamente;

c) *procedimento na liquidação por cálculos*. O procedimento alternativo de liquidação por cálculos do § 2º do art. 879 da CLT gera dificuldades quanto à sua exata compreensão e aplicação, produzindo muitos inconvenientes como, por exemplo, a possibilidade de impugnação da sentença de liquidação por meio de ação rescisória (Súmula TST n. 399, II). Daí por que deve ser eliminado. Desse modo, a discussão a respeito dos cálculos ficará reservada para momento posterior à sua homologação:

Art. 879. (...)

(...)

§ 1º-C. Os créditos trabalhistas de qualquer natureza, quando não satisfeitos pelo empregador nas épocas próprias assim definidas em lei, acordo ou convenção coletiva, sentença normativa ou cláusula contratual, sofrerão atualização monetária calculada pelos índices da taxa do Sistema Especial de Liquidação e Custódia (SELIC), ou por índice que venha a substituí-la, acumulada no período compreendido entre a data de vencimento da obrigação e o seu efetivo pagamento.

§ 1º-D. Os créditos trabalhistas de qualquer natureza, objeto de condenação pela Justiça do Trabalho, de acordo homologado judicialmente ou constante de termo de conciliação, serão acrescidos de juros de mora compostos de 1% (um por cento) ao mês, contados do ajuizamento da ação e aplicados *pro rata die*:

I – a partir da data da interposição de recurso de revista em recurso ordinário, o percentual de juros compostos será elevado para 2% (dois por cento) ao mês;

II – transitada em julgado a sentença, os juros compostos serão de 3% ao mês a partir do término do prazo para o cumprimento voluntário da obrigação.[832]

---

831 "Todos sabem que, na lógica do sistema processual vigente, não há vantagem no pagamento imediato da condenação. Se o condenado tem ciência de que a satisfação do crédito declarado na sentença demora para ser efetivada, prefere esperar que o lesado suporte o tempo e o custo da execução por expropriação. Ora, como é pouco mais do que óbvio, *o simples fato de o infrator poder trabalhar com o dinheiro durante o tempo de demora — que não é pequeno — da execução por expropriação somente pode lhe trazer benefício, com igual prejuízo ao lesado*" (MARINONI, Luiz Guilherme. *Técnica processual e tutela dos direitos*. São Paulo: RT, 2004. p. 625).

832 PL-1939/2007, CLT, 879. Sendo ilíquida a sentença exequenda, ordenarse-á, previamente, a sua liquidação, que poderá ser feita por cálculo, por arbitramento ou por artigos.
§ 1º. A liquidação abrangerá, também, o cálculo das contribuições previdenciárias devidas.
§ 2º. As partes deverão ser previamente intimadas para a apresentação do cálculo de liquidação, inclusive da contribuição previdenciária incidente.
§ 3º. O valor constante do título executivo:

§ 2º. Elaborados os cálculos, o juiz determinará as correções que julgar devidas e os homologará.

§ 3º. As partes e a União serão intimadas da homologação dos cálculos e contra ela poderão se insurgir por meio de impugnação (art. 884).

6.7.4. Execução de título extrajudicial

Diante do sincretismo do processo e da necessária adaptação procedimental para execução das obrigações de pagar definidas em sentença (*supra*, n. 6.7.1), faz-se necessário disciplinar a execução dos demais títulos executivos.

Assim, a execução de obrigação de pagar constante de acordo não cumprido, termo de ajustamento de conduta firmado perante o Ministério Público do Trabalho ou termo de conciliação firmado perante Comissão de Conciliação Prévia, será disciplinada com modificação do art. 880 da CLT. Optou-se pela fixação do prazo de 2 (dois) dias contados da citação (via postal) para o cumprimento voluntário, por ser essa a contagem feita na prática, a despeito da letra do art. 880 da CLT:

> Art. 880. Requerida a execução de obrigação de pagar quantia certa constante de acordo não cumprido, termo de ajustamento de conduta firmado perante o Ministério Público do Trabalho ou termo de conciliação firmado perante Comissão de Conciliação Prévia, o juiz mandará citar o executado para cumpri-la no prazo de 2 (dois) dias, inclusive quanto à contribuição previdenciária eventualmente devida, sob cominação de penhora.
>
> Parágrafo único. A citação será feita preferencialmente pelo correio, podendo o juiz determiná-la por outra forma.

I – sofrerá atualização equivalente à taxa referencial do Sistema Especial de Liquidação e Custódia (SELIC) acumulada no período compreendido entre a data de vencimento da obrigação e o seu efetivo pagamento; e
II – será acrescido, na atualização prevista no inciso I, de juros de um por cento ao mês, contados do ajuizamento da reclamação trabalhista ou, quando se tratar de termos de ajuste de conduta firmado perante o Ministério Público do Trabalho e termos de conciliação firmados perante as Comissões de Conciliação Prévia, do requerimento da liquidação ou execução.
§ 4º. A atualização do crédito devido à Previdência Social observará os critérios estabelecidos na legislação previdenciária.
PL-4696/1998, Lei n. 8.177/1991, 39. (...).
§ 1º. Aos débitos trabalhistas constantes de condenação pela Justiça do Trabalho ou decorrentes dos acordos feitos em reclamatória trabalhista, quando não cumpridos nas condições homologadas ou constantes do termo de conciliação, serão acrescidos, nos juros de mora previstos no *caput* juros de um por cento ao mês, contados do ajuizamento da reclamatória e aplicados *pro rata die*, ainda que não explicitados na sentença, ou termo de conciliação. A partir do trânsito em julgado da sentença, ou do descumprimento de obrigação prevista no acordo, o percentual de juros serão de dois por cento.
PL-133/2004, CPC, 293. (...).
§ 1º. O não recebimento ou não provimento de recurso contra a sentença de primeiro grau importa na cobrança dos juros em dobro a partir da data de sua interposição.
§ 2º. Havendo interposição de recurso sobre matéria já examinada em recurso anterior, com o não recebimento ou não provimento do novo recurso, os juros serão contados em triplo, e assim sucessivamente, sempre a contar da interposição do novo recurso.
§ 3º. Será adotada como taxa básica de juros, para efeito de aplicação dos multiplicadores previstos nos parágrafos anteriores, àquela que vigorava a época da interposição do primeiro recurso.
§ 4º. Não incidem as disposições acima no caso dos recursos de embargos de declaração e agravo de instrumento.

6.7.5. Providências judiciais executivas e intimação da penhora

Considerando-se que a execução por quantia certa tem por escopo satisfazer o crédito, há natural desigualdade entre exequente e executado. Aquele ostenta "posição de preeminência; o executado, estado de sujeição. Graças a essa situação de primado que a lei atribui ao exequente, realizam-se atos de execução forçada contra o devedor, que não pode impedi-los, nem subtrair-se a seus efeitos".[833]

Daí por que tem de haver uma atuação mais intensa e participativa do Estado na busca de bens do executado, bem como colaboração deste, a fim de prestar a tutela jurisdicional com agilidade e eficiência.[834]

Desse modo, o não cumprimento voluntário da obrigação deve ensejar medidas enérgicas, como o bloqueio eletrônico de ativos, a intimação do executado para relacionar todos os seus bens (a fim de que sejam escolhidos os de maior liquidez para a expropriação), além de outras medidas julgadas necessárias ou úteis. E isso poderá ser feito mediante a modificação dos arts. 882 e 883 da CLT:

> Art. 882. Não efetuado o pagamento da dívida na forma dos arts. 878-A e 880 da CLT, o juiz determinará, simultaneamente:
>
> I – o bloqueio de contas-correntes e aplicações financeiras do executado, até o limite da dívida, mediante envio de ofício eletrônico pelo sistema Bacen-Jud;
>
> II – a intimação do executado pessoalmente ou por seu procurador para, no prazo que lhe for fixado, relacionar detalhadamente todos os seus bens, inclusive os transferidos a qualquer título desde a data do ajuizamento da ação, bem como para indicar precisamente onde se encontram e se possuem gravame. A omissão injustificada no cumprimento dessa ordem:
>
> a) tipifica ato atentatório à dignidade da justiça e ao exercício da jurisdição, puníveis com multas (CPC, 601 e 14, parágrafo único); e
>
> b) acarreta a indisponibilidade genérica de bens, que será imediatamente comunicada aos órgãos responsáveis pelos registros de transferência;
>
> III – outras medidas que julgar necessárias ou úteis à localização de bens do executado e à satisfação do crédito.
>
> Art. 883. Localizados bens do executado, expedir-se-á mandado executivo para penhora, avaliação, remoção e registro nos órgão competentes.
>
> § 1º. Realizada a penhora, o oficial de justiça entregará cópia do mandado executivo e do auto correspondente ao órgão competente para o registro desta, independentemente do pagamento imediato de custas ou de outras despesas. O órgão registrador informará ao oficial de justiça o valor das custas ou emolumentos devidos, que serão incluídos nas despesas da execução.
>
> § 2º. O executado será intimado da penhora pelo oficial de justiça se estiver presente ao ato. Não estando, far-se-á a intimação ao seu procurador, ou preferencialmente pelo correio caso não tenha procurador constituído nos autos.

---

833 BUZAID, Alfredo. *Exposição de motivos ao CPC*.

834 "Se o Estado possui dever de proteção e, assim, dever de prestar a tutela jurisdicional efetiva, *ele não pode tratar a execução como algo que não lhe diz respeito, deixando-a à livre disposição daquele que obteve a sentença*" (MARINONI, Luiz Guilherme. *Técnica processual e tutela dos direitos*. São Paulo: RT, 2004. p. 123).

6.7.6. Depósito

Na execução por quantia certa, a satisfação do direito do exequente se obtém mediante a penhora e a expropriação de bens (CPC, 646).

A penhora, como ato fundamental da execução,[835] produz, entre outros efeitos, a *conservação dos bens* (efeito processual) e a *reorganização da posse* (efeito material). Importa, assim, na subtração corporal do bem apreendido[836] e transferência de sua posse direta ao Estado,[837] materializando-se no depósito.

Daí dizer-se que o depósito judicial materializa (constitui) a penhora, com a finalidade de garantir a impossibilidade da subtração do bem aos atos executivos por meio da custódia e, pois, da vigilância para a conservação da coisa.

Como a CLT não designa quem exercerá o encargo de depositário em nome do Estado, vale-se o processo do trabalho do disposto nos arts. 32 da Lei n. 6.830/1980, 659, § 5º e 666 do CPC.

A fim de se evitarem os conflitos gerados pela aplicação mesclada da LEF e do CPC, atento ao fato de que o Tribunal Pleno do STF concluiu ser "ilícita a prisão civil de depositário infiel, qualquer que seja a modalidade do depósito" (RE-466343-SP, Rel. Min. Cezar Peluso, DJ 05-6-2009) e objetivando a efetividade e tempestividade processuais, entendo necessário se estabelecer disciplinamento específico para o processo do trabalho mediante a inserção do art. 883-A à CLT, com as seguintes particularidades: a) o executado somente será nomeado como depositário nos casos de impossível ou difícil remoção dos bens penhorados; b) na penhora de percentual do faturamento, o juiz poderá atribuir ao executado a incumbência de efetuar o depósito mensal ou nomear um depositário-administrador; c) fixação de deveres e direitos do depositário:

> Art. 883-A. O executado somente será nomeado depositário na hipótese de impossível ou difícil remoção do bem penhorado. Não sendo esse o caso, far-se-á o depósito:
>
> I – de dinheiro, pedras e metais preciosos e papéis de crédito na Caixa Econômica Federal ou no Banco do Brasil. À falta destes, em qualquer estabelecimento bancário designado pelo juiz;

---

835 A penhora "constitui ato específico de intromissão do Estado na esfera jurídica do obrigado, mediante a apreensão material, direta ou indireta, de bens constantes no patrimônio do devedor" (ASSIS, Araken de. *Comentários ao Código de Processo Civil*. São Paulo: RT, 2000. v. 9, p. 146).

836 "Implica a penhora, destarte, a retirada dos bens da posse direta do devedor, o que faz do depósito um elemento constitutivo essencial do ato" (THEODORO JÚNIOR, Humberto. *Processo de execução*. 22. ed. São Paulo: Leud, 2004. p. 356).

837 "Quando a penhora incide sobre o objecto corpóreo dum direito real (penhora de bem imóvel, penhora de bem móvel, penhora de quota em bem indiviso), a transferência dos poderes de gozo importa uma transferência de posse. Cessa a posse do executado e inicia-se uma nova posse pelo tribunal: nomeado um depositário, este passa, em nome alheio (do tribunal), a ter a posse do bem penhorado. Estando em causa direito de natureza diferente (direito de crédito, direito real de aquisição, direito a quinhão numa universalidade, direito a quota em sociedade, direito potestativo, direito real sobre coisa incorpórea), já não se pode falar em posse (...), mas continua a verificar-se a transferência, do executado para o tribunal, dos poderes de gozo que integram o direito" (FREITAS, José Lebre de. *A Acção executiva*. 2. ed. Coimbra: Coimbra, 1997. p. 214).

II – de bem móvel e imóvel ao depositário público ou particular nomeado pelo juiz.

§ 1º. Penhorado percentual do faturamento da empresa executada, o juiz poderá atribuir ao executado a incumbência de efetuar o depósito mensal da quantia correspondente ou nomear um depositário-administrador

§ 2º. Constituem deveres do depositário, entre outros, guardar e conservar os bens penhorados, tendo com estes o mesmo cuidado e diligência que tem com os que lhe pertencem; adotar as medidas necessárias para evitar o extravio, o desfalque, a avaria, a perda e a deterioração; informar ao juízo qualquer alteração no estado dos bens; não usar os bens, salvo com autorização do juiz, que poderá impor condições; não transferir ou transportar os bens para fora da área de jurisdição do juízo da execução; entregar os bens a quem o juiz determinar; defender a posse; cumprir todas as ordens do juízo.

§ 3º. O depositário ou administrador, salvo se for o executado, terá direito à remuneração fixada pelo juízo e ao reembolso das despesas que tiver no exercício do encargo.

6.7.7. Impenhorabilidade de bens

A satisfação do direito do exequente, na execução por quantia certa, obtém-se mediante a penhora e a expropriação de bens (CPC, 646) do responsável patrimonial (CPC, 591) — primário ou secundário.

A par dos limites naturais que podem frustrar a execução (como, *v. g.*, a inexistência de bens), há exclusões e limites políticos, assim denominados "porque é a lei que os estabelece, levando em consideração certos valores cuja proteção se sobrepõe ao interesse do credor".[838] Busca-se, com isso, efetivar o princípio da dignidade da pessoa humana (CF, 1º, III), garantindo-se um mínimo patrimonial indispensável à existência decente do executado e de sua família.

Há que se perceber, entretanto, que a execução de créditos trabalhistas envolve, na sua maioria, prestações de natureza alimentar, ainda que em sentido amplo. Nesse caso, entra em jogo, também, a dignidade da pessoa humana do credor e de sua família, a exigir um equilíbrio dos limites políticos à penhora de bens do executado.

Considerando tais fundamentos e mais o que fora explanado em item precedente (*supra*, n. 5.13), entendo necessário estabelecer disciplinamento específico para o processo do trabalho, mediante a inserção do art. 883-B à CLT, com as seguintes particularidades: a) restrição do rol de bens impenhoráveis; b) permissão à penhora de imóvel residencial de valor superior a 600 (seiscentos) salários mínimos; c) permissão à penhora de vencimentos, salários, etc., preservando-se a margem ideal de segurança alimentar, que será definida pelo juiz. A opção de deixar ao juiz fixar a quantia ou percentual passível de penhora permite que sejam levadas em conta as particularidades de cada caso:

Art. 883-B. São impenhoráveis, com exclusão de quaisquer outros:

I – a pequena propriedade rural, assim definida em lei, desde que trabalhada pela família;

II – o imóvel residencial do executado, salvo se for de valor superior a 600 (seiscentos) salários mínimos.

---

838 GRECO, Leonardo. *O processo de execução.* Rio de Janeiro: Renovar, 2001. v. 2, p. 5.

III – os móveis, pertences e utilidades domésticas que guarnecem a residência do executado, salvo os de elevado valor ou que ultrapassem as necessidades comuns correspondentes a um médio padrão de vida;

IV – os vestuários, bem como os pertences de uso pessoal do executado, salvo os de elevado valor;

V – a margem ideal de segurança alimentar, assim fixada pelo juiz, dos vencimentos, subsídios, soldos, salários, remunerações, proventos de aposentadoria, pensões, pecúlios, montepios, ganhos de trabalhador autônomo e honorários de profissional liberal;

VI – os bens e instrumentos necessários ao exercício de qualquer profissão;

VII – os recursos públicos recebidos por instituições privadas para aplicação compulsória em educação, saúde ou assistência social;

VIII – os bens inalienáveis, salvo aqueles assim declarados por ato voluntário.

Parágrafo único. Do produto obtido com a expropriação do imóvel residencial do executado reservar-se-á importância equivalente a 600 (seiscentos) salários mínimos, que será entregue a este, sob cláusula de impenhorabilidade.

6.7.8. Impugnação

O sincretismo carrega consigo a ideia de solução endoprocessual de todas as questões e insurgências das partes. Desse modo, a fim de adequar o processo do trabalho a essa sistemática, e com a atenção voltada à efetividade e tempestividade processuais, entendo necessário remodelar os embargos do executado e a impugnação à sentença de liquidação do exequente (mediante a modificação dos arts. 884, 885, 886 e 887, inserção dos arts. 885-A, 885-B e 885-C e ab-rogação dos §§ 4º e 5º do art. 884 e dos §§ 1º e 2º do art. 886, todos da CLT), com as seguintes particularidades: a) a insurgência do exequente e do executado contra a homologação dos cálculos, bem como a alegação de causas extintivas, impeditivas e modificativas da obrigação, que será feita por meio de impugnação. Optou-se por essa denominação com o escopo de uniformizar o instrumento de insurgência das partes, bem como pelo fato de que esse sempre foi o verdadeiro tratamento dispensado no processo do trabalho; b) a impugnação será ofertada no prazo de 8 (oito) dias contados da intimação da homologação dos cálculos. Optou-se por esse prazo tendo-se em vista ser o mesmo destinado ao cumprimento voluntário da obrigação pelo executado; c) regramento específico para a impugnação na execução de acordo não cumprido e de títulos extrajudiciais; d) a impugnação, como regra, não suspenderá a execução; e) não será exigida a garantia do juízo, que tem relevância unicamente como condição para a suspensão da execução até que se julgue a impugnação do executado; f) a insurgência contra a penhora e avaliação será feita por simples petição:

> Art. 884. Por meio de impugnação apresentada no prazo de 8 (oito) dias contados da intimação da homologação dos cálculos, as partes e a União poderão alegar incorreção nos cálculos homologados, bem como a ocorrência de causa impeditiva, modificativa ou extintiva da obrigação.
>
> § 1º. A impugnação será rejeitada liminarmente, ainda que em parte, quando a alegação de incorreção nos cálculos homologados não contiver:
>
> I – a delimitação precisa da verba ou parcela objeto da insurgência;

II – a fundamentação e a demonstração matemática, detalhada e exaustiva do erro existente nos cálculos homologados. Não cumpre essa exigência a fundamentação genérica e a apresentação de cálculos em substituição aos homologados;

III – a declaração dos valores incontroversos.

§ 2º. Recebida a impugnação, o juiz mandará intimar a parte contrária para que se manifeste no prazo de 8 (oito) dias.

§ 3º. Havendo necessidade de produção de prova oral, o juiz designará data para audiência. Não havendo necessidade, ou produzida a prova, o juiz proferirá decisão.[839]

§ 4º. Ab-rogado.

§ 5º. Ab-rogado.

Art. 885. Por meio de impugnação apresentada no prazo de 2 (dois) dias contados da citação, na execução de acordo judicial não cumprido e de título extrajudicial, poderá o executado alegar excesso de execução, bem como a ocorrência de causa impeditiva, modificativa ou extintiva da obrigação.

Parágrafo único. Na impugnação apresentada em execução de título extrajudicial poderá o executado alegar, ainda, qualquer matéria que seria lícito deduzir como defesa em processo na fase de conhecimento.

Art. 885-A. O juiz rejeitará liminarmente a impugnação quando:

I – for apresentada fora do prazo legal;

II – não estiver fundada nos casos previstos na lei;

III – for manifestamente protelatória.

Art. 885-B. A impugnação não suspende a execução.

§ 1º. Mediante requerimento do interessado o juiz poderá atribuir efeito suspensivo à execução, nos limites do objeto da impugnação, desde que sejam relevantes os fundamentos desta, haja possibilidade concreta de o prosseguimento da execução causar ao executado grave dano de difícil ou incerta reparação e o crédito executado esteja garantido por penhora ou caução idônea.

§ 2º. Cessando as circunstâncias exigidas para a concessão de efeito suspensivo, o juiz, de ofício, poderá revogá-lo.

---

839 PL-1939/2007, CLT, 886. A impugnação somente poderá versar sobre:
I – falta ou nulidade da citação, se o processo correu à revelia;
II – inexigibilidade do título;
III – penhora incorreta ou avaliação errônea;
IV – ilegitimidade das partes;
V – excesso de execução;
VI – qualquer causa impeditiva, modificativa ou extintiva da obrigação, desde que superveniente à sentença.
Parágrafo único. Quando o executado alegar que o exequente, em excesso de execução, pleiteia quantia superior à resultante da sentença, cumprir-lhe-á declarar de imediato o valor que entende correto, sob pena de rejeição liminar dessa impugnação.
PL-4731/2004, CLT, 884. Garantida a execução ou penhorados os bens, ainda que em valor insuficiente para o pagamento integral da importância reclamada, terá o executado cinco dias para apresentar embargos, cabendo igual prazo ao exequente para impugnação.

§ 3º. Não será concedido ou revogar-se-á o efeito suspensivo se o exequente requerer o prosseguimento da execução e oferecer caução suficiente e idônea, arbitrada pelo juiz e prestada nos próprios autos.⁽⁸⁴⁰⁾

Art. 885-C. A impugnação será processada nos autos da execução, salvo se a melhor administração desta, a critério do juiz, impuser processamento apartado. Nesse caso, o juiz fixará prazo para o interessado apresentar as cópias necessárias ao aparelhamento do incidente, sob cominação de desistência da impugnação.

Art. 886. As impugnações das partes e da União, sempre que possível, serão objeto de decisão única.

§ 1º. Ab-rogado.

§ 2º. Ab-rogado.

Art. 887. O excesso de penhora e o erro na avaliação devem ser alegados por simples petição no prazo de 2 (dois) dias da ciência daquela, sem suspensão da execução.

6.7.9. Expropriação

Como a execução por quantia certa cumpre sua finalidade quando satisfaz o crédito, o Estado, valendo-se de meio executivo sub-rogatório, ingressa na esfera patrimonial do executado e apreende (penhora) dinheiro ou outros bens. Recaindo a penhora sobre bens, serão praticados atos expropriatórios a fim de transformá-los em dinheiro, podendo, também, ser entregues ao exequente como pagamento.⁽⁸⁴¹⁾

Os mecanismos expropriatórios de bens do executado previstos no sistema processual civil comum, por ordem de preferência, são: adjudicação, alienação por iniciativa particular, alienação em hasta pública (arrematação) e usufruto de bem móvel ou imóvel (CPC, 647). O processo do trabalho prevê, unicamente, a adjudicação e a arrematação (CLT, 888), não obstante se valha, também, da alienação por iniciativa particular e do usufruto de bem móvel ou imóvel previstos no CPC.

Herdada do período formulário do Direito Romano, a expropriação dos bens do executado em leilão ou praça é a técnica (tradicional) mais utilizada nos foros

---

840 PL-1939/2007, CLT, 887. A impugnação não terá efeito suspensivo, podendo o juiz atribuir-lhe tal efeito desde que relevantes seus fundamentos e o prosseguimento da execução seja manifestamente suscetível de causar ao executado grave dano de difícil ou incerta reparação.
§ 1º. Ainda que atribuído efeito suspensivo à impugnação, é lícito ao exequente requerer o prosseguimento da execução, oferecendo e prestando caução suficiente e idônea, arbitrada pelo juiz e prestada nos próprios autos.
§ 2º. Deferido efeito suspensivo, a impugnação será instruída e decidida nos próprios autos e, caso contrário, em autos apartados.

841 Na execução por quantia certa, "desenvolve-se uma densa tessitura de meios executivos destinados à preparação do momento satisfativo, os quais vão desde a afetação de um objeto à execução e ao seu objetivo mediante a penhora, passando pelo depósito, avaliação e hasta pública, para chegar à alienação do bem penhorado, recolhimento do produto e com isso ter-se por preparado o ato satisfativo que é a entrega" (DINAMARCO, Cândido Rangel. *Execução civil*. 8. ed. São Paulo: Malheiros, 2002. p. 348).

judiciais. Por meio dela, transfere-se o bem em ato público a quem der o maior lanço. Apesar de algumas iniciativas aparentemente bem-sucedidas, como é o caso dos leilões unificados, essa técnica expropriatória é burocrática, onerosa e insatisfatória. Mesmo quando alcança expressivo número de bens alienados, o leilão produz a transferência de bens por valores muito inferiores aos das suas avaliações, não sendo suficientes, na maioria dos casos, para a realização dos créditos.

A transformação dos bens do executado em dinheiro deve ser feita pelo preço mais elevado possível, a fim de satisfazer integralmente o crédito e provocar a menor perda patrimonial ao executado. Daí a necessidade da adoção de técnicas expropriatórias mais ágeis e efetivas.[842]

Atento a isso, então, sugiro a adoção exclusiva das técnicas da alienação e da adjudicação, com regulamentações específicas que permitam que os bens sejam expropriados com o maior proveito possível para o processo e para as partes, observando-se o seguinte: a) a alienação e a adjudicação serão formalizadas por termo nos autos e a cópia autenticada deste constituirá a carta ou mandado de entrega (CLT, 888), sendo as partes intimadas desse ato (CLT, 888-D); b) caberá ao juiz fixar as condições que julgar adequadas à

---

842 CPC-Portugal, 886º. (Modalidades de venda)
1 – A venda pode revestir as seguintes formas:
a) Venda mediante propostas em carta fechada;
b) Venda em bolsas de capitais ou de mercadorias;
c) Venda directa a pessoas ou entidades que tenham direito a adquirir os bens;
d) Venda por negociação particular;
e) Venda em estabelecimento de leilões.
f) Venda em depósito público.

2 – O disposto nos arts. 891º e 901º para a venda mediante propostas em carta fechada aplica-se, com as devidas adaptações, às restantes modalidades de venda e o disposto nos arts. 892.º e 896.º a todas, exceptuada a venda directa.
CPC-Itália, 530. Provvedimento per l'assegnazione o per l'autorizzazione della vendita.
Sull'istanza di cui all'articolo precedente il pretore fissa l'udienza per l'audizione delle parti.
All'udienza le parti possono fare osservazioni circa l'assegnazione e circa il tempo e le modalità della vendita e debbono proporre, a pena di decadenza, le opposizioni agli atti esecutivi, se non sono già decadute dal diritto di proporle.
Se non vi sono opposizioni o se su di esse si raggiunge l'accordo delle parti comparse, il pretore dispone con ordinanza l'assegnazione o la vendita.
Se vi sono opposizioni il pretore le decide con sentenza e dispone con ordinanza l'assegnazione o la vendita.
Qualora ricorra l'ipotesi prevista dal terzo comma dell'articolo 525, e non siano intervenuti creditori fino alla presentazione del ricorso, il pretore provvederà con decreto per l'assegnazione o la vendita; altrimenti provvederà a norma dei commi precedenti, ma saranno sentiti soltanto i creditori intervenuti nel termine previsto dal terzo comma dell'articolo 525.
CPC-Itália, 570. Avviso della vendita
Dell'ordine di vendita è dato dal cancelliere, a norma dell'articolo 490, pubblico avviso contenente l'indicazione del debitore, degli estremi previsti nell'articolo 555 e del valore dell'immobile determinato a norma dell'articolo 568, con l'avvertimento che maggiori informazioni possono essere fornite dalla cancelleria del tribunale.

alienação dos bens penhorados, legitimando-se à intermediação desta o executado, o exequente e terceira pessoa nomeada pelo juiz (CLT, 888-A); c) na hipótese de pluralidade de interessados na aquisição do bem, preferirá o que oferecer o melhor preço e, sendo iguais as propostas ou havendo entre elas diferença inferior a 5%, estabelecer-se-á licitação por meio de carta fechada (CLT, 888-A); d) poderão adjudicar o bem o exequente, o cônjuge e os descendentes e ascendentes do executado (CLT, 888-B); e) os efeitos produzidos pela expropriação do bem passam a ser definidos no art. 888-C, evitando-se, assim, o prolongamento de discussões; f) a alienação e a adjudicação somente serão desfeitas por nulidade nesses atos, apurada em ação própria, sujeita a depósito prévio com função cominatória (CLT, 888-D):

> Art. 888. A expropriação consiste na alienação e na adjudicação de bens, que serão formalizadas por termo nos autos assinado pelo juiz e pelo adquirente ou adjudicante.
>
> Parágrafo único. A cópia autenticada do termo, com descrição do bem e remissão à sua matrícula ou registros, conforme o caso, constituirá carta de alienação ou adjudicação ou mandado de entrega, respectivamente, dos bens imóveis e móveis.[843]
>
> Art. 888-A. Realizada a penhora de bem, o juiz fixará as condições que julgar adequadas à sua alienação, como o preço mínimo, as condições de pagamento, a multa para o caso de inadimplência ou mora e as garantias, podendo modificá-las enquanto não tiver formalizado a alienação.
>
> § 1º. O executado e o exequente, bem como terceira pessoa idônea nomeada pelo juiz poderão, simultaneamente, intermediar a alienação do bem penhorado. Para a alienação intermediada por terceiro, o juiz fixará comissão de corretagem a ser paga pelo adquirente.
>
> § 2º. Preferirá o que tiver oferecido o melhor preço na hipótese de pluralidade de interessados na aquisição do bem. Sendo iguais as propostas ou havendo entre elas diferença inferior a 5% (cinco por cento), o juiz fixará prazo para que os interessados ofereçam novo valor por meio de carta fechada.
>
> Art. 888-B. Será deferida a adjudicação ao exequente, cônjuge, descendentes e ascendentes do executado que comprovarem, com o requerimento, o depósito do preço mínimo e oferecerem as garantias fixadas para a alienação, salvo se esta tiver sido formalizada.
>
> § 1º. O exequente depositará somente a diferença entre o preço mínimo e o seu crédito, se este for inferior àquele.
>
> § 2º. Havendo pluralidade de interessados na adjudicação do bem, o juiz fixará prazo para que ofereçam valor suplementar por meio de carta fechada, preferindo o que ofertar a maior quantia.

---

843 PL-1939/2007, CLT, 888. A arrematação será realizada no prazo de dez dias, contados da data da intimação do mandado de penhora e avaliação, e será anunciada por edital afixado na sede do juízo ou tribunal e publicado no jornal local, se houver, com a antecedência de vinte dias.
§ 1º A arrematação far-se-á em dia, hora e lugar anunciados, e os bens serão vendidos pelo maior lance, tendo o exequente preferência para a adjudicação.
§ 2º O arrematante deverá garantir o lance com o sinal correspondente a vinte por cento do seu valor.
§ 3º Não havendo licitante e não requerendo o exequente a adjudicação dos bens penhorados, poderão estes ser vendidos por leiloeiro nomeado pelo juiz ou presidente.
§ 4º Se o arrematante, ou seu fiador, não pagar, dentro de vinte e quatro horas, o preço da arrematação, perderá, em benefício da execução, o sinal de que trata o § 2º, voltando à praça os bens executados.

Art. 888-C. A alienação e adjudicação produzem:

I – a transferência do domínio com todos os acessórios, ainda que não relacionados no auto de penhora;

II – a sub-rogação da penhora no preço;

III – a sub-rogação dos débitos tributários ou parafiscais decorrentes da propriedade no preço;

IV – a extinção da hipoteca, do penhor, da anticrese, das penhoras e de quaisquer outros vínculos processuais;

V – a obrigação do depositário de transferir a posse direta;

VI – a responsabilidade do executado pelos vícios redibitórios ou ocultos e pela evicção.

Parágrafo único. A adjudicação e a alienação não produzem a extinção dos direitos reais de gozo.

Art. 888-D. A alienação e a adjudicação somente serão desfeitas por nulidade nesses atos, apurada em ação própria ajuizada no prazo de 5 (cinco) dias da data da intimação de sua formalização, sujeita ao depósito prévio de 20% (vinte por cento) do valor da avaliação do bem, que reverterá em benefício do réu, a título de multa, se for julgada improcedente.

Parágrafo único. O beneficiário da justiça gratuita ficará dispensado do depósito prévio, mas não da multa.

6.7.10. *Execução provisória*

Considerando tudo quanto foi explanado em item precedente acerca da execução provisória, a que me reporto (*supra, n. 5.15*), como adverti anteriormente (*supra, n. 6.1*), penso ser adequado dar nova redação ao art. 889 da CLT (cujo conteúdo restou absorvido pelo art. 769 da CLT):

Art. 889. Será completa a execução da sentença de obrigação de pagar quantia certa impugnada por recurso.

§ 1º Ficará sem efeito a execução se sobrevier acórdão que reforme ou anule a sentença.

§ 2º Reformada ou anulada em parte a sentença, somente nessa parte ficará sem efeito a execução.

§ 3º A subtração de efeitos da execução:

I – importa na restituição das partes ao estado anterior, mediante liquidação de eventuais prejuízos, por arbitramento, nos próprios autos;

II – não atingirá o ato de expropriação, que se resolve em perdas e danos pelos quais responderá o exequente.

§ 4º Mediante a ponderação dos riscos de reforma ou anulação de sentença, o juiz arbitrará caução, a ser prestada nos próprios autos pelo exequente, como condição para a prática de atos de expropriação e de entrega do dinheiro, desde que o requeira o executado.

§ 5º Não será imposta caução se o exequente comprovar que se encontra em situação de necessidade.

§ 6º. A execução será processada em autos suplementares, salvo se a tramitação do recurso for por instrumento.[844]

---

844 PL-1939/2007, CLT, 889. A execução provisória far-se-á por carta de sentença e, no que couber, do mesmo modo que a definitiva, nos termos seguintes:
I – a execução provisória corre por iniciativa, conta e responsabilidade do exequente;
II – o exequente se obriga, em caso de reforma da sentença, a reparar os danos que o executado haja sofrido;
III – sobrevindo acórdão que modifique ou anule a sentença objeto da execução, esta fica sem efeito, restituindo-se as partes ao estado anterior;
IV – os eventuais prejuízos decorrentes da modificação ou anulação da sentença provisória deverão ser liquidados nos mesmos autos, por arbitramento;
V – o levantamento de depósito em dinheiro e a prática de atos que importem alienação de propriedade ou que possam acarretar grave dano ao executado dependem de caução suficiente e idônea, arbitrada de plano pelo juiz e prestada nos próprios autos.
§ 1º. No caso do inciso III do *caput*, se a sentença provisória for modificada ou anulada apenas em parte, ficará sem efeito a execução somente na parte modificada ou anulada.
§ 2º. A caução a que se refere o inciso IV do *caput* poderá ser dispensada:
I – até o valor depositado a título de depósito recursal, permitindo-se ao exequente o levantamento deste;
II – nos casos de execução provisória em que penda agravo de instrumento junto ao Supremo Tribunal Federal ou ao Tribunal Superior do Trabalho, salvo quando da dispensa possa manifestamente resultar risco de grave dano, de difícil ou incerta reparação.
§ 3º. Ao requerer a execução provisória, o exequente instruirá a petição com cópias autenticadas das seguintes peças do processo, podendo o advogado valer-se do disposto na parte final do art. 544, § 1º, do Código de Processo Civil:
I – sentença ou acórdão exequendo;
II – decisão de recebimento de recurso só no efeito devolutivo;
III – procurações outorgadas pelas partes;
IV – decisão de habilitação, se for o caso;
V – facultativamente, outras peças processuais que o exequente considere necessárias.

Conclusões

Do estudo desenvolvido, extraem-se as seguintes conclusões:

1 – A dinâmica da vida e a evolução intensa das relações humanas têm provocado a reconfiguração de valores. Assim, para se alcançar um processo tempestivo e de resultados justos faz-se necessário reformar a mentalidade, a rotina, os hábitos e as atitudes dos advogados e juízes, além da indispensável atualização da legislação. Daí a necessidade de uma urgente atualização do processo do trabalho à contemporaneidade pela modificação *do pensamento jurídico* e *da legislação*;

2 – O pensamento jurídico tradicional que deve ser modificado, fundado no positivismo jurídico, conduz à obediência cega à lei; ao formalismo excessivo; a uma visão deformada do mundo; à inversão de uma proposição lógica em que as pessoas devem servir à lei; a um pensamento binário, rigidamente cartesiano, traduzido por dualismos: certo-errado, justo-injusto, branco-preto, etc.; à condição olímpica do juiz; ao imobilismo judicial; à assepsia política do juiz;

3 – O pensamento jurídico contemporâneo impõe a compreensão de que o direito é fruto de um contexto político-econômico-ideológico-social relativo a determinado momento histórico e não permite equiparar justiça com legalidade; não se identifica unicamente com a norma positivada; é mutável e está em constante elaboração; deve ser encarado com visão multidisciplinar; tem de ser eficaz, não sendo suficiente a validade; está voltado à proteção de valores. Um pensamento jurídico moderno (atual), portanto, exige recusa ao conformismo e compromisso com a justiça; renúncia a preconceitos e dogmas; criatividade; neutralidade; sensibilidade racionalizada e razão sensibilizada; humanismo;

4 – No Estado Constitucional, a lei não vale por si; depende da sua adequação às regras e princípios constitucionais, que sobre ela exercem controle. Isso tudo não significa dizer que o princípio da legalidade foi desprezado, mas que assumiu uma nova configuração;

5 – A Constituição Federal tutela o direito processual, na medida em que disciplina os órgãos da jurisdição, define competência e estabelece as garantias e os princípios que informam e fundamentam esse direito. Reconhecida, então, a supremacia das disposições constitucionais, cabe aos órgãos judiciários interpretar a legislação infraconstitucional de acordo com as normas e com os princípios da Lei Maior, recusando aplicação àquelas no caso de afronta a estes;

5.1 – O *princípio da efetividade do processo* (CF, 5º, XXXV) representa garantia constitucional de afastamento do processo do plano meramente conceitual e técnico, a fim de torná-lo instrumento destinado a produzir transformações positivas e concretas no mundo empírico. Deve, portanto, servir de instrumento de realização da justiça substancial. Daí falar-se em *processo de resultados justos*. Falhando o sistema legal nesse desiderato, cabe ao juiz moderno (atual) "oferecer às partes a solução que realmente realize o escopo de fazer justiça" (Dinamarco);

5.2 – O *princípio da tempestividade do processo* (CF, 5º, XXXV e LXXVIII) representa garantia constitucional da razoável duração do processo. Deve-se, portanto, compatibilizar o tempo do Judiciário com o tempo da era atual. Diante da impossibilidade de uma reforma estrutural profunda, cabe aos juízes assumir o compromisso político de evitar a lentidão do processo judicial, mediante adoção de soluções criativas;

5.3 – O *princípio da segurança jurídica* (CF, 5º), como anseio de previsibilidade e constância na aplicação do direito, não é garantia absoluta. Acima "da segurança está sempre, como valor supremo, a Justiça" (João Baptista Machado). Por não haver justiça sem efetividade e tempestividade do processo, a segurança jurídica deve, então, ser flexibilizada em favor de tais valores;

5.4 – O *princípio do devido processo legal* (CF, 5º, LIV) deve ser visto "sem alucinações" (Dinamarco) e reclama adequação da importação da expressão derivada do direito anglo-saxão, de modo que seu conteúdo compreenda o respeito ao sistema constitucional, às demais fontes do direito e à cultura social e represente um modelo de obediência aos princípios de justiça.

6 – O curso do tempo, a reconfiguração de valores e as novas necessidades da vida, entre outros fatores, exigem *reafirmação e ênfase, adaptação* e *releitura* quanto ao sentido, alcance e conteúdo de certas normas e princípios do direito processual do trabalho, a fim de que recebam os impactos da realidade, guardando, assim, atualidade e eficiência. Observada essa exigência e tendo-se em mira a busca de um processo eficaz e tempestivo, deve-se atentar para o seguinte:

a) o condicionamento imposto pelos arts. 769 e 889 da CLT à aplicação subsidiária do direito processual comum não impede ingresso dessas normas no processo do trabalho sempre que forem condizentes com um processo tempestivo e de resultados úteis;

b) o processo é instrumento de força destinado a realizar o direito material. "As questões maiores do processo são solucionadas com dados inerentes à relação da vida e ao direito substancial que a regula" (Bedaque). Daí por que não se deve hesitar em promover as necessárias adaptações da lei formal, relativizando-a, se preciso for;

c) o processo não se destina a atender apenas o interesse das partes, mas o interesse "público da atuação da lei na composição dos conflitos" (Buzaid). Por isso, não mais se admite o direito intocável, endeusado, sacrilizado, reverente a ritualismos que lhe imprimem velocidade reduzida, formalismos paralisantes e asfixiantes burocracias;

d) o princípio da cooperação (CLT, 645) impõe a colaboração dos sujeitos do processo, de terceiros e do Estado, que devem operar conjuntamente objetivando a tutela jurisdicional justa, tempestiva e eficaz;

e) pelas razões que justificam a existência de pressupostos processuais e condições da ação, devem eles ser examinados no início e no curso da demanda. Após o processo percorrer todas as fases, encontrando-se apto à sentença, e desde que o contraditório tenha se desenvolvido normalmente, deve o juiz desconsiderar a ausência de pressupostos processuais, bem como das condições da ação, e julgar o mérito. Não podem "os requisitos de admissibilidade do exame do mérito impedir, de forma absoluta, seja atingido o escopo maior da atividade jurisdicional do Estado" (Bedaque);

f) o processo deve traduzir uma atividade jurisdicional concreta, substancial e útil. Por isso, não se deve permitir o regresso procedimental com declaração de nulidade, sempre que for possível enquadrar a situação em pelo menos uma das regras moderadoras das nulidades processuais;

g) garantido o contraditório e a possibilidade de defesa à parte, cumpre ao juiz dar primazia ao mérito (analisar a substância) em detrimento de regras puramente técnicas;

h) é preciso abandonar praxes viciadas que revelam unicamente desperdício de atividade jurisdicional e adotar novas técnicas que permitam reduzir o curso do procedimento, mediante interpretação alargada do art. 162, § 4º, do CPC;

i) não pode o juiz ser mero espectador, tolerar ou ser indulgente com atitudes comportamentais desonestas. Cabe-lhe, por isso, ser enérgico e intransigível para, sem subterfúgio ou compaixão, aplicar a reprimenda corretiva sempre que evidenciar o uso indevido de direito legítimo;

j) rumo à prestação jurisdicional tempestiva e de resultados justos, cabe ao juiz, mediante aferição sumária da existência do direito afirmado (*fumus boni iuris*), com consequente postergação do contraditório pleno e da cognição exauriente, emitir pronunciamentos temporários protetivos da tutela ou concessivos do bem da vida;

k) a vagueza da redação do art. 818 da CLT permite cambiar o modo de interpretá-lo, a fim de se aderir ao pensamento dinâmico da prova, da seguinte forma: (i) as partes orientarão suas atuações no processo, inicialmente, no sentido de provar tudo aquilo que interessa ao seu direito; (ii) atento ao dever de reduzir ao máximo a desigualdade entre as partes, o juiz poderá, diante das circunstâncias do caso concreto e após prévio contraditório, em juízo de ponderação e por meio de decisão motivada, imputar o ônus da prova à parte: com conhecimentos técnicos e/ou informações específicas sobre os fatos afirmados no processo; ou que possuir maior facilidade em demonstrar as suas afirmações; ou que tiver condições de suportá-lo com menor inconveniente e despesa e com maior rapidez e eficácia;

l) assegurada a margem ideal de segurança alimentar e a sobrevivência decente (digna) do executado e de sua família (escopo da impenhorabilidade), não há razão para dele não subtrair parte de seu salário a fim de (também) garantir a dignidade (CF, 1º, III);

m) na execução, o exequente ostenta posição de *superioridade* (CPC, 612) e o executado, de *sujeição*. A regra da menor onerosidade ao executado (CPC, 620), portanto: (i) não é autônoma, uma vez que se subordina ao estado de superioridade do exequente; (ii) não constitui uma limitação política impeditiva da execução; (iii) não pode eliminar ou comprometer a necessária efetividade da tutela executiva; (iv) não pode eliminar ou comprometer a necessária tempestividade processual;

n) a execução imediata e completa, ainda que fundada em título provisório, é fator indispensável à obtenção de um processo de resultados e deve ser a regra;

o) a expropriação antecipada de bens (CPC, 670 e 1.113) tem lugar na execução provisória ou definitiva, bem como na execução suspensa, e deve ser determinada pelo juiz sempre que houver *manifesta vantagem*;

p) para que o crédito trabalhista conserve o superprivilégio, faz-se necessário utilizar certos mecanismos de apoio. Um deles é o protesto extrajudicial (das sentenças) regulado pela Lei n. 9.492/1997.

7 – O tipo de atualização normativa reclamada pelo processo do trabalho diz respeito ao aperfeiçoamento tópico que lhe atribua um efoque funcionalista, com adoção de novas regras e ratificação de ideias explanadas anteriormente.

7.1 – Na *parte geral*, as sugestões para a atualização normativa são as seguintes:

a) obrigatoriedade de representação da parte por advogado, cabendo às Defensorias Públicas da União e dos Estados prestar assistência jurídica integral e gratuita (CLT, 791). Corolário disso será o pagamento de honorários de sucumbência fixados em percentuais progressivos, como forma de desestimular a prática de atos protelatórios (CLT, 791-A);

b) aplicação do direito processual comum sempre que permitir maior efetividade e tempestividade ao processo, ainda que exista norma processual trabalhista expressa em sentido contrário (CLT, 769, parágrafo único);

c) permissão ao juiz para amoldar formalmente o procedimento às especificidades do caso concreto, a fim de melhor administrar a justiça e eliminar conflitos com rapidez e eficiência (CLT, 765, § 1º);

d) concessão de poderes para o juiz, *ex officio*, emitir pronunciamentos temporários protetivos da tutela ou concessivos do bem da vida (CLT, 765, § 2º), a serem efetivados segundo as medidas que julgar adequadas (CLT, 765, § 3º);

e) concessão de poderes ao juiz para mandar terceiro intervir no processo (CLT, 765, § 4º);

f) veto à declaração de nulidade sem a constatação de prejuízo concreto à parte (CLT, 794);

g) possibilidade de delegação de atos processuais com conteúdo decisório mínimo a servidor (CLT, 659, parágrafo único);

h) obrigatoriedade do custeio antecipado dos honorários periciais pelo Estado (CLT, 790-B).

7.2 – Na *fase postulatória*, as sugestões para a atualização normativa são as seguintes:

a) obrigatoriedade de petição inicial escrita em linguagem simples, acessível, concisa e capitulada (CLT, 840);

b) flexibilização dos princípios da estabilidade objetiva e subjetiva da demanda, desde que não haja má-fé do autor ou prejuízo concreto e injustificado à parte contrária (CLT, 842-A);

c) adoção dos princípios da ultra e da extrapetição (CLT, 831-A);

d) obrigatoriedade de resposta do réu, escrita ou oral, em linguagem simples, acessível, concisa e capitulada, bem como autorização para nela formular pedido em seu favor (CLT, 847).

7.3 – Na *fase probatória*, as sugestões para a atualização normativa são as seguintes:

a) adoção expressa da carga dinâmica da prova (CLT, 818, parágrafo único);

b) instituição expressa do depoimento pessoal (CLT, 820);

c) modernização, simplificação e otimização da forma de inquirição das partes e testemunhas (CLT, 848);

d) intimação de testemunhas como incumbência da parte e excepcionalmente pelo juízo (CLT, 825 e 852-H, §§ 2º e 3º);

e) valoração da capacidade de isenção daquele que testemunha exclusivamente pelo juiz (CLT, 829).

7.4 – Na *fase decisória*, as sugestões para a atualização normativa são as seguintes:

a) adoção da identidade física do juiz (CLT, 831);

b) obrigatoriedade da relativização dos pressupostos processuais e das condições da ação (CLT, 831, § 1º);

c) simplificação dos requisitos de validade da sentença (CLT, 832).

7.5 – Na *fase recursal*, as sugestões para a atualização normativa são as seguintes:

a) obrigatoriedade de o órgão recursal prover sobre o mérito sempre que o processo estiver em condições de imediato julgamento, sanando nulidade, se necessário (CLT, 893-A);

b) instituição do procedimento sumaríssimo como causa de instância única em matéria fática (CLT, 895, § 1º, I);

c) adequação procedimental do recurso interposto em mandado de segurança substitutivo de recurso, a fim de que receba idêntico tratamento ao do recurso que substituiu (CLT, 895, b; 896, § 2º);

d) expressa menção da ausência de efeito suspensivo aos recursos (CLT, 899);

e) disciplinamento do depósito recursal que deverá ser integral até o montante de R$ 6.000,00, acrescido de 50% da importância que exceder essa quantia, a ser integralizado para interposição de novo recurso (CLT, 899-A);

f) obstaculização ao recebimento do recurso quando a decisão estiver em conformidade com orientação jurisprudencial ou súmula do TST ou do STF (CLT, 893, § 3º);

g) eliminação da remessa necessária.

7.6 – Na *fase executiva*, as sugestões para a atualização normativa são as seguintes:

a) criação de fase prévia à execução destinada ao cumprimento voluntário da sentença (CLT, 878-A);

b) autorização ao pagamento parcelado da obrigação (CLT, 878-B);

c) fixação da atualização dos créditos trabalhistas segundo os índices da taxa SELIC, e aplicação de juros de mora composto e com percentual progressivo (CLT, 879, §§ 1º-C e 1º-D);

d) eliminação do procedimento na liquidação por cálculos previsto no § 2º do art. 879 da CLT;

e) criação de procedimento específico para a execução de obrigação de pagar quantia certa constante de acordo não cumprido, termo de ajustamento de conduta firmado perante o Ministério Público do Trabalho ou termo de conciliação firmado perante Comissão de Conciliação Prévia (CLT, 880);

f) estabelecimento de mecanismos executórios impondo uma atuação mais intensa e participativa do Estado na busca de bens do executado, bem como colaboração deste (CLT, 882 e 883);

g) disciplinamento do depósito judicial de bens penhorados (CLT, 883-A);

h) regramento específico acerca da impenhorabilidade de bens (CLT, 883-B);

i) adoção da impugnação, com disciplinamento específico, como meio de insurgência do exequente e do executado contra a homologação dos cálculos, bem como para alegação de causas extintivas, impeditivas e modificativas da obrigação (CLT, 884, 885, 885-A, 885-B, 885-C, 886 e 887);

j) adoção da alienação e da adjudicação, com regulamentações específicas, como técnicas exclusivas de expropriação (CLT, 888, 888-A, 888-B, 888-C e 888-D);

k) instituição da execução completa como regra, ainda que fundada em título provisório (CLT, 899).

Bibliografia

AARNIO, Aulis. *Lo racional como razonable*. Madrid: Centro de Estudios Constitucionales, 1991.

ABREU, João Leitão de. A função política do Judiciário. In: *Jornal Correio do Povo*, Porto Alegre, ed. 14-9-1965.

AGUIAR JR., Ruy Rosado de. *Interpretação*. In: *Revistas Ajuris*, Porto Alegre, 1989, a. XVI, n. 45.

ALEXY, Robert. *Teoria dos direitos fundamentais*. São Paulo: Malheiros, 2008.

ALMEIDA, Cleber Lúcio de. *Direito processual do trabalho*. Belo Horizonte: Del Rey, 2006.

ALVIM, Arruda. *Manual de direito processual civil*. 4. ed. São Paulo: RT, 1994. v. I.

_____. *Manual de direito processual civil*. 5. ed. São Paulo: RT, 1996. v. 2.

ANDOLINA, Ítalo. *Cognizione e esecuzione forzata nel sistema della tutela giurisdizionale*. Milano: Giuffrè, 1983.

ANDRADE, Manoel de. *Ensaio sobre a teoria da interpretação das leis*. Coimbra: Américo Amado, 1987.

ARNAUD, André-Jean. *O direito traído pela filosofia*. Porto Alegre: Fabris, 1991.

ASSIS, Araken de. *Comentários ao Código de Processo Civil*. São Paulo: RT, 2000. v. 9.

_____. Teoria geral do processo de execução. In: WAMBIER, Tereza Arruda Alvim (Coord.). *Processo de execução e assuntos afins*. São Paulo: RT, 1998.

ÁVILA, Humberto. A distinção entre princípios e regras e a redefinição do dever de proporcionalidade. In: *Revista de Direito Administrativo*, Rio de Janeiro, jan./mar. 1999, n. 215.

AZEVEDO, Plauto Faraco de. *Aplicação do direito e contexto social*. 2. ed. São Paulo: RT, 1998.

_____. Rumo a uma hermenêutica material. In: *Revista AJURIS*, ano XV, v. 43, jul. 1988.

BARBOSA MOREIRA, José Carlos. A imparcialidade do juiz. In: *Revista Jurídica*, ano XLVI, n. 250, ago. 1998.

_____. *Comentários ao Código de Processo Civil*. 12. ed. Rio de Janeiro: Forense, 2005, v. V.

_____. Efetividade do processo e técnica processual. In: *Revista dos Tribunais*, São Paulo, v. 19, n. 74, abr./jun. 1994.

_____. O neoprivatismo no processo civil. In: DIDIER JR., Fredie. *Leituras complementares de processo civil*. 6. ed., Salvador: Juspodvm, 2008.

_____. O processo, as partes e a sociedade. In: *Revista de Processo*, São Paulo, v. 30, n. 125, jul. 2005.

_____. Por um processo socialmente efetivo. In: *Revista Síntese de Direito Civil e Processual Civil*, v. 11, maio/jun. 2001.

_____. *Temas de direito processual — quarta série*. São Paulo: Saraiva, 1989.

_____. *Temas de direito processual — sexta série*. São Paulo: Saraiva, 1997.

_____. *Temas de direito processual — sétima série*. São Paulo: Saraiva, 2001.

_____. *Temas de direito processual — nona série*. São Paulo: Saraiva, 2007.

BARROSO, Luís Roberto. *Interpretação e aplicação da Constituição*. 6. ed. São Paulo: Saraiva, 2004.

_____. *Interpretação e aplicação da Constituição*. 7. ed. São Paulo: Saraiva, 2009.

BASTOS, Celso Ribeiro. *Comentários à Constituição do Brasil*. São Paulo: Saraiva, 1992. v. III, t. III.

_____. *Curso de direito constitucional*. São Paulo: Celso Bastos, 2002.

BEDAQUE, José Roberto do Santos. *Direito e processo*. 2. ed. São Paulo: Malheiros, 2001.

_____. *Efetividade do processo e técnica processual*. São Paulo: Malheiros, 2006.

_____. Os elementos objetivos da demanda examinados à luz do contraditório. In: CRUZ E TUCCI, José Rogério; BEDAQUE, José Roberto dos Santos (Coords.). *Causa de pedir e pedido no processo civil*. São Paulo: RT, 2002.

_____. *Poderes instrutórios do juiz*. 3. ed. São Paulo: RT, 2001.

BENTHAM. *Tratado de las pruebas judiciales*. Granada: Comares, 2001.

BERMUDES, Sérgio. *Comentários ao Código de Processo Civil*. São Paulo: RT, 1977. v. 7.

BERNAL, Francisco Chamorro. *La tutela judicial efectiva — derechos y garantias procesales derivados del artículo 24.1 de la Constitución*. Barcelona: Bosch, 1994.

BETTI, Emilio. *Dirito processual civile italiano*. Roma: Editrice, 1936.

BITTAR, Eduardo; ALMEIDA, Guilherme Assis de. *Curso de filosofia do direito*. 6. ed. São Paulo: Atlas, 2008.

BOBBIO, Norberto. *O positivismo jurídico — lições de filosofia do direito*. São Paulo: Ícone, 2006.

_____. *Teoria do ordenamento jurídico*. 10. ed. Brasília: UNB.

BODIN, Jean. *Les six livres de la répulique*. Paris: Lib. Générale Française, 1993. v. VI.

BOFF, Leonardo. Justiça e cuidado: opostos ou complementares? In: PEREIRA, Tânia da Silva; OLIVEIRA, Guilherme de (Coords.). *O cuidado como valor jurídico*. Rio de Janeiro: Forense Universitária, 2008.

BRASIL JR., Samuel Meira. *Justiça, direito e processo*. São Paulo: Atlas, 2007.

BRITO, Carlos Ayres. *Teoria da Constituição*. Rio de Janeiro: Forense, 2003.

BUENO, Cassio Scarpinella. *Curso sistematizado de direito processual civil*. São Paulo: Saraiva, 2007. v. 1.

CALAMANDREI, Piero. *Direito processual civil*. Campinas: Bookseller, 1999. v. I.

_____. *Eles, os juízes, vistos por nós, os advogados*. 7. ed. Lisboa: Livraria Clássica, 1993.

_____. La crisi della giustizia. In: *AA. VV. La crisi del diritto*. Padova: Cedam, 1963.

CAMBI, Eduardo. Efeito devolutivo da apelação e duplo grau de jurisdição. In: MARINONI, Luiz Guilherme; DIDIER JR., Fredie (Coords.). *A segunda etapa da reforma processual civil*. São Paulo: Malheiros, 2001.

CANOTILHO, José Joaquim Gomes. *Direito constitucional*. 6. ed. Coimbra: Almedina, 1995.

CAPPELLETTI, Mauro. *Juízes legisladores?* Porto Alegre: Fabris, 1993.

_____. *O controle de constitucionalidade das leis no direito comparado*. 2. ed. Porto Alegre: Fabris, 1999.

_____. *Proceso, ideologías, sociedad*. Buenos Aires: Europa-América, 1974.

_____. Repudiando Montesquieu? A expansão e a legitimidade da justiça constitucional. In: *Revista da Faculdade de Direito da UFRGS*, v. 20.

CAPPELLETTI, Mauro; GARTH, Bryant. *Acesso à justiça*. Porto Alegre: Fabris, 1988.

CÁRCOVA, Carlos María. *Las teorías jurídicas post positivistas*. Buenos Aires: Lexis Nexis, 2007.

CARDOZO, Benjamin N. A natureza do processo e a evolução do direito. In: *Coleção Ajuris/9*, Porto Alegre, 1978.

CARNELUTTI, Francesco. *Diritto e processo*. Nápoli: Morano, 1958.

_____. *La prueba civil*. 2. ed. Buenos Aires: Depalma, 1982.

_____. *Sistema de direito processual civil*. São Paulo: Classic Book, 2000. t. 1.

_____. *Lezioni di diritto processuale civile*. Padova: Cedam, 1929. v. II.

CARRION, Valentin. *Comentários à Consolidação das Leis do Trabalho*. 26. ed. São Paulo: Saraiva, 2001.

CARVALHO, Amilton Bueno de. A lei, o juiz, o justo. In: *Revista AJURIS*, Porto Alegre, ano XIV, v. 39, mar. 1987.

_____. Juiz orgânico: uma contribuição. In: *Revista AJURIS*, Porto Alegre, ano XV, v. 42, mar. 1988.

_____. *Teoria e prática do direito alternativo*. Porto Alegre: Síntese, 1998.

CASSIRER, Ernst. *Antropologia filosófica*. São Paulo: Mestre Jou, 1972.

CAVALCANTI, Themístocles Brandão. *A Constituição Federal comentada*. Rio de Janeiro: Konfino, 1949. v. I.

CHIOVENDA, Giuseppe. *Instituições de direito processual civil*. 3. ed. São Paulo: Saraiva, 1969. v. I.

CINTRA, Antônio Carlos de Araújo; GRINOVER, Ada Pellegrini; DINAMARCO, Cândido Rangel. *Teoria geral do processo*. 12. ed. São Paulo: RT, 1996.

_____; GRINOVER, Ada Pellegrini; DINAMARCO, Cândido Rangel. *Teoria geral do processo*. 8. ed. São Paulo: RT, 1991.

CLÈVE, Clémerson Merlin. *Temas de direito constitucional e da teoria do direito*. São Paulo: Acadêmica, 1993.

COLTRO, Antonio Carlos Mathias. Uma visão humanística da prática judiciária. In: ZIMERMAN, David; COLTRO, Antonio Carlos Mathias (Coords.). *Aspectos psicológicos na prática jurídica*. Campinas: Millenium, 2002.

CORDEIRO, Wolney de Macedo. Da releitura do método de aplicação subsidiária das normas de direito processual comum ao processo do trabalho. In: CHAVES, Luciano Athayde (Coord.). *Direito processual do trabalho* — reforma e efetividade. São Paulo: LTr, 2007.

COSTA, Alfredo Araújo Lopes da. *Direito processual civil brasileiro*. 2. ed. Rio de Janeiro: Forense, 1959. v. I.

COSTA, Coqueijo. *Direito processual do trabalho*. 4. ed. Rio de Janeiro: Forense, 1995.

COUTURE, Eduardo J. *Introducción al estudio del proceso civil*. 2. ed. Buenos Aires: Depalma, 1988.

_____. *Proyecto de código de procedimiento civil*. Montevideo, 1945.

_____. Algunas nociones fundamentales del derecho procesal del trabajo. In: TISSEMBAUM, Mariano (Coord.). *Tribunales del Trabajo*. Derecho Procesal del Trabajo. Instituto de Derecho del Trabajo de la Facultad de Ciencias Jurídicas y Sociales de la Universidad Nacional del Litoral, Santa Fe, Argentina, 1941.

_____. *Interpretação das leis processuais*. 2. ed. Rio de Janeiro: Forense, 1993.

_____. *Os mandamentos de advogado*. Porto Alegre: Fabris, 1979.

_____. *Estudios de derecho procesal civil*. Buenos Aires: Depalma, 1998. t. III.

_____. *Fundamentos del derecho procesal civil*. 3. ed. Buenos Aires: Depalma, 1993.

CRUZ E TUCCI, José Rogério. Garantia do processo sem dilações indevidas. In: CRUZ E TUCCI, José Rogério (Coord.). *Garantias constitucionais do processo civil, homenagem aos 10 Anos da Constituição Federal de 1988*. São Paulo: RT, 1998.

_____. *Lineamentos da nova reforma do CPC*. São Paulo: RT, 2002.

_____. *Tempo e processo:* uma análise empírica das repercussões do tempo na fenomenologia processual (civil e penal). São Paulo: RT, 1997.

DALL'AGNOL JUNIOR. Antônio Janyr. Distribuição dinâmica dos ônus probatórios. In: *Revista dos Tribunais*, São Paulo, 788:92-107, jun./2001.

DALLARI, Dalmo de Abreu. *O poder dos juízes*. 2. ed. São Paulo: Saraiva, 2002.

_____. Policiais, juízes e igualdade de direitos. In: CARDOSO, Ruth *et al*. *O preconceito*. São Paulo: IMESP, 1997.

_____. *Elementos de teoria geral do estado*. São Paulo: Saraiva, 1995.

DALLEGRAVE NETO, José Affonso. A execução dos bens dos sócios em face da disregard doctrine. In: DALLEGRAVE NETO, José Affonso; FREITAS, Ney José de (Coords.). *Execução trabalhista*. São Paulo: LTr, 2002.

DELGADO, José Augusto. *O princípio da segurança jurídica*. Supremacia constitucional. Disponível em: <http://bdjur.stj.gov.br>.

DEMASI, Domenico. *O ócio criativo*. 2. ed. Rio de Janeiro: Sextante, 2000.

DIDEROT, Denis. *Paradoxe sul le comédien en ouvres esthétiques*. Paris: Paul Vernière, 1967.

DIDIER JR., Fredie. Os recursos em geral — Lei n. 10.352, de 26 de dezembro de 2001. In: JORGE, Flávio Cheim; DIDIER JR., Fredie; RODRIGUES, Marcelo Abelha. *A nova reforma processual*. São Paulo: Saraiva, 2002.

DINAMARCO, Cândido Rangel. *A reforma do Código de Processo Civil*. 3. ed. São Paulo: Malheiros, 1996.

_____. Escopos políticos do processo. In: GRINOVER, Ada Pellegrini; DINAMARCO, Cândido Rangel; WATANABE, Kazuo. *Participação e processo*. São Paulo: RT, 1988.

_____. *Execução civil*. 8. ed. São Paulo: Malheiros, 2002.

_____. *Instituições de direito processual civil*. São Paulo: Malheiros, 2001. v. I.

_____. *Instituições de direito processual civil*. 2. ed. São Paulo: Malheiros, 2004. v. II.

_____. *Instituições de direito processual civil*. São Paulo: Malheiros, 2001. v. III.

_____. *Instituições de direito processual civil*. São Paulo: Malheiros, 2004. v. IV.

_____. Julgamento do mérito em apelação. In: CALMOM, Eliana; BULOS, Uadi Lammêgo (Orgs.). *Direito procesual:* inovações e perspectivas: estudos em homenagem ao ministro Sálvio de Figueiredo Teixeira. São Paulo: Saraiva, 2003.

_____. *Nova era do processo civil*. São Paulo: Malheiros, 2003.

_____. *A instrumentalidade do processo*. 4. ed. São Paulo: Malheiros, 1994.

_____. *A instrumentalidade do processo*. 11. ed. São Paulo: Malheiros, 2003.

_____. *A reforma da reforma*. São Paulo: Malheiros, 2002.

DINIZ, Maria Helena. *As lacunas no Direito*. 7. ed. São Paulo: Saraiva, 2002.

DWORKIN, Ronald. *Levando os direitos a sério*. São Paulo: Martins Fontes, 2007.

_____. *Uma questão de princípio*. São Paulo: Martins Fontes, 2005.

ECHANDIA, Hernando Devís. *Teoría general del proceso*. 2. ed. Buenos Aires: Editorial Universidad, 1997.

ECO, Umberto. *Los límites de la interpretación*. Madri: Lumen, 1992.

_____. *Seis paseos por los bosques narrativos*. Barcelona: Lumen, 1996.

EHRLICH, Eugen. O estudo do direito vivo. In: SOUTO, Cláudio; FALCÃO, Joaquim (Coords.). *Sociologia e direito:* textos básicos para a disciplina sociologia jurídica. São Paulo: Pioneira, 1980.

ENGISCH, Karl. *Introdução ao pensamento jurídico*. 2. ed. Lisboa: Fundação Calouste Gulbenkian, 1968.

ESCARTIN, Ignacio Garcia Perrote. *La prueba en el proceso de trabajo*. Madrid: Civitas, 1994.

ESPÍNDOLA, Samuel. Princípios constitucionais e atividade jurídico-administrativa. In: LEITE, George Salomão. *Dos princípios constitucionais — considerações em torno das normas principiológicas da Constituição*. São Paulo: Malheiros, 2003.

ESPÍNOLA, Ruy Samuel. *Conceito de princípios constitucionais*. 2 ed. São Paulo: RT, 2002.

FABRÍCIO, Adroaldo Furtado. *Ensaios de direito processual*. Rio de Janeiro: Forense, 2003.

FACCHINI NETO, Eugênio. 'E o juiz não é só direito ...' (ou 'a função jurisdicional e a subjetividade'). In: ZIMERMAN, David; COLTRO, Antonio Carlos Mathias (Coords.). *Aspectos psicológicos na prática jurídica*. Campinas: Millenium, 2002.

FAGUNDES, Seabra. Contribuição da Jurisprudência à Evolução do Direito Brasileiro. In: *Revista Forense*, São Paulo, n. 126.

FARIA, José Eduardo. *A reforma do ensino jurídico*. Porto Alegre: Fabris, 1987.

FAVA, Marcos Neves. *Execução trabalhista efetiva*. São Paulo: LTr, 2009.

FAVREAU, Bertrand. *Le procès équitable. Une certaine idée de la qualité de la justice*. Disponível em: <www.favreaucivilise.com/fr-conf2000.htm> Acesso em: 20 nov. 2008.

FAZZALARI, Elio. *Instituições de direito processual*. Campinas: Bookseller, 2006.

FERRAJOLI, Luigi. *Derechos y garantías*. 5. ed. Madrid: Trotta, 2006.

_____. *Derechos fundamentales, los fundamentos de los derechos fundamentales*. Madrid: Trotta, 2001.

FERREIRA FILHO, Manoel Gonçalves. *Curso de direito constitucional*. 31 ed. São Paulo: Saraiva, 2005.

_____. *Direitos humanos fundamentais*. 10. ed. São Paulo: Saraiva, 2008.

FERREIRA, Verônica A. M. César. Mudada a imagem, muda-se a realidade. In: *Boletim Juízes para a Democracia*, n. 14, ano 4, 1998.

FIORELLI, José Osmir; MANGINI, Rosana Cathya Ragazzoni. *Psicologia jurídica*. São Paulo: Atlas, 2009.

FREITAS, José Lebre de. *A acção executiva*. 2. ed. Coimbra: Coimbra, 1997.

FREITAS, Juarez. Hermenêutica jurídica: o Juiz só aplica a lei injusta se quiser. In: *Revista AJURIS*, Porto Alegre, ano XIV, v. 40, jul. 1987.

_____. O intérprete e o poder de dar vida à Constituição. In: *Revista da Faculdade de Direito da UFPR*, 2000, v. 23.

FREUD, Sigmund. *Cinco lições sobre a psicanálise*. Rio de Janeiro: Imago, 1988. v. XVI.

FROMM, Erich. *La revolución de la esperanza*. México: Fondo de Cultura Económica, 2003.

GAJARDONI, Fernando Fonseca. Os reflexos do tempo no direito processual civil (anotações sobre a qualidade temporal do processo civil brasileiro e europeu. In: *Revista de Processo*, São Paulo, v. 32, n. 153, nov. 2007.

GALANTINO, Luísa. O processo do trabalho e a efetividade das decisões no ordenamento italiano. In: *Revista de Direito do Trabalho*, São Paulo: RT, ano 34, v. 130, abr./jun. 2008.

GIGLIO, Wagner D. *Direito processual do trabalho*. 13. ed. São Paulo: Saraiva, 2003.

GRECO, Leonardo. *O processo de execução*. Rio de Janeiro: Renovar, 1999. v. 1.

_____. *O processo de execução*. Rio de Janeiro: Renovar, 2001. v. 2.

GRINOVER, Ada Pellegrini. *Novas tendências do direito processual*, 2. ed. São Paulo: Forense Universitária, 1990.

_____. *O processo em evolução*. Rio de Janeiro: Forense Universitária, 1996.

_____. *O processo em sua unidade*. São Paulo: Saraiva, 1978.

GRINOVER, Ada Pellegrini; DINAMARCO, Cândido Rangel; WATANABE, Kazuo. *Escopos políticos do processo*. São Paulo: RT, 1988.

GUERRA, Marcelo Lima. *Direitos fundamentais e a proteção do credor na execução civil*. São Paulo: RT, 2003.

HELLER, Hermann. *Teoria del estado*. México: FCE, 1942.

HESSE, Konrad. *A força normativa da Constituição*. Porto Alegre: Fabris, 1991.

HOFFMAN, Paulo. *Razoável duração do processo*. São Paulo: Quartier Latin, 2006.

HOMEM, António Pedro Barbas. *O justo e o injusto*. Lisboa: Associação Acadêmica da Faculdade de Direito de Lisboa, 2005.

HOMMERDING, Adalberto Narciso. *Vinte e uma lições de teoria geral do processo civil*. Porto Alegre: Fabris, 2003.

HUFFMAN, K.; VERNOY, M.; VERNOY, J. *Psicologia*. São Paulo: Atlas, 2003.

HUNGRIA, Nelson. *Comentários ao Código Penal*. 2. ed. Rio de Janeiro: Forense, 1959. v. IX.

IBAÑEZ, Perfecto Andrés. Poder judicial e democracia política: lições de um século. In: *Revista AJURIS*, Porto Alegre, ano XXVII, v. 85, mar. 2002, t. I.

INGENIEROS, José. *O homem medíocre*. São Paulo: Quartier Latin, 2004.

JAYME, Fernando Gonzaga. Os problemas da efetiva garantia de proteção judicial perante o Poder Judiciário brasileiro. In: JAYME, Fernando Gonzaga; FARIA, Juliana Cordeiro de; LAVAR, Maria Terra (Coords.). *Processo civil — novas tendências*. Belo Horizonte: Del Rey, 2008.

JHERING, Rudolf Von. *L'esprit du droit romain*. 3. ed. Paris: Maresq, 1886. v. 4.

JUNG, Carl Gustav. *Estudos sobre o simbolismo do si-mesmo*. Petrópolis: Vozes, 1982. v. IX/2.

_____. *Os arquétipos e o inconsciente coletivo*. 6. ed. Petrópolis: Vozes, 2008.

_____. *Psicologia da religião ocidental e oriental*. 2. ed. Petrópolis: Vozes, 1983. v. XI.

KELSEN, Hans. *Teoria geral das normas*. Porto Alegre: Fabris, 1986.

_____. *Teoria pura do direito*. São Paulo: Saraiva, 1939.

LACAMBRA, Luis Legaz y. *Filosofía del derecho*. 4. ed. Barcelona: Bosch, 1975.

LACERDA, Galeno Vellinho. O Código como sistema legal de adequação do processo. In: *Revista do Instituto dos Advogados do Rio Grande do Sul – Comemorativa do Cinquentenário 1926-1976*, Porto Alegre, 1976.

_____. *Comentários ao Código de Processo Civil*. 4. ed. Rio de Janeiro: Forense, 1992. v. VIII, t. I.

_____. Processo e cultura. In: *Revista de Direito Processual Civil*, São Paulo, Saraiva, 1961, v. III.

_____. Processo e cultura. In: *Tribuna da Magistratura*, abr. 1999.

LARENZ, Karl. *Derecho justo — fundamentos de ética jurídica*. Madrid: Civitas, 1993.

_____. *Metodologia da ciência do direito*. 3. ed. Lisboa: Fundação Calouste Gulbenkian, 1997.

LEAL, Mônia Henning. *A Constituição como princípio*: os limites da jurisdição constitucional brasileira. São Paulo: Manole, 2001.

LEITE, Carlos Henrique Bezerra. *Curso de direito processual do trabalho*. 3. ed. São Paulo: LTr, 2005.

LIEBMAN, Enrico Tullio. *Manual de direito processual civil*. 3. ed. São Paulo: Malheiros, 2005. v. I.

_____. *Manuale di diritto processuale civile*. 6. ed. Milano: Giuffrè, 2002. v. I.

MACHADO, João Baptista. *Introdução ao estudo do direito e ao discurso legitimador*. Coimbra: Almedina, 1989.

MACHADO JR., César Pereira Silva. *O ônus da prova no processo do trabalho*. São Paulo: LTr, 1993.

MALATESTA, Nicola Framarino dei. *A lógica das provas em matéria criminal*. Campinas: Conan, 1995. v. I.

MALLET, Estêvão. *Direito, trabalho e processo em transformação*. São Paulo: LTr, 2005.

MARINONI, Luiz Guilherme. A execução imediata da sentença. In: MARINONI, Luiz Guilherme; DIDIER JR., Fredie (Coords.). *A segunda etapa da reforma processual civil*. São Paulo: Malheiros, 2002.

_____. *Novas linhas do processo civil*. São Paulo: Malheiros, 1996.

_____. *Técnica processual e tutela dos direitos*. São Paulo: RT, 2004.

_____. *Tutela antecipatória, julgamento antecipado e execução imediata da sentença.* 4 ed. São Paulo: RT, 2000.

MARINONI, Luiz Guilherme; ARENHART, Sérgio Cruz. *Execução.* São Paulo: RT, 2007.

MARINONI, Luiz Guilherme; MITIDIERO, Daniel. *Código de Processo Civil.* São Paulo: RT, 2008.

MARQUES, José Frederico. *Manual de direito processual civil.* Campinas: Bookseller, 1997. v. III.

MARTINS, Pedro Batista. *Comentários ao Código de Processo Civil.* Rio de Janeiro: Revista Forense, 1941. v. II.

MAXIMILIANO, Carlos. *Hermenêutica e aplicação do direito.* 16. ed. Rio de Janeiro: Forense, 1997.

MEDEIROS, Alexandre Alliprandino. *A efetividade da hasta pública no processo do trabalho.* São Paulo: LTr, 2003.

MEIRELLES, Hely Lopes. *Mandado de segurança.* 25. ed. São Paulo: Malheiros, 2003.

MELLO, Celso Antônio Bandeira de. *Elementos de direito administrativo.* São Paulo, Malheiros, 1986.

MENDES, Gilmar Ferreira; COELHO, Inocêncio Mártires; BRANCO, Paulo Gustavo Gonet. *Curso de direito constitucional.* 2. ed. São Paulo: Saraiva e IDP, 2008.

MENEZES, Cláudio Armando Couce de. Questões sobre embargos à execução na justiça do trabalho. In: *Jornal Síntese,* Porto Alegre, n. 36, fev. 2000.

MIAILLE, Michel. *Uma introdução crítica ao direito.* Lisboa: Moraes, 1976.

MIRANDA, Jorge. *Manual de direito constitucional.* 2. ed. Coimbra: Coimbra, 1988. v. I.

_____. *Manual de direito constitucional.* 6. ed. Coimbra: Coimbra, 1997. v. I.

MIRANDA, Pontes de. *Comentários ao Código de Processo Civil.* 3. ed. Rio de Janeiro: Forense, 1996. t. IV.

MITIDIERO, Daniel. *Colaboração no processo civil.* São Paulo: RT, 2009.

MONIZ DE ARAGÃO, Égas Dirceu. Mandado de segurança contra ato judicial. In: *Revista dos Tribunais,* São Paulo, v. 81, n. 682, ago. 1992.

MONTEIRO, João. *Teoria do processo civil.* 6. ed. Rio de Janeiro: Borsoi, 1956. t. I.

MOREIRA, Adriano. *Ciência política amadora.* Rio de Janeiro: Bertrand, 1979.

MORELLO, Augusto M. *La Prueba. Tendencias modernas.* Buenos Aires: Abeledo-Perrot, 1991.

NADER, Paulo. *Introdução ao estudo do direito.* 9. ed. Rio de Janeiro: Forense, 1994.

NALINI, José Renato. *A rebelião da toga.* 2. ed. Campinas: Millennium, 2008.

_____. *Dez recados ao juiz do III milênio.* Disponível em: <http://www.cjf.jus.br>.

NERY JR., Nelson. *Atualidades sobre o processo civil.* São Paulo: RT, 1995.

NEVES, Antônio Castanheira. *Metodologia jurídica — problemas fundamentais.* Coimbra: Coimbra, 1993.

NICOLAU JR., Mauro. Segurança jurídica e certeza do direito. Realidade ou utopia num Estado Democrático de Direito? In: *Revista ADV,* 2004.

NOJURI, Sergio. *A interpretação judicial do direito.* São Paulo: RT, 2005.

NOLASCO, Rita Dias. *Exceção de pré-executividade.* São Paulo: Método, 2003.

OLIVEIRA, Ana Lúcia Iucker Meireles de. *Litigância de má-fé*. São Paulo: RT, 2000.

OLIVEIRA, Carlos Alberto Álvaro de. *Do formalismo no processo civil*. São Paulo: Saraiva, 1997.

_____. Efetividade e processo de conhecimento. In: *Revista de Processo*, São Paulo, v. 24, n. 96, out./dez. 1999.

_____. *O processo civil na perspectiva dos direitos fundamentais*. Disponível em: <http://www.mundojuridico.adv.br>.

_____. O formalismo-valorativo no confronto com o formalismo excessivo. In: *Revista de Processo*, São Paulo, v. 31, n. 137, jul. 2006.

OLIVEIRA, Francisco Antonio de. *O processo na justiça do trabalho*. 5. ed. São Paulo: LTr, 2008.

_____. *Manual de penhora — enfoques trabalhistas e jurisprudência*. São Paulo: RT, 2001.

ORIONE NETO, Luiz. Teoria geral dos procedimentos especiais. In: FARIAS, Cristiano Chaves de; DIDIER JR., Fredie (Coords.). *Procedimentos especiais cíveis*. São Paulo: Saraiva, 2004.

OTEIZA, Eduardo. Abuso de los derechos procesales en América Latina. In: BARBOSA MOREIRA, José Carlos (Coord.). *Abuso dos direitos processuais*. Rio de Janeiro: Forense, 2000.

PASSOS, J. J. Calmon de. A função social do processo. In: WAMBIER, Luiz Rodrigues; GOMES JR., Luiz Manoel; TEOTÔNIO, Paulo José Freire; SANTOS FILHO, Ronaldo Fenelon (Coords.). *As novas fronteiras do direito processual*. São Paulo: RCS, 2007.

_____. Democracia, participação e processo. In: WATANABE, Kazuo; GRINOVER, Ada Pellegrini; DINAMARCO, Cândido Rangel (Coords.). *Participação e processo*. São Paulo: RT, 1988.

_____. *Inovações no Código de Processo Civil*. 2. ed. Rio de Janeiro: Forense, 1995.

_____. Instrumentalidade do processo e devido processo sobre o tema. In: CASTRO FIUZA, César Augusto de; FREIRE DE SÁ, Maria de Fátima; DIAS, Ronaldo Brêtas C. (Coords.). *Temas atuais de direito processual civil*. Belo Horizonte: Del Rey, 2001.

PAULA, Carlos Alberto Reis de. *A especificidade do ônus da prova no processo do trabalho*. São Paulo: LTr, 2001.

PEREIRA, Sérgio Gischkow. Interpretação jurídica e aplicação do direito. In: *Revista AJURIS*, Porto Alegre, ano X, v. 27, mar. 1983.

PERELMAN, Chaim. *La lógica jurídica y la nueva retórica*. Madri: Editorial Civitas, 1979.

_____. *Lógica jurídica*. São Paulo: Martins Fontes, 2004.

PERROT, Roger. Crise du juge et contentieux judiciaire civil en droit français. In: *La Crise du Juge*. Paris: Lenoble 1996.

PINTO, Mónica. *Temas de derechos humanos*. Buenos Aires: Editores del Puerto, 2009.

PIOVESAN, Flávia. Direitos humanos, o princípio da dignidade da pessoa humana e a Constituição de 1988. In: (Neo)constitucionalismo: ontem os códigos, hoje as Constituições. *Revista do Instituto de Hermenêutica Jurídica*, Porto Alegre, n. 2, 2004.

PISANI, Andrea Proto. *Lezioni di diritto processuale civil*. 3. ed. Napoli: Jovene, 1999.

PORTANOVA, Rui. *Princípios do processo civil*. Porto Alegre: Livraria do Advogado, 1995.

PORTO, Sérgio Gilberto; USTÁRROZ, Daniel. *Manual dos recursos cíveis*. Porto Alegre: Livraria do Advogado, 2007.

_____. *Lições de direitos fundamentais no processo civil*. Porto Alegre: Livraria do Advogado, 2009.

PRADO, Lídia Reis de Almeida. Aspectos gerais da ciência jurídica. In: ZIMERMAN, David; COLTRO, Antonio Carlos Mathias (Coords.). *Aspectos psicológicos na prática jurídica*. Campinas: Millenium, 2002.

_____. Neutralidade e imparcialidade dos juízes? In: GROENINGA, Giselle Câmara; PEREIRA, Rodrigo da Cunha (Coords.). *Direito de família e psicanálise — rumo a uma nova epistemologia*. Rio de Janeiro: Imago, 2003.

_____. *O juiz e a emoção — aspectos da lógica da decisão judicial*. 3. ed. Campinas: Millennium, 2005.

RADBRUCH, Gustav. *Filosofia do direito*. 4. ed. Coimbra: Armênio Amado, 1961. v. 1.

_____. *Filosofia do direito*. 4. ed. Coimbra: Armênio Amado, 1961. v. 2.

RÁO, Vicente. *O direito e a vida dos direitos*. 5. ed. São Paulo: RT, 1999.

REALE, Miguel. A ética do juiz na cultura contemporânea. In: *Revista Forense*, jan./mar. 1994.

_____. *Filosofia do direito*. 19. ed. São Paulo: Saraiva, 2000.

_____. *Lições preliminares de direito*. 27. ed. São Paulo: Saraiva, 2003.

_____. *Teoria tridimensional do direito*. 5. ed. São Paulo: Saraiva, 2005.

REIS, José Alberto dos. *Processo de execução*. 3. ed. Coimbra: Coimbra, 1985. v. 1.

RIGHI, Ivan Ordine. Os poderes do juiz. In: *Jurisprudência brasileira*. Curitiba: Juruá, 1993. v. 169.

RODRIGUES, João Gaspar. *O perfil moral e intelectual do juiz brasileiro*. Porto Alegre: Fabris, 2007.

RODRIGUES PINTO, José Augusto. *Processo trabalhista de conhecimento*. 2. ed. São Paulo: LTr, 1993.

RODRIGUEZ, Américo Plá. *Los conflictos del trabajo*. Necesidad de crear para ellos una justicia especializada — ponencia aprobada en la 2ª Conferencia Nacional de Abogados, Salto, setiembre de 1947. Montevidéo, In: *Revista de Derecho Laboral*, t. XVII, set. 1947.

ROSEMBERG, Leo. *La carga de la prueba*. 2. ed. Buenos Aires: B de F Ltda., 2002.

SAAD, Eduardo Gabriel. *Direito processual do trabalho*. São Paulo: LTr, 1994.

SANFORD, John A. *Mal — o lado sombrio da realidade*. 4. ed. São Paulo: Paulus, 2007.

_____. *Os parceiros invisíveis — o masculino e o feminino dentro de cada um de nós*. 9. ed. São Paulo: Paulus, 2006.

SANTOS, Ernane Fidélis dos. *Manual de direito processual civil*. 12. ed. São Paulo: Saraiva, 2007. v. 1.

SANTOS, Moacyr Amaral. *Comentários ao Código de Processo Civil*. 6. ed. Rio de Janeiro: Forense, 1994. v. IV.

_____. *Prova judiciária no cível e comercial*. 3. ed. São Paulo: Max Limonad, 1968. v. 1.

SANTOS, Nelton. In: MARCATO, Antonio Carlos (Coord.). *Código de Processo Civil interpretado*. São Paulo: Atlas, 2004.

SARLET, Ingo Wolfgang. *A eficácia do direito fundamental à segurança jurídica*: dignidade da pessoa humana, direitos fundamentais e proibição de retrocesso social no direito. Disponível em: <http://www.mundojuridico.adv.br>.

_____. *A eficácia dos direitos fundamentais*. Porto Alegre: Livraria do Advogado, 1998.

SATTA, Salvatore; PUNZI, Carmine. *Diritto processuale civile*. 13. ed. Milani: Cedam, 2000.

SCHIAVI, Mauro. *Manual de direito processual do trabalho*. São Paulo: LTr, 2008.

SICHES, Luis Ricaséns. *Experiencia jurídica, naturaleza de la cosa y lógica razonable*. México: Fondo de Cultura Económica, 1971.

_____. *Introducción al estudio del derecho*. 4. ed. México: Porrúa, 1977.

_____. *Nueva filosofía de la interpretación del derecho*. 2. ed. México: Porrúa, 1973.

_____. *Tratado general de filosofía del derecho*. 7. ed. México: Editorial Porrúa, 1981.

SILVEIRA, José Nery da. A função do juiz. In: *Revista AJURIS*, Porto Alegre, ano XIX, v. 54, mar. 1992.

SILVEIRA, Nise da. *Jung, vida e obra*. 7. ed. Rio de Janeiro: Paz e Terra, 1981.

SOUTO MAIOR, Jorge Luiz. *Direito processual do trabalho*. São Paulo. LTr, 1998.

_____. Reflexos das alterações do Código de Processo Civil no processo do trabalho. In: *Revista LTr*, São Paulo, v. 70-8.

SOUZA, Carlos Aurélio Mota de. As tendências contemporâneas da ideologia e práticas jurídicas. In: ZIMERMAN, David; COLTRO, Antonio Carlos Mathias (Coords.). *Aspecto psicológicos na prática jurídica*. Campinas: Millenium, 2002.

SOUZA, José Guilherme de. *A criação judicial do direito*. Porto Alegre: Fabris, 1991.

SPALDING, Alessandra Mendes. Direito fundamental à tutela jurisdicional tempestiva à luz do inciso LXXVIII do art. 5º da CF inserido pela EC n. 45/2004. In: WAMBIER, Teresa Arruda Alvim *et al.* (Coord.). *Reforma do judiciário:* primeiros ensaios críticos sobre a EC n. 45/2004. São Paulo: RT, 2005.

TARGA, Maria Inês Corrêa de C. César. O protesto extrajudicial de sentença trabalhista, determinado pelo magistrado *ex officio* — um contrassenso? In: *Revista LTr*, v. 73-4/404-8.

TARUFO, Michele. Il significato costituzionale dell'obbligo di motivazione. In: GRINOVER, Ada Pellegrini; DINAMARCO, Cândido Rangel; WATANABE, Kazuo. *Participação e processo*. São Paulo: RT, 1988.

TEIXEIRA FILHO, Manoel Antonio. *Curso de direito processual do trabalho*. São Paulo: LTr, 2009. v. I, II e III.

_____. *Execução no processo do trabalho*. 7. ed. São Paulo: LTr, 2001.

TEIXEIRA, Sálvio de Figueiredo. *A criação judicial do direito*. Rio de Janeiro: Forense, 2003.

_____. *A jurisprudência como fonte do direito e o aprimoramento da magistratura*. Disponível em: <http://bdjur.stj.gov.br>.

TELLES JUNIOR, Goffredo. *A criação do direito*. 2. ed. São Paulo: Juarez de Oliveira, 2004.

_____. *O direito quântico*. São Paulo: Juarez de Oliveira, 2003.

THEODORO JÚNIOR, Humberto em prefácio à obra: TEIXEIRA, Sálvio de Figueiredo. *A criação e realização do direito na decisão judicial*. Rio de Janeiro: Forense, 2003.

_____. Abuso de direito processual no ordenamento jurídico brasileiro. In: BARBOSA MOREIRA, José Carlos (Coord.). *Abuso dos direitos processuais*. Rio de Janeiro: Forense, 2000.

_____. *Comentários ao Código de Processo Civil*. 2. ed. Rio de Janeiro: Forense, 2003. v. IV.

_____. *Fraude contra credores*. A natureza da sentença pauliana. 2. ed. Belo Horizonte: Del Rey, 2001.

_____. *Processo cautelar*. 13. ed. São Paulo: Leud, 1992.

_____. *Processo de execução*. 22. ed. São Paulo: Leud, 2004.

TROLLER, Alois. L'influence de la Constituicion Fédérale de la Confedération Suisse sur les droits des parties devant les tribunaux cantonauz en matiére de procédure civile. In: CAPPELLETTI, Mauro; TALLON, Denis. *Fundamental guarantees of the parties in civil litigation*. Milano: Guiffrè. New York: Oceana, 1973.

TUCCI, José Rogério Cruz e. *Tempo e processo*. São Paulo: Revista dos Tribunais, 1997.

VIGORITTI, Vincenzo. Notas sobre o custo e a duração do processo civil na Itália. In: *Revista de Processo*, São Paulo, ano 11, n. 43, jul./set. 1996.

VINOGRADOFF, Paul. *Introducción al derecho*. México: Fondo de Cultura Económica, 1957.

WAMBIER, Luiz Rodrigues; WAMBIER, Teresa Arruda Alvim; MEDINA, José Miguel Garcia. *Breves comentários à nova sistemática processual civil*. 3. ed. São Paulo: RT, 2005.

WATANABE, Kazuo. Acesso à justiça e sociedade moderna. In: WATANABE, Kazuo; GRINOVER, Ada Pellegrini; DINAMARCO, Cândido Rangel. *Participação e processo*. São Paulo: RT, 1988.

_____. *Controle jurisdicional (princípio da inafastabilidade do controle jurisdicional no sistema jurídico brasileiro) e mandado de segurança contra atos judiciais*. São Paulo: RT, 1980.

_____. *Da cognição no processo civil*. 2. ed. São Paulo: Central de Publicações Jurídicas: Centro Brasileiro de Estudos e Pesquisas Judiciais, 1999.

_____. Tutela antecipada e tutela específica. In: TEIXEIRA, Sálvio de Figueiredo (Coord.). *A reforma do CPC*. São Paulo: Saraiva, 1996.

ZAVASCKI, Teori Albino. *Comentários ao Código de Processo Civil*. São Paulo: RT, 2000. v. 8.

ZIMERMAN, David. A influência dos fatores psicológicos inconscientes na decisão jurisdicional. A crise do magistrado. In: ZIMERMAN, David; COLTRO, Antonio Carlos Mathias (Coords.). *Aspectos psicológicos na prática jurídica*. Campinas: Millenium, 2002.

_____. Uma aproximação entre o perfil da figura do juiz de direito e a do psicanalista. In: ZIMERMAN, David; COLTRO, Antonio Carlos Mathias (Coords.). *Aspectos psicológicos na prática jurídica*. Campinas: Millenium, 2002.

_____. *Vivências de um psicanalista*. Porto Alegre: Artmed, 2008.